100 BLIAIN

ÉIRE SAN 20ú hAOIS

In eagar ag
Nuala Ní Dhomhnaill

Taighde Pictiúr le
Yseult Thornley

Bunaithe ar smaoineamh a bhí ag
Edmund Lynch

Foras na Gaeilge

RTÉ

TOWN HOUSE DUBLIN

Foilsithe faoi chlúdach crua an chéad uair i 2001 ag

TownHouse and CountryHouse
Áras na Tríonóide
Bóthar Charleston
Raghnallach
Baile Átha Cliath 6
Éire

Tá taifeadadh catalóige CIP le haghaidh an leabhair seo
ar fáil ó Leabharlann na Breataine.

ISBN 1 86059 152 3

Léaráid an chlúdaigh le caoinchead RTÉ

Téacs clúdaigh: Kevin Boyle
Dearadh clúdaigh: Kevin Boyle i bunaithe ar theideal an
Chláir ar RTÉ.
Clóbhuailte Butler and Tanner, Frome

Clár

Admháil

Taighde: Gareth Ivory, Petria Thornley, Una O'Donoghue, Tomás Ó Floinn, Anne Holliday, Pamela Uhleman.

Taighde Breise: Declan Dempsey, Sean Fitzpatrick, Jenny McEvoy, Aoife Ní Dhomhnaill, Margaret Mary O'Mahony, Antoinette Prout, Mary Shine, Tim Sweetman, Victoria Curtis, Marie Gallagher.

Eagarthóir Téacs: Gabriel Rosenstock.

Foinsí Cartlainne: *Freeman's Journal, Irish Independent, Irish Press, The Irish Times,* Leabharlann Nuachta RTÉ, Cartlann Bhaile Átha Cliath.

Buíochas le: Michael Croke, RTÉ CEL, Leabharlann Gilbert, an Leabharlann Náisiúnta, Leabharlann UCD, Leabharlann TCD, Cartlann RTÉ, Roinn Grafaící RTÉ agus Roinn na bPictiúir i Leabharlann RTÉ.

Buíochas ar leith le: Ceannaire Chláracha Speisialta is Mílaoise RTÉ, Peter Feeney, a thug tacaíocht agus treoir don fhiontar ón gcéad lá.

Pictiúir

Tá iarracht déanta ag na foilsitheoirí teagbháil a dhéanamh leis na daoine go léir a bhfuil cóipcheart acu agus gabhann siad buíochas leo faoi chead a thabhairt na pictiúir seo a leanas a úsáid. Má úsáideadh pictiúir go neamhaireach, gan cead, ba mhaith linn é seo a chur ina cheart in eagráin amach anseo agus iarraimid ar úinéirí cóipcheart nach bhfuair admháil anseo, dul i dteagbháil linn.

Aer Lingus l. 59 (1948); l. 96 (1961); l. 122 (1928); l. 143 (1932); l. 190 (1947); l. 324 (1958); l. 352 (1935) **W H Allen** l. 171 (1933) **An tArd-Mhúsaem** l. 102 (1923); l. 150 (1905); l. 209 (1914); l. 273 (1920) **Australian News** l. 69 (1903) **BBC Central Stills Library** l. 26 (1990) **Bardas Bhaile Átha Cliath** l. 145 (1911) **Chester Beatty** l. 193 (1950) **Belfast Public Records Office** l. 18 (1914); l. 101 (1912); l. 116 (1914); l. 141 (1928); l. 262 (1913); l. 272 (1913) **Belfast Telegraph** l. 127 (1941) **Bord Fáilte** l. 43 (1901); l. 43 (1946); l. 66 (1964); l. 169 (1962); l. 226 (1946); l. (259); l. 260 (1963); l. (262) (1967); l. 282 (1902); l. 286 (1906); l. 352 (1902) **CIÉ** l. 84 (1969); l. 272 (1968); l. 301 (1957); l. 336 (1931) **Cambridge University Press** l. 39 (1969); l. 64 (1991) **Camera Press** l. 558 (1972); l. 124 (1934); l. 187 (1904); l. 245 (1997); l. 253 (1972); l. 267 (1967); l. 302 (1995); l. 327 (1995); l. 350 (1990) **W Carson** l. 41 (1955); l. 83 (1969) **Central Office of Information** l. 111 (1972); l. 123 (1969); l. 345 (1973) **Carmel Connolly** l. 11 (1959); l. 15 (1955); l. 104 (1976); l. 153 (1970); l. 160 (1962); l. 172 (1957); l. 177 (1957) **Connaught Sentinel** l. 254 (1980) **The Cork Examiner** l. 9 (1979); l. 27 (1944); l. 79 (1934); l. 86 (1968); l. 149 (1929); l. 210 (1934); l. 224 (1933); l. 242 (1928); l. 285 (1943); l. 321 (1931) **Jim Corkery** l. 21 (1948) **G A Duncan** l. 3 (1968); l. 8 (1975); l. 10 (1960); l. 13 (1953); l. 15 (1941); l. 18 (1940); l. 66 (1981); l. 94 (1937); l. 105 (1955); l. 119 (1945); l. 138 (1954); l. 161 (1970); l. 163 (1961); l. 169 (1958); l. 170 (1958); l. 177 (1949); l. 189 (1953); l. 200 (1937); l. 201 (1951); l. 203 (1939); l. 213 (1900); l. 223 (1965); l. 228 (1965); l. 294 (1932); l. 321 (1975); l. 340 (1967); l. 354 (1935); l. 359 (1981) **EEC** l. 19 (1978); **ESB** l. 100 (1907); l. 290 (1953); l. 315 (1956) **Brendan Flynn** l. 76 (1985); l. 126 (1974); l. 198 (1986); l. 249 (1978) **An Gailearaí Náisiúnta** l. 36 (1946); l. 38 (1905); l. 38 (1942); l. 89 (1957); l. 90 (1904); l. 107 (1993); l. 315 (1928) **Fulvio Grimaldi** l. 31 (1972); l. 230 (1969) **Roy Hammond** l. 85 (1997) **The Hulton Getty Picture Libray** l. 276 (1911) **The Imperial War Museum** l. 60 (1900); l. 159 (1915); l. 184 (1916) **Inpho** l. 84 (1998); l. 86 (1998); l. 204 (1996); l. 209 (1987); l. 265 (1998) **Paul Kavanagh** l. 188 (1969); l. 232 (1981); l. 248 (1906) **Kerry Champion** l. 106 (1923) **The Irish Press** l. 20 (1983); l. 47 (1948); l. 48 (1936); l. 55 (1934); l. 104 (1935); l. 212 (1968); l. 259 (1981); l. 277 (1977); l. 313 (1975); l. 340 (1959); l. 344 (1980) **Irish Tatler & Sketch** l. 102 (1957) **The Irish Times** l. 5 (1969); l. 6 (1981); l. 12 (1972); l. 23 (1972); l. 24 (1980); l. 29 (1939); l. 44 (1972); l. 47 (1956); l. 49 (1958); l. 51 (1972); l. 55 (1945); l. 56 (1977); l. 69 (1966); l. 78 (1968); l. 89 (1972); l. 127 (1973); l. 128 (1970); l. 130 (1990); l. 140 (1979); l. 144 (1971); l. 149 (1970); l. 156 (1953); l. 164 (1956); l. 178 (1973); l. 185 (1963); l. 189 (1978); l. 196 (1955); l. 216 (1964); l. 260 (1932); l. 268 (1976); l. 281 (1955); l. 295 (1970); l. 297 (1955); l. 328 (1960); l. 330 (1972); l. 347 (1979); l. 355 (1974); l. 362 (1989) **Patrick Jammet** l. 132 (1946) **Charles E Kelly** l. 16 (1948) **Lafayette Photographers** l. 231 (1937) **An Leabharlann Náisiúnta** l. 15 (1905); l. 22 (1919); l. 35 (1927); l. 86 (1916); l. 97 (1903); l. 115 (1916); l. 119 (1953); l. 122 (1923); l. 132 (1917); l. 134 (1929); l. 175 (1957); l. 197 (1935); l. 205 (1902); l. 222 (1906); l. 234 (1993); l. 236 (1922); l. 270 (1917); l. 311 (1947); 325 (1924); l. 329 (1913) **Stuart Leslie** l. 23 (1981); l. 37 (1992) **The Limerick Leader** l. 229 (1933) **Seán MacBride** l. 39 (1903, both) **Joe McCarthy** l. 104 (1979) **McCormacks** l. 261 (1945) **Ciaran MacMathuna** l. 25 (1973) **Mander & Mitchenson** l. 239 (1909) **Northern Irish Tourist Board** l. 38 (1968) **Nuachtáin Independent** l. 5 (1957); l. 7 (1955); l. 9 (1940); l. 13 (1987, ar bun) l. 45 (1966); l. 53 (1906); l. 71 (1976); l. 77 (1964); l. 82 (1964); l. 85 (1951); l. 87 (1955); l. 109 (1966); l. 126 (1954); l. 172 (1900); l. 177 (1932); l. 194 (1938); l. 209 (1934); l. 210 (1934); l. 259 (1947); l. 289 (1969); l. 305 (1939); l. 308 (1968); l. 315 (1968); l. 328 (1932); l. 330 (1952); l. 337 (1956); l. 363 (1940) **Office of Public Works** l. 348 (1964) **Victor Patterson** l. 21 (1992); l. 61 (1992); l. 79 (1965); l. 84 (1999); l. 120 (1998); l. 132 (1982); l. 205 (1975); l. 219 (1969) **Pieterse Davison In** l. 118 (1974) **Poblacht na hÉireann** l. 3 (1922); l. 67 (1988); l. 215 (1981) **Preasoifig an Airm** l. 148 (1977); l. 227 (1908) **Preasoifig an Gharda Síochána** l. 20 (1978) **Press Association** l. 286 (1980) **Rex Roberts Studio** l. 243 (1944); 297 (1965) **An Roinn Talmhaíochta** l. 62 (1914); l. 184 (1912) **Science Museum** l. 167 (1932) **Colin Smythe Publishers** l. 144 (1932) **Spanish Embassy** l. 327 (1975) **Stormont Castle** l. 237 (1921) **Peter Sweetman** l. 309 (1937) **Tom Tobin** l. 30 (1974) **The Ulster Museum** l. 136 (1906); l. 142 (1953); l. 180 (1916); l. 239 (1967) **United Nations** l. 7 (1973); l. 279 (1963) **Welsh C+L** l. 71 (1934) **The Wolfhound Press (Fr Browne Collection)** l. 106 (1912); l. 153 (1911) **The Workers' Party** l. 188 (1993) **Yale University Press** l. 14 (1941)

Buíochas freisin le húinéirí na mbailiúchán seo leanas: **Cardinal Ferretti Collection** l. 347 (1922) **Mansell Collection** l. 103 (1912); l. 308 (1950) **George Morrison** l. 135 (1919); l. 240 (1913) **Pacemaker Press** l. 62 (1981); l. 70 (1981); l. 94 (1969); l. 163 (1985); l. 270 (1983) **Leabharlann RTÉ do** *Bailiúchán Cahill* l. 284 (1905) *Bailiúchán Cashmann* l. 5 (1906); l. 30 (1932); l. 50 (1928); l. 57 (1910); l. 57 (1928); l. 81 (1920); l. 96 (1915); l. 104 (1912); l. 107 (1922); l. 113 (1916); l. 117 (1916); l. 120 (1914); l. 125 (1905); l. 126 (1939); l. 127 (1918); l. 129 (1945); l. 131 (1977); l. 133 (1916); l. 157 (1930); l. 162 (1915); l. 173 (1936); l. 176 (1929); l. 179 (1930); l. 183 (1922); l. 183 (1932); l. 187 (1921); l. 202 (1912); l. 208 (1917); l. 215 (1932); l. 218 (1927); l. 219 (1927); l. 225 (1927); l. 230 (1921); l. 231 (1922); l. 237 (1928); l. 238 (1922); l. 241 (1913); l. 242 (1922); l. 243 (1953); l. 244 (1928); l. 246 (1913); l. 249 (1935); l. 255 (1948); l. 258 (1920); l. 260 (1924); l. 264 (1923); l. 300 (1920); l. 307 (1963); l. 348 (1955); l. 349 (1922); l. 349 (1955) *Bailiúchán Lensmen* l. 11 (1984); l. 44 (1986); l. 60 (1965); l. 129 (1999); l. 132 (1995); l. 136 (1996); l. 155 (1994); l. 166 (1990); l. 181 (1963); l. 191 (1952); l. 226 (1998); l. 252 (1932) *Bailiúchán Murtagh* l. 108 (1938); l. 158 (1903)

Pictiúir phoiblíochta do: **Benson & Hedges** l. 95 (1989) **The Gate Theatre** l. 289 (1928) **ICTU Press Office** l. 42 (1959) **RDS Press Office** l. 117 (1968)

Nóta ó na foilsitheoirí:
Ní bhaineann méid na bpictiúir beag ná mór le tábhacht scéal nuachta amháin thar scéal eile.

Tá na scéalta sa leabhar seo bunaithe ar chlár laethúil teilifíse dhá nóiméad go leith a chuaigh amach ar an aer 366 lá na bliana, clár a thug blaiseadh dona raibh ag tarlú sa saol ar an lá áirithe sin le céad bliain anuas. Deich soicind nó dhá shoicind déag a bhí i ngach ceann de na scéalta seo, rud a fhágann gur geall le ceannlíntc nuachta iad.

Réamhrá

Clúdaíonn an t-almanag nua seo ó RTÉ céad bliain ó an uimhir mhórchroíoch, bheannachtach sin a luaitear go minic i saol na Gaeilge, i leaganacha mar: "Go maire tú an céad", "Céad faraor géar", "Céad fáilte roimh thoil Dé" nó "Céad bliain á ghealladh duit". Ón bhfocal Arabaise ar aimsir a tháinig an focal "almanag" isteach i mórtheangacha na hEorpa, agus ba é tuar na haimsire an fheidhm ba mhó a bhíodh ag na seanalmanaig, anuas go dtí "Old Moore's Almanac" ár linne féin. Is minic ráite é ag glúnta Gael gur "maith an scéalaí í an aimsir."

Ní hé seo an chéad almanag a raibh lámh ag RTÉ ann. Nuair a d'fhoilsigh Príomh-Leabharlannaí RTÉ, Diarmuid Breathnach, "Almanag Éireannach" i 1981, is éard a chuir sé roimhe: *"Blúirí eolais a thabhairt faoi Éirinn agus Éireannaigh sa mhíle bliain atá caite. Eolas ilghnéitheach ar litríocht agus ealaíona eile; spórt, dúlra agus gnéithe nádúrtha; creideamh, áiteanna, mioneachtraí gan aird.. is deacair cuimhneamh ar sheift ab fhearr ná almanag, lena leithéid a fhoilsiú. Ach ní leabhar tagartha é seo, cé go bhfónfaidh sé dóibh sin a bheidh ag lorg eolais ar dhátaí."* Cé gur leabhar difriúil ar fad é an t-almanag céid seo feileann an cur síos céanna sin dó, ach amháin go bhfuil na blúirí eolais anseo i bhfad níos lú agus líon na mblúirí i bhfad níos mó. Tá a bhformhór faoi bhun tríocha focal ach tá an oiread díobh ann is gur mór é a n-iomlán – os cionn 15 uair an chloig craolta ar fad.

Eachtraí agus imeachtaí céad bliain (1900–2000AD) atá faoi chaibidil sa leabhar seo; céad bliain inar troideadh Cogadh na Saoirse in Éirinn agus dhá chogadh domhanda sa gcéad leath de, agus céad bliain ar tháinig forbairt as cuimse ar na meáin chumarsáide sa dara leath de. Is don mheán is amplaí agus is máistriúla de na meáin chumarsáide sin, an teilifís, a cuireadh ábhar an leabhair seo le chéile. Blúirí iomadúla dialainne atá ann, a roghnaíodh as cín lae flúirseach iriseoireachta an fichiú haois, agus a craoladh go laethúil i mBéarla ar RTÉ i rith hliain an 2000, agus i nGaeilge ar TG4 i rith na bliana dar gcionn. Cuireadh grianghraif, píosaí scannáin, sleamhnáin agus sleachta gearra as nuachtáin mar phictiúir leis na scéalta, rud a bhréagnaíonn an sean-nath iriseoireachta: "ní buan é cion an aon lae." Buanaíonn an leabhar seo roinnt áirithe d'iriseoireacht na haoise.

Ceann de na buanna is mó atá ag an leabhar, b'fhéidir, taobh amuigh de dhátaí cruinne a chur le himeachtaí ár linne féin, is ea go dtugann na pictiúir agus na ceannteidil siar muid ar bhóithre na smaointe. Is geall é le theacht ar sheanghrianghraf i dtarraiceán, nó ar shean-nuachtán i scioból, ar cuimhneach leat é a fheiceáil blianta ó shin, ach nach bhfuil fanta agat air ach meathchuimhne. Tá eachtraí brónacha agus gníomhartha gaile agus gaisce tugtha chun cuimhne anseo, gan trácht ar ghníomhartha náireacha i nua-stair ár dtíre, ar lú an seans go dtarlóidh a leithéidí arís iad a bheith luaite. Ba mhór an obair an t-ábhar a ransú agus na scéalta a roghnú, ní áirím na blúirí scripte a choinneáil sách gearr le go bhféadfaí iad a scríobh nó a rá i mbeagán ama. Is do Nuala Ní Dhomhnaill, thar aon duine eile, atá an chreidiúint sin ag dul agus tréaslaím a héacht oibre léi féin agus lena cúntóir, Yseult Thornley. Ní raibh le déanamh agamsa ach na scripteanna a léamh, agus tá mé buíoch de Nuala Ní Dhomhnaill faoi iarraidh orm a bheith páirteach sa bhfiontar. Tá mé buíoch freisin de mo chomhghleacaithe eile in RTÉ a bhí sáite san obair, go háirithe Bob Bell agus Terry Gough.

Is ó Edmund Lynch a tháinig an smaoineamh ar dtús i lár na nóchaidí agus chuir sé faoi bhráid Liam Millar (Stiúrthóir Eagraíochta agus Forbartha in RTÉ) é. Aistríodh Edmund Lynch chuig rannóg nua Chláracha an Dá Mhíle, a raibh Peter Feeney i gceannas uirthi, agus d'fhás an tsraith *100 Bliain* as sin. Is í Marie Gallagher a thóg cúram bainistíochta na sraithe agus chabhraigh go leor daoine eile go páirtaimseartha, ina measc Gareth Ivory agus Petria Thornley. Tá obair mhór déanta ag na daoine sin go léir agus tréaslaím a saothar leo. Meabhraíonn sé an t-éacht dom a rinne Raftaraí an file dhá chéad bliain ó shin, nuair a ríomh sé mórimeachtaí stair na hÉireann, ón Díle go dtí aimsir Phádraig Sáirséal, sa dán fada céad véarsa "Seanchas na Sceiche". Tá tarchuireadóir RTÉ in áit na seansceiche anois agus giotáin chainte nó "sound bites" in áit an tseanchais.

Liam Mac Con Iomaire

100 BLIAIN

ÉIRE SAN 20ú hAOIS

1901

Comóradh chéad bliain Acht na hAontachta – cosc á chur ag an Chief Secretary Wyndham ar chruinniú leis an Irish League i mBéal Easa, Co Mhaigh Eo. Deir eagarfhocal sa *Freeman's Journal*: "A hundred years of misrule in Ireland have not advanced our rulers one jot in justice or wisdom, or weakened people's passionate resolve to regain their liberty".

1926

Cuireann an Dr Dubhghlas de hÍde tús oifigiúil le seirbhís chraolacháin an tSaorstáit i mBaile Átha Cliath. Tús ré nua, adeir sé, ina nglacfaidh náisiún na hÉireann a háit sa domhan.

1945

Cuirtear córas iompair na tíre ar fad beagnach faoi aon stiúir amháin agus A P Reynolds mar Phríomhfheidhmeannach ar Chóras Iompair Éireann.

1957

Faigheann beirt fhear bás in ionsaí de chuid an IRA ar bheairic an RUC in Achadh Lon – Seán Sabhat as Garraí Eoin i Luimneach agus Fergal Ó hAnluain as Ard Mhacha.

1969

Fágann máirseáil chearta sibhialta an People's Democracy Halla na Cathrach i mBéal Feirste le aghaidh a thabhairt ar Dhoire. Ní tharlaíonn aon mhórthrioblóid go sroicheann siad baile Aontroma.

1973

Gan aon mhórcheiliúradh, téann Éire isteach sa Chomhphobal Eorpach mar aon leis an mBreatain agus an Danmhairg. Cuirtear crainn leis an ócáid a chomóradh.

1984

Cuireann cathracha na hÉireann tús lena gceiliúradh agus Gaillimh ag comóradh stádas méarachta a bronnadh uirthi i 1484.

1985

Ocht gcéad bliain mar chathair chairte á chomóradh ag Corcaigh, leacht cuimhneacháin eibhir á nochtadh ag Halla na Cathrach ag an Uachtarán Pádraig Ó hIrghile.

1988

Cuirtear tús le comóradh an dá mhíle i mBaile Átha Cliath. An tArdmhéara Carmencita Hederman á sheoladh.

1991

Tá trí chéad bliain de Chonradh Luimnigh á chomóradh sa chathair sin – an tUachtarán Máire Mhic Róibín i measc na móruaisle ag an ócáid mhór.

1993

Feidhm leis an Margadh Eorpach Aonair. An tUachtarán Mhic Róibín i mbun oibre arís agus tóirse á lasadh go siombalach aici i bPáirc an Fhionnuisce. Searmanais dá leithéid i Londain agus sa Bhruiséil.

1907

Cuirtear tús le seirbhís nua iarnróid ó Shráid Amien go Binn Éadair. Fágann an chéad cheann Baile Átha Cliath ag a ceathrú chun a seacht. Sroicheann sé Binn Éadair ag seacht nóiméad tar éis a seacht, 120 duine ar bord.

1922

POBLACHT

Déantar cur síos ar sheasamh agus ar pholasaithe na bPoblachtach in aghaidh an Chonartha sa chéad eagrán de *Phoblacht na hÉireann* – iad dílis don phoblacht a bunaíodh sa bhliain 1919.

1941

Maraítear triúr ban as Ceatharlach le linn oíche bhuamála in áiteanna éagsúla i gCúige Laighean. Cailltear beirt deirfiúracha agus bean ghaoil leo nuair a thiteann buama ar a dteach feirme in aice leis an mBuiríos i gContae Cheatharlach. Gortaítear daoine i mBaile Átha Cliath freisin.

1944

Céad seasca is a ceathair Gearmánach faoi choinneáil i gCóbh. An long Éireannach *Kerlogue* a thug i dtír iad tar éis dí iad a tharrtháil san Atlantach nuair a scaoileadh toirpéad lena long.

Sybil Connolly

1958

Áirítear go bhfuil an dearthóir Éireannach Sybil Connolly ar dhuine den deichniúr is fearr a ghléasann i measc lucht tionscail an fhaisin, de réir vóta bliantúil an New York Dress Institute.

1974

Coiste Feidhmitheach nua an Tuaiscirt ar a gcéad lá oibre. Tharla an dílárú cumhachta ó rialtas na Breataine ag meán oíche, oíche chinn bhliana. Brian Faulkner go díograiseach i mbun oibre Lá Caille féin.

1986

Osclaítear oifigí náisiúnta an Pháirtí Dhaonlathaigh, a bhunaigh Deasún Ó Máille, i Sráid Fhreidric Theas i mBaile Átha Cliath – 600 ar na rollaí cheana agus iad i mbun earcaíochta.

1989

An Dr Ó hIrghile i nDún Dealgan le bliain oidhreachta an bhaile a sheoladh. Bhí rí ar Dhún Dealgan chomh fada siar le 1789 nuair a rinneadh ríocht de tar éis meath Uladh.

1994

Cailltear an t-eacnamaí Raymond Crotty i mBaile Átha Cliath in aois 68. D'oibrigh sé ar son na Náisiún Aontaithe agus an Bhainc Dhomhanda. Chuir sé go láidir in aghaidh ár mballraíocht sa Chomhphobal Eorpach.

1998

Eitleán Casa leis an aer-chór agus an Long Éireannach *Eithne* ag faire ar an long an *Oak* atá cláraithe sa Mhuir Chairb, agus í i gcontúirt le linn stoirme i Muir Éireann.

3 Eanáir

1901

Glacann Bardas Dhroichead Átha le rún buíochais don Uachtarán Kruger faoi na hiarrachtaí a rinne sé neamhspleáchas an Transvaal agus an Orange Free State a thabhairt slán. Beartaíonn siad saoirse Dhroichead Átha a bhronnadh ar Uachtarán na mBórach.

1910

Tugtar an long *Remittent* ón Iorua isteach ar corantín go Cóbh Chorcaí. Tuairiscíonn captaen na loinge go bhfuil an galar beri-beri ar an gcriú. Téann dochtúir an chuain ar bord na loinge atá ag déanamh ar Le Havre le last mahagaine.

1935

Fógraítear conradh Angla-Éireannach ar ghual agus ar eallach. Scaoilfidh rialtas na Breataine a thuilleadh ba isteach sa tír sin má cheannaíonn muide milliún agus ceathrú tonna de ghual na Breataine in aghaidh na bliana.

1941

Tugann an rialtas treoir do Chargé d'Affaires na hÉireann i mBeirlín gearán láidir a dhéanamh le rialtas na Gearmáine faoi shárú aerspás na hÉireann agus faoin marú agus an scrios maoine a rinne an bhuamáil. Tá cúiteamh iomlán á lorg acu.

1946

Crochtar William Joyce nó Lord Haw-Haw, i bpríosún Wandsworth agus é ciontaithe i dtréas. Ina ráiteas deiridh cuireann sé fainic ar mhuintir na Breataine in aghaidh Aontas na Sóivéadach. Tá súil aige go mbeidh an Bhreatain i mbarr a réime arís agus an svaistíce go hard os a cionn.

1964

Sroicheann an Banphrionsa Margaret agus Lord Snowdon Aerfort Bhaile Átha Cliath le tús a chur le cuairt seachtaine chun na tíre seo, slua i láthair le fáilte a chur rompu.

1973

Cailltear an t-aisteoir Ria Mooney in aois a 69. Ghlac sí páirt i léiriúcháin le hAmharclann na Mainistreach, ina measc *Riders to the Sea* agus *The Plough and the Stars*. Léirigh sí féin drámaí ann ó 1948 go 1963.

1984

Le dhá chéad bliain d'oifig an phoist a chomóradh, mar aon le bunú an chomhlachta féin, dearbhaíonn An Post go ndéanfaidh siad litir nó cárta poist lámhscríofa ar bith a sheachadadh in aon áit sa tír ar stampa pingine.

1991

Cuirtear Daithí Ó Conaill, iar-Leas-Uachtarán Shinn Féin, i mBaile Átha Cliath. I measc an tslua ar an tsochraid tá Uachtarán Shinn Féin, Gerry Adams agus Ruairí Ó Brádaigh, Uachtarán Shinn Féin Poblachtach, a thugann an óráid.

Daithí Ó Conaill

1906
Iarrann an feisire William O'Brien ón Irish Parliamentary Party ar náisiúntóirí Chorcaí aontú ar pholasaí a bhí ag Parnell i gcónaí – is é sin go mbainfí gach buntáiste ab fhéidir as gach rialtas Sasanach.

1910
Spreagann John Redmond náisiúntóirí na hÉireann le cabhrú leis an bPáirtí Liobrálach móramh a bhaint amach le deireadh a chur leis an House of Lords. Is ionann deireadh an House of Lords agus Home Rule, a deir sé.

1926
Ag cruinniú san Óstán Hibernian i mBaile Átha Cliath bunaítear an chéad chlub eitleoireachta in Éirinn.

1937
An Príomh-Raibí, an Dr.Isaac Herzog, a ceapadh ina Phríomh-Raibí ar an bPalaistín le deireanaí, ag fágáil Bhaile Átha Cliath ar a bhealach go hIarúsailéim. Tabharfaidh sé fianaise ar stádas na nGiúdach agus na nArabach ansin.

1948
Lorgaíonn coiste Save Derrynane scilling ar a laghad ó chuile Éireannach le teach Dhónaill Uí Chonaill a chaomhnú. Obair athchóirithe le tosú ar an séipéal anseo go luath.

1957
Tagann na mílte amach i nDún Dealgan, Droichead Átha, Baile Átha Cliath, Port Laoise, Aonach Urmhan, Ros Cré agus Luimneach ar shochraid Sheán Sabhat, a maraíodh san ionsaí in Achadh Lon.

1969
Achrann ar mháirseáil chearta sibhialta an People's Democracy nuair a thugann Protastúnaigh mhíleatacha faoin lucht máirseála ag Droichead Bhun Tolaide in aice le Clóidigh, Contae Dhoire. Gortaítear trí chéad.

1974
Diúltaíonn breis agus ocht gcéad toscaire Oráisteach do Chomhaontú Sunningdale ag cruinniú de chuid an UUC i mBéal Feirste le farasbarr ochtó vóta. Tubaiste phearsanta agus vóta mímhuiníne don cheannaire Brian Faulkner.

1986

Cailltear Phil Lynott, 35, príomhamhránaí an ghrúpa Thin Lizzy. Áirítear gurb é athair an cheoil rac in Éirinn é.

1991
Pléann airí gnóthaí eachtracha Chomhphobal Eacnamaíochta na hEorpa Géarchéim na Murascaille i Lucsamburg. An tAire Gerry Collins ina measc.

1999
An Euro ar mhalartáin airgeadais na hEorpa den chéad uair. Deir baincéirí i mBaile Átha Cliath nach raibh aon mhórfhadhb ag baint leis an aistriú.

5 Eanáir

1907

Osclaítear an chéad taispeántas mótar faoi choimirce an Irish Automobile Club san RDS i mBaile Átha Cliath. Ar na rudaí is mó a gcuireann daoine suim iontu tá bus ollmhór agus an gluaisteán Adams Eight.

1911

Cáineann ceannairí na hEaglaise Protastúnaí forógra *Ne Temere* an Phápa ar an bpósadh measctha. Tacaíonn sé mhíle Protastúnach san Assembly Hall i mBéal Feirste leo agus an Eaglais Chaitliceach Rómhánach á cáineadh acu.

1926

Deir an náisiúntóir aitheanta ó Bhéal Feirste, Joe Devlin, gur chóir do náisiúntóirí páirt a ghlacadh i bparlaimint an Tuaiscirt. Chuirfeadh náisiúntóirí le héifeacht na n-institiúidí parlaiminte, adeir sé.

1940

Leabhrán ar stair Ghairdín na nAinmhithe i mBaile Átha Cliath foilsithe inniu, cur síos agus grianghraif den dul chun cinn le céad bliain anuas. Sé pingine atá air.

1953

Maraítear seacht nduine fhichead nuair a thuairteann eitleán Viking le BEA gar d'Aerfort Nutts Corner i mBéal Feirste. Ní thagann slán ach ochtar.

1976

Maraítear deichniúr Protastúnach i Kingsmills, Contae Ard Mhacha, nuair a lámhachtar iad le linn d'fhir armtha an mionbhus ina raibh siad ag taisteal ón obair a ionsaí.

An bhliain chéanna cailltear John A Costello a bhí ina Thaoiseach ar an dá chomhrialtas sna daichidí agus sna caogadaí, é in aois a cheithre bliana agus ceithre scór. Thug sé Éire amach as an gComhlathas i 1949.

1981

Fógraíonn Aontas Rugbaí na hÉireann, an IRFU, go *bhfuil* siad chun turas na hAfraice Theas a thabhairt, ainneoin na ngearán faoi chóras na cinedheighilte ansin.

1988

Cailltear iarpheileadóir Chiarraí, Joe Keohane. D'imir sé i gCraobh na hÉireann i 1947 idir Ciarraí agus an Cabhán sna Polo Grounds i Nua Eabhrac.

1995

Diúltaíonn oibrithe i monarcha Packard Electric i dTamhlacht i mBaile Átha Cliath do phacáiste na bainistíochta leis an gcomhlacht a thabhairt slán – 400 vóta in aghaidh 307.

1999

Tagann na Gardaí ar £400,000 ón ruathar armtha a rinneadh ar veain slándála i nDeilginis i gContae Bhaile Átha Cliath.

1907

Forálacha an Domhnaigh den Acht um Cheadúnais Óil i bhfeidhm i mBaile Átha Cliath agus i gceithre chathair eile. Tábhairní ar oscailt Dé Domhnaigh ó 2-5 tráthnóna.

1922

Foilsítear téarmaí an Chonartha Angla-Éireannaigh leis an bpobal a chur ar an eolas arís faoina bhfuil ann. Tairgíonn Éamon de Valera do Dháil Éireann go n-éireoidh sé as oifig agus deir sé má athcheaptar é go roghnóidh sé rialtas a stróicfidh an Conradh ina phíosaí.

1937

Faigheann an dornálaí trom-mheáchain Éireannach, Jack Doyle, ceadúnas dornálaíochta ón British Boxing Board.

1948

Tugtar fógraí scoir do dhá chéad innealtóir in Aerfort Bhaile Átha Cliath. Táthar le fáil réidh le roinnt píolótaí, oifigigh raidió agus cléireachais freisin chomh maith le banóstaigh in Aerfort na Sionainne. Laghdú seacht n-eitleán ar loingeas aeir an chomhlachta is cúis leis seo.

1955

Bunaítear eagras nua d'fheirmeoirí ag cruinniú i mBaile Átha Cliath – 1,200 duine as gach cearn den tír ag freastal ar an gcruinniú. Tabharfar Cumann Náisiúnta na bhFeirmeoirí air.

1961

Fágann an Leifteanantghinearál Seán Mac Eoin Aerfort Bhaile Átha Cliath le aghaidh a thabhairt ar an gCongó dá phost nua mar Phríomhoifigeach ar fhórsa na Náisiún Aontaithe ansin.

1970

Cuirtear tús sna Ceithre Cúirteanna i mBaile Átha Cliath leis an mbinse fiosraithe a cheap an tOireachtas leis an gclár teilifíse *7 Days* ar úsairí a iniúchadh.

1973

Ceaptar an Dr Pádraig Ó hIrghile mar Choimisinéir Sóisialta Chomhphobal Eacnamaíochta na hEorpa. Beidh cúram an Chiste Sóisialach Eorpach air chomh maith le hatraenáil oibrithe.

1983

Tugann héileacaptar leis an Aer-Chór soláthairtí bia go hInis Bó Finne atá scartha amach ón mórthír de bharr na drochaimsire.

1990

Buaileann an Rialtas agus Coimisiún an Chomhphobail Eorpaigh le chéile i mBaile Átha Cliath ag cur tús dáiríre lenár n-uachtaránacht ar an gComhphobal. Réitíonn siad faoi chomhair cruinnithe speisialta le hoirthear na hEorpa a phlé.

1994

Tugann an tUachtarán agus an Taoiseach ómós do Tip O'Neill, iar-Cheann Comhairle Theach na nIonadaithe i Meiriceá, atá tar éis bháis in aois a 81. Polaiteoir tábhachtach a rinne leas na hÉireann.

1902

Glacann Bardas Phort Láirge d'aon ghuth le rún go mbronnfaidís saoirse na cathrach ar an bhfeisire John Redmond, ceannaire an Irish Parliamentary Party. Ba é Redmond ionadaí Phort Láirge sa pharlaimint le deich mbliana anuas.

1922

Caitheann Dáil Éireann vóta ar an gConradh idir Éire agus an Bhreatain tar éis d'Art Ó Gríofa an rún a mholadh. Tá 64 ar a shon agus 57 ina aghaidh – móramh seacht vóta ag an gConradh.

1946

Dearbhaíonn an tAire Oideachais, Tomás Ó Deirig, nach féidir leis na gasúir a tháinig go hÉirinn ina dteifigh le linn an Chogaidh agus ina dhiaidh sin, scrúdú na hArdteistiméireachta a bhaint amach mar nach bhfuil a ndóthain Gaeilge acu.

1959

Déantar díospóireacht i nDáil Éireann ar an rún nach bhfuil post Éamon de Valera mar Phríomhstiúrthóir an *Irish Press* ag teacht lena dhualgais mar Thaoiseach. Deir Éamon de Valera nach aon run é an bhaint atá aige leis an *Irish Press*.

1965

Faigheann Jimmy O'Dea, aisteoir, fear grinn agus cruthaitheoir Bhiddy Mulligan, 'the Pride of the Coombe', bás in aois 65.

1975

Cailltear seisear iascairí nuair a bháitear an trálaer, an *Evelyn Marie* ó Ailt an Chorráin amach ó chósta Dhún na nGall.

Faigheann Sinéad Bean de Valera bás in aois 96. Bhuail sí le hÉamon de Valera nuair a chláraigh seisean i rang Gaelige ina raibh sise ag múineadh.

1981

Fógraíonn Bord Cuain agus Dugaí Bhaile Átha Cliath plean forbartha £200m chun forbairt mhór a dhéanamh ar láthair sé acra fichead ar Ché Theach an Chustaim.

1985

Cuirtear tús le Binse Fiosraithe Naíonán Chiarraí i dTrá Lí le hiniúchadh a dhéanamh ar chás a chuir cúiseanna coiriúla i leith Joanna Hayes agus baill eile dá teaghlach, agus a chaith na cúiseanna céanna amach ansin ; iniúchadh freisin ar líomhaintí faoi bhrúidiúlacht na nGardaí.

1996

Faightear corp Mharilyn Rynne i nGleann na Tulchann i mBaile Bhlainséir. Bhí sí ar iarraidh ó oíche Nollag tar éis cóisir oifige i Ráth Eanaigh.

John Redmond

1902

Tionóltar an Mórchoinbhinsiún Náisiúnta sa Rotunda i mBaile Átha Cliath. Ar na cainteoirí tá John Redmond, Michael Davitt agus Pierce O'Mahony. Ritear rúin ar an ansmacht, ar an nGaeilge agus ar dhíshealbhú tionóntaí.

1915

Vótálann Bardas Chorcaí, 24 vóta in aghaidh a 3, le ainm an Ollaimh Kuno Meyer a bhaint de rolla saoránach na cathrach mar gheall ar óráid fhrith-Impireachta a rinne sé i Nua Eabhrac le deireanaí.

1921

Deir tuairisc a eisíodh gur maraíodh 192 póilín agus 34 saighdiúir le fórsaí Shasana i rith na bliana seo caite agus gur gortaíodh 260 póilín agus 122 saighdiúir.

1940

Socraíonn an tUachtarán, tar éis dó dul i gcomhairle leis an gComhairle Stáit, an Bille um Chionta in aghaidh an Stáit (Leasú) a chur faoi bhráid na Cúirte Uachtaraí. Seo é an chéad uair don Chomhairle Stáit teacht le chéile le bille a mheas.

1948

Sa Chúirt Fheidearálach i Nua Eabhrac cuireann Harry Ferguson, an tÉireannach a dhear trealamh feirme, an dlí ar Chomhlacht Mótar Ford ag éileamh $251m dollar faoi aithris a dhéanamh ar a chuid tionscnaimh.

1952

Tugann Peig Sayers, ón mBlascaod Mór, cuairt ar Bhaile Átha Cliath den chéad uair. Tá sí bliain agus ceithre scór agus tá cóir leighis á cur uirthi in ospidéal.

1968

Casann an Taoiseach, Seán Ó Loingsigh, agus Príomh-Aire an Tuaiscirt, an Captaen Terence O'Neill, ar a chéile arís – i mBaile Átha Cliath an babhta seo.

1979

Maraítear caoga fear, an criú agus seachtar oibrí áitiúil nuair a scriosann pléasc an tancaer ola Francach, an *Betelgeuse*, ar Fhaoide i mBá Bheanntraí.

1986

Tionólann an Páirtí Daonlathach a gcéad chruinniú poiblí i gCill Fhionntain i mBaile Átha Cliath. Is cosúla le hard-Fheis é ná le cruinniú bunaithe.

1993

Tugann Ardmhéara Bhaile Átha Cliath, Gay Mitchell, cuairt ar Bhéal Feirste agus cuireann an tArdmhéara Herbert Ditty fáilte roimhe, ainneoin cáineadh ó bhaill an DUP.

1997

Deimhnítear go bhfuil an Rúis ag iarraidh cur leis an gcosc ar iompórtáil feola ón tír seo de bharr méadú ar líon na gcásanna de ghalar na bó mire.

9 Eanáir

1905

Seolann an Dublin Dock Company long nua, an *Lillebonne*, sa longchlós ar an mBalla Thuaidh. Seo í an long is mó a tógadh i mBaile Átha Cliath riamh agus is í an dara ceann déag í atá tógtha ag an gcomhlacht ansin.

1922

Tar éis toradh na vótála in aghaidh athcheapachán Éamon de Valera mar Uachtarán na Poblachta, deir Art Ó Gríofa nach vóta in aghaidh an Uachtaráin de Valera atá ann ach vóta ar son an Chonartha.

1929

Éisteann Coimisinéirí Cuain Chorcaí le moladh ó Ghael-Mheiriceánach atá ag iarraidh dealbh d'Éirinn a thógáil i mbéal Chuan Chorcaí a bheadh ar aon dul le Dealbh na Saoirse i Nua Eabhrac. Bheadh airgead ar fáil don togra, adeir sé.

1946

Molann Aire Gnóthaí Baile an Tuaiscirt, Ed Warnock, an dara léamh de Bhille na dToghchán agus Ceart Vótála. Deir sé nach bhfuil sé i gceist ag Rialtas Stormont sampla na Breataine a leanacht agus vóta a thabhairt do chách.

1951

Socraíonn Rialtais na hÉireann agus na Breataine mór-iarnród Thuaisceart Éireann a cheannach. Meastar go bhfuil thart ar £5½m i gceist.

1960

Briseann an stiúrthóir scannán Meiriceánach, John Huston, a chos i dtimpiste nuair a thiteann sé dá chapall agus é ag fiach leis na Galway Blazers ar a eastát féin gar do Chreachmhaoil.

1967

Déanann Cumann Náisiúnta na bhFeirmeoirí agóidí in áiteanna éagsúla ar fud na tíre mar thacaíocht lena n-éileamh ar chearta sibhialta d'fheirmeoirí. Cuireann meaisíní feirme bac ar an trácht.

1979

Iarrachtaí ar siúl teacht ar choirp tar éis tubaiste an tancaeir ola i mBá Bheanntraí. Fógraítear go mbeidh fiosrú poiblí ann.

1987

Socraíonn lucht trádála ó cheantair cois teorann bualadh le chéile i Muineachán le labhairt faoin laghdú ar an ngnó de bharr daoine a bheith ag siopadóireacht thar teorainn.

1993

Glacann oibrithe Chriostal Phort Láirge, le móramh mór, le moltaí na Cúirte Oibreachais – iarracht deiridh á déanamh an comhlacht a thabhairt slán.

1998

Tugann Státrúnaí an Tuaiscirt, Mo Mowlam, cuairt ar phríosúnaigh dhílseacha i bPríosún na Ceise Fada. Deir dílseoirí ina dhiaidh sin go bhfeastalóidh siad ar chainteanna i Stormont.

1905

Tá an conradh réidh anois idir Bardas Bhéal Feirste agus comhlacht i Londain chun córas leictreach a chur ar fáil do thramanna Bhéal Feirste. Meastar go gcosnóidh an córas nua £43,000.

1922

Toghtar Art Ó Gríofa (an dara duine ar chlé) ina Uachtarán ar Rialtas Sealadach na hÉireann tar éis d'Éamon de Valera agus 56 dá lucht tacaíochta siúl amach as Dáil Éireann. Ceaptar Mícheál Ó Coileáin ina Aire Airgeadais, George Gavan Duffy ina Aire Gnóthaí Eachtracha agus Risteárd Ó Maolchatha ina Aire Cosanta.

1941

Cailltear Sir John Lavery, péintéir a raibh meas ar a phortráidí agus a bhfuil a chuid pictiúr le feiceáil i ngailearaithe ar fud an domhain. Is é an Rialtas a d'iarr air portráid a mhná, Lady Lavery, a phéinteáil le cur ar nótaí bainc na tíre ó 1928.

1952

Maraítear scór paisinéir agus triúr criú nuair a thuairteann eitleán Dakota le hAer Lingus, an *St. Kevin*, i bportach i Snowdonia i dtuaisceart na Breataine Bige. Seo é an chéad uair ar maraíodh éinne i dtimpiste le hAer Lingus ó bunaíodh é 18 bliain ó shin.

1959

Baineann Freddie Gilroy, bliain is fiche d'aois ó Bhéal Feirste, gradam na Breataine agus Impireacht na Breataine sa choileachmheáchan sa King's Hall i mBéal Feirste.

1961

Pléann an Seanad aistriú Choláiste na hOllscoile, Baile Átha Cliath, ó Ardán Phort an Iarla go Domhnach Broc. Táthar ann a cheapann gur fearr an t-airgead a chaitheamh ar na coláistí atá ann faoi láthair.

1970

Tagann breis agus sé mhíle duine le chéile chun agóid a dhéanamh taobh amuigh de Bhóthar Lansdúin, iad ag cur in aghaidh na cinedheighilte.

1984

Cailltear Seán Mac an tSaoi, duine de bhunaitheoirí Fhianna Fáil agus iar-Thánaiste, an duine deireanach den dream a d'fhreastail ar an gcéad Dáil.

1993

Tugann toscairí ó Pháirtí an Lucht Oibre a dtacaíocht don chomhrialtas le Fianna Fáil ag cruinniú sa Cheoláras Náisiúnta.

1998

Tá na cainteanna ar siúl i Stormont i gcónaí. Deir tuairisc nuachtáin go bhfuil Rialtas na Breataine ag tabhairt tacaíochta do phlean leis an gcumhacht a roinnt i mBéal Feirste, agus Comhairle na nOileán a bhunú.

1903

Cailltear Helen Blackburn ó Dhairbhre i gContae Chiarraí, bean a d'oibrigh ar son chearta na mban. Chuaigh an chlann go Londain in 1859. Scríobh sí leabhair ar ghluaiseacht na mban agus ar mhná ag obair.

1916

I mBaile Átha Cliath osclaítear taispeántas de bhréagáin a rinneadh in Éirinn toisc bac ar an iompórtáil ón nGearmáin agus ón Ostair-bábóga, traenacha agus ainmhithe boga.

1929

Cáineann Cumann Leigheas na hÉireann an t-éileamh atá ag Coimisinéirí Ceapacháin Áitiúla ar an nGaeilge labhartha. Tá sé deacair go leor daoine a fháil leis na poist a líonadh gan bacadh le teanga.

1939

Iarann comhdháil an INTO i nGaillimh ar an rialtas deireadh a chur leis an gcosc ar mhná pósta a bheith ina múinteoirí. Níl aon bhunús oideachasúil leis.

1942

Tugann Raidió na Vatacáine ardmholadh do Guinness Ireland faoina scéimeanna deontais chlainne. Íocann siad cúig faoin gcéad sa bhreis le fir phósta a bhfuil gasúir acu agus gearrtar cáin bhreise 1% ar fhir shingle os cionn 25.

1954

Bunaítear Comhairle na hÉireann de Ghluaiseacht na hEorpa i mBaile Átha Cliath. Tá súil acu Comhairle na hEorpa a chur chun cinn.

1970

Tagann scoilt i Sinn Féin ag Ard-Fheis an pháirtí i mBaile Átha Cliath faoina bpolasaí staonta. Scoilteann siad ar idé-eolaíocht na heite clé agus na heite deise.

1972

Cailltear an scríbhneoir Pádraic Colum i gConneticut Mheiriceá in aois 90. Aithne mhór ar *She Moved Through the Fair* agus an *Cradle Song*.

1988

Buaileann Ceannaire an SDLP John Hume agus Uachtarán Shinn Féin Gerry Adams le chéile i mBéal Feirste. Cáineann páirtithe eile an Tuaiscirt an cruinniú seo.

1994

Beartaíonn an rialtas gan athnuachan a dhéanamh ar *Alt 31* den Acht Craolacháin. Tá RTÉ le hagallaimh a thaifeadadh roimh ré le Sinn Féin agus le heagrais eile a raibh cosc orthu.

1998

Ag labhairt den chéad uair ó rinneadh iarracht a stádas 'saoi' in Aosdána a bhaint dhe, diúltaíonn an t-úrscéalaí Francis Stuart do líomhaintí go bhfuil sé frith-Ghiúdach.

1905

Deir Comhairle Ghinearálta Chomhairlí Contae na hÉireann ag a gcruinniú i Halla na Cathrach i mBaile Átha Cliath, Sir Thomas Grattan Esmonde sa chathaoir, gur le parlaimint Éireannach amháin, in Éirinn, is féidir dlíthe a cheapadh d'Éirinn.

1926

Is ar éigean a bheas an scannán den cheoldráma grinn, *The Merry Widow*, le feiceáil sa tír seo. Sheas an Bord Achomharc Cinsireachta Scannán leis an gcinneadh gan an scannán a thaispeáint in Éirinn.

1934

Cuireann Republican Press Ltd an dlí ar na Gardaí san Ardchúirt faoin bpáipéar *An Phoblacht* a ghabháil – ainm an Ardchoimisinéara, an Coirnéal Ned Broy, ar an mbarántas. Iarrann siad cúiteamh.

1945

Glacann an Pápa le bronntanas £100,000 na Poblachta dóibh siúd atá ocrach san Iodáil. Shocraigh an Dáil go dtabharfaí an t-airgead do Chumann na Croise Deirge.

1953

Tá Ardeaspag Ard Mhacha agus Príomháidh na hÉireann, an Dr John D'Alton, ar cheithre easpag is fiche ó 13 náisiún, a ndéanann an Pápa cairdinéil díobh sa Vatacáin.

1961

Baintear triail as bosca nua agus téiteoir ann a tógadh go speisialta do na Gardaí, ag cúinne Shráid Uí Chonaill agus Shráid D'Olier i mBaile Átha Cliath. Teas ag an bhfear ar diúité!

1975

Deir tuismitheoirí na ngasúr tailidimíd go bhfuil cúram an rialtais do na leanaí fial. Gheobhaidh gach páiste ceithre oiread an méid atá ag teacht ón Iar-Ghearmáin agus beidh liúntas míosúil acu lena saol.

1981

Cuireann Bardas Bhaile Átha Cliath comhaltacht ollscoile do scríbhneoir óg ar fáil i gcuimhne Bhreandáin Uí Bheacháin – bealach praiticiúil le hómós a thabhairt dó. Is in Ollscoil Eastern Washington a dhéanfar an staidéar iarchéime.

1987

Bronnann an Ardchúirt i mBaile Átha Cliath damáistí £50,000 ar na hiriseoirí Geraldine Kennedy agus Bruce Arnold (ar dheis) faoi chúléisteacht mhídhleathach a rinne rialtas deiridh Fhianna Fáil ar a gcuid teileafón.

1993

Ceaptar Albert Reynolds ina Thaoiseach sa Dáil tráthnóna. Faigheann sé séala a oifige ón Uachtarán agus filleann ar an Dáil lena chuid airí rialtais.

1998

Foilsítear Deilbhcháipéis na hÉireann agus na Breataine a bhfuil sé d'aidhm aici na cainteanna síochána i Stormont a bhrú chun cinn.

13

13 Eanáir

1910

Léirítear *Deirdre of the Sorrows* le John Millington Synge ar an stáitse den chéad uair riamh in Amharclann na Mainistreach i mBaile Átha Cliath – ardmholadh ag dul do Mháire Ní Néill sa phríomhpháirt.

1923

Cuirtear tine le Beechpark, teach tuaithe an Uachtaráin Mhic Coscair in aice le Ráth Fearnáin i mBaile Átha Cliath. Scriostar an teach agus an troscán luachmhar, agus cáipéisí stairiúla le hArt Ó Gríofa agus Mícheál Ó Coileáin.

1929

Báitear triúr fear agus triúr ban, idir scór bliain agus fiche is a cúig bliain d'aois, i dtimpiste thubaisteach in aice le Ros Muc i gContae na Gaillimhe.

1941

Cailltear James Joyce, file, úrscéalaí agus drámadóir, i Zurich na hEilvéise. Ar na leabhair is mó clú leis tá *Ulysses, Finnegan's Wake, Dubliners* agus *A Portrait of the Artist as a Young Man*.

1955

I bhfaiteadh na súl déantar carnán cloch de chéad míle tonna de Chnoc Ailín i mBaile Riobaird i gContae Chill Dara –láthair ríoga Laighean agus áit dhúchais Fhinn Mhic Cumhaill de réir an tseanchais.

1960

Deir an Bille um Údarás Chraolacháin 1959, a fhoilsítear inniu, go bhfuil údarás le bunú le seirbhís nua náisiúnta teilifíse a chur ar fáil.

1974

Siúlann lucht agóide go dtí teach Ambasadóir na Breataine sa tír seo in Áth an Ghainimh, iad ag éileamh go n-aistreofaí na deirfiúracha Price agus príosúnaigh Éireannacha eile go dtí an Tuaisceart go luath.

1984

Bleachtaire agus a bhean os comhair cúirte, é curtha ina leith go raibh drúthlann á reáchtáil acu. Cuirfear Thomas Quinn agus a bhean Gloria ar a dtriail ar an 20ú Márta.

1992

Deacrachtaí móra acu i mBealach an Doirín ag fáil réidh leis an bhfeoil a dódh nuair a chuaigh United Meat Packers ar an mbaile trí thine. Tá 3,500 tonna le cur i dtalamh in aice le hAil Finn i gContae Ros Comáin.

1998

Patrick McKinley agus James McCardle ar a dtriail i Londain agus comhcheilg le buamaí a leagan i gCanary Wharf mí Feabhra 1996 curtha ina leith, buamáil a chuir deireadh le sos cogaidh deireanach an IRA.

1905

Tairgíonn Sir John Nutting deich scoláireacht iontrála do Choláiste na Tríonóide, £100 an ceann, a chur ar fáil d'fhir agus do mhná óga ó mheánscoileanna na hÉireann, idir Chaitlicigh agus Phrotastúnaigh. Tá súil aige Caitlicigh a mhealladh go dtí an Coláiste.

1911

Téann an long ghaile *Turtle* ó Learpholl, a bhí ar a bealach go Birkenhead ó Áth na Cloiche, Co. an Dúin, go tóin poill amach ó Loch Cairlinn. Tógann an *Dean Swift* an criú, í ar a bealach go Baile Átha Cliath.

1926

Deirtear ag cruinniú de Chomhairle Contae na Gaillimhe go bhfuil dhá cheann d'oileáin Árann nach bhfuil ag íoc rátaí. Molann an Comhairleoir Ó Loideáin go gcuirfí bád gunnaí móra amach le léigear a dhéanamh ach deir an Comhairleoir McKeigue gur bochtanas is cúis leis.

1941

Glacann Ardeaspag nua Bhaile Átha Cliath, an Dr McQuaid, seilbh chanónach ar a chathaoir easpaig. Tagann cruinniú de Chaibidil na príomhchathrach le chéile don ócáid.

1955

Tá áit faighte ag Tony O'Reilly, iarscoláire ó Choláiste Belvedere agus mac léinn dlí, ar fhoireann rugbaí na hÉireann den chéad uair. Tabharfaidh sé aghaidh ar an bhFrainc sa chéad chluiche idirnáisiúnta eile.

1963

Tá lucht an dreoilín bailithe sa Chaisleán Nua Thiar i gContae Luimnigh do chomórtais an Dreoilín. Is é an drámadóir Bryan Mc Mahon atá ina mholtóir.

1965

Tugann an Taoiseach Seán Lemass aghaidh ar Bhéal Feirste dá chruinniú stairiúil le Príomh-Aire an Tuaiscirt, Terence O'Neill.

1976

Baill den UUC ag déanamh ar Stormont le haghaidh cainteanna, Ernest Baird, an tUrramach Martin Smyth, Harry West agus John Taylor.

1989

Bailíonn feirmeoirí i nDurlas, Co. Thiobraid Árann, do mhóragóid chánach atá á heagrú ag an ICMSA. Dan McCarthy agus Tom O'Dwyer i measc na gcainteoirí.

1994

An sprioc-am d'íocaíochtaí cánach atá ag dul don rialtas faoin bpardún ginearálta ag teannadh linn ag meán oíche anocht.

1998

Cuirtear tús leis an mbinse fiosraithe pleanála i mBaile Átha Cliath. An t-iar-Aire Ray Burke ag lorg ionadaíocht dhlíthiúil faoin £30,000 a íocadh leis, más fíor, i 1989. Ionadaíocht ó James Gogarty freisin.

15 Eanáir

1907

Báitear dhá bhád ó Dhairbhre nuair a thagann taoidí aniar aduaidh orthu ag béal an chuain. Muintir an oileáin ag caoineadh an ochtair a bádh.

1924

Aistrítear Ernie O'Malley, an cime deireanach i bPríosún Chill Mhaighneann, go hOspidéal Naomh Bricín. Tá idir 800 agus 900 cime anois i Hare Park agus i Tintown Uimhir a Dó (Campa an Churraigh).

1930

Cuireann Nuinteas nua an Phápa in Éirinn a dhintiúirí i láthair an Ghobharnóra Ghinearálta i bPáirc an Fhionnuisce. Freastalaíonn an Monsignor Robertson ar dhinnéar stáit leis an Uachtarán Mac Coscair..

1948

"Glory be! The Glimmer Man!"

Deireadh le ciondáil an gháis i mBaile Átha Cliath. Seirbhís iomlán 24 uair an chloig ar fáil den chéad uair ó 1942 agus deireadh leis an gciondáil ar éadaí freisin de bharr feabhas ar sholáthairtí.

1958

Maraítear ochtar agus gortaítear 34 eile nuair a thugann urlár uaidh in Óstán Carmody in Inis, Co. an Chláir. Bhí thart ar thrí scór bailithe isteach sa seomra le haghaidh ceant.

1972

Deir an Páipéar Bán ar Iontráil sa Chomhphobal Eorpach go mbeidh 50,000 post breise ar fáil agus an státchiste £30m níos fearr as in aghaidh na bliana.

1975

Saortar 25 cime as Príosún na Ceise Fada agus as Ard Mhacha ag súil go gcuirfidh Provisionals an IRA fad lena sos comhraic.

1980

Ionadaí an Taoisigh i láthair ag sochraid iarpheileadóir Chiarraí, John Joe Sheehy, i dTrá Lí. Fir faoi éide pharamíleatach ar chaon taobh den chónra.

1988

Cailltear Seán Mac Giolla Bhríde in aois 83. Bunaitheoir Chlann na Poblachta agus Aire Gnóthaí Eachtracha sa chéad chomhrialtas , thuill sé Duais Síochána Nobel agus Duais Lenin ar an obair a rinne sé le hAmnesty agus leis na Náisiúin Aontaithe sa Namaib.

1997

Léigear ag na Gardaí ar theach feirme sa Bhábhún Buí i gContae an Chabháin de bharr gur scaoil Gearmánach urchair le triúr fear a bhí ag iarraidh ordú díshealbhaithe a sheirbheáil.

1900

Trí choileán leoin, a thóg gadhar gunna, ar taispeáint i nGairdín na nAinmhithe i bPáirc an Fhionnuisce. Cuirtear an-suim i Joe, Kruger agus Lady Lily atá níos múinte agus níos teanntásaí ná coileáin a thógtar go nádúrtha.

1922

Aistriú na Cumhachta. Rialtas Sealadach na hÉireann ag glacadh seilbhe go foirmiúil ar Chaisleán Bhaile Átha Cliath, ionad cumhachta na Breataine in Éirinn. Buaileann an Lord Lieutenant Fitzallan bóthar.

1925

Cuireann Ceolfhoireann Halle siansa nua leis an gcumadóir Hamilton Harty, a rugadh i mBéal Feirste, i láthair sa chathair sin – an ceol bunaithe ar fhoinn Ghaelacha.

1937

Cuirtear fáilte mhór roimh an traein dheireanach ag teacht isteach go stáisiún Broadstone. D'fhág an chéad traein go dtí an Bóthar Buí in 1847.

1955

Faigheann an Honourable Albinia Broderick, nó Gobnait Ní Bhruadair, bás i gCiarraí in aois 93. Iar-bhall í de Shinn Féin agus de Chumann na mBan a d'éalaigh go dána ó fhórsaí an tSaorstáit sa Neidín.

1960

Tagann deireadh le seirbhís 103 bliain ó Éirinn go hAlbain nuair a sheolann an MV *Sanda* le Comhlacht Loingseoireachta an Clyde ar a turas deireanach ó Chorcaigh go Glaschú. Méadú ar chostais agus laghdú ar an éileamh is cúis leis seo.

1973

Faightear earraí luachmhara seandálaíochta i gceantar Shráid Wine Tavern i mBaile Átha Cliath. Léargas le fáil ar chaladh Bhaile Átha Cliath sa tréimhse réamh-Normannach.

1981

Gortaítear Bernadette McAliskey agus a fear Michael go dona in ionsaí armtha ar a dteach i nDoire Lachlainn gar d'Oileán an Ghuail i gCo. Thír Eoghain.

1986

Géarchéim i gcúrsaí peile i mBaile Átha Cliath tar éis do bhainisteoir foirne an chontae, Kevin Heffernan, agus dá chomhroghnóirí éirí as.

1991

Díoltar Longchlós Verolme, atá i lámha an ghlacadóra ó 1984, leis an gcomhlacht longthógála Ollannach, Damen.

1997

Tugtar cead achomhairc don pharatrúpaí Briotanach Lee Clegg a saoradh ar cheadúnas faoi dhúnmharú Karen Reilly, paisinéir i ngluaisteán goidte i mBéal Feirste.

1900

Buaileann na ranna éagsúla den Pháirtí Náisiúnach i Westminster le chéile i dTeach an Ardmhéara ar mhaithe le haontacht an pháirtí. I measc an dreama atá i láthair tá John Redmond, Tim Healy, Timothy Harrington agus Sir Thomas Esmonde.

1914

Fir ó reisimint Bhéal Feirste Thoir den Ulster Volunteer Force ar paráid os comhair Sir Edward Carson in Ormiston. Déanann sé cigireacht freisin ar charranna ón gcór gluaisteán gar do Chaisleán Stormont.

1929

Caithfear cait ó thíortha iasachta, cé is moite den Bhreatain, a chur ar coraintín ar feadh tréimhse sé mhí le confadh a sheachaint anseo.

1938

Cuireann an Ford Motor Works i gCorcaigh an fiche cúigiú míle gluaisteán ar fáil. Ceann é den déanamh nua Ford Eight agus beidh sé ar taispeáint i dTeach an Ardmhéara.

1940

Gloine dhaite Evie Hone don Gharrison Chapel i gCorcaigh ar taispeáint ag an Túr Gloine i Sráid Phembroke i mBaile Átha Cliath. Trí phána atá ann, Críost sa lár, Naomh Mícheál ar chlé agus Naomh Pádraig ar dheis.

1963

Faigheann Thomas Johnson, céad cheannaire parlaiminte Pháirtí an Lucht Oibre, bás in aois 91. Ceardchumannach gníomhach a bhí ann, bhí sé ina cheannaire ar an stailc in aghaidh an choinscríofa i 1918. Dhréacht sé clár daonlathach don Chéad Dáil.

1972

Éalaíonn seachtar cimí den long phríosún *Maidstone* i gCuan Bhéal Feirste. Cuireann Arm na Breataine tús le mórchuardach.

1991

Achrann polaitiúil faoi chinneadh an Rialtais breosla agus áiseanna thar oíche a chur ar fáil sa tSionainn d'eitleáin chogaidh na Stát Aontaithe le linn Chogadh na Murascaille.

1995

Iarthar na tíre buailte go dona ag tuilte agus ag stoirmeacha a bhfuil luas céad míle san uair leo. Na mílte teach i nGaillimh, i Maigh Eo agus i gContae an Chláir gan leictreachas agus na bóithre faoi thuilte ina lán áiteanna.

1997

Osclaítear Halla nua an Waterfront i mBéal Feirste. £32m a chosain an láthair bhreá seo. Idir pholaiteoirí, lucht tionscail agus ionadaithe ó na meáin chumarsáide i láthair.

1900

Dearbhaíonn Ceardchumann Cónasctha Cuntóirí Siopa, Giollaí Stóir agus Cléireach go ngníomhóidh siad go láidir le tosca oibre níos fearr a fháil i mBaile Átha Cliath.

1929

Toscairí ó chuile chearn den Tuaisceart i láthair ag cruinniú bliantúil an Ulster Unionist Party i mBéal Feirste. Deir an Príomh-Aire, Lord Craigavon, nach mbeidh olltoghchán ann go gcuirtear deireadh leis an ionadaíocht chionmhar.

1940

Faigheann an rialtas ár gcéad mhótarbhád le toirpéad. Úsáidfear í ag cosaint an chósta. Tá sí in ann caoga muirmhíle san uair a dhéanamh.

1953

Socraíonn Ard-Chomhairle Shinn Féin go mbeidh siad san iomaíocht sa dá thoghcheantar déag sna chéad toghcháin eile do Westminster – an chéad uair do phoblachtaigh seasamh i ngach ceann acu.

1960

Ag labhairt dó i Halla an Damer i mBaile Átha Cliath lorgaíonn Aire na Gaeltachta, Gerald Bartley, síntiúis chun cur le deontas an rialtais chun amharclann nua a thógáil i nGaoth Dobhair i gCo. Dhún na nGall.

1967

Éilíonn Bardas Bhaile Átha Cliath go ndéanfar dhá theach Sheoirseacha, Uimh. 1 Sráid Hume agus 46 Faiche Stiabhna, a chaomhnú. Fáiltíonn an Dublin Civic Group, a bunaíodh leis na tithe a shábháil, roimh an chinneadh.

1972

Beannaíonn Ardeaspag Bhaile Átha Cliath, an Dr McQuaid, scoil do ghasúir an lucht taistil i mBré, Co. Chill Mhantáin. Tá 70 páiste, idir a trí agus a dó dhéag, ag freastal ar an scoil.

1978

Tar éis sé bliana argóna rialaíonn Cúirt na hEorpa um Chearta Daonna gur chaith an Bhreatain go mídhaonna agus go náireach leis na cimí sa Tuaisceart ach nach raibh siad ciontach i gcéasadh.

1989

Faigheann Century Communications an ceadúnas nua náisiúnta raidió ón IRTC. Tosóidh Century ag craoladh Lá Bealtaine.

1991

Seoltar an scannán *Millers Crossing* agus an t-aisteoir Gabriel Byrne ann in Amharclann an Savoy i mBaile Átha Cliath – an t-airgead ag dul don 'Sudden Infant Death Association'.

1999

Áitritheoirí Bhóthar Gharbh Achaidh ag bualadh le Tony Blair in Uimhir 10, agus diúltaíonn na hOráistigh dona thuilleadh cainteanna leis an tsáinn a réiteach.

19 Eanáir

1907

Is oth le Cumann na Múinteoirí Náisiúnta go bhfaigheann bunoideachas na hÉireann breis agus £½m níos lú ná deontas na hAlban, ainneoin go bhfuil na huimhreacha ar cóimhéid.

1918

Ar na cainteoirí ag cruinniú i mBaile Átha Cliath ag cáineadh beathú príosúnaigh Shinn Féin le fórsa i bPríosún Mhuinseo tá Count Plunkett, Seán Kelly agus Darrell Figgis (ar chlé).

1926

Tugann an tAire Airgeadais, Earnán de Blaghd, bille isteach le boinn airgid, nicil agus cré-umha a thabhairt isteach sa Saorstát.

1936

Taispeánann Hibernia Films Chill Airne an scannán *The Dawn* do léirmheastóirí na nuachtán. Baineann an chéad scannán cainte a léiríodh in Éirinn le cathláin Chiarraí i gCogadh na Saoirse.

1946

Bronnann Ardmhéara Bhéal Feirste, Sir Crawford McCullagh, seic £3,066 ar an Mairnéalach J J Magennis, an t-aon duine sa Tuaisceart a fuair an VC le linn an Chogaidh. Chuir 50,000 duine scilling sa chiste.

1954

Fógraíonn an Rialtas go dtógfar Aerfort Chorcaí i gceantar Bhaile Garbháin, thart ar cheithre mhíle ó dheas den chathair.

1965

Móinteach Mílic, Co. Laoise: Cath cheithre huair an chloig idir bleachtairí an Bhrainse Speisialta, na Gardaí agus poblachtaigh. Deichniúr fear óg os comhair cúirte tar éis chuairt an Bhanphrionsa Margaret agus Lord Snowdon.

1978

Tugann rialtas Fhianna Fáil bata agus bóthar do Choimisinéir an Gharda Síochána, Edmund Garvey, nuair a dhiúltaíonn sé éirí as.

1983

Joseph Ainsworth

Dearbhaíonn an Rialtas go raibh baint ag na Gardaí le héisteacht gan údarás ar theileafóin pholaiteoirí agus iriseoirí. Éiríonn Coimisinéir an Gharda Síochána, Patrick McLaughlin, agus a ionadaí Joseph Ainsworth, as oifig.

1994

Tá suas le céad post i mbaol anois ó tá glacadóir ceaptha ar mhórchomhlacht Kentz i gCluain Meala.

1997

Tugann an tAire Oideachais, Niamh Bhreathnach, ardú céime do RTC Phort Láirge – Institiúid Theicneolaíochta Phort Láirge a bheas ann feasta.

1902

Tugann an taobh-bhalla uaidh gan choinne sa Smithfield Flax Spinning Mills i mBéal Feirste agus titeann dhá stór den phríomhfhoirgneamh freisin. Sáinnítear líon mór de na mná atá ag obair ann faoin smionagar. Aimsítear deich gcorp.

1915

Cailltear Sir Arthur Guinness, Lord Ardilaun, in aois 73. Ceannaire na Grúdlainne ag Geata San Séamas, d'athchóirigh sé Leabharlann Marsh agus d'oscail sé Faiche Stiabhna don phobal.

1934

Cuirtear an seanfhondúir náisiúnach agus an feisire Joseph Devlin. Ionadaithe ó Éirinn thuaidh agus theas i láthair ag an Aifreann éagnairce i séipéal Naomh Peadar i mBéal Feirste agus ar aghaidh go Reilig Bhaile an Mhuilinn.

1935

Tagann dhá scór fear ó Ghaeltacht Chonamara go Contae na Mí ar an mbus le hiniúchadh a dhéanamh ar an gceantar thart ar Áth Buí áit a mbeidh muintir na Gaeltachta ina gcónaí.

1948

Cuireann an Bord Achomhairc Chinsireachta an cosc ar ceal ar *Adventures of a Black Girl in Search of God* le G B Shaw, *For Whom the Bell Tolls* le Hemingway agus *The Tailor and Ansty* le Eric Cross.

1961

John Fitzgerald Kennedy á insealbhú ina Uachtarán ar na Stáit Aontaithe, an chéad Uachtarán de bhunadh na hÉireann agus an chéad Chaitliceach.

1968

Nochtar dealbh de Roibeárd Emmet, a rinne Jerome Connor, i bhFaiche Stiabhna i mBaile Átha Cliath. An tAire Gnóthaí Eachtracha agus Tánaiste, Proinsias Mac Aogáin, i mbun gnó.

1973

Pléascann buama i ngluaisteán i bPlás Sackville i mBaile Átha Cliath agus maraítear Tom Douglas, stiúrthóir bus cúig bliana fichead. Gortaítear trí dhuine dhéag.

1987

Éiríonn airí ó Pháirtí an Lucht Oibre as an rialtas tar éis easaontais faoi mholtaí don cháinaisnéis. An rialtas á scor agus toghchán fógraithe.

1992

Tairgíonn Peter Brooke éirí as oifig mar Rúnaí an Tuaiscirt tar éis dó amhrán a chasadh ar an *Late Late Show* an lá ar mharaigh an tIRA seachtar oibrí tógála i gContae Thír Eoghain.

Peter Brooke

1998

Paul Ward ar a thriail sa Chúirt Choiriúil Speisialta faoi dhúnmharú an iriseora Veronica Guerin, a lámhachadh ar Bhóthar an Náis bliain go leith ó shin.

The Tailor and Ansty

1919

Tagann Dáil Éireann le chéile den chéad uair i dTeach an Ardmhéara i mBaile Átha Cliath, ócáid stairiúil. Fógraítear neamhspleáchas na hÉireann. Cuireann an slua fáilte roimh na teachtaí.

1926

Fáiltíonn Aire Talmhaíochta an Tuaiscirt, E M Archdale, roimh an gcruinniú a bhí aige le hAire Bhaile Átha Cliath, P J Hogan. Beidh comhoibriú níos fearr dá bharr agus feabhas dá réir ar shláinte na mbeithíoch ar fud Éireann uile.

1933

Faigheann George Moore, file agus úrscéalaí, bás i Londain. Ón mBaile Glas i gCo. Mhaigh Eo é agus ba dhuine den cheathrar é a bhunaigh an Irish Literary Theatre.

1946

Cuirtear tús leis an obair ar fhoclóir cuimsitheach Béarla-Gaeilge a chur le chéile don Roinn Oideachais faoi stiúir an scoláire aitheanta an Dr Tomás de Bhaldraithe.

1950

Conradh Caradais, Trádála agus Loingseoireachta á shíniú i mBaile Átha Cliath ag an Aire Gnóthaí Eachtracha, Seán Mac Giolla Bhríde agus George A Gannet, Aire Mheiriceá.

1965

Tugann an ceannaire náisiúnach Eddie McAteer cuairt ar an Taoiseach, Seán Lemass. Pléann siad staid na polaitíochta i bhfianaise chruinniú Lemass/O'Neill i Stormont.

1978

Éiríonn Johnny Giles as a phost mar bhainisteoir ar fhoireann sacair na hÉireann de bharr easaontais leis an FAI faoi earcú foirne.

1982

Caitear an Teachta Dála Charlie McCreevy ó Chill Dara, amach as páirtí parlaiminte Fhianna Fáil – gan vóta – faoi gur cháin sé ceannaire an pháirtí go poiblí.

1988

Filleann Christy Nolan abhaile tar éis dó an Whitbread Book Prize ar fiú beagnach £19,000 é a bhuachan lena leabhar *Under the Eye of the Clock*. Tugadh mórmholadh don údar, a bhfuil an phairilis cheirbreach air.

1993

Molann Bord Chuan Chorcaí forbairt £23m ar chaladh farantóireachta Rinn an Scidígh agus ar an láthair coimeádán i Tivoli mar mhórchaladh Eorpach.

1999

Dearbhaíonn cathaoirleach an ISPCC, Mary Bennett, go bhfuil Biúró an Gharda Síochána um Fhiosrú Caimiléireachta ag iniúchadh an eagrais.

1901

Faigheann an Bhanríon Victoria bás i Londain. I mBaile Átha Cliath dúntar na hamharclanna, agus tá na dallóga tarraingthe in Ardoifig an Phoist. In Ardeaglaisí Phádraig agus Chríost buailtear creill an bháis i rith na hoíche.

1923

Deir an tAire Oideachais, an Dr Eoin Mac Néill, go mbeidh an Ghaeilge ina hábhar feasta i scrúduithe sa Státseirbhís. Beidh tionchar aige seo ar scoileanna, ar choláistí agus ar ollscoileanna.

1937

Tá Comhairle Náisiúnta na mBan in Éirinn ag iarraidh go mbeadh fórsa póilíní ban ann. Tá gearáin á ndéanamh acu leis an Dáil agus le Conradh na Náisiún faoi stádas na mban faoin mbunreacht nua.

1945

Glacann Bardas Bhaile Átha Cliath le moltaí CIÉ go dtógfaí stáisiún cheann cúrsa do bhusanna cianturais ag Sráid an Stórais i mBaile Átha Cliath. £13,000 a chosnóidh sé.

1954

Tá scútair ghluaiste á gcur ar fáil do stáisiúin Ghardaí áirithe ó rinneadh cinneadh roinnt de na beairicí beaga faoin tír a dhúnadh.

1960

Diúltaíonn Bainisteoir Bhaile Átha Cliath athnuachan a dhéanamh ar cheadúnas Chlub Cúrsála Bhaile Átha Cliath faoina mbeirtear ar ghiorraithe i mBull Island.

1972

Síníonn an Taoiseach Seán Ó Loingsigh agus an tAire Gnóthaí Eachtracha, Pádraig Ó hIrghile, an Conradh do Bhallraíocht sa Chomhphobal Eorpach ag an Palais d'Egmont sa Bhruiséil. Déanann an Bhreatain agus an Danmhairg amhlaidh.

1980

Tagann daoine amach ina mílte le hagóid a dhéanamh faoi anchaoi oibrithe PAYE. Tugtar litir agóide isteach i dTeach Laighean.

1981

Maraíonn Provisionals an IRA Sir Norman Stronge agus a mhac James ag a dteach i Mainistir Thuíneáin i gContae Ard Mhacha. Cuirtear an teach trí thine.

1998

Tá mórchomhlacht Dell le dul i mbun earcaíochta láithreach don 3,000 post nua a d'fhógair siad. Beidh a bhformhór i Luimneach agus 400 i mBré.

Sir Norman Stronge

23 Eanáir

1906

Báitear bean óg sa Rinn i mBaile Átha Cliath nuair a thiteann sí de Dhroichead Victoria a bhí oscailte le long ghaile a scaoileadh tríd chuig Droichead Dixon.

1924

Castar an *Red Flag* ag cruinniú Pháirtí an Lucht Oibre san Albert Hall i Londain rud a fhágann go bhfuil an t-amhrán anois ar liosta oifigiúil an pháirtí. An tÉireannach Jim Connell a chum.

1939

Mainistir na Coille Móire i gContae na Gaillimhe agus iubhaile leathchéad bliain Mháthair Ab na mBeinidicteach, Dame Mary Maura Ostyn, á chomóradh. Thug sí na mná rialta ó Ypres go Conamara le linn an Chéad Chogadh Domhanda.

1959

Tá an rialtas ag scrúdú moladh ón gCoimisiún ar Cháin Ioncaim go dtabharfaí an córas Íoc-Mar-A-Thuillir isteach anseo le cáin ioncaim a bhailiú.

1963

Osclaítear Droichead nua Eochaille, a cheanglaíonn contaetha Chorcaí is Phort Láirge. Is é rúnaí parlaiminte an Aire Airgeadais, Donncha Ó Máille, a osclaíonn go hoifigiúil é.

1972

Léirsiú in aghaidh an imtheorannaithe ag Campa Aird Mhic Giollagáin i gContae Dhoire. Tugann saighdiúirí faoin lucht léirsithe. Tá an feisire John Hume ar an láthair.

1980

Agóidí arís inniu faoin PAYE, i bPort Láirge, Áth Luain, Leitir Ceanainn, an Cabhán, Bré, Cill Chainnigh agus i dTrá Lí.

1987

Mórcheiliúradh i bPort Láirge agus saoirse na cathrach á bronnadh ar an rothaí Seán Kelly. Ar shroichint Halla na Cathrach dó cuireann an Méara Brian Swift fáilte roimhe.

1992

Deir fiosrú neamhspleách faoi bhás Fergal Carraher, a mharaigh na Royal Marines i gCoileach Eanach, Co. Ard Mhacha bliain ó shin, gur chóir na saighdiúirí a chúiseamh. Deir na dlíodóirí, a raibh Michael Mansfield i gceannas orthu, gur léirigh bás Charraher go bhfuil polasaí 'shoot-to-kill' ann i gcónaí.

1998

Socraítear an cás san Ardchúirt a thóg Muintir McColgan as Contae Shligigh in aghaidh Bhord Sláinte an Iarthuaiscirt agus a ndochtúir teaghlaigh. D'fhulaing an chlann íde coirp agus gnéis óna n-athair ar feadh na mblianta.

1901

Fógraítear Éadbhard VII ina Rí ar Éirinn ag searmanas Stáit i gCaisleán Bhaile Átha Cliath. Bailíonn na huaisle taobh amuigh, muintir na cathrach ag faire a bhfuil ar siúl ó Chnoc Chorcaí.

1920

Faigheann Percy French bás i Londain. Ar a chuid amhrán tá *The Mountains of Mourne* agus *Are you Right there Michael are you Right*, amhrán atá bunaithe ar iarnród iarthar an Chláir, a raibh cás clúmhillte faoi.

1941

Scriosann dóiteán cuid de sheomraí ársa an Stáit i gCaisleán Bhaile Átha Cliath. Ar na rudaí a chailltear tá portráidí d'ionadaithe rí Shasana agus cuntais chánach múinteoirí náisiúnta.

1957

Bronntar saoránacht oinigh na hÉireann den chéad uair riamh ar an mbailitheoir ealaíne, Sir Alfred Chester Beatty. Is é an tUachtarán Seán T Ó Ceallaigh a bhronnann air é de bharr a bhfuil déanta aige ar son an náisiúin.

1963

Deir an tAire Dlí is Cirt, Cathal Ó hEochaidh, sa Dáil go bhfuil an Rialtas le breith an bháis a chur ar ceal – roinnt eisceachtaí ann, an dúnmharú polaitiúil mar shampla.

1969

Éiríonn Aire Tráchtála an Tuaiscirt, Brian Faulkner, as rialtas Terence O'Neill, léiriú eile ar an easaontas i bPáirtí Aontachtach Uladh.

1973

Willie Clancy

Cailltear píobaire mór an Chláir, Willie Clancy ó Shráid na Cathrach. Chaith sé tamall i Londain agus i Nua Eabhrac. An-ómós tugtha dá chuid ceoil, an fonn mall go háirithe.

1974

Fuadaíonn Provisionals an IRA, an Dr Rose Dugdale ina measc, héileacaptar i gContae Dhún na nGall agus déanann iarracht in aisce ar bheairic póilíní a bhuamáil i gCo. Thír Eoghain.

1986

Tá Big Bertha, an bhó leis an gCiarraíoch Jerome O'Connor, ag súil leis an naoú lao is tríocha agus í dhá bhliain is daichead d'aois.

1991

Osclaíonn an Taoiseach, Cathal Ó hEochaidh, foirgnimh nua an Rialtais go hoifigiúil inniu sa sean-Choláiste Eolaíochta.

1998

Tá gnéithe a bhaineann le scéim infheistíochta thar lear ag an mBanc Éireannach Náisiúnta á bhfiosrú ag an mBanc Ceannais. Nuacht RTÉ a chéadchraol an scéal inné.

1910

Tionóltar cruinniú bliantúil Chonradh Frith-vótála na mBan i Halla Molesworth i mBaile Átha Cliath. Cáintear na siúracha glóracha atá ar son an vóta agus áitítear ar mhná eile ballraíocht a lorg sa Chonradh chun cur ina n-aghaidh.

1921

Déanann dhá scór fear iarracht ar bheairic na bpóilíní a ghabháil i Maigh Rua in oirthuaisceart Luimnigh, áit a bhfuil beirt sháirsintí agus seisear constáblaí lonnaithe. Teipeann orthu binn na beairice a shéideadh san aer.

1939

Oirnítear Ardeaspag Protastúnach Bhaile Átha Cliath, an Dr Gregg, mar Ardeaspag Ard Mhacha agus Príomháidh uile Éireann san Ardeaglais in Ard Mhacha.

1944

Osclaítear halla damhsa nua Clerys i mBaile Átha Cliath agus foireann Guineys i láthair dá ndamhsa bliantúil. Aghaidh an halla nua ar Shráid Uí Chonaill.

1959

Dóiteán sa scoil chónaithe i Mainistir na Coille Móire i gConamara. Scriostar an sciathán cáiliúil Veinéiseach mar aon leis na síleálacha breátha, an troscán agus brait urláir.

1965

An tArdeaspag Mac Conmidhe ar dhuine de 27 Cairdinéal nua atá ainmnithe ag an bPápa.

1967

Cuirtear deireadh obann le cruinniú de Chumann Staire na Tríonóide, cumann d'fhir amháin, nuair a bhrúnn cúigear ban isteach. Dar leis na mná go bhfuil a dtuairimí féin ar an ábhar 'tír gan teanga tír gan anam' tábhachtach freisin.

1978

Osclaítear ceannáras nua Ghaeltarra Éireann sna Forbacha i nGaeltacht Chonamara. Aire na Gaeltachta, Donncha Ó Gallchóir, a dhéanann an oscailt oifigiúil.

1980

Éiríonn le beirt mhúinteoirí náisiúnta sa chás a thugann siad sa Chúirt Uachtarach faoin gcáin a ghearrtar ar lánúin phósta. Francis agus Mary Murphy sásta.

1990

Síneann John Stalker (thuas) cáipéisí isteach chuig Rúnaí Gnóthaí Baile na Breataine, David Waddington, ar cruthúnas iad go raibh comhcheilg ann chun é a bhaint den choiste iniúchta faoin RUC.

1997

Cuireann polaiteoirí Aontachtacha in aghaidh coimisiúin nua atá molta a mbeadh an focal deiridh acu faoi pharáidí conspóideacha sa Tuaisceart.

1907

THE PLAYBOY OF THE WESTERN WORLD, A
COMEDY IN THREE ACTS, BY J. M. SYNGE.

CHRISTOPHER MAHON	W. G. Fay
OLD MAHON, his father, a squatter	A. Power
MICHAEL JAMES FLAHERTY (called "Michael	
James") a publican	Arthur Sinclair
MARGARET FLAHERTY (called "Pegeen Mike")	
his daughter	Maire O'Neill

Léirítear dráma nua grinn John Millington Synge,
The Playboy of the Western World in Amharclann na
Mainistreach. Déanann an lucht éisteachta gearán
glórach faoi.

1911

Bunaítear an chéad Chlub Aontachtaithe in Ard
Mhic Nasca i gContae an Dúin. Deir Lord Templeton
go gcoinneoidh fir Uladh greim ar an rud a fuair a
muintir rompu ó pharlaimint na hImpireachta.

1920

Scriostar Séipéal Caitliceach Ráth Maonais i
ndóiteán. Áirítear go bhfuil luach £30,000 - £34,000
damáiste déanta.

1944

Éiríonn William T
Cosgrave go
hoifigiúil as
uachtaránacht Fhine
Gael ag Ard-Fheis an
pháirtí i mBaile Átha
Cliath. Déanfaidh
siad iarracht an Éire
aontaithe
neamhspleách a bhí
uaidh, a bhaint
amach.

1945

Gone With the Wind i
bpictiúrlann na
Regal Rooms i
mBaile Átha Cliath,
le Clarke Gabel,
Vivien Leigh, Leslie
Howard agus Olivia
de Haviland. Dhá
thaispeántas sa lá
agus ardú ar
phraghas na dticéad.

William T Cosgrave

1956

Éiríonn le coiste thar ceann mhuintir Bhéal an
Mhuirthead, Co. Mhaigh Eo, an baile a cheannach ar
ais ón tiarna talún, iarcheannaire in aerfhórsa na
Breataine, Geoffrey Shaen-Carter. £6,489 a íocadh
air.

1966

Baineann an Roinn Talmhaíochta an ceadúnas de
sheamlas Bhardas Bhaile Átha Cliath le beithígh a
mharú agus a easpórtáil. Níl Comhphobal
Eacnamaíochta na hEorpa sásta leis an gcaighdeán.

1974

Eagraíocht nua ó cheithre chéad toscaire
Aontachtach chun seasamh le polasaithe Bhrian
Faulkner agus a pháirtí sa Chomhthionól.

1983

Éiríonn an Teachta Dála Jim Tunney (ar
dheis) as an gcoiste fiosraithe faoi
éisteacht mhídhleathach teileafón;
amhras ann i gcónaí faoi cheannaireacht
Chathail Uí Eochaidh.

1991

An chéad eitleán le leas a bhaint as na
háiseanna a thairg an rialtas in Aerfort
na Sionainne le linn Chogadh na
Murascaille – slándáil dhian i bhfeidhm.

1998

Tá an Ulster Democratic Party fágtha amach as na
cainteanna ilpháirtí i Londain. Deir ceannaire an
UDP, Gary McMichael, go bhfuil a pháirtí fós meáite
ar dhíriú ar an tsíocháin.

27

1902

Fágann slua mór slán ag an bhfeisire Joe Devlin i mBéal Feirste, é ag imeacht go Londain agus as sin go Meiriceá le William Redmond le Léig na nÉireannach Aontaithe a eagrú.

1920

Deir an Cliarlathas ag a gcruinniú i Maigh Nuad, an Cairdinéal Logue sa chathaoir, go bhfuil ceart bunúsach ag muintir na hÉireann a rialtas féin a roghnú.

1935

Tá iarsmaí 1916 á gcur chuig Ard-Mhúsaem na hÉireann áit a bhfuil roinn ar leith bunaithe. Faigheann siad amach gur bean rialta a scríobh Who Fears to Speak of Easter Week.

1941

Maraítear triúr saighdiúirí nuair a phléascann mianach ar thrá na Cille Móire i Loch Garman. Bhí na saighdiúirí ag iarraidh é a thabhairt i dtír ag an am.

1949

Cailltear na céadta tonna olla nuair a scriosann dóiteán Ganlys ar Ché Usher i mBaile Átha Cliath. Ba le muintir Usher an teach ar dtús agus ba é Home's Hotel é ag tús an naoú céad déag.

1961

Maraítear beirt phíolótaí leis an aer-chór agus beirt chúntóirí aer-tráchta nuair a thuairteann a n-eitleán dhá mhíle ón rúidbhealach ag Aerfort na Sionainne.

1972

Tagann Comhdháil na gCeardchumann le chéile lenár mballraíocht i gComhphobal Eacnamaíochta na hEorpa a phlé.

1974

I nDoire nochtar leacht cuimhneacháin gar d'árasáin Rossville don trí dhuine dhéag a maraíodh Domhnach na Fola.

1986

Sroicheann Ambasadóir nua Stáit Aontaithe Mheiriceá, Margaret Heckler, Aerfort Bhaile Átha Cliath le tús a chur lena post nua.

1991

Ardaítear an lárphíosa tríocha méadar ar dhroichead an East Link ar an Life leis an long is mó go dtí seo a scaoileadh tríd – an *Nordic Trader*.

1995

An chéad chruinniú foirmiúil ag an Taoiseach John Bruton agus ag ceannaire Shinn Féin, Gerry Adams. Ar na rudaí a phléann siad tá an easpa dul chun cinn ar an Deilbhcháipéis.

1907

Raic arís in Amharclann na Mainistreach le linn léiriú den *Playboy of the Western World*. Teipeann ar an mbainistíocht, na póilíní, an t-údar agus Lady Gregory feadaíl agus fuagairt an lucht éisteachta a stopadh.

1922

Tagann deireadh leis an Irish Race Congress i bPáras. Leagann Éamon de Valera bláthfhleasc ar uaigh an tsaighdiúra anaithnid. Leagtar bláthfhleasc freisin ar uaigh cheannaire 1798, Myles Byrne.

1939

Faigheann William Butler Yeats, file agus drámadóir, bás ar an Riviera in aois a 73. Tá Amharclann na Mainistreach le dúnadh ar feadh seachtaine in ómós do dhuine de bhunaitheoirí agus de stiúrthóirí na hamharclainne.

1942

Deir an Taoiseach Éamon de Valera nach ndeachaigh Rialtas na Breataine ná Rialtas Mheiriceá i gcomhairle leis faoi thrúpaí Meiriceánacha a theacht go hÉirinn.

1960

An chéad léiriú de *Mise Éire*, scannán Ghael-Linn, i bpictiúrlann an Astor sna Doirí Beaga i gContae Dhún na nGall. Léargas ann ar an gcaoi ar baineadh amach ár saoirse.

1972

Socraíonn Comhdháil na gCeardchumann cur in éadan ballraíochta sa Chomhphobal Eorpach ar na téarmaí atá bainte amach ag an Rialtas.

1983

Inis Mór Árann. Deir 100 duine go bhfágfaidh siad. Éilíonn an naoi gcéad eile go gcaithfeadh an Rialtas go cóir leo.

1984

Lorgaíonn an *Late Late Show* céad míle punt le híoc as aistriú ae i Meiriceá do Cholin Mc Stay, naíonán ó Bhaile Átha Cliath a bhfuil galar neamhchoitianta ae air.

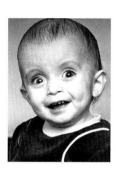

1988

Diúltaíonn an Chúirt Achomhairc i Londain don achomharc a rinne Seisear Bhirmingham. Ábhar éadóchais breise dá bhfeachtas.

1991

Sochraid John Kelly, iar-aire le Fine Gael, Ard-Aighne agus Ollamh le Dlí-eolaíocht i gColáiste na hOllscoile, Baile Átha Cliath – polaiteoir neamhspleách, géarchúiseach, deisbhéalach.

1998

An raic faoi chrainn teileafóin láimhe. Bean chéile gharda as baile beag in Uíbh Fhailí ag iarraidh cosc a chur ar cheann acu ina gairdín.

1908

Séanann Asquith go bhfuil Éire imithe ó smacht agus go bhfuil an rialtas ag iarraidh Home Rule a thabhairt isteach dá bharr sin. Faigheann sé locht ar leith ar thiomáint beithíoch a dhéanann an oiread sin dochair do cheann de mhórthionscail na hÉireann.

1915

Sa Chúirt Ghearr i Queenstown nó Cóbh, ciontaítear captaen ón Iorua faoi thearmann a thabhairt d'eachtrannaigh, ceathrar Gearmánach agus Ostarach, ar bord a loinge. Gearrtar fíneáil caoga punt air nó trí mhí príosúin.

1928

I mBéal Feirste cuireann ceithre bhall déag den Fhreasúra in aghaidh mholadh an rialtais deireadh a chur leis an ionadaíocht chionmhar. Cuireadh PR isteach san Acht um Rialú na hÉireannt 1920 mar chosaint do mhionlaigh.

1932

An Dáil scortha ag an nGobharnóir James MacNeill – deireadh le tréimhse deich mbliana Chumann na nGaedheal, an dream a bhí ar son an Chonartha.

1946

Molann Sir Shane Leslie páirceanna náisiúnta a bhunú, i gCill Airne, i nDún na nGall nó i Sléibhte Chill Mhantáin mar shampla.

1957

Bronntar tuairisc focal ar fhocal ar thriail Jim Larkin i Nua Eabhrac i 1920 ar Ardmhéara Bhaile Átha Cliath, Robert Briscoe. Is é R M Fox, údar leabhair nua ar Larkin, a dhéanann an bronnadh.

1963

Cuirtear trealamh nua radair isteach in Aerfort na Sionainne, é ag teastáil go géar agus eitiltí trasatlantacha ag dul i líonmhaire.

1968

Osclaíonn Aire Forbartha an Tuaiscirt, William Fitzsimons, an chéad mhótarbhealach sa Tuaiscirt idir Béal Feirste agus Dún Geanainn.

1980

I mBéal Feirste cuirtear Giuseppe Conlon, 56 bliain d'aois, a fuair bás sa Bhreatain agus téarma dhá bhliain déag á chur isteach aige. Dúirt sé i gcónaí go raibh sé neamhchiontach.

1985

Glactar le Patrick McEntee, SC, i mBarra Thuaisceart Éireann. Is é an chéad QC ón Deisceart é ón gcríochdheighilt.

1997

Vótálann SIPTU, an ceardchumann is mó sa tír, i bhfabhar an chomhaontú nua náisiúnta pá, 'Páirtnéireacht an Dá Mhíle'.

1913

Diúltaítear don Home Rule Bill sa House of Lords i Westminster, 326 vóta in aghaidh 69 – móramh ollmhór ina aghaidh.

1922

Tionóltar an chéad chruinniú den choiste le bunreacht a dhréachtadh do Shaorstát Éireann. Mícheál Ó Coileáin sa chathaoir.

An bhliain chéanna cailltear Dom Columba Marmion, scríbhneoir leabhar spioradálta ó Bhaile Átha Cliath. Oirníodh don deoise é agus chuaigh sé isteach ansin in ord na mBeinidicteach sa Bheilg.

1947

Faigheann an ceannaire ceardchumann Jim Larkin bás in aois a 72. Tugtar ómós go forleathan don fhear cróga seo a rinne obair éachtach ar son oibrithe in Éirinn, sa Bhreatain agus i Meiriceá. Deir George Bernard Shaw gur cóir leacht a thógáil ina onóir.

1963

Osclaíonn Ardmhéara Bhaile Átha Cliath an Dublin Jewish Friendship Club. Ar an dream atá i láthair tá Príomh-Raibí na hÉireann, an Dr Isaac Cohen.

1972

Maraítear trí dhuine dhéag i nDoire nuair a scaoileann paratrúpaí na Breataine le máirseáil chearta sibhialta a raibh cosc uirthi. Domhnach na Fola.

1975

Tugann Seán Ó Loingsigh Cathal Ó hEochaidh agus Jim Gibbons ar ais ar bhínse tosaigh an pháirtí den chéad uair ó Thriail na nArm.

1984

Faigheann Luke Kelly as na Dubliners bás in aois a 43 – ábhar bróin a bhás go hóg.

1992

Éiríonn Cathal Ó hEochaidh as ceannaireacht Fhianna Fáil. Tosaíonn an iomaíocht don cheannaire nua.

1995

Ceannaire Fhianna Fáil, Bertie Ahern, i mBéal Feirste ag lorg tacaíochta don Deilbhcháipéis a dhréacht rialtais na hÉireann agus na Breataine.

1998

Gearrtar dhá bhliain déag príosúin ar an traenálaí snámha Derry O'Rourke faoi ionsaithe gnéis a dhéanamh ar ghasúir a bhí faoina chúram. Agus scaoiltear an tAthair Ivan Payne amach ar bannaí tar éis dó a admháil gur ionsaigh sé buachaillí óga go mígheanasach.

1916

Bronntar céad guine an duine ar na Captaein Frederick Brennell agus Patrick Kelly, ón Cork Steamship Company, faoina gcrógacht agus a gcumas loingseoireachta agus iad ag éalú ó ionsaithe ó eitleáin Ghearmánacha.

1928

Fágann an Gobharnóir Ginearálta, T M Healy an Vice Regal Lodge i bPáirc an Fhionnuisce, agus a thréimhse istigh. James Mac Neill a thiocfaidh i gcomharbacht air.

1938

I gCúirt Chuarda Chorcaí cuirtear cás Sárú Gealltanais Pósta ar atráth nuair a chloistear go bhfuil an gearánaí tar éis dul isteach i gclochar. Tá admháil ar a £100 cúitimh ón gcosantóir.

1953

Báitear 128 duine nuair a théann an *Princess Victoria* le British Railways go tóin poill amach ó Loch Lao, Béal Feirste. Bhí gála gaoithe léi ar feadh seacht n-uair an chloig ó d'fhág sí Stranraer.

1969

Dúnann Mianach Guail Pháirc na bhFia, an ceann deireanach ar láthair guail Chaisleán an Chomair i gCo. Chill Chainnigh.

1972

Agóidí faoin marú i nDoire. Fógraíonn an Taoiseach go mbeidh lá caointe náisiúnta ann. Cuirtear fios abhaile ar an Dr Dónal Ó Súilleabháin, Ambasadóir na hÉireann sa Bhreatain.

1974

Tá na Teachtaí Dála Peter Barry agus Risteard de Búrca mar aon le hArdmhéara Chorcaí, an Seanadóir Patrick Kerrigan, i láthair ag an gcéad léiriú leis an Irish Ballet Company.

1984

Faigheann Anne Lovett, cailín cúig bliana déag, bás agus leanbh á shaoladh aici láimh le dealbh den Mhaighdean Mhuire i nGránard, Co. an Longfoirt.

1987

Buann Eamonn Coghlan an Wanamaker Mile i Madison Square Garden i Nua Eabhrac, Marcus O'Sullivan sa dara háit.

1994

Seasann Uachtarán Clinton Mheiriceá lena chinneadh víosa sealadach a chur ar fáil do cheannaire Shinn Féin, Gerry Adams. Tá súil aige go gcuirfidh sé seo próiseas na síochána chun cinn.

1997

Bhí aon chás déag ann den BSE nó galar na bó mire i mí Eanáir – laghdú ar na figiúirí go dtí seo.

1901

Cuireann easpaig Eaglais na hÉireann in aghaidh na scéime nua atá á beartú don ollscolaíocht in Éirinn. Dar leo nach féidir baint le haitheantas iomlán Choláiste na Tríonóide, rud a tharlódh dá naiscfí leis na coláistí nua é.

1906

Deir iar-uachtarán Choláiste na Máinlianna, Sir Lambert Orsmby, le cruinniú poiblí go bhfuil 20% de dhaonra Bhaile Átha Cliath ina gcónaí in árais aon seomra amháin fad agus atá fir agus mná uaisle na cathrach – nó cuid mhór acu – agus chuile chompord acu.

1922

Tugtar beairic Thor an Bhacaigh i mBaile Átha Cliath ar lámh d'Arm na hÉireann. Tús á chur le aistarraingt na Breataine faoi théarmaí an Chonartha.

1935

Tagann Comhairle Náisiúnta na nDall ar chomhréiteach faoi chaighdeánú Braille as Gaeilge. Tugann cailín beag ó Instiiúid Mhuirfean léiriú ar an gcóras.

1946

Dhá eitleán Dakota breise ag Aerfort Bhaile Uí Choileáin – naoi gcinn ar fad anois acu. Cheannaíodar iad ó Mheiriceá ar chostas £52,000. Caithfear iad a chóiriú d'iompar paisinéirí.

1955

Deir Aer Lingus go gcaithfidh banóstaigh éirí as eitilt tar éis seacht mbliana ar 'bhonn leighis'. Deir na banóstaigh gurb éard atá i gceist nach mbeidh siad sách dathúil faoin tráth sin. Tá a gceardchumann leis an scéal a phlé leis an mbainistíocht.

1963

Faigheann an Cairdinéal D'Alton bás in aois a cheithre scór. Scoláire clasaiceach ó Mhaigh Eo a bhí ar Choláiste na Carraige Duibhe agus ina uachtarán ar Mhaigh Nuad sular deineadh Cairdinéal de.

1972

Léirsithe ar siúl ar fud na tíre agus daoine ag déanamh agóide faoin marú i nDoire ar an Domhnach.

1985

Cuireann An Post stampaí nua grá ar fáil le Lá Fhéile Valintín a chomóradh.

1993

Baineann Ken Doherty (thuas) a chéad mhórghradam snúcair nuair a bhuaileann sé Alan McManus i gcomórtas oscailte na Breataine Bige i Newport.

1994

Cuireann an fháilte a thugtar do cheannaire Shinn Féin Gerry Adams i Nua Eabhrac olc ar aontachtaithe. É ar an teilifís á rá gur féidir deireadh a chur leis an bhforéigean ó thuaidh taobh istigh d'aon ghlúin amháin.

1901

Sochraid na Banríona Victoria agus gan obair ar bith ar siúl i mBaile Átha Cliath, na bainc agus oifigí poiblí dúnta mar aon le hamharclanna. Tionóltar seirbhísí cuimhneacháin in Ardeaglais Phádraig agus in Ardeaglais Chríost.

1926

Aimsítear lear mór arm, an lear is mó riamh a deirtear, i gColáiste Éanna i Ráth Fearnáin. Deirtear go bhfuil bail mhaith ar na raidhfilí agus ar na gunnaí láimhe.

1938

Tuirlingíonn eitleán leis an RAF ar Reachlainn le soláthairtí bia. Muintir an oileáin scoite amach ón mórthír ag gálaí agus farraigí móra.

1939

Socraíonn muintir W B Yeats go gcuirfear é sa reilig i nDroim Chliabh i gContae Shligigh mar ar theastaigh uaidh i gcónaí agus mar a luaigh sé sa dán. Baint ag a mhuintir agus aige féin le linn a óige leis an gceantar sin.

1946

Deir an tAbhcóide Seán Mac Giolla Bhríde le cumann díospóireachta i mBaile Átha Cliath go leanfar leis na cumhachtaí éigeandála muna gcuireann an pobal ina n-aghaidh. Molann sé go mbunófaí Comhairle Chearta Sibhialta in Éirinn.

1951

Filleann Éamon de Valera ar Halla an Bhaile san Iúr den chéad uair ó gabhadh ansin é i 1924. É ina aoi oinigh an babhta seo agus iubhaile airgid Chonradh na Gaeilge á comóradh.

1967

Cuireann an B&I tús le seirbhís lasta idir Ros Mhic Thriúin i gContae Loch Garman agus Newport sa Bhreatain Bheag.

1972

Tar éis oíche agóide in ar dódh Ambasáid na Breataine i mBaile Átha Cliath tugtar aghaidh ar lá caointe don dream a maraíodh i nDoire, Domhnach na Fola. Airí Rialtais agus teachtaí dála ó Fhianna Fáil i measc an tslua a fhreastalaíonn ar an Aifreann éagnairce sa Chreagán.

1982

Cothrom an lae seo céad bliain ó shin a rugadh an t-údar cáiliúil James Joyce. Comóradh ar siúl i gCearnóg Bhrighton i Ráth Gharbh agus in áiteanna eile i mBaile Átha Cliath a raibh baint aige leo.

1995

Labhraíonn an tUachtarán Máire Mhic Róibín le Tithe an Oireachtais ar an Diaspóra Éireannach nó Éireannaigh thar lear– í ag iarraidh go dtabharfaí gach tacaíocht is féidir d'imircigh ón tír seo pé áit ar fud an domhain a bhfuil siad.

1903

Pléitear canónú Oilibhéar Beannaithe Pluincéad sa Róimh. Cuireadh Ardeaspag seo Ard Mhacha chun báis in 1681. Rinneadh obair ar son a bheannaithe ó 1886.

1919

Éalaíonn ceannaire Shinn Féin Éamon de Valera agus beirt phríosúnach eile ó Phríosún Lincoln i Sasana. Meastar gur éirigh leo eochair a fháil. Gabhadh de Valera i mBealtaine 1918 tar éis líomhaintí faoi chomhcheilg Ghearmánach.

1927

Buaileann toscaireacht ó lucht rásaí capall, úinéirí, traenálaithe agus tógálaithe leis an Aire Talmhaíochta P J Hogan ag éileamh go gcuirfí deireadh leis an gcáin ar gheallta ar an ráschúrsa. Fógraíonn an tAire go bhfuil an *tote* le tabhairt isteach ar ráschúrsaí na hÉireann.

1946

Fógraíonn an rialtas go bhfuil J P Walshe, Rúnaí na Roinne Gnóthaí Eachtracha, ceaptha ina chéad Ambasadóir ag Éirinn. Beidh sé lonnaithe sa Vatacáin.

1960

Dearbhaíonn na Stáit Aontaithe go dtabharfaidh siad tacaíocht d'iarrthóir na hÉireann, F H Boland, d'uachtaránacht Chomhthionól na Náisiún Aontaithe, fear a bhfuil 'tréithe as an ngnáth' aige.

1964

Táthar ag súil anois gur féidir athchóiriú a dhéanamh ar theach Bhetsy Gray, a rinne a cion le linn Éirí Amach 1798, ag Baile Nua na hArda i gContae an Dúin.

1969

Ag cruinniú i bPort an Dúnáin éilíonn dáréag de chúlbhinseoirí na nAontachtaithe, William Craig agus John Taylor ina measc, go n-éireodh an Captaen Terence O'Neill as.

1987

Cruinniú poiblí ar siúl ag Conradh na Gaeilge i nGaillimh chun tacú le Bríd Ní Dhomhnaill, an múinteoir i lár an aighnis sa tSraith Salach áit a bhfuil páistí coinnithe amach as a rang.

1989

Féile ealaíona ar siúl ag Aer Rianta in Aerfort Bhaile Átha Cliath, iad ag iarraidh an strus ar dhaoine a bhíonn ag taisteal a laghdú – ceardaithe agus ceoltóirí ar an láthair.

1998

Fógraíonn an tAire Spóirt Jim McDaid go mbeidh fiosrú neamhspleách ann faoi Chumann Amaitéarach Snámha na hÉireann tar éis gur ciontaíodh an traenálaí Derry O'Rourke in ionsaithe gnéis ar ghasúir.

4 Feabhra

1907

Séanann W B Yeats go ndearna sé iarracht míshásamh an lucht éisteachta faoin b*Playboy of the Western World* le Synge a bhrú faoi chois. Deir Francis Sheehy-Skeffington go raibh an dráma féin go dona, an agóid eagraithe níos measa agus an iarracht í a chur faoi chois níos measa fós.

1929

Foilsítear tuarascáil faoin airgead a bailíodh do chleithiúnaithe na n-iascairí a bádh san iarthar i 1927. Bádh 44 ó Inis Bó Finne, Leacain, Inis Gé agus Ros an Duilisc.

1933

Tar éis mórbhua Fhianna Fáil san olltoghchán cuirtear fáilte mhór roimh Éamon de Valera in Inis, Co. an Chláir, 77 bairillí tarra ar lasadh ar imeall an bhaile – líon na suíochán a bhuadar – 77 marcach roimhe, 77 eile agus tóirsí ar iompar.

1946

Deir George Bernard Shaw (thíos) go mba mhór an onóir dó glacadh le saoirse Chathair Bhaile Átha Cliath – James Larkin a mhol an rún ag cruinniú den Bhardas.

1960

Léiríonn figiúirí a foilsíodh inniu gur tháinig méadú mór ar úsáid an teileafóin le bliain –118 milliún glao déanta, 14 milliún sa bhreis ar an mbliain roimhe sin. Cuireadh 11,000 líne nua isteach.

1969

Éiríonn le Ian Paisley Major Ronald Bunting a shaoradh as an bpríosún. Cuirfidh siad in aghaidh Terence O'Neill i ngach toghcheantar. Cáineann siad an feall atá déanta aige ar Aontachtaithe.

Major Ronald Bunting

1974

Judith Ward ciontaithe i mbuamáil an M62 gar do Bhradford inar maraíodh dháréag ar bhus le hArm na Breataine.

1983

Trí chéad post caillte agus muilte plúir Ranks á ndúnadh i mBaile Átha Cliath agus i Luimneach – lagmhisneach ar oibrithe faoi easpa oibre.

1995

Tugann an tAer-Chór soláthairtí chuig dhá scór teaghlach feirme sa Ghort i ndeisceart na Gaillimhe atá scoite amach ag drochthuilte.

1997

Cúisítear Paul Ward, dhá bhliain is tríocha, ó Chromghlinn i mBaile Átha Cliath i ndúnmharú an iriseora Veronica Guerin.

Ar an lá céanna cuirtear Seán Ó Síocháin a bhí ina Ardstiúrthóir ar Chumann Lúthchleas Gael ó 1964 – 1979.

1908

Aimsítear trí chnámharlach daonna le linn bóthar nua a bheith á dhéanamh go teach braiche Ghrúdlain Guinness. Tugtar go Reilig Ghlas Naíon iad.

1921

Faigheann baintreach Charles Stewart Parnell, Catherine O'Shea mar ab fhearr aithne uirthi tráth, bás i mBrighton in aois a 76.

1934

Pléann Bardas Bhaile Átha Cliath litir ó rúnaí Chonradh na Gaeilge ag iarraidh orthu tacú le hagóid an Chonartha faoi chraoladh 'snagcheoil' ar stáisiúin an tSaorstáit, ar an mbonn go bhfuil an snagcheol in aghaidh spiorad na Críostaíochta is na náisiúntachta.

1947

Géarchéim sa tionsclaíocht in Éirinn. Teilgcheárta Hammond Lane i mBaile Átha Cliath dúnta agus dhá chéad post caillte faoi gan aon ghual a bheith ag teacht isteach. Ganntanas sa Bhreatain is cúis leis.

1960

An tUachtarán de Valera i láthair ag céad léiriú Bhaile Átha Cliath den scannán *Mise Éire* sna Regal Rooms. Deir Dónall Ó Móráin, cathaoirleach Ghael-Linn a léirigh an scannán, gur ómós atá ann dóibh siúd a ghlac páirt in athbheochan na tíre ag tús an chéid.

1964

Cailltear triúr agus gortaítear ochtar i ndóiteán in Óstán Santa Maria i nGaillimh. Scriostar an foirgneamh ar fad.

1976

Feachtas ar siúl chun tacú le Yann Fouere ón gCloigeann i gConamara, fear ón mBriotáin atá á choinneáil gan triail sa bhFrainc.

1985

Scannán á sheoladh ag Cumann Lúthchleas Gael mar chuid dá gcomóradh céad bliain, an tUachtarán Ó hIrghile agus léiritheoir an scannáin, Louis Marcus, i láthair mar aon le hiománaithe cáiliúla, an t-iar-Thaoiseach Seán Ó Loingsigh ina measc.

1992

Maraítear cúigear in ionsaí an UFF ar shiopa geallghlacadóra i mBéal Feirste. 'Murder madness' a thugann Príomh-Chonstábla an RUC, Hugh Annesley, air. Deir an Cairdinéal Cathal Daly go gcaithfear cúl a thabhairt leis an bhforéigean.

1996

Ceapann an FAI Mick Mc Carthy (thíos) ina bhainisteoir ar fhoireann sacair na Poblachta mar chomharba ar Jack Charlton a d'éirigh as i mí na Nollag.

6 Feabhra

1901

Cuireann an Chief Secretary, Charles Wyndham, tús lena chamchuairt ar cheantair chúnga Chonamara áit a bhfuil 70,000 duine ag iarraidh slí bheatha a bhaint amach. Tugann sé cuairt freisin ar Gharmna, Leitir Mealláin agus Leitir Móir.

1905

Cuireann Bardas Bhaile Átha Cliath fáilte roimh an mbailiúchán pictiúr a chuir Hugh Lane ar fáil agus tugann treoir gailearaí seasmhach a sholáthair dóibh. B'in ceann de na coinníollacha a bhain leis an mbronntanas.

Sir Hugh Lane

1928

Agus luas beagnach ochtó míle san uair leis an ngála gaoithe éiríonn leis an traein ó Dhoire go hAilt an Chorráin Tarbhealach Abhainnacharraidh, míle aon chéad daichead troigh ar leithead, a thrasnú.

1942

Tá pictiúr breá den *Mhadonna agus a Páiste* le Giovanni Battista Salvi, duine d'ealaíontóirí móra na hIodáile, i seilbh na bProinsiasach i nGaillimh. Níor thuig siad a thábhacht gur glanadh an pictiúr i mBaile Átha Cliath.

1958

Tá Liam Whelan ó Bhaile Átha Cliath ar imreoirí Mhanchester United a mharaítear nuair a thuairteann a n-eitleán go gairid tar éis dóibh München a fhágáil. Tagann Jackie Blanchflower, Latharna, agus Harry Gregg ó Chúil Raithin slán.

1968

Osclaítear Pláinéadlann Ard Mhacha don phobal inniu. An stiúrthóir Patrick Moore sásta go bhfuil an lá tagtha.

1979

Agóid ar bun ag Comhairle na hÉireann in aghaidh Spóirt Fola agus cúrsáil ar siúl i gCluain Meala, Co. Thiobraid Árann – ach leantar leis an obair.

1986

Mic léinn i mbun léirsithe ag cur in aghaidh dhúnadh Choláiste Traenála Dhún Carúin. Bailíonn siad os comhair Theach Laighean.

1992

Ní thógann sé leathuair féin ar pháirtí parlaiminte Fhianna Fáil Albert Reynolds (ar dheis) a roghnú mar cheannaire i gcomharbacht ar Chathal Ó hEochaidh. Deir sé ag preasagallamh níos deireanaí go bhfuil rialtas oscailte uaidh, é ag díriú ar Éirinn chuimsitheach, nua-aimseartha, fhorásach, chineálta.

1996

Filleann na Saw Doctors ar a mbaile dúchais, Tuaim, lena dtríú fadcheirnín a sheoladh – ionsaí eile ar chairteacha na Breataine.

1900

Sa House of Commons molann John Redmond ón Irish Party leasú ag cáineadh an chogaidh san Afraic Theas agus ag éileamh go dtabharfaí aitheantas do neamhspleáchas an Transvaal agus an Orange Free State.

1903

Tá Maud Gonne le Major John Mac Bride a phósadh. Bhí sé i gceannas ar bhriogáid na hÉireann ar thaobh na mBórach i gCogadh an Transvaal. Iompóidh sise ina Caitliceach.

1922

Agus parlaimint na Breataine á hoscailt aige deir an Rí Seoirse go bhfuil an domhan mór ag tnúth le bunú Saorstát Éireann.

1926

Beartaíonn feisire náisiúnach an Dúin, Patrick O'Neill, go nglacfaidh sé a shuíochán i bparlaimint an Tuaiscirt. Thug coinbhinsiún náisiúnach tacaíocht dó.

1934

Díospóireacht theasaí sa Dáil ar an vóta faoi bhunú fórsa nua Óglach. Luaitear eachtraí Chogadh na gCarad. Diúltaíonn an teachta Seán Moylan, Fianna Fáil, Corcaigh Thuaidh, do líomhaintí James Dillon adeir go ndéanfaidh siad fir ghunna as fir óga.

1942

Séanann an rialtas tuairisc i nuachtán sa Bhreatain adeir go bhfuil muireitleáin Ghearmánacha ag tuirlingt in uiscí na hÉireann agus ag déanamh ionsaithe ar bháid.

1953

Cuirtear téacs an Bhille Sláinte, 1952, sa timpeall ina bhfuil cur síos ar an tsaorscéim leighis atá le tabhairt isteach do dhaoine ar mheánioncam agus ar ioncam íseal.

1969

Tá macasamhail an bháid in ar thrasnaigh Naomh Bréanainn an tAtlantach beagnach críochnaithe anois ag an mairnéalach Meiriceánach, Bill Verity. Tabharfaidh sé faoin turas Lá 'le Pádraig.

1983

Agus cinnireacht Chathal Uí Eochaidh ar Fhianna Fáil faoi ionsaí bailíonn a lucht tacaíochta ag Teach Laighean.

1989

Buaileann Cumann Haemaifiliach na hÉireann le teachtaí an fhreasúra i dTeach Laighean. Cúnamh Stáit uathu dá mbaill atá buailte ag an víreas SEIF.

1997

Bliain beagnach ó lá na buamála i gCanary Wharf deir an tIRA nach mbeidh aon sos comhraic nua anois ann roimh olltoghchán na Breataine i mí na Bealtaine.

8 Feabhra

1918

Siúlann 500 de lucht tacaíochta Shinn Féin agus trí bhanna ceoil in éineacht leo, scór míle slí ó Bhun an Fheadáin i Sligeach – talamh á ghabháil acu ar an mbealach agus é á ligean le fir a shaothróidh é ar dhá nó trí phunt an t-acra.

1929

Gearrann cúirt speisialta i mBéal Feirste príosún míosa ar cheannaire Fhianna Fáil, Éamon de Valera, ar chúis go ndeachaigh sé isteach i gContae Ard Mhacha, áit a raibh cosc curtha air i Meán Fómhair 1924.

1947

Buaileann Éire Sasana 22-0 ag Bóthar Lansdúin – an scór is airde riamh ag foireann na hÉireann ina n-aghaidh.

1955

An chéad fhód á bhaint ag an Aire Rialtais Áitiúil, Pa O'Donnell, ar eastát nua tithíochta Ghlaschnoic i mBaile Bhailcín i mBaile Átha Cliath. Beidh 1,100 teach ann do lucht meánioncaim ar chostas £2m.

1964

Osclaíonn an tAire Tionscail agus Tráchtála, Seán Ó Loingsigh, ceardlann nua do dhaoine faoi bhac meabhrach, ar Bhóthar na Laoi i gCathair Chorcaí.

1983

Teipeann ar rún a mholann gur cóir do Chathal Ó hEochaidh éirí as tar éis chruinniú dhá uair déag an chloig den pháirtí parlaiminte. Is é Jim Tunney a fhógraíonn toradh na vótála rúnda. Formhór na mball ag caint anois ar aontacht nua sa pháirtí.

1987

Deir na Ulster Freedom Fighters, eite mhíleata an UDA, gurb iad atá freagrach as na buamaí loiscneacha i lár chathair Bhaile Átha Cliath.

1991

An milleán á chur ar Ghéarchéim na Murascaille agus an cúlú idirnáisiúnta eacnamaíochta faoi 250 post a cailleadh i nGaillimh agus cinneadh comhlachtaí eile breis agus 600 eile a chur ar sheachtain ghearr.

1993

Diúltaíonn oibrithe Team Aer Lingus do phlean an chomhlachta cóirithe eitleán, le costais a ghearradh. Tá Team ag iarraidh fáil réidh le 400 post agus gearradh siar ar an ragobair.

1998

Lochanna Chill Airne ar oscailt don phobal arís. B'éigean iad a dhúnadh an samhradh seo caite de bharr truaillithe ar Loch Léin.

Chill Airne

1904

Cearta paitinne bainte amach ag Éireannach ar inneall a tharraingeoidh gáis dhainséaracha amach ag an nóiméad ceart agus toitíní á ndéanamh. Suim ag an Státchiste ann – breis teacht isteach acu dá bharr.

1928

Déanann naonúr Éireannach cur síos don Southern Irish Loyalist Relief Association i Londain ar an anró a d'fhulaing siad roimh agus tar éis an Chonartha Angla-Éireannaigh. Tá cúiteamh uathu ó rialtas na Breataine.

1936

Faigheann Brian de Valera, bliain is fiche d'aois, an tríú mac ag Uachtarán na Comhairle Feidhmiúcháin, Éamon de Valera, bás tar éis dó a chloigeann a bhualadh faoi chrann agus é ag marcaíocht i bPáirc an Fhionnuisce.

1940

Seasann an Chúirt Uachtarach leis an mBille um Chionta in Aghaidh an Stáit (Leasaithe) agus meastar go síneoidh an tUachtarán ina dhlí tráthnóna é. Is féidir imtheorannú gan triail a thabhairt isteach faoin leasú seo.

1949

I ndóiteán i bpictiúrlann an Pháláis san Uaimh i gContae na Mí faigheann William Kennedy, an t-úinéir agus Príomhoide na Ceardscoile, bás agus iarracht á déanamh aige a chlann a thabhairt slán. Faigheann a mháthair agus a dheirfiúr bás ach tagann a bhean agus beirt pháistí slán.

1955

Siobhán Nic Cionnaith

Tugtar ardmholadh do Shiobhán Nic Cionnaith faoina páirt mar Saint Joan sa dráma den ainm céanna le George Bernard Shaw atá ar siúl sa West End i Londain.

1972

Lá agóide sa Tuaisceart, bacainní á dtógáil agus daoine ag léirsiú ar na sráideanna. Bailíonn na sluaite ag Free Derry Corner.

1983

Fuadaítear an capall rása Shergar ó stábla Bhaile Monaidh i gContae Chill Dara. Tá airgead fuascailte á éileamh ar an gcapall luachmhar.

1994

Faigheann an scannán Éireannach *In the Name of the Father* seacht n-ainmniúchán do ghradaim 1993 de chuid an Academy Awards i Hollywood.

1996

Fógraíonn an tIRA go bhfuil deireadh lena sos comhraic seacht mí dhéag. Pléascann buama ollmhór i gCanary Wharf in oirthear Londain. Maraítear beirt agus gortaítear 40.

1910
Diúltaíonn clubanna Chumann Lúthchleas Gael i gContae Lú, na Dundalk Young Irelanders, Dundalk Geraldine, Ardee Volunteers agus Drogheda Boyne Emmets, páirt a ghlacadh i gcomórtas peile mar gurb é an feisire Tim Healy ón Irish Party, namhaid cruthanta Charles Stewart Parnell nach maireann, a bhronnfaidh an corn.

1922
Tugtar Bille an Chonartha os comhair an House of Commons faoina gcuirfear deireadh le Parlaimint an Deiscirt agus faoina dtoghfar Parlaimint nua a mbeidh an Rialtas Sealadach freagrach dó.

1936
Tá bailiúchán 35 portráid Sir John Lavery, a thug sé do Ghailearaí Ealaíne na Cathrach i mBaile Átha Cliath i gcuimhne a mhná, Lady Lavery nach maireann, ar crochadh anois i seomra Sir Hugh Lane.

1940
Láthair nua don scátáil oscailte i Sráid Diúic i mBaile Átha Cliath a thabharfaidh seans do mhuintir na cathrach a bheith aclaí agus taitneamh a bhaint as ag an am céanna.

1959

Vótálann teachtaí ó 89 ceardchumann ag dhá chomhdháil éagsúil i mBaile Átha Cliath deireadh a chur leis an scoilt chúig bliana déag ina measc. Deireadh anois leis an CIU agus an TUC agus an ICTU a bheas ann feasta.

1963
Ospidéal nua athshlánaithe oscailte i nDún Laoghaire. Ospidéal don eitinn a bhíodh ann ach tá sé cóirithe go speisialta anois do dhaoine a bhfuil cabhair ar leith uathu.

1975
Fógraíonn an tIRA go mbeidh sos comhraic i bhfeidhm acu óna sé a chlog tráthnóna. Níos luaithe déanann pléasc damáiste don líne iarnróid ó Bhaile Átha Cliath go Béal Feirste.

1989
Faigheann an t-aisteoir Joe Lynch cúiteamh £25,000 agus costais sa chás clúmhillte a thóg sé in aghaidh an *Evening Press.*

1993
An fear gnó Gordon Wilson, ar maraíodh a iníon Marie sa bhuamáil in Inis Ceithleann, ar dhuine den aon duine dhéag a roghnaíonn an Taoiseach don Seanad.

1994
A thaispeántas deiridh ag an dearthóir aitheanta faisin Ib Jorgensen. Deir sé go bhfuil sé ag éirí as de bharr brú cánach.

1997
Tagann an fhoireann abhaile go Baile Átha Cliath ó na Cluichí Speisialta Oilimpeacha Geimhridh, gaolta agus cairde ann le fáiltiú rompu.

1901

Cáineann sagart paróiste Charna i gConamara, an tAth. Mac Aoidh, lagmhisneach an Chief Secretary Wyndham faoinar dhúirt sé faoi thionscail cois cósta i gContae na Gaillimhe tar éis dó cuairt a thabhairt ar an gceantar le gairid. Iarrann sé ar Wyndham cuidiú le tionscal na feamainne sa cheantar.

1911

Buaileann Éire Sasana a haon a náid sa chéad chluiche idirnáisiúnta den séasúr i mBóthar Lansdúin.

1925

Ritear rún sa Dáil a fhágann go mbeidh sé dodhéanta ag saoránach ar bith colscaradh agus ceart chun athphósta a fháil.

1926

Tarraingíonn dráma nua Seán O' Casey, *The Plough and the Stars*, atá bunaithe ar shaol an bhochtanais i mBaile Átha Cliath aimsir Éirí Amach na Cásca, raic san amharclann. Buaileann fear as an lucht éisteachta ban-aisteoir.

1938

Deir príomhoide na scoile in Ardeaglais Chríost i mBaile Átha Cliath, a bunaíodh i 1493 le ceol agus dea-bhéasa a mhúineadh, go gcuirfear an scoil faoi chúram an Stáit. Deir an tUrramach Robert Ross go ndéanfaidh sé a dhícheall múineadh na Gaeilge a chur chun cinn sa scoil.

1946

Osclaítear Coláiste Talmhaíochta Stáit i gCaisleán Bhaile Eoin i gContae Loch Garman. Bhronn Lady Fitzgerald, nach maireann, ar an Stát é.

1955

Faigheann John Dulanty, an chéad ambasadóir chun na Breataine, bás in aois a 72. Ceapadh é i 1950 nuair a socraíodh go mbeadh ardchaighdeán taidhleoireachta eadrainn.

1979

Searmanas ar bun i Mainistir Dhubh na nDoiminiceach i gCill Chainnigh le athchóiriú na mainistreach, a tógadh 754 bliain ó shin, a chomóradh. Nuinteas an Phápa, an Dr Alibrandi, agus an tUachtarán Ó hIrghile i láthair.

1986

Sroicheann bainisteoir nua fhoireann sacair na hÉireann, Jack Charlton, Baile Átha Cliath le tús a chur leis an obair – labhraíonn sé faoina chuid pleananna.

1992

Fágann an Taoiseach Cathal Ó hEochaidh slán leis an Dáil. Roghnaítear Albert Reynolds i gcomharbacht air. Téann seisean go hÁras an Uachtaráin le séala a oifige a fháil ón Uachtarán Mhic Róibín.

12 Feabhra

1907

Deir John Redmond leis an seisiún nua parlaiminte sa House of Commons gurb é a thuiscint siúd go bhfuil an Rialtas meáite go hiomlán ar fhéinriail d'Éirinn a thabhairt isteach sa seisiún seo.

1922

An Páirtí Poblachtach á sheoladh agus deir Éamon de Valera go séanann an Conradh flaitheas mhuintir na hÉireann.

1931

Caitheann Cumann Dal gCais de Chumann Lúthchleas Gael in Inis sé dhuine dhéag amach faoi fhreastal ar chluiche gallda. Cluiche rugbaí idir Inis agus Aonach Urmhan a bhí ann.

1939

Fógraíonn an Roinn Gnóthaí Eachtracha go dtugann an Rialtas aitheantas go foirmiúil do rialtas an Ghinearáil Franco.

1946

Tá an méid seo le rá ag an Aire Tailte Seán Moylan faoi dhearcadh Fhianna Fáil i leith na Breataine: 'We hate these English evils which Dickens pilloried, we detest these English pretences that Thackeray portrayed; we abhor the pious impositions which Trolloppe laid bare and we hate them because they are evil, not because they are English'.

1954

Ní éiríonn leis an bhfile agus úrscéalaí, Patrick Kavanagh, san Ardchúirt ina chás clúmhillte in aghaidh eagrán Dheireadh Fómhair 1952 den iris *An Leader*.

1965

Gortaítear cúigear mairnéalach ón tír seo nuair a théann an *City of Waterford* trí thine amach ó Inis Iocht. Tugann an long Bhriotanach *Superiority* an criú slán agus tarraingíonn sí an bád eile ar cheann téide.

1972

Seolann William Craig an Ulster Vanguard Movement ag slógadh i Lios na gCearrbhach. Dearbhaíonn 1,600 fear agus eagar míleata orthu, go gcuirfidh siad in aghaidh aon nascadh leis an bPoblacht.

1986

Tugtar ómós d'iarcheannaire Fhine Gael, James Dillon, a thugtar chun na cille i gContae Ros Comáin. An Taoiseach Garrett FitzGerald agus an tUachtarán Pádraig Ó hIrghile i láthair.

1989

Maraítear an t-aturnae Pat Finuncane ó Bhéal Feirste nuair a lámhachann paramíleataigh dhílseacha é ina theach. Seisean a d'oibrigh thar ceann na bpoblachtach ag coiste cróinéara i gCraigavon le deireanaí.

1997

Aontaíonn an rialtas agus ceithre cheardchumann na n-altraí téarmaí tagartha an choimisiúin nua a scrúdóidh ról na n-altraí sna seirbhísí sláinte.

1900

Ceannaíonn an Royal Victoria Eye and Ear Hospital láthair bhreá ar Bhóthar Adelaide dá n-ospidéal nua i mBaile Átha Cliath. A cúl ag an láthair seo, adeir siad, le deatach agus gleo agus clampar na príomhchathrach agus a haghaidh ar shléibhte Bhaile Átha Cliath.

1906

Deir an Chief Secretary nua, Augustine Birrell, leis an House of Commons go ndéanfaidh sé a dhícheall mar Home-Ruler. Molann sé d'fheisirí Uladh agus do dhaoine nach iad, éirí as an síorchur is cúiteamh faoi imeachtaí na staire.

1922

Déanann Mícheál Ó Coileáin, cathaoirleach an Rialtais Shealadaigh, anailís ar Cháipéis a Dó le de Valera in alt i nuachtán Meiriceánach a athfhoilsítear san *Irish Independent*. Diúltaíonn sé don cháipéis.

1934

Ritheann an Irish Retail Confectionaries and Allied Trades' Association rún d'aon ghuth i mBaile Átha Cliath ag cur in aghaidh na meaisíní sliotáin atá á dtabhairt isteach.

1956

Tógann an dreapaire clogais Desmond Hunter, 34, an aeróg theilifíse is airde i mBaile Átha Cliath, 150 troigh os cionn talún ar Shráid Mholesworth. Na céadta ag faire ar Hunter a bhfuil árachas míle punt air.

1966

Cuireann Easpag Chluain Fearta, an Dr Tomás Ó Riain, go láidir in aghaidh *Late Late Show* an tSathairn. D'fhiafraigh an láithreoir Gay Byrne, d'fhear pósta cén dath a bhí ar ghúna oíche a mhná agus iad ar mhí na meala. Dúirt seisean go raibh sé trédhearcach. Dúirt a bhean nár chaith sí gúna oíche ar bith.

1976

Pléascann fearais loiscneacha i siopaí i lár chathair Bhaile Átha Cliath; orthu seo tá Arnotts, Penneys, Easons agus Woolworths.

1980

Seirbhís nua phearsanta uathoibríoch ar fáil anois do chustaiméirí Bhanc na hÉireann – an meaisín Pass.

1986

Déanann muintir Bhun Cranncha i gContae Dhún na nGall iarracht cosc a chur le meaisíní imeartha ar an mbaile. Deir tuismitheoirí go bhfuil na gasúir róthógtha leo.

1995

Bailíonn cairde agus comhghleacaithe ag sochraid Néill Uí Dhónaill, a chuir an *Foclóir Gaeilge-Béarla* in eagar – muid go léir faoi chomaoin aige faoina mhórshaothar.

1997

An Seachtú Earl of Ross sásta anois go bhfuil athchóiriú iomlán, ar chostas £1m, déanta ar theileascóp cháiliúil Bhiorra.

1907

Dearbhaíonn an Chief Secretary, Augustine Birrell, arís tacaíocht an rialtais do na tionóntaí a cuireadh as seilbh ar Eastát Clanricarde agus deir sé go ndéanfar chuile iarracht fadhbanna an eastáit a réiteach.

1916

Toghtar John Redmond in athuair mar chathaoirleach ar an bPáirtí Náisiúnta i dTeach an Ardmhéara. Atoghtar freisin é ina Uachtarán ar Léig na nÉireannach Aontaithe..

1933

Déanann an Irish Women Workers Union gearán láidir faoi chás cúirte sa Droichead Nua áit ar ciontaíodh beirt chailíní trí bliana déag agus aon bhliain déag i ngadaíocht. Ordaíodh dá n-athair léasadh a thabhairt dóibh os comhair na nGardaí.

1945

Cailltear Viscount Elveden sa Chogadh, mac 32 bliana d'aois leis an Iarla agus an Countess of Iveagh. Is é a mhac siúd anois, Arthur Francis Benjamin Guinness, seacht mbliana d'aois, atá ina oidhre ar shaibhreas mhuintir Ghuinness.

1963

I mBaile Átha Cliath sínítear conradh do Choláiste nua Teicneolaíochta an Choiste Gairmoideachais i Sráid Chaoimhín. Agus tugann mic léinn ó chathair Dhoire aghaidh ar Stormont ag lorg ollscoil dá gcuid féin.

1978

Osclaítear Droichead nua Mhatt Talbot ar an Life i mBaile Átha Cliath, an chéad droichead nua ar an abhainn le beagnach céad bliain.

1981

Lá Fhéile Vailintín agus faigheann dhá scór duine óg bás i ndóiteán i halla rince an Stardust in Ard Aidhin i mBaile Átha Cliath. Gortaítear dhá chéad eile. Naoi mbliana déag meán-aois na ndaoine óga sa tubaiste uafásach seo.

1987

An lá leis na Gaeil i Meiriceá nuair a bhaineann Eamonn Coghlan rás an mhíle i New Jersey. Is é Marcus O'Sullivan atá sa dara háit agus Frank O'Mara sa tríú háit.

1990

Cúig oscar bainte ag scannán Jim Sheridan *My Left Foot* ar bheatha Christy Browne. Orthu seo tá Daniel Day-Lewis don aisteoir is fearr agus Brenda Fricker don bhan-aisteoir taca is fearr.

1995

Nochtar fuinneog ghloine dhaite in onóir Oscar Wilde, file agus drámadóir, ag coirnéal na bhfilí i Westminster Abbey.

1905

Osclaítear Ospidéal nua Ortaipéadach na hÉireann i Sráid Mhuirfean i mBaile Átha Cliath, an Lord Lieutenant agus an Countess of Dudley i láthair – an t-aon ospidéal in Éirinn a chuireann cóir ar ghasúir chithréimeacha.

1910

Éiríonn le John Dunville ina thuras balúin thar Mhuir Éireann. Fágann sé Comhlacht an Gháis sa Rinn i mBaile Átha Cliath agus tuirlingíonn sé ag Macclesfield, cúig mhíle dhéag siar ó dheas ó Mhanchain taobh istigh de dhá uair an chloig.

1927

Tugann Uachtarán na Comhairle Feidhmiúcháin, Liam T Mac Coscair, lámh chúnta agus an chéad cheann de na cuaillí móra cruach a thabharfaidh cáblaí leictreacha ó Ard na Croise go Baile Átha Cliath, a ardú ag an Chéim.

1948

Tar éis cruinniú dhá uair an chloig i dTeach an Ardmhéara fógraíonn an Ginearál Ó Maolchatha go bhfuil grúpaí an fhreasúra ar aon fhocal go dtoghfaí John A Costello mar Thaoiseach.

1956

Cuireann an Seanadóir neamhspleách Owen Skeffington (ar dheis) rún os comhair an tSeanaid ag iarraidh go mbeadh cosc ar phionós corpartha ar chailíní i scoileanna náisiúnta na tíre.

1962

Seacht míle feirmeoir ón Iarmhí i mbun agóide sa Mhuileann gCearr faoi thitim ar theacht isteach na bhfeirmeoirí agus faoin ardú seasta ar rátaí.

1974

Muintir Dhún Geanainn ag breathnú le solas an lae ar an scrios a rinne an buama sé chéad punt a phléasc ar an mbaile.

1981

Bás na ndaoine óg i dtubaiste an Stardust á chaoineadh ag muintir na hÉireann. Gardaí agus fir dhóiteáin i mbun cuardaigh sa smionagar – fiosrú geallta.

1989

Glacann an Dáil leis go gcuirfí 35 ball den Gharda Síochána go Namibia leis na Náisiúin Aontaithe ansin agus an tír ag díriú ar an neamhspleáchas.

1990

Deireadh, sa deireadh, leis an aighneas faoi cheadúnas iascairí slaite agus tugann iascairí aghaidh ar an gcéad lá den séasúr nua.

1995

Achrann i mBóthar Lansdúin agus lucht sacair Shasana i mbun círéibe le linn cluiche caradais idir an tír seo agus Sasana. Cuirtear an cluiche ar ceal agus suíocháin á réabadh agus á gcaitheamh le fána.

16 Feabhra

1914

Déanann Lord Dunsany cur síos ar fhile óg nua don National Literary Society: leaid tuaithe a thosaigh ag scríobh in aois a 16, gan ghramadach ná ceardaíocht ró-mhaith aige ach smaointe iontacha agus mianach na filíochta ann. Francis Ledwidge a ainm.

Francis Ledwidge

1929

Éiríonn an Dr T F O'Higgins as a phost mar chaptaen sa Chór Leighis le bheith ina iarrthóir do Chumann na nGaedheal sa bhfothoghchán i mBaile Átha Cliath Thuaidh. Deartháir é leis an iar-Aire Dlí is Cirt, Kevin O'Higgins, a feallmharaíodh i 1927.

1936

Agus í ag caint leis an Women's Republican Prisoners Defence League cáineann Maud Gonne MacBride seoladh Éireannaigh óga go dtí an India ar chúig scilling an cloigeann le urchair a stopadh d'Arm na Breataine – obair atá ar siúl le caoinchead Rialtas an tSaorstáit.

1941

Tá oileánaigh Inis Gé amach ó chósta Mhaigh Eo ag ullmhú chun filleadh go sealadach ar an oileán leis an talamh a shaothrú. Thréigeadar an t-oileán naoi míle amach ón bhFód Dubh tar éis tubaiste 1927 inar bádh trí dhuine dhéag.

1960

Ceaptar an veidhleadóir Geraldine O'Grady ina treoraí ar Cheolfhoireann Shiansach Raidio Éireann. Ceoltóir sna luathfhichidí í a thug coirmeacha ceoil sa bhFrainc, sa Ghearmáin agus sa Bhrasaíl.

1972

Cuirtear cás sé dhuine fichead a seirbheáladh faoin máirseáil Chearta Sibhialta san Iúr, siar go ceann míosa – polaiteoirí náisiúnacha ina measc.

1981

Carr nua spóirt de Lorean ar taispeáint ag Seó Mótair Bhéal Feirste. Caitheadh trí bliana agus £70m d'airgead lucht íoctha cánach ar an gcarr seo lena doirse sciathánacha.

1989

Éiríonn Liam Lawlor, cathaoirleach Chomhchoiste an Oireachtais ar Chomhlachtaí Státurraithe Tráchtála, as oifig ar fhaitíos go mbeadh a dhualgais agus a chaidreamh le Comhlacht Siúicre Éireann ag teacht salach ar a chéile.

1998

Tionóltar cainteanna ilpháirtí an Tuaiscirt i mBaile Átha Cliath den chéad uair áit a bpléitear éileamh rialtas na Breataine go gcaithfí Sinn Féin amach.

Agus is í Mary Banotti Eorpach na Bliana. Bronnann an tUachtarán Mhic Giolla Íosa a gradam uirthi faoin obair a rinne sí i bParlaimint na hEorpa.

1906

An fiche cúigiú cluiche idirnáisiúnta sacair idir Éirinn agus Sasana sna Cliftonville Grounds i mBéal Feirste. An lá le Sasana arís, 5-0.

1923

Deir an tAire Gnóthaí Baile, Kevin O' Higgins, go mbeidh deireadh tráthnóna amárach leis an bpardún ginearálta d'*Irregulars* an IRA. Seo é an focal deiridh, adeir sé.

1941

Dúntar an scoil aon seomra ar an mBlascaod Mór de bharr easpa páistí. Bhí 25 teaghlach ar an oileán i 1938 ach tá a bhformhór seo ina gcónaí ar an mórthír anois.

1956

Sa Róimh gearrtar príosún sé mhí *in absentia* ar an rothaí Éireannach Michael Christle faoi phóilín a bhualadh le linn na gComórtas Domhanda Rothaíochta mí Lúnasa seo caite. Ba leis an National Cycling Association é agus ní leis an bhfoireann Éireannach thuaidh-theas a raibh aitheantas acu.

1958

Tarraingíonn Samuel Beckett trí dhráma leis amach as Féile Amharclainne Idirnáisiúnta Bhaile Átha Cliath toisc gur fágadh athchóiriú ar úrscéal Joyce, *Ulysses*, amach as clár na bliana seo.

1960

Agus bailchríoch á cur ar an mBille Teilifíse sa Seanad tugann Cathaoirleach na hInstitiúide Náisiúnta Scannán rabhadh faoin mbaol a bhaineann leis an teilifís – 'paratrúpaí frithnáisiúnta mímhorálta ag brú thar bhallaí an tí isteach ina sluaite', adeir J P Murphy.

1975

Osclaíonn an tAire Poist agus Telegrafa, an Dr Conchubhar Crús Ó Briain, malartán nua uathoibríoch Thamhlachta.

1987

Is é rúnaí an Phápa, an Monsignor John Magee, a roghnaítear mar easpag Chluana i gcomharbacht ar an Dr John Ahern atá ag éirí as.

1994

Déantar iarracht ról an Uachtaráin a phlé sa Dáil tar éis diúltú an rialtais cead a thabhairt di a bheith sa chathaoir ag athbhreithniú ar na Náisiúin Aontaithe i mí na Nollag. Lorg an tUachtarán Mhic Róibín a comhairle dhlíthiúil féin faoin gceist.

1998

An chéad léiriú den scannán *The Butcher Boy* le Niall Jordan ar siúl i mBaile Átha Cliath. Tá ardmholadh tugtha dó cheana ag Féile Bheirlín.

18 Feabhra

1907

Deir an Chief Secretary Birrell go nglacann na Coimisinéirí um Oideachas Náisiúnta leis go mb'fhéidir go nglacfaí le clár dhátheangach i scoileanna áit a bhfuil Gaeilge sa bhaile ag formhór na ndaltaí.

1916

Cuireann John Redmond forógra amach ag impí ar fhir óga nár liostáil cheana, é sin a dhéanamh anois. Tá gá leo sa líne thosaigh, adeir sé.

1928

Deir ceannaire Fhianna Fáil, Éamon de Valera, agus é ag caint le slua i Sráid na Mainistreach Íochtarach tar éis dó filleadh abhaile ó Mheiriceá, gur éirigh leis áiteamh ar lucht gnó thall tacaíocht a thabhairt do nuachtán Poblachtach d'Éirinn.

1948

Ceaptar John A Costello ina Thaoiseach agus fógraíonn sé an chéad chomhrialtas – Fine Gael, an Lucht Oibre, Clann na Poblachta, Clann na Talún, Neamhspleáigh agus Lucht Oibre Náisiúnta.

1962

Tugann an tUachtarán Éamon de Valera cuairt ar bhaile Thiobraid Árann le iubhaile airgid Mhuintir na Tíre a chomóradh. Tugtar ómós don Chanónach Hayes.

1975

Éide nua ag banóstaigh Aer Lingus déanta ag Ib agus Patricia Jorgenson. Na riteoga uaine imithe agus na sciortaí ceithre horlaí níos ísle, éide uaine go príomha fós í.

1978

Faigheann dháréag bás i bpléasc agus i ndóiteán in Óstán La Mon i gContae an Dúin – roinnt bheag ábhar pléascach ceangailte de channaí peitril a bhí sa bhuama agus ábhar marfach greamaitheach tríd.

1991

Deir an tIRA gurb iad faoi deara an bhuamáil i stáisiúin Paddington agus Victoria i lár Londan ar maidin. Maraíodh fear amháin agus gortaíodh dhá scór i Victoria.

1992

Pléann an Taoiseach Albert Reynolds le ceannairí na bpáirtithe eile urghaire na hArdchúirte a chosc ar chailín ceithre bliana déag a éigníodh, dul go dtí an Bhreatain le ginmhilleadh a fháil.

1996

Filleann Easpag Fhearna, an Dr Brendan Comiskey, ar a pharóiste agus deir sé go bhfreagróidh sé ceisteanna amach anseo faoina imeacht faoi dheifir go Meiriceá chun déileáil le fadhb an alcóil agus faoin gcaoi ar láimhseáil sé cásanna íde gnéis ar ghasúir.

1901

Déanann Tomás Ó Domhnaill, feisire náisiúnach d'Iarthar Chiarraí, iarracht Gaeilge a labhairt sa House of Commons. Cuireann an Ceann Comhairle fainic air agus deir nár chuala sé i stair 600 bliain an Tí, go ndearna éinne iarracht aon cheo eile ach Béarla a labhairt.

1928

Agus ionsaí á dhéanamh aige ar an moráltacht nua-aimseartha cáineann Easpag na Gaillimhe, an Dr Ó Dochartaigh, an ghealltóireacht. Deir easpaig eile nár chóir a bheith go síoraí ag iarraidh pléisiúir.

1935

Tagann fir oibre ar dhealbh de Chríost, trí throithe ar fad, le linn tochailte agus bóthar á thógáil gar do Phluais Aifrinn láimh le hIorras i gContae Mhaigh Eo. Tá sí á cur go dtí an tArd-Mhúsaem.

1954

Faigheann an Captaen Henry Harrison OBE, an duine deireanach ón Irish Party a raibh Charles Stewart Parnell i gceannas air sa House of Commons, bás in aois a sheacht mbliana agus ceithre scór. Ba Phrotastúnach é a rugadh in Ard Caoin i gContae an Dúin.

1965

Foilsíonn an Club Leabhar a 200,000 leabhar. Bronnann an tAthair Breandán Ó Doibhlinn, Ollamh le Nuatheangacha i Maigh Nuad, cóip de *Néal Maidne agus Tine Oíche* ar an Aire Airgeadais, Séamus Ó Riain.

1972

Léirsiú in aghaidh ár mballraíocht i gComhphobal Eacnamaíochta na hEorpa ar siúl i Sráid Uí Chonaill i mBaile Átha Cliath, á eagrú ag coiste náisiúnta.

1980

Ceannáras nua an AIB i nDroichead na Dothra i mBaile Átha Cliath á oscailt go hoifigiúil ag an Taoiseach, Cathal Ó hEochaidh.

1986

Agóid faoi sclaigeanna ar siúl i dtuaisceart Chiarraí; daoine ag léirsiú faoi dhrochstaid na mbóithre. Polaiteoirí áitiúla páirteach ann.

1990

Sochraid an iar-Thánaiste agus ceannaire Pháirtí an Lucht Oibre, Brendan Corish, i Loch Garman. Tugtar ómós don obair a rinne sé le deireadh a chur leis an leatrom i measc an phobail.

1997

Glacann dochtúirí sóisearacha na tíre, 2,500 acu, le tairscint pá £8.3 milliún an Rialtais. Fáiltíonn an tAire Sláinte roimh an gcinneadh.

1921

Maraítear trí dhuine dhéag i scliúchas dhá uair an chloig nuair a thagann saighdiúirí ón 2nd Hampshire Regiment ar fhir armtha i dteach i Mainistir na Corann, Co. Chorcaí. Gabhtar ochtar, triúr acu gortaithe.

1929

Ceaptar an Maorghinearál Seán Mac Eoin, nó Gabha Bhéal Átha na Lao mar a thugtaí air, ina Ardcheannfort ar an Arm tar éis don Leifteanantghinearál Hogan éirí as.

1944

Tuismitheoirí a leanann orthu ag cur a gcuid gasúr chuig scoileanna neamh-Chaitliceacha, ní fiú iad na scaraimintí a ghlacadh dar le hArdeaspag Bhaile Átha Cliath, an Dr McQuaid.

1956

Faigheann an Captaen Robert Monteith (ar chlé), a tháinig i dtír ó fhomhuireán Gearmánach i gCiarraí le Roger Casement, bás i Detroit in aois a 77.

1969

Sochraid James Larkin, Ardrúnaí cheardchumann an Workers Union of Ireland. Cuirtear i Reilig Ghráinseach an Déin é, na paidreacha á rá ag an Athair Séamus Caomhánach.

1974

Osclaíonn an tArdeaspag Simms stiúideo nua traenála sa chumarsáid le hEaglais na hÉireann i Ráth Garbh i mBaile Átha Cliath. An tUachtarán Childers i láthair.

1980

Cuireann Raidió na Gaeltachta triúr amhránaithe ar an sean-nós go dtí féile Sense of Ireland i Londain. Deir Seosamh Mac Con Iomaire go bhfuil an-suim á cur san amhránaíocht traidisiúnta.

I mBaile Átha Cliath diúltaíonn an Chúirt Chuarda cead a thabhairt do na Boomtown Rats ceolchoirm a thionól ar Ráschúrsa Bhaile na Lobhar.

1989

Tugann Aosdána a dtacaíocht don údar Salman Rushdie agus iarrann siad ar an rialtas a dhícheall a dhéanamh chun go mbainfí an *fatwah* dhe.

1994

Faigheann an ceoltóir traidisiúnta Micho Russell as Dúlainn, Contae an Chláir, bás tar éis timpiste in aois a 78.

1995

Faigheann fear eile a raibh aithne agus gean air ar fud na tíre, Thom McGinty nó 'The Diceman', bás den ghalar SEIF.

1998

Tá Sinn Féin díbeartha ó chainteanna an Tuaiscirt ar feadh coicíse toisc gur sáraíodh Prionsabail Mhitchell.

1906

Éiríonn leis an iriseoir John MacBride ina achomharc in aghaidh baic a ceadaíodh do Independent Newspapers ina chás clúmhillte. Dúirt tuairiscí san *Irish Independent*, san *Evening Herald* agus san *Irish Weekly Independent* ar imeachtaí colscartha Mhaud Gonne MacBride anuraidh go raibh sí ag cur an dlí air faoi mhí-iompar agus meisce.

1921

Osclaítear craobhlíne iarnróid i gCaisleán an Chomair, Co. Chill Chainnigh do phaisinéirí. Deich míle slí atá ann a thugann bealach isteach i gceann de na ceantair thalmhaíochta agus mianadóireachta is rathúla in Éirinn.

1922

Maíonn an Teachta Dála Robert Barton gurbh ann do Dhoiciméad a Dó de chuid de Valera roimh an sos cogaidh i mí Iúil 1921, agus nach le deireanaí a tháinig ann dó.

1933

Sroicheann ionadaithe ón Ísiltír agus ón nGearmáin Gaillimh le hiniúchadh a dhéanamh ar láthair an aerfoirt idirnáisiúnta nua atá á bheartú sna Forbacha.

1946

Deir Údaráis na Breataine go bhfuil socraithe déanta acu le go nglanfar na mianaigh a leagadar lasmuigh d'uiscí na tíre seo amach ó chóstaí Phort Láirge is Loch Garman i 1940.

1958

Cuireann an tÚdarás Forbartha Tionsclaíoch tús le mórfheachtas chun lucht tionscail ó Mheiriceá a mhealladh go hÉirinn. Ceapann siad Count Cyril McCormack, mac leis an amhránaí John McCormack, le cuidiú leo san obair seo.

1964

Osclaíonn an tAire Dlí agus Cirt, Cathal Ó hEochaidh, ionad nua traenála an Gharda Síochána sa Teampall Mór i gContae Thiobraid Árann. Beannaíonn Ardeaspag Chaisil, an Dr Morris, an láthair nua.

1977

Cuirtear ainm W B Yeats ar bhéal bolcáin ar an bpláinéad Mearcair in onóir an fhile. Ní féidir é a fheiceáil le teileascóp féin – ach is ann dó!

1987

Buann Eamonn Coghlan an rás dhá mhíle méadar in Inglewood i gCalifornia agus baineann ceithre shoicind den churiarracht dhomhanda.

1995

Rialaíonn coiste cróinéara i Londain gur bás nádúrtha a bhí i mbás an déagóra Kelly Fitzgerald. Cuireadh a tuismitheoirí i bpríosún anuraidh faoi fhaillí a dhéanamh inti d'aon ghnó ar a bhfeirm i gContae Mhaigh Eo. Cailleadh Kelly in ospidéal i Londain de bharr truailliú fola i 1993.

1906

Sa House of Commons deir rúnaí an Lord Lieutenant go bhfuil airgead breise le cur ar fáil do mhúineadh na Gaeilge i scoileanna náisiúnta le go scrúdófar na bealaí is éifeachtaí leis an teanga a mhúineadh gan cur as do na hábhair riachtanacha eile.

1933

Aistrítear an Ginearál Ó Dubhthaigh as a phost mar Choimisinéir an Gharda Síochána, feidhm láithreach leis an gcinneadh. Is é an tAire Dlí agus Cirt, Patrick Ruttledge, a chuireann ar an eolas é. Ceaptar an Coirnéal Éamon Broy mar Choimisnéir ina áit.

1946

Admhaíonn Éamon de Valera (thuas) agus freagra á thabhairt aige ar rún a mhol an Ginearál Ó Maolchatha, go bhfuil na ceantair Ghaeltachta ag éirí níos lú agus an Ghaeilge mar ghnáth-theanga ag dul i léig. "Ní mór do dhaoine fonn a bheith orthu í a fhoghlaim."

1956

Osclaítear taispeántas de phictiúir Jack B Yeats i nDánlann Bhéal Feirste – 45 pictiúr atá ann ó bhailiúcháin sa tír seo agus árachas £56,000 orthu.

1967

Breis agus scór feirmeoir faoi ghlas i bPríosún Mhuinseo i mBaile Átha Cliath faoi gan fíneáil, a gearradh orthu tar éis agóid an NFA an mhí seo caite, a íoc. Uachtarán an NFA, Rickard Deasy, ar an láthair.

1973

Fógraíonn Fianna Fáil a gcuid pleananna chun deireadh a chur le rátaí ar thithe cónaithe agus chun cíos a laghdú. An Taoiseach a fhógraíonn an scéal.

1980

Lucht tacaíochta na Boomtown Rats ag déanamh ar Ráschúrsa Bhaile na Lobhar don cheolchoirm, ainneoin é a bheith curtha ar ceal. Bob Geldof ar an láthair le comhbhrón a dhéanamh leo.

1988

Bád nua tarrthála faighte ag Dún na Séad i gContae Chorcaí – fáilte curtha roimpi, í breá sciobtha, rud a theastaíonn i gceantar mór iascaireachta den chineál seo.

1994

Tástáil don víreas Heipitíteas C á dhéanamh ar na mílte ban tar éis rabhadh ón mBord Fuilaistriúcháin go mb'fhéidir go raibh ceann dá dtáirgí fola truaillithe. Ábhar imní an rabhadh céanna.

1995

Seolann Príomh-Aire na Breataine John Major agus an Taoiseach John Bruton an deilbhcháipéis i mBéal Feirste – bunús díospóireachta a ndéanfar neart cur agus cúiteamh faoi le páirtithe an Tuaiscirt.

1905

Tagann Bardas Bhaile Átha Cliath le chéile i Halla na Cathrach le hathbhreithniú a dhéanamh ar rún a d'fhág go gcaithfeadh an Coiste Gairmoideachais suíomh a fháil ar an taobh ó thuaidh den chathair dá gcoláiste nua. Tar éis mórchuid argóna glactar le suíomh oiriúnach, thuaidh nó theas.

1920

Déantar an Dr de Faoite a insealbhú mar Mhéara Phort Láirge. Síneann sé a mhéar i dtreo an Mháis agus iarrann sé ar an Sáirsint faoi Airm "that bauble of foreign rule" a chur as an mbealach.

1934

Baintear siar as an bhFreasúra nuair a thugann an Rialtas an Bille Éide (Teorannú) 1934 isteach. Cuireann an tUasal Cosgrave i gcoinne an chéad léimh. 'The Blue Shirt Bill' a thugtar go forleathan air.

1945

Fógraítear go bhfuair an poblachtach aitheanta Frank Ryan bás i sanatóir i nDresden na Gearmáine i mí an Mheithimh. Chuaigh sé go dtí an Spáinn i 1936 chun troid leis an mBriogáid Idirnáisiúnta. Ghabh fórsaí Franco é, daoradh chun báis é ach saoradh ansin é i 1940.

1972

Agóid ar siúl taobh amuigh de Theach na Cúirte i gCill Bheagáin i gContae na hIarmhí agus ochtar fear á gcúiseamh. Cuirtear ballraíocht san IRA i leith seisir – airm agus armlón ag an mbeirt eile.

1980

Árthach foluaineach ar a bealach ón nGresham go dtí an RDS do Thaispeántas Idirnáisiúnta na mBád ansin. Buaileann sí in aghaidh cúpla carr.

1984

Cruinnithe agóide á n-eagrú san iarthar, ceann i mBaile Liam i gCo. Ros Comáin – imní ar dhaoine go bhfuil stáisiúin bheaga leis na Gardaí i gceantair thuaithe á ndúnadh.

1995

Agus airí na Breataine ag plé an chaoi a ndeachaigh Deilbhcháipéis an Tuaiscirt i bhfeidhm ar dhaoine, deir feisirí na nAontachtaithe Oifigiúla, naonúr acu, go mb'fhéidir go gcuirfidh siad in aghaidh rialtas mionlaigh John Major sa vóta ar an Aontas Eorpach.

1998

Pléascann buama ollmhór i ngluaisteán i bPort an Dúnáin. Déantar mórchuid damáiste. Meastar gur paramíleataigh phoblachtacha ba chúis leis cé nár ghlac éinne freagracht.

24 Feabhra

1910

Tugann iar-churadh trom-mheáchain an domhain, John L Sullivan, cuairt ar Bhaile Átha Luain agus cuirtear fáilte roimhe in Óstán an Prince of Wales. Is as Áth Luain dá mháthair agus deir sé gur Éireannach é féin go bunúsach.

1924

Deir an tAire Cosanta, an Ginearál Risteard Ó Maolchatha, agus é i mbun toghchánaíochta do Chumann na nGaedheal i mBaile Brigín i mBaile Átha Cliath, go bhfuil sé i gceist ag an rialtas cathlán le Gaeilge amháin a bhunú.

1935

Glacann Coinbhinsiún Cho. Chiarraí de Chumann Lúthchleas Gael le rún i dTrá Lí nach nglacfaidh siad páirt in aon chluiche eile go saorfar na príosúnaigh phoblachtacha go léir. Deir John Joe Sheehy gur rún náisiúnta agus nach rún polaitiúil é seo.

1943

Faigheann 35 cailín ó scoil saothair an Chabháin bás nuair a scriosann dóiteán a suanlios. Cailltear cócaire 80 bliain d'aois na scoile freisin. Baineann an scoil le Clochar na Poor Clares.

An Ginearál Risteard Ó Maolchatha

1956

Cuireann Roinn Oideachais an Tuaiscirt cosc ar leabhar léitheoireachta do pháistí óga tar éis d'Aontachtaithe cur ina choinne. Tá bratach na hÉireann i gceann de na pictiúir in *Casán an Óir*.

1964

An t-inneall gaile *Maedhbh* ar a bealach go Músaem Iompair Bhéal Feirste. Tugann Córas Iompair Éireann ar láimh d'ionadaithe ón iarsmalann í ag stáisiún Shráid Amien i mBaile Átha Cliath.

1977

Fágann sochraid an fhile, Seán Ó Ríordáin, Eaglais Naomh Seanán sa Chloch Rua i gContae Chorcaí, é ar a bhealach go Reilig Ghobnatan. Is é Cearbhall Ó Dálaigh adeir na paidreacha cois na huaighe.

1986

Is í an dreapaire clogais Angela Collins a bhaineann Gradam Bowmaker don tionsclaíocht in Éirinn, an tAire Airgeadais John Bruton á bhronnadh. Neart fostaíochta curtha ar fáil aici i gContae an Chláir.

1994

Cailltear ceathrar i dtimpiste thubaisteach amach ó chósta Chorcaí nuair a théann bád beag farantóireachta, í ar a bealach ó Bhaile Chaisleáin Bhéarra go dtí an tOileán Mór, go tóin poill lá breá.

1999

Tugtar fear os comhair na Cúirte Coiriúla Speisialta ar chúisimh a bhaineann leis an mbuamáil san Ómaigh. Cuirtear Colm Murphy, seoladh aige i nGleann na bhFiach gar do Dhún Dealgan, siar faoi choinneáil.

1910

Tá Pádraig Mac Piarais (thuas), Ardmháistir Scoil Éanna, Tomás Mac Donncha agus Frank Cruise O'Brien i measc na gcainteoirí ag léacht phoiblí le Shane Leslie ar an 'Náisiúnachas sna hOllscoileanna'. I dTeach an Ardmhéara atá an cruinniú.

1928

Cailltear William O'Brien, iarbhall den Irish Parliamentary Party a bhí gníomhach go maith i bhfeachtais na Talún agus Home Rule, i Londain in aois a 75.

1948

Nochtann an tAire Sláinte, an Dr Nollaig de Brún, a phlean éigeandála chun cur in aghaidh na heitinne. Teastaíonn sanatóir sealadach láithreach do 2,000 duine agus dochtúirí a chuirfidh comhairle ar an Rialtas.

1957

Cailltear triúr iascairí ón bhFiodh Ard i gContae Loch Garman nuair a théann a mbád go tóin poill amach ó theach solais Rinn an Dubháin. Is iad sin John Hearne, Joseph Whelan agus John Redmond. Éiríonn le duine amháin teacht slán.

1962

Edward Kennedy ar cuairt lae in Éirinn. Éiríonn leis sciuird ó dheas a thabhairt ar theach a mhuintire i Ros Mhic Thriúin.

1969

Filleann mianadóirí na hAirgní i gContae Ros Comáin ar a gcuid oibre tar éis stailc cúig lá déag – seachtain oibre cúig lá á héileamh acu.

1975

Cuirtear Earnán de Blaghd i mBaile Átha Cliath – Preispitéireach ó Chontae Aontroma, scoláire Gaeilge, duine de bhunaitheoirí an tSaorstáit agus bainisteoir Amharclann na Mainistreach.

1989

Déanann an Rialtas clamhsán láidir le hIosrael faoi gur mharaigh Arm Dheisceart na Liobáine a bhfuil tacaíocht Iosrael acu, an saighdiúir singil, Michael Mc Neela, 21, ó Dhún Dealgan ag ionad leis na Náisiúin Aontaithe.

1991

Deir Stiúrthóir na nIonchúiseamh Poiblí i Londain nach bhfuil ciontú seisear Bhirmingham sásúil ná sábháilte – an cás ina n-aghaidh tite as a chéile.

1993

Tá Comhlacht Ríomhaireachta Digital i nGaillimh le dúnadh agus caillfear 750 post. Coinneoidh Digital a gceannáras bogearraí Eorpach ansin agus 350 duine fostaithe ann.

26 Feabhra

1906

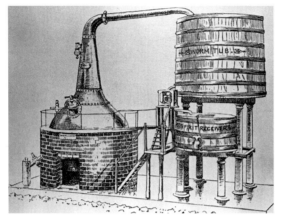

Rialaíonn breitheamh i Londain gur fuisce a chuireann an *pot still* ar fáil, ní hionann agus an *patent still* atá níos saoire. Fáiltítear roimh an gcinneadh seo i nGaillimh. Cuirfidh sé le táirgeadh na heornan rud a dhéanfaidh leas na bhfeirmeoirí.

1928

Éiríonn le hamaitéaraigh raidió anseo agus san Astráil teagmháil dhíreach dhébhealaigh a dhéanamh lena chéile. Faigheann fear i mBaile Átha Cliath comhartha ar ghléas baile dhá chomhla Reincatz a oibríonn ar thonnfhad 45m.

1934

Téann trí chéad dalta ó Scoil na mBráithre Críostaí i nDurlas ar stailc mar agóid in aghaidh na léinte gorma atá á gcaitheamh ag roinnt dá gcomhdhaltaí. Mórshiúl ar bun acu ar an mbaile, bratach na hÉireann á hiompar agus 'Amhrán na bhFiann' á chasadh.

1946

Tá deireadh le cur leis an síneadh ó Leitir Ceanainn go hAlt an Chorráin ar an iarnród ó Dhoire go Loch Súilí, ainneoin gur cuireadh ina choinne go láidir. Tuairiscítear drochbhail ar an líne.

1955

Fógraíonn an tArm go bhfuil 2,000 fear breise uathu. Tá ionaid earcaíochta oscailte sna beairicí míleata. Dhá ghine sa tseachtain ar dtús, dhá phunt naoi scillinge tar éis trí mhí.

1962

Tugann an tAire Poist agus Telegrafa, Michael Hilliard, cuairt ar stiúideonna RTÉ i Montrose. Tugann an tArd-Stiúrthóir Edward Roth ar cuairt an tí é.

1972

Tugann na sluaite aghaidh ar Pháirc Dalymount leis an réalta peile Pele agus a chlub Santos a fheiceáil. Beannaíonn Pele dá lucht tacaíochta.

1980

Cuireann Easpag na Gaillimhe, an Dr Eamonn Casey, fáilte roimh chorp an iar-easpaig, an Dr Michael Browne, in Ardeaglais na Gaillimhe áit a mbeidh sé os cionn cláir.

1987

Agus farasbarr feola an Aontais Eorpaigh á dháileadh socraíonn Cumann Naomh Uinseann de Pól sa Tuaisceart gur i gcannaí a chuirfear a gcuid siúd ar fáil.

1992

Cuireann an Chúirt Uachtarach rialú na hArdchúirte ar ceal a shocraigh nach raibh cead ag cailín ceithre bliana déag a éigníodh dul go dtí an Bhreatain lena gin a mhilleadh.

1999

Rialaíonn an Phríomhchúirt Choiriúil nach bhfuil Anna Mario Sacco ciontach i ndúnmharú a fir Franco. Ba é seo an dara triail – theip ar ghiúiré teacht ar bhreith anuraidh.

1903

Ag cruinniú i dTeach an Ardmhéara i mBaile Átha Cliath cuirtear fáilte mhór roimh iarracht Lá 'le Pádraig a chaomhnú mar lá saoire náisiúnta. Is é an tArdmhéara Harrington a eagraíonn an cruinniú.

1910

In Ardeaglais an Chabháin deir an tUrramach Magee gur cás leis an nós mímhorálta cártaí poist le meon truaillithe a sheoladh. Deir sé gur strainséirí is cúis leis.

1920

Foilsítear téacs an Home Rule Bill a thabharfar isteach sa House of Commons. Dhá pharlaimint atá á mholadh, 128 ball i gceann an deiscirt, 52 i bparlaimint an tuaiscirt.

1925

Nochtar leacht ar bhalla ag Bóthar Lansdúin leis na himreoirí rugbaí ón dtír seo a fuair bás le linn an Chéad Chogadh Domhanda a chomóradh.

1933

Tá an tír buailte ag stoirmeacha sneachta – faigheann ceathrar bás, feirmeoirí ó Chúige Mumhan iad uile. Tá Contae Chill Mhantáin buailte go dona freisin, gan traenacha, sreangscéalta, teileafóin ná leictreachas le trí lá anois.

1948

Iarrann an Rialtas ar Aerlínte Éireann a eitilt trasatlantach tionscnaimh a chur siar tar éis dóibh scrúdú a dhéanamh ar chostas an fhiontair. Tagann sé seo aniar aduaidh ar an gcomhlacht toisc go bhfuil na socruithe go léir don chéad eitilt go Boston Lá 'le Pádraig déanta beagnach.

1955

Siúlann an file Patrick Kavanagh amach as siompóisiam ar scannáin i mBré nuair a chuirtear fainic air gan a bheith ag cur isteach de shíor ar chainteoirí eile. Ní ealaíon iad scannáin, adeir sé, níl i gCumann Scannán na hÉireann ach raiméis – is iad an fhilíocht agus an litríocht atá tábhachtach.

1979

Bronntar gradam liteartha AIB ar an scríbhneoir Liam Ó Flaithearta. Deir an tOllamh Patrick Lynch gur scríbhneoir gearrscéalta as an gcoitiantacht atá sa bhfear seo a rugadh in Árainn, fear uasal agus ealaíontóir.

1997

Tá feidhm inniu leis an dlí a cheadaíonn colscaradh. Deir Bord an Legal Aid go bhfuil breis agus míle duine tar éis iarratas a chur isteach ag iarraidh deireadh dleathach a chur lena bpóstaí.

1998

Tá aon tír déag leis an Aontas Eorpach tar éis cáiliú den chéad iarracht don EMU – Éire ina measc.

1900

Léiríonn figiúirí gurb iad na Irish Fusiliers is mó a d'fhulaing le linn Chogadh na mBórach – beirt oifigeach marbh, seisear gortaithe, seacht nduine dhéag basctha; 30 fear marbh, 105 gortaithe agus 510 basctha.

1921

Lámhachtar seisear Éireannach i mBeairicí Míleata Victoria i gCorcaigh. Le Kevin Barry (ar chlé), a crochadh, agus Cornelius Murphy san áireamh, mharaigh Arm na Breataine ochtar ó mhí na Samhna.

1935

Teach solais nua le tógáil ar Cheann Bóirne chun cuidiú le línéir Atlantacha ag tarraingt ar Ghaillimh. Beidh sé ceangailte leis na tithe solais ar Inis Oírr Árann, Cinn Mhara agus carraig an Mharguerite soir ó thuaidh uathu.

1945

Cead feasta ag fir agus mná single Chluain Eois i gContae Mhuineacháin suí gualainn ar ghualainn sa phictiúrlann – deireadh leis an riail go scarfaidís óna chéile ar dhul isteach dóibh, fir ar thaobh amháin, mná ar an taobh eile.

1953

Buaileann Éire Albain 26-8 ag Murrayfield. Seo é an scór is airde riamh ag Éirinn i gcluiche idirnáisiúnta rugbaí, agus an t-ochtú babhta as a chéile ar bhuamar ar Albain.

1965

Tugtar sochraid Stáit do Roger Casement. Gluaiseann sí trí shráideanna Bhaile Átha Cliath i dtreo na hArdeaglaise don Aifreann éagnairce, ceannairí stáit agus eaglasta i láthair. As sin go Reilig Ghlas Naíon áit a dtugann an tUachtarán de Valera óráid ag an uaigh.

1974

Coiste bunaithe i gContae an Chláir le hathchóiriú a dhéanamh ar theach Mhíchíl Uí Chíosóig, bunaitheoir Chumann Lúthchleas Gael.

1986

Agus cuairt á tabhairt ag an Aire Oideachais Patrick Cooney ar Choláiste Dhún Carúin, seasann sé le cinneadh an rialtais an Coláiste a dhúnadh.

1991

Na pleananna d'ionad oidhreachta dhá mhilliún punt ar pháirceanna Céide i dtuaisceart Mhaigh Eo ar taispeáint i mBaile an Chaisleáin. Meastar go dtabharfaidh céad míle duine cuairt ar an áit.

1999

Tá an Coimisinéir Eorpach Pádraig Flynn tar éis freagra a thabhairt ar litir an Taoisigh faoin íocaíocht £50,000 a maítear a fuair sé ón gconraitheoir maoine Tom Gilmartin – á rá gur mhol a chomhairleoirí dlí dó gan aon cheo a rá.

1916

Cuirtear tús le Feis Dhoire agus tá níos mó daoine ná riamh tar éis cur isteach uirthi. Beidh an scléip ar siúl go ceann seachtaine.

1920

Labhraíonn beirt fheisirí náisiúnacha, Joe Devlin agus TP O'Connor, faoin Home Rule Bill ag mórchruinniú a eagraíonn Léig na nÉireannach Aontaithe i nGlaschú. Tá lucht tacaíochta Shinn Féin i láthair agus cuireann siad isteach go seasta ar an Uasal Devlin.

1932

Bíonn ar eitleán uisce *supermarine* ó Aerfhórsa Ríoga na Breataine, an *Southampton*, tuirlingt éigeandála a dhéanamh i gcuan Dhún Laoghaire le linn gála caoga míle san uair nuair a theipeann ar inneall.

1940

Dúntar oifig na bPas Éireannach agus ceadúnais taistil i nGlaschú. As seo amach caithfear aon iarratas a chur go dtí Ard-Choimisinéir na hÉireann i Londain.

1948

Ag labhairt dó i gCathair na Mart deir Aire na Talún, Joe Blowick, go bhfuil faoin rialtas deireadh iomlán a chur leis an gcóras faoina mb'éigean do dhuine atá ag lorg poist, a thacaíocht do pháirtí an rialtais a chur in iúl leis an bpost a fháil.

1964

An Bord Iascaigh Intíre i mbun feachtais le fáil réidh le hiasc garbh ó uiscí ina bhfuil bradán agus breac – marú le leictreachas atá i gceist. Cuirtear leictreachas san uisce agus tógtar na héisc gharbha amach.

1976

Bronntar gradaim teilifíse is raidió Jacobs i gcathair Luimnigh. Tréaslaíonn an Taoiseach Liam Mac Coscair le Ian McGarry, leis an gcartúnaí Terry Willers, le Eoghan Harris, Michael O'Callaghan agus Frank Hall.

1984

Concerned Parents Against Drug Pushers i mbun agóide ar shráideanna Bhaile Átha Cliath, iad ag tarraingt ar Theach Laighean le aird a dhíriú ar an bhfadhb.

1988

Halla na dTáilliúirí, an t-aon Ghildhalla amháin atá ina sheasamh i mBaile Átha Cliath, á oscailt anois, é athchóirithe go hiomlán agus é ina cheannáras náisiúnta ag an Taisce.

1992

Deir Chris McGimpsey a bhí i mbun margaíochta do na hAontachtaithe Oifigiúla le linn thionscnamh Bhrooke, go nglacfaidh siad páirt i sraith nua cainteanna.

1996

Cuireann an IRFU deireadh le conradh idirnáisiúnta an imreora rugbaí Peter Clohessy. Bhí sé curtha ar fionraí cheana tar éis na satailte sa chluiche in aghaidh na Fraince.

1 Márta

1907

Imíonn traein earraí atá ag dul ó Thrá Lí go dtí an Daingean de na ráillí agus í ag tarraingt ar Tharbhealach Lios Póil agus titeann tríocha troigh síos san abhainn. Gortaítear an tiománaí go dona.

1914

Dearbhaíonn an Roinn Talmhaíochta go bhfuil trí ráig den ghalar crúibe is béil i gContae Chorcaí. Tá cosc ar bheithígh, idir eallach, chaora, ghabhair agus mhuca isteach ná amach ó chúig mhíle dhéag ón láthair.

1925

Cáineann Easpaig Chaitliceacha ina dtréadlitreacha don Charghas an damhsa san oíche i mbailte na tíre. Impíonn siad ar thuismitheoirí cabhrú leo stop a chur leis an tóir neamhghnách ar an damhsa agus ar chaitheamh aimsire eile.

1937

Ceadaíonn an Roinn Tionscail agus Tráchtála iasacht dhá chéad míle punt chun caladh agus cuan na Gaillimhe a fhorbairt. Tá Coimisinéirí Chuan na Gaillimhe á iarraidh seo le dhá bhliain déag.

1951

Tagann an tAire Oideachais, an Ginearál Ó Maolchatha agus an tAire Airgeadais, Patrick McGilligan, ar shocrú leis an INTO faoi mhodhanna eadrána agus réitigh faoi thuarastail agus faoi phinsin bhunmhúinteoirí.

1966

Baineann Arkle agus Pat Taafe sa diallait an Leopardstown Stakes den tríú bliain as a chéile nuair a bhuaileann sé Height of Fashion, ar éigean.

1981

Cuireann Bobby Sands tús le stailc ocrais i bPríosún na Ceise Fada, cúig bliana go díreach ón uair gur cuireadh deireadh leis an stádas polaitiúil. Máirseáil agóide ar Bhóthar na bhFál ag tabhairt tacaíochta dó.

1985

Déantar cáineadh go forleathan ar an ionsaí moirtéir a rinne an tIRA aréir ar stáisiún an RUC san Iúr. Maraíodh naonúr san ionsaí.

1988

Tá 10 mórshaothar dealbhóireachta le tógáil i mBaile Átha Cliath i mbliana le mílaois na príomhchathrach a chomóradh. Molann an tArdmhéara Carmencita Hederman do dhaoine a bheith páirteach in imeachtaí na mílaoise.

1992

Admhaíonn an tIRA gurb iad atá freagrach as na trí bhuama a leagadh i Londain le deireanaí. Cuireadh an tríú ceann ó mhaith ar maidin ag stáisiún traenach White Hart, roinnt uaireanta an chloig sular imríodh cluiche sacair in aice láimhe.

1998

Tugtar ardómós don aisteoir agus fear grinn Dermot Morgan a fuair bás go tobann i Londain aréir. Bhí aithne go forleathan air sa tsraith teilifíse, *Father Ted.*

1918

Gabhtar Earnán de Blaghd, eagarthóir an *Southern Star* i Sciobairín, Contae Chorcaí faoi gan aird a thabhairt ar riail mhíleata a dúirt gur chóir dó a bheith ina chónaí i gCúige Uladh. Tugtar go Corcaigh ar an traein é agus leanann lucht tacaíochta glórach Shinn Féin go dtí an príosún é.

1927

Molann an tUachtarán Mac Coscair sa Dáil go dtógfadh Údaráis Chathair Bhaile Átha Cliath gailearaí do phictiúir Hugh Lane, rud a bhí mar choinníoll sa chodaisíl den uacht, codaisíl nár síníodh. Chuirfeadh sé seo go mór lena n-iarratas go dtabharfaí na pictiúir ar ais as Londain.

1933

Glactar le rún chun fáil réidh leis an Mionn Dílseachta, 71 in aghaidh a 38. Deir an tAire Rialtais Áitiúil, Seán T Ó Ceallaigh, gur ceart don rialtas deireadh a chur le promhaí polaitiúla.

1934

Ritear an Bille Éide (Teorannú) sa Dáil, ochtó vóta in aghaidh 60. Deir Liam T Mac Coscair nach bhfuil d'aidhm ag an mBille ach eagras amháin a chur faoi chois – agus sin iad na Léinte Gorma. Ní éireoidh leis, adeir sé.

1939

Toghtar an Cairdinéal Eugene Pacelli ina Phápa ar a thríú lá breithe is seasca. Glacann an Cairdinéal, a rugadh sa Róimh, an t-ainm Pius XII chuige. Cuireann an tUachtarán, an Dr Dubhghlas de hÍde, teachtaireachtaí dea-mhéine chuige.

1955

Bronnann Ollscoil Bhaile Átha Cliath dochtúireacht oinigh dlí ar Ardmhéara Bhaile Átha Cliath, Alfred Byrne, Teachta Dála. Tá Alfie, mar a thugtar air, 73. Toghadh chun na Dála é nuair a bunaíodh an Saorstát i 1922.

1969

Déantar iarracht an chloch fhada cháiliúil in aice le hÁth na Long i gContae Dhoire a shéideadh in aer. Déantar damáiste do bharr na monailite deich dtroithe ar airde agus do thithe in aice láimhe.

1976

Osclaítear an chéad Seó Mótair Éireannach san RDS i mBaile Átha Cliath – comhartha go bhfuil teacht aniar i dtionscal na ngluaisteán, ainneoin na cáinaisnéise a bhí dian go maith air.

1987

Tugtar fogha faoi theach Austin Currie an SDLP. Úsáidtear oird leis na fuinneoga piléardhíonacha a bhriseadh. Seo é an tríú hionsaí ar an teach le trí mhí anuas.

1993

Diúltaíonn feidhmeannaigh Chomhlacht Goodman ceisteanna a fhreagairt arís eile ag Binse Fiosraithe na Mairteola i gCaisleán Bhaile Átha Cliath, eagla orthu go n-úsáidfear an t-eolas ina n-aghaidh.

3 Márta

1914

Tugtar ómós don chúigear de chriú bád tharrthála as Fiodh Ard i gContae Loch Garman, a tháinig slán, ag teacht le chéile i bPort Láirge. Cuirtear na fir, agus sagart paróiste Fiodh Ard in éineacht leo, in aithne ag an Theatre Royal áit a ndéantar cur síos ar a ngaisce.

1916

Cuirtear i leith Geoffrey Dunlop go raibh póstaeir fhrithearcaíochta á gcrochadh aige ar Bhóthar Bhaile Phámar i mBaile Átha Cliath. Dúirt sé go raibh sé ag iarraidh an pobal a chur ar an eolas. Gearradh sé mhí príosúin air.

1935

Ina thréadlitir don Charghas cáineann Easpag na Gaillimhe éadaí mínáireacha, rincí agus scannáin gháirsiúla; níl cead fós ag Caitlicigh freastal ar Ollscoil Bhaile Átha Cliath; is peaca marfach é ballraíocht san IRA agus i ngrúpaí Cumannacha.

1942

Tá ciondáil ar dháileadh gáis de bharr an Chogaidh. Tá gás ar fáil anois óna seacht go dtí leathuair tar éis a hocht ar maidin, idir 11.30 agus 1.30 i lár an lae agus óna 5.30 go 10.30 tráthnóna.

1957

Agus é i mbun toghchánaíochta i gCorcaigh deir Éamon de Valera go mbíonn Éire Aontaithe ar a aigne i gcónaí. Dar leis gur féidir í a bhaint amach tar éis achair áirithe le tacaíocht an phobail.

1970

Cuireann baill de Chumann Feirmeoirí Éireann picéad ar an Roinn Tionscail agus Tráchtála i mBaile Átha Cliath mar agóid in aghaidh thionchar an mhargairín ar dhíol ime.

1986

An foréigean, imeaglú agus piléir naoscairí dírithe ar an RUC i gceantair Phrotastúnacha i mBéal Feirste – sin atá in uachtar ar lá na stailce móire in aghaidh an Chonartha Angla-Éireannaigh. Fanann a lán sa bhaile go deonach mar thacaíocht– cuirtear iallach ar dhaoine eile.

1991

Déanann foireann ó Údarás na Gaeltachta iniúchadh ar na ceangail atá ag Toraigh leis an mórthír. Tá féidearthachtaí aerstráice á n-iniúchadh freisin.

1993

Diúltaíonn an club áitiúil de Chumann Lúthchleas Gael i Móin Choinn i gContae Chill Chainnigh cead cluiche carthanachta sacair a imirt ar an bpáirc ar mhaithe leis an tSomáil.

1998

Maraítear beirt, Caitliceach agus Protastúnach ar dhlúthchairde iad, nuair a réabann fir ghunna isteach san Railway Bar i bPas an Phointe i gContae Ard Mhacha. Cáintear marú Philip Allen agus Damien Trainor go láidir.

1909

I Mainistir na Croiche, Co. Thiobraid Árann, gabhann 300 póilín deichniúr ball de Léig na nÉireannach Aontaithe de bharr líomhaintí faoi imeaglú agus baghcat. Tugtar iad féin agus William Murphy, bainisteoir an *Clonmel Nationalist*, go Durlas, áit a gcúisítear iad.

1925

Cuireann aontachtaithe Ghlaslocha i gContae Mhuineacháin a gcás go gcuirfí san áireamh iad i gceantar na Sé Contae, os comhair Choimisiún na Teorann in Ard Mhacha. Déantar plé freisin ar chás an Chéide, baile náisiúnach arbh fhearr leis a bheith sa Saorstát.

1933

Déantar forbairt ar Sunbeam Knitwear Teo. i gCorcaigh, cúig bliana tar éis oscailt na monarchan. Deir an bainisteoir stiúrtha William Dwyer nach raibh pingin aige an chéad lá, é ag braith ar an mbanc.

1943

Maraítear naonúr agus gortaítear sé dhuine dhéag nuair a thiteann balla daichead troigh ar airde i bpríosún Phort Láirge ar shraith tithe taobh leis.

1954

Maíonn lucht óstáin gur dearmad mór é féile An Tóstail a chur ar siúl faoi Cháisc. Deir siad áfach go bhféadfadh go n-éireodh go hiontach leis – deontais ar fáil d'aon togra a mheallfadh turasóirí.

1962

Tugann an tUachtarán de Valera cuairt ar phríosún Chill Mhaighneann áit a gcuirtear fáilte fhoirmiúil roimhe. Tá an Ceannfort Corry, gobharnóir Phríosún Chill Mhaighneann i 1923, i measc na n-aíonna don ócáid.

1972

Maraítear beirt bhan agus gortaítear breis agus 100 duine, cuid acu go han-dona, i bpléasc i mbialann agus i dteach tábhairne an Abercorn i mBéal Feirste.

1979

Cuirtear an laoch iomána, Christie Ring i gCorcaigh, dathanna Glen Rovers agus Chumann Lúthchleas Gael ar an gcónra. Easpag Chluaine, an Dr Aherne, a deir na paidreacha cois na huaighe agus an Taoiseach, Seán Ó Loingsigh, a thugann an óráid.

1985

Tugtar ómós do Bob Geldof faoin méid a rinne sé do thíortha thar lear ag fáilte chathartha i dTeach an Ardmhéara i mBaile Átha Cliath. Ach cuireann a bhfuil le rá aige faoi chaimiléireacht pholaitiúil i mBaile Átha Cliath olc ar dhaoine.

1996

Diúltaítear cead isteach do Shinn Féin ag Stormont ar an gcéad lá de naoi lá dianchainteanna faoi phróiseas a dhíreoidh ar mhargaíocht iomlán faoi thodhchaí an Tuaiscirt.

5 Márta

1913

Éilíonn Lord Farnham £700 cúitimh ar dhamáiste a rinneadh do dhealbh Farnham i gContae an Chabháin nuair a cuireadh tarra air i mí Iúil seo caite. Deir dealbhóir go bhféadfaí cuí a chur air ar £400.

1925

Deir an tUachtarán Mac Coscair le Coimisiún na Gaeltachta go dtuigeann an rialtas go mbraitheann todhchaí na Gaeilge ar a traidisiún leanúnach dobhriste mar ghnáth-theanga labhartha an teaghlaigh.

1936

Freastalaíonn thart ar 500 toscaire ar Ard-Fheis Fhine Gael in Amharclann an Gheata i mBaile Átha Cliath. Ceaptar Liam T Mac Coscair ina Uachtarán arís.

1942

Tá Banc Ceannais le bheith againn in áit Choimisiún an Airgid. Beidh sé de chúram air ionracas agus iomláine an airgid a chosaint. Is é an Rialtas a cheapfaidh bord an Bhainc.

1952

Feachtas ar bun ar fud na tíre in aghaidh ghléasanna raidió gan cheadúnais. Tá 7,000 ceadúnas nua eisithe ó fógraíodh an feachtas agus veaineanna brathadóireachta ar an mbóthar.

Muckross House

1964

Tá Daonmhúsaem le hoscailt i dTeach Mhucrois i gCiarraí. Bronnadh an teach agus an t-eastát 10,000 acra ar an náisiún i 1932. Beidh siad ar oscailt don phobal.

1975

Bailíonn 24 iomaitheoir na nAontachtaithe Oifigiúla do thoghchán an Chomhthionóil ar na céimeanna i Stormont ag taispeáint a nirt.

1981

Tagann deireadh le stailc an pheitril. Beidh peitreal á dháileadh arís amárach tar éis don 800 tiománaí tancaeir glacadh le moltaí na Cúirte Oibreachais. Vótáil móramh na dtiománaithe i mBaile Átha Cliath in aghaidh an réitigh.

1989

Baineann Marcus O'Sullivan an Bonn Óir ag Craobh Lúthchleasaíochta an Domhain (taobh istigh) i mBúdaipeist.

1995

Faigheann Arm na Breataine an ceann is fearr ar chosc Chumann Lúthchleas Gael ar a bhfórsaí slándála nuair a imríonn siad peil ghaelach i mbunáit airm i gContae an Dúin – bolscaireacht , adeir an GAA.

1999

Deir iar-leasbhainisteoir Bhaile Átha Cliath, George Redmond, le Binse Fiosraithe Flood anois gur bhuail sé le James Gogarty faoi dhó agus go bhfuair sé £25,000 uaidh. Shéan sé é sin roimhe seo.

James Gogarty

1905

Pléitear dualgas Oifig an Phoist maidir le litreacha a bhfuil seoltaí Gaeilge orthu sa House of Commons, tar éis d'Ard-Oifig an Phoist i mBaile Átha Cliath diúltú beartanna ó Chonradh na Gaeilge a sheachadadh chuig craobhacha ar fud na tíre.

1918

Faigheann John Redmond, Cathaoirleach an Nationalist Parliamentary Party, bás i Londain. Tugtar ómós dó sa House of Commons.

1934

Glacann Bardas Bhaile Átha Cliath seilbh ar shuímh i lár na cathrach, Sráid Sheáin Mhic Dhiarmada, Sráid Ghairnéir agus Cnoc Críonáin ina measc. Cuireann cathaoirleach choiste tithíochta an Bhardais, Tom Kelly, fáilte roimh an chinneadh na slumaí míshláintiúla a leagan agus tithíocht níos fearr a chur ar fáil.

1941

50 cás den ghalar crúibe agus béil sa tír, breis agus 3,800 ainmhí maraithe dá bharr. Íocann an Stát cúiteamh iomlán ar na beithígh is gá a mharú de bharr an ghalair.

1956

Déanann 18,000 feirmeoir ar Bhaile Átha Cliath le hagóid a dhéanamh faoi arduithe ar chostais agus titim ar a dteacht isteach. Is iad an ICMSA agus Cónaidhm na dTáirgeoirí Bainne a eagraíonn an agóid.

1959

Seasann an t-údar agus drámadóir Breandán Ó Beacháin ar a cheart bunreachtúil an Ghaeilge a bheith in úsáid sa Chúirt Dúiche i mBré áit a bhfuil meisce agus clampar curtha ina leith. Gearrtar fíneáil 40 scilling air.

1966

Tá leacht cuimhneacháin le tógáil i gCill Mhichíl i gContae Chorcaí leis an luíochán ansin a chomóradh. An Ginearál Tom Barry ar an láthair.

1978

Cuireann an tAire Gnóthaí Eachtracha, Mícheál Ó Cinnéide, fáilte roimh Uachtarán Tito na hIúgslaive nuair a thuirlingíonn sé in Aerfort na Sionainne. Déanann sé iniúchadh ar gharda onóra.

1988

Maraítear triúr ball den IRA, Mairéad Farrell, Seán Savage agus Daniel McCann, i nGiobráltar nuair a scaoileann póilíní ansin leo, iad ar tí ionsaí buamála a dhéanamh, a deirtear. Ní léir fós céard a thug orthu scaoileadh.

1997

Éiríonn an t-iar-Aire Michael Lowry as páirtí Fhine Gael. Is é is dóichí go seasfaidh sé mar iarrthóir neamhspleách san olltoghchán atá romhainn tar éis don Taoiseach a rá nach gceadófar dó seasamh d'Fhine Gael.

7 Márta

1917

Deir Lloyd George leis an House of Commons go bhfuil muintir na Breataine sásta féinriail a bhronnadh ar an gcuid sin d'Éirinn a bhfuil sé uathu, ach nach gcuirfidh siad iallach ar oirthuaisceart na hÉireann in aghaidh a dtola.

1929

Sa Dáil deir Earnán de Blaghd nach bhfuil i moladh Fhianna Fáil go laghdófaí líon an Gharda Síochána 50 faoin gcéad, ach amaidí. Bíonn poitín ag an gcléir, adeir sé, agus ligeann breithiúna leo.

1932

Éilíonn Bardas Bhaile Átha Cliath go dtabharfaí pictiúir Hugh Lane ar ais ón Tate Gallery sa Bhreatain. Seasann an Lane Bequest Claim Committee leis an éileamh. Tá gailearaí tógtha.

1948

Molann an tAire Gnóthaí Eachtracha, Seán Mac Giolla Bhríde, go mbeadh aontas eacnamaíochta nó custaim in Éirinn. Iarrann sé ar dhaoine caidreamh níos fearr a bheith acu le muintir uile an Tuaiscirt. Caithfimid a léiriú go nglacaimid go bhfuil cearta acu san, ag súil go nglacfaidh siad san leis go bhfuil cearta againne.

1957

78 suíochán bainte ag Fianna Fáil san olltoghchán rud a fhágann go bhfuil móramh naoi suíochán acu sa séú Dáil déag. Toghtar Cathal Ó hEochaidh i mBaile Átha Cliath nuair a bhuaileann sé Harry Colley.

1965

Léann an Cairdinéal Mac Conmidhe Aifreann i gColáiste Rinn Mhic Gormáin i gContae na Mí, agus an liotúirge nua sa teanga dhúchais á thabhairt isteach in Éirinn. An tUachtarán de Valera i láthair.

1970

Ómós á thabhairt don Taoiseach, Seán Ó Loingsigh, i gCorcaigh áit a bhfuil bliain is fiche sa Dáil á chomóradh aige. Tugtar bronntanas feiliúnach dó – píopa.

1980

Cailís Dhoire na bhFlann a fritheadh i gContae Thiobraid Árann feicthe anois ag 5,000 duine – í ar taispeáint san Ard-Mhúsaem i mBaile Átha Cliath.

1988

Socraíonn cruinniú de Bhardas Bhaile Átha Cliath go dtógfar fuarán mílaoise i Sráid Uí Chonaill, Fuarán Anna Livia.

1996

Aimsítear na céadta comhad sa Chartlann Náisiúnta a bhaineann le huchtáil ghasúr Éireannach sna Stáit Aontaithe breis agus tríocha bliain ó shin. Baineann na comhaid, suas le 1,500 acu, leis na blianta 1948 – 1962.

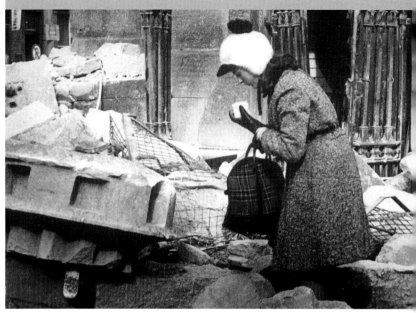

1903

Adhlactar Charles Gavan Duffy i Reilig Ghlas Naíon. Cuirtear é láimh leis an áit ina bhfuil John Blake Dillon agus daoine eile a ghlac páirt mhór in éirí amach 1848.

1913

Deir Comhairle an Royal Zoological Society nach gá do dhaoine aon imní a bheith orthu faoi mholadh go dtabharfaí ioraí glasa isteach as Meiriceá go Páirc an Fhionnuisce. Tá an *flora* agus *fauna* dúchasach slán.

1926

Tá an ráta ard cánach anseo cáinte ag Cumann Tráchtála Phort Láirge agus molann siad go mbeadh gearradh siar mór ann. Ritear rún ag iarraidh ar an Rialtas dul i mbun tógáil agus deisiú bóithre.

1932

Buaileann baill de rialtas nua Fhianna Fáil le teachtaí ó Pháirtí an Lucht Oibre le dífhostaíocht, cúrsaí tithíochta agus an Mionn Dílseachta a phlé.

1941

Deir Oifigeach Sláinte na Gaillimhe, an Dr O'Beirne, go bhfuil an ráig den ghalar tífis i gceantar Charna faoi smacht. Tugadh trí chás is fiche chuig an ospidéal ach ní bhfuair éinne bás den ghalar. Tá an teach in ar tolgadh an galar aimsithe acu.

1951

Déantar paimfléad dar teideal "The Mother and Child Scheme" a dháileadh i nGaillimh – ionsaí géar ar dhochtúirí ann. Iarrann siad san ar an Aire Dlí is Cirt déileáil leis an dream a chuir amach é.

1966

Séidtear Colún Nelson i Sráid Uí Chonaill i mBaile Átha Cliath san aer, a chloigeann caite ar an talamh, an colún féin ina stumpa, agus fuinneoga briste.

1976

Bailíonn easpaig na hÉireann i Maigh Nuad do chruinniú an Earraigh. Ar na hábhair a phléann siad tá tacaíocht do chailíní óga atá torrach ar fhaitíos go mbeadh cathú ginmhillte orthu.

1985

Diúltaíonn an Ardchúirt i mBaile Átha Cliath d'achomharc a rinne an múinteoir scoile Eileen Flynn faoi gur briseadh as a post í i scoil an Holy Faith i Ros Mhic Thriúin.

1987

Baineann Frank O'Mara (ar dheis) agus Paul Donovan na boinn óir is airgid sa rás 3,000 méadar i gCraobh an Domhain in Indianapolis.

1997

Tugann Gardaí Eilvéiseacha onóir don Uachtarán Máire Mhic Róibín agus í ag dul isteach sa Vatacáin dá cuairt phríobháideach leis an bPápa Eoin Pól II.

9 Márta

1914

Tá sé i gceist ag an bPríomh-Aire Asquith fadhb Uladh a shocrú trí chead a thabhairt do chuile chontae vótáil chun fanacht amach as an scéim Home Rule go ceann sé bliana. Ina dhiaidh sin caithfidh siad glacadh leis muna dtagann an Pharlaimint ar mhalairt intinne.

1925

Déantar damáiste don Royal Hibernian Military School i bPáirc an Fhionnuisce, ar beairic airm anois é, i ndóiteán. Briogáid dóiteáin Bhaile Átha Cliath ar an láthair go sciobtha agus ní dhóitear ach an díon.

1947

Gríosaíonn Éamon de Valera feirmeoirí na tíre leis an oiread cruithneachta agus is féidir a chur. Beidh ar Éireannaigh brath ar an méid a chuirtear sa bhaile. Ní hionann deireadh an Chogaidh agus deireadh leis an gcontúirt eacnamaíochta, ar sé.

1951

Deir an tAire Gnóthaí Eachtracha, Seán Mac Giolla Bhríde, leis an Clover Club i mBoston, go mbeadh Éire páirteach i gConradh an Atlantaigh murach an chríochdheighilt. Creideann sé, adeir sé, go bhfeicfidh sé Éire Aontaithe.

1967

Gabhann an tAire Oideachais, Donncha Ó Máille, buíochas leis an gCairdinéal Mac Conmidhe faoi fháilte a chur roimh na moltaí do shaoroideachas iarbhunscoile. Cuirfidh sé seo go mór le rath na scéime.

1979

Glacann na sluaite páirt in agóid chánach PAYE san Uaimh. Labhraíonn an Comhairleoir Neamhspleách Dennis Forde leo.

1981

Deir Bernadette McAliskey ag a céad nuachtagallamh ó rinneadh iarracht í a fheallmharú, gur theip ar phatról le hArm na Breataine an t-ionsaí a chosc cé go raibh siad sách cóngarach leis na fir ghunna a ghabháil.

1985

Tuilleadh ionsaithe ar sheanóirí i gceantair iargúlta tuaithe – an ceann ba fhíocmhaire gar do Mhuraisc i gContae Mhaigh Eo áit ar dódh lámh seanmhná i dtine oscailte le iallach a chur uirthi féin is ar a deartháir a rá cá raibh a gcuid airgid i bhfolach.

1993

Cuireann Larry Goodman, Príomhfheidhmeannach Ghrúpa Goodman, tús lena chuid fianaise ag Binse Fiosraithe na Mairteola. Dar leis go bhfuil tarcaisniú á tharraingt ar an gcomhlacht ag polaiteoirí, iomaitheoirí agus ag iriseoirí áirithe.

1998

Beartaíonn Rialtas na Breataine gan Róisín Mc Aliskey a eiseachadadh chun na Gearmáine. Deir an Rúnaí Baile Jack Straw, gur ar bhonn sláinte a rinneadh an cinneadh.

1912

Gortaítear seisear fear in eachtra lámhaigh tar éis cluiche iomána i nGort, i gCo. na Gaillimhe. Deirtear gur achrann i measc lucht cluichí gaelacha é agus nach bhfuil baint aige le haighneas talún.

1925

Fógraíonn Príomh-Aire an Tuaiscirt, James Craig, go bhfuil an pharlaimint le scor. Deir sé go seasfaidh siad, agus go gcaithfidh daoine vóta, ar an ábhar is gaire dá gcroíthe agus is tábhachtaí ina saoil – céard a tharlóidh nuair a fhoilseoidh Coimisiún na Teorann a dtuarascáil.

1932

Ceann de na rudaí is túisce a dhéanann rialtas nua Fhianna Fáil ná scór príosúnach polaitiúil a shaoradh ó Chnoc an Arbhair, duine as príosún Mhuinseo agus beirt as príosún Phort Laoise.

1934

Tarraingíonn an cosc atá ar mhná ag an gCumann Náisiúnta Lúthchleasaíochta is Rothaíochta, achrann. Deir Uachtarán Choláiste na Carraige Duibhe, an Dr John Charles McQuaid, nach nglacfaidh buachaill ar bith óna choláiste féin páirt in imeachtaí in éineacht le mná.

1944

Diúltaíonn an Rialtas d'iarratas Mheiriceá go gcuirfí ionadaithe na Gearmáine agus na Seapáine abhaile. Maíonn na Stáit Aontaithe go bhfuil neodracht na hÉireann ag cabhrú leis na Axis Powers.

1968

Faigheann an tAire Oideachais, Donncha Ó Máille, bás tobann agus é ag toghchánaíocht i gContae an Chláir. Tugann an Taoiseach, Seán Ó Loingsigh, ómós dó. Is oth leis a bhás tobann.

1976

Deireadh leis an triail faoi fhuadach an Dr Tiede Herrema, é ina raic sa chúirt nuair a ghearrtar 50 bliain ar an dream a rinne. 20 bliain atá le cur isteach ag Eddie Gallagher, 10 mbliana ag Marion Coyle.

1988

Banna ceoil scoile Mhaigh Locha le páirt a ghlacadh i bParáid Lá 'le Pádraig i Nua Eabhrac. As Tobar an Choire don Grand Marshall Bill Burke. Na gasúir ag baint mhóna le costas an bhealaigh a fháil.

1993

Tugtar cead pleanála do Chumann Lúthchleas Gael athfhorbairt iomlán a dhéanamh ar Pháirc an Chrócaigh ar chostas £110 milliún thar thréimhse cúig bliana déag. Olc ar dhaoine áitiúla.

1999

Cuireann an Teachta Beverly Cooper-Flynn in aghaidh rúin sa Dáil ag iarraidh ar an mBreitheamh Flood rialú faoi ráiteas óna hathair, Pádraig Flynn, faoi £50,000 a deirtear a thug Tom Gilmartin dó.

11 Márta

1902

Tá feisirí náisiúnacha ag iarraidh go ndéanfadh an House of Commons athbhreithniú ar chlaontacht a raibh le rá ag an mBreitheamh O'Connor Morris i Sligeach. Cáineann T W Russell an chaoi ar bhain an breitheamh úsáid as an gcúirt lena smaointe faoi pholasaí talún in Éirinn a chur chun cinn.

1926

Deir an tUachtarán de Valera le hArd-Fheis Shinn Féin nár léir ó chinnidh an lae inné gur thacaigh siad leis an bprionsabal a bhain lena pholasaí. Is ionann é seo agus vóta in aghaidh an pholasaí – éiríonn sé as dá réir sin.

1948

Dóiteán in Aerfort na Sionainne. Titeann an túr stiúrtha trí dhíon an fhoirgnimh láimh leis. Éiríonn leis an bhfoireann éalú agus ní dhéantar aon damáiste d'eitleáin.

1959

Saortar an dáréag deireanach ó fheachtas na gcaogadaí a bhí imtheorannaithe i gCampa an Churraigh. Dar leo go bhfuil baint ag a saoradh leis an toghchán uachtaránachta i mí an Mheithimh agus le hachomharc Gerry Lawless ag an gCoimisiún um Chearta Daonna i Strasbourg.

1974

Éalaíonn na Sasanaigh, Kenneth agus Keith Littlejohn, ó Phríosún Mhuinseo. Athghabhtar Keith cúpla nóiméad ina dhiaidh sin. Mhaígh Kenneth ag a thriail faoi bhanc a robáil go raibh sé ag obair mar spiaire don Bhreatain.

1975

Beirt Theachtaí Dála nua de chuid Fhianna Fáil ó dháilcheantair na Gaillimhe ag triail ar Theach Laighean. Cuireann ceannaire an fhreasúra, Seán Ó Loingsigh, fáilte roimh Mháire Geoghegan Quinn agus Michael Kitt.

1987

Éiríonn an Dr Garret FitzGerald as ceannaireacht Fhine Gael tar éis deich mbliana. Baineann an fógra siar as a chomhghleacaithe agus as tráchtairí polaitiúla. Tugtar ómós don obair a rinne an t-iar-Thaoiseach.

1990

Dola-dhroichead an Iarthair á oscailt go hoifigiúil ag an Taoiseach, Cathal Ó hEochaidh. Éacht sa teicneolaíocht innealtóireachta a thugann sé air. Is cinnte go dtaitneodh an ardsimplíocht a bhain leis le samhlaíocht James Joyce, adeir sé.

1996

An chéad seisiún rialta de Bhinse Fiosraithe na Fola ar siúl i mBaile Átha Cliath le héilimh cúitimh na ndaoine a thóg galar ó fhuil thruaillithe, a mheas.

1900

Bailíonn slua mór ar an mBalla Thuaidh i mBaile Átha Cliath le slán a fhágáil leis an Imperial Yeomanry, nó meitheal an Irish Hunt a bhfuil a gceannáras ar an gCurrach. Fágann siad ar an *SS Cumbria* le dul ag troid san Afraic Theas.

1917

Molann an feisire J P Farrell sa House of Commons go bhfágfaí Éire as an áireamh sa National Service Act. Deir an Chief Secretary nach léir dó go bhfuil aon chur ina choinne in Éirinn – bonn polaitiúil le freasúra na bhfeisirí náisiúnacha, adeir sé.

1939

Freastalaíonn Éamon de Valera ar chorónú an Phápa Pius XII sa Róimh. Sroicheann sé an Bhaisleac sula ndúntar na doirse ag a seacht ar maidin.

1948

Táthar le sanatóir don eitinn a dhéanamh as Coláiste Móibhí, Coláiste Traenála bunmhúinteoirí na bProtastúnach i bPáirc an Fhionnuisce. Faoin Roinn Sláinte a bheas sé.

1950

Faigheann 83 duine bás nuair a thuairteann eitleán ar a bealach ar ais ó Bhaile Átha Cliath go Caerdydd. Lucht tacaíochta rugbaí a bhí ag filleadh ó chluiche i mBéal Feirste a bhí ar bord.

1962

Na mílte i láthair ag an Novena of Grace in eaglais Naomh Proinsias Xavier i mBaile Átha Cliath. Is é an tAth. William Hogan a thugann an tseanmóir. Mórchuid ban i láthair.

An Seanadóir Billy Fox

1974

Corp an tSeanadóra Billy Fox a dúnmharaíodh aimsithe gar don teorann i gContae Mhuineacháin. Maíonn an UFF gurb iad a rinne; séanann Provisionals an IRA go raibh aon bhaint acu leis.

1982

Osclaítear an chéad chréamatóiriam i Reilig Ghlas Naíon i mBaile Átha Cliath – seirbhís ghearr éacúiméineach don ócáid. £50 a chosnóidh créamadh, sin £30 níos lú ná gnáthshochraid.

1995

Fógraítear go bhfaighidh thart ar 70,000 bean an chuid is mó den £260 milliún atá ag dul dóibh in aisíocaíochtaí leasa shóisialaigh roimh dheireadh na bliana

1996

Cuirtear iománaí cáiliúil Chill Chainnigh, Ollie Walsh. Duine uasal agus lúthchleasaí macánta, a thugann iar-uachtarán Chumann Lúthchleas Gael, Paddy Buggy air, fear a tharraing dea-chlú air féin agus ar an gcluiche.

13 Márta

1904
Mórshiúl bliantúil Chonradh na Gaeilge i mBaile Átha Cliath, é dhá mhíle slí ar fad – ranna ann don teanga, don lúthchleasaíocht, do lucht oideachais agus tionsclaíochta, lucht staonta ón ól, eagrais pholaitiúla, agus comhairlí contae. Tionóltar cruinniú i Margadh Smithfield ina dhiaidh.

1927
I nDún Laoghaire beirtear ar na mílte cóip de nuachtáin Domhnaigh Shasana – luach £70 nó £80 punt – agus cuirtear trí thine iad i lána gar don bhaile.

1931
Gearrtar sé mhí príosúin ar bheirt bhall de Chomhairle Chontae Thiobraid Árann Theas agus Bord Sláinte an Chontae agus cuirtear cosc seacht mbliana orthu aon phost poiblí a thógáil, toisc gur thógadar breab £20 le teach a sholáthar ón gComhairle. Cháin an breitheamh a gcaimiléireacht.

1944
Cuireann Rialtas na Breataine cosc ar aon taisteal isteach nó amach as Éirinn uile. Bunús míleata leis, adeir siad, ach baint aige freisin le diúltú Éamon de Valera ionadaithe ón nGearmáin agus ón tSeapáin a chur abhaile.

1948
Buaileann Éire an Breatain 6-3 i Ravenhill. Seo é an chéad uair ar bhain Éire an Choróin Triarach ó 1899.

1962
Fágann ceoltóirí agus aisteoirí Aerfort Bhaile Átha Cliath le seó a chur ar bun do thrúpaí na Náisiún Aontaithe sa Chongó. Orthu sin tá Harry Bailey a sheinneann tiúin ar an bhfidil roimh dhul ar bord.

1972
Pléann ceannaire Pháirtí Lucht Oibre na Breataine, Harold Wilson, cúrsaí an Tuaiscirt le ceannairí polaitiúla anseo. Deir Seán Ó Loingsigh gur sos cogaidh an IRA agus an t-imtheorannú a bhí idir chamáin acu.

1986
Baineann Dawn Run agus an marcach John Jo O'Neill an Cheltenham Gold Cup. Glacann úinéir an chapaill, Mrs. Charmian Hill, lena corn óir ón Queen Mother.

1988

Éiríonn leis an rothaí Sean Kelly, 32, an rás Páras go Nice a bhuachan don seachtú bliain as a chéile, an t-am is sciobtha aige sa tástáil dheireanach ama freisin.

1999
Faightear corp an tsagairt Seán Fortune ina theach i Ros Mhic Thriúin i gContae Loch Garman. Níl aon duine eile á lorg ag na Gardaí. Bhí sé amuigh ar bannaí ar 29 cúis íde gnéis.

1902

Deir an Príomh-Bhreitheamh O'Brien agus seisiún cúirte Chiarraí á oscailt aige i dTrá Lí nach bhfuil cuma shásúil ar an gcontae. Tá roinnt mhaith baghcatála agus imeaglaithe ar siúl agus tá méadú tagtha freisin ar líon na mionchoireanna, go háirithe meisce.

1914

Deir an feisire John Dillon agus é ag labhairt sa Chaisleán Nua, gurbh fhearr le náisiúnaithe an Bille Home Rule a chaitheamh amach agus tosú as an nua, ná a bheith páirteach in aon roinnt bhuan ar Éirinn.

1925

Ag tagairt do cheist na teorann deir an tAire Airgeadais, Earnán de Blaghd, nach féidir fáil réidh léi ach amháin le toil na ndaoine ar an dá thaobh, sa Tuaisceart agus sa Deisceart. Ní féidir aontacht a chur i réim leis an lámh láidir, adeir sé.

1930

Cuirtear an chéad chúrsa traenála deireadh seachtaine ar bun i gCampa an Churraigh do 60 ball de Chór Traenála Oifigeach Deonach an tSaorstáit i gColáiste na Tríonóide.

1948

Fógraíonn an tAire Talmhaíochta, James Dillon, go mbeidh praghas seasta ar uibheacha go ceann dhá bhliain: dhá scilling agus sé pingine an dosaen.

1966

Cuirtear stop leis an obair ar a bhfuil fágtha de Cholún Nelson de bharr gás a bheith ag sceitheadh ó phríomhlíne deich n-orlaí. Scoilteadh i bpléasc é nuair a shéid an tArm an stumpa 50 troigh a bhí fágtha.

1972

Glacann an Taoiseach nua, Liam Mac Coscair, séala a oifige ón Uachtarán de Valera in Áras an Uachtaráin. Níos deireanaí fágann an rialtas nua an Dáil le triall ar an Áras freisin.

1984

Lámhachtar an feisire Gerry Adams ó Shinn Féin i mBéal Feirste. Cuirtear obráid éigeandála air le trí philéar a bhaint as a mhuineál agus as a ghualainn. Meastar gurb iad an UDA atá freagrach as an ionsaí.

1991

Saortar seisear Bhirmingham tar éis dóibh sé bliana déag a chaitheamh sa phríosún. Fógraíonn an Chúirt Achomhairc go bhfuil a gcionta curtha ar neamhní. Cuirtear fáilte mhór amach roimh Richard McIlkenny, Patrick Hill, William Power, John Walter, Gerard Hunter agus Hugh Callaghan.

1995

Laghdaíonn an Chúirt Achomhairc Choiriúil téarma príosúin an fhir i gcás X ó cheithre bliana déag go ceithre bliana. Daoine feargach faoi seo.

15 Márta

1902

Teipeann ar achomharc an fheisire John O'Donnell agus timire Léig na nÉirerannach Aontaithe, Denis Johnson, in aghaidh téarma dhá mhí príosúin faoi thionól mídhleathach agus imeaglú. Ach deir an Breitheamh O'Connor Morris nár chóir caitheamh leo mar phríosúnaigh chomónta.

1927

Baint ag na gunnaí i mBinn Éadair i 1914 le cás cúirte i Loch Garman áit a bhfuil an dlí á chur ar fhear faoi gan ceadúnas a bheith aige dá ghunna. Dúirt sé go raibh cónaí air i mBinn Éadair ag an am agus gur dumpáladh roinnt raidhfilí sa ghairdín tosaigh.

1939

An cearrbhachas, cóisirí manglam agus deontas an rialtais do rásaí capaill – cathuithe móra iad seo ar chóir a sheachaint a deir an tUrramach T C Culbert le comhthionól ginearálta na hEaglaise Preispitéirí.

1953

Idir 8,000 agus 10,000 státseirbhíseach i mbun agóide ag áiteamh ar an rialtas go poiblí pá cóir a íoc leo. Siúlann siad ó Fhaiche Stiabhna go hArdoifig an Phoist.

1965

Fógraíonn an tAire Airgeadais, Séamus Ó Riain, an tAire Cosanta, Gerald Bartley agus beirt de na teachtaí is faide sa Dáil, Robert Briscoe Fhianna Fáil agus Joseph Blowick Chlann na Talún, nach mbeidh siad san iomaíocht san olltoghchán atá chugainn.

1971

Amharclann an Gheata

Osclaíonn Amharclann an Gheata in athuair agus Mícheál Mac Liammóir in *It's Later Than You Think* le Anouilh. Cuireann Hilton Edwards fáilte roimh na haíonna. Geallann an tAire Airgeadais tacaíocht stáit don amharclann. Is geall leis an dara hamharclann náisiúnta í, adeir sé.

1980

Freastalaíonn 20,000 Oráisteach ar shlógadh i lár chathair Bhéal Feirste. Tugann Ardmháistir an Oird, an tUrramach Martin Smyth, faoi pholasaí slándála rialtas na Breataine.

1985

Inis Píc le bheith ina phríosún feasta, adeir an tAire Dlí agus Cirt, Mícheál Ó Núnáin. Láthair manach sa seachtú haois – robálaithe gluaisteán agus príosúnaigh ghearrthéarmacha ann anois.

1998

Faigheann Hugh Coveney, iar-Aire le Fine Gael, bás nuair a thiteann sé le haill i mBun an Tábhairne i gContae Chorcaí. Meastar go raibh sé ag iarraidh a mhadra a thabhairt slán.

1999

Dúnmharú an dlíodóra Rosemary Nelson ón Lorgain – í dhá scór bliain d'aois, máthair triúr chlainne a ghníomhaigh ar son náisiúnaithe. Séideadh a gluaisteán san aer agus í ag tiomáint ón mbaile.

1912

Ag éirí as an bhfeachtas in aghaidh féarach ar eastáit Óráin Mhóir agus de Brún i nGaillimh gabhtar cúigear ball de Léig na nÉireannach Aontaithe ar chúiseanna a bhaineann le himeaglú ar an eastát.

1925

Ag suí de Choimisiún na Teorann san Iúr i gContae an Dúin éistear le finnéithe ar son an Union of Newry, ar a n-áirítear Crois Mhic Lionnáin, agus an Union of Kilkeel, mar thaca lena n-éileamh go mbeidís mar chuid den Saorstát.

1939

Buaileann Éamon de Valera le Mussolini sa Róimh. Cuireann Aire Gnóthaí Eachtracha na hIodáile, an Cúnta Ciano, lón ar fáil ina onóir. Baill de Leagáid na hÉireann sa Vatacáin i láthair.

1948

Cuireann Seán Mac Giolla Bhríde tús le Comhdháil Chúnamh Marshall na sé thír déag i bPáras, athbhreithniú á dhéanamh aige ar chúrsaí go ginearálta. Bheadh sé níos éasca déileáil le héileamh na hÉireann dá mbeadh aontas eacnamaíochta againn.

1953

Iarrann Franklin D Roosevelt Jnr. ar Theach na nIonadaithe i Meiriceá a dtacaíocht d'Éirinn aontaithe a chur in iúl. Is aonad amháin í Éire gan aon deighilt nádúrtha, adeir sé, tír ar mór aici an tsaoirse agus an daonlathas.

1964

Seán Lemass i Londain le tús oifigiúil a chur le 'Ireland Week'. Ambasadóir na hÉireann, Cornelius Cremin, ina theannta ag an searmanas. Tugann siad aghaidh ansin ar Regent Street.

1973

Cuirtear fáilte abhaile go baile Loch Garman roimh cheannaire Pháirtí an Lucht Oibre, Brendan Corish, atá ina Thánaiste anois ar an gcomhrialtas nua.

1981

Dráma Bhrian Friel *Faith Healer* ar siúl ag Amharclann na Mainistreach i mBéal Feirste – an chéad uair le breis agus 25 bliain dóibh sa Grand Opera House.

1988

Maraítear triúr, gortaítear ceathrar eile go dona agus ní mór cóir leighis a chur ar 70 eile in ionsaí ar Reilig Bhaile an Mhuilinn i mBéal Feirste le linn sochraid triúr ball an IRA a maraíodh i nGiobráltar.

1991

Fógraítear go hoifigiúil gurb é Baile Átha Cliath Cathair Eorpach an Chultúir i mbliana. An onóir seo ag Glaschú anuraidh.

1998

Fógraíonn Ambasadóir Mheiriceá chun na tíre seo, Jean Kennedy Smith, go bhfuil sí chun éirí as an samhradh seo chugainn.

17 Márta

1900

Déanann an Bhanríon Victoria agus an teaghlach ríoga comóradh níos mó ná riamh ar Lá 'le Pádraig i gCaisleán Windsor in ómós do na saighdiúirí cróga Éireannacha atá ag troid san Afraic Theas.

1913

Deir John Redmond agus é sa chathaoir ag féasta na Féile Pádraig i Londain go bhfuil deireadh leis an gcur in aghaidh Home Rule sa Bhreatain. Is oth leis gur féidir leis an House of Lords moill a chur ar reachtaíocht a bhaineann leis.

1933

Caitheann Uachtarán na Comhairle Feidhmiúcháin, Éamon de Valera, cóisir stáit i Halla Naomh Pádraig i gCaisleán Bhaile Átha Cliath den chéad uair ó bunaíodh an Stát.

1943

Cuireann Coláiste na hOllscoile Bhaile Átha Cliath céilí ar bun sa Halla Mór i gCaisleán Bhleá Cliath le Féile Phádraig a chomóradh. Tugtar bualadh bos d'Éamon de Valera agus do bhaill eile an rialtais agus iad ag damhsa.

1962

Cuireann an Garda Eilvéiseach fáilte roimh Éamon de Valera agus a bhean Sinéad sa Vatacáin. Caitheann seisean bóna Ardoird Chríost a bronnadh air an lá roimhe sin. Bíonn cruinniú príobháideach acu leis an bPápa Eoin XXIII.

1968

Nochtar suíochán leis an bhfile Patrick Kavanagh a chomóradh, in aice leis an gCanáil Mhór gar do Dhroichead Bhagóid i mBaile Átha Cliath áit ar ghnách le Kavanagh a bheith ag scríobh. Tugann Eoin Ryan ómós don fhile agus déanann aisteoirí ó Amharclann na Mainistreach dánta le Kavanagh a aithris.

1970

Déanann an Taoiseach Seán Ó Loingsigh breithniú ar Pharáid Lae 'le Pádraig i gcathair Chorcaí – na sluaite ag faire. Beannaíonn an Cairdinéal Mac Conmidhe an tseamróg in Ard Mhacha.

1988

Oibrithe ina suí fúthu mar agóid i monarcha Úr Éisc Teo. i Ros a Mhíl toisc glacadóir a bheith ceaptha ansin. 70 atá fostaithe go lánaimseartha – obair pháirt-aimseartha ag 250 eile le linn shéasúr na scadán.

1991

Cúigear príosúnach ar an díon i bPríosún Mhuinseo le haird a tharraingt ar thosca sa phríosún. Déantar cuid mhaith damáiste don díon.

1997

An stáisiún nua náisiúnta neamhspleách raidió, Radio Ireland, ar an aer tar éis seoladh spleodrach leis an stáisiún a chur in aithne dúinn. Cuid dá réaltaí nua ar an láthair.

1914

Pleanáil bailte is ábhar do léacht san RDS i mBaile Átha Cliath. Taispeánann John Nolan pictiúir don lucht éisteachta le léargas a thabhairt dóibh ar céard atá déanta i Meiriceá. Tá gá le feabhas anseo, adeir sé.

1925

Cuirtear cóipeanna de scéim Siemens-Schuckert le leictreachas a bhaint as abhainn na Sionainne os comhair na Dála. Áirítear go mbeidh fostaíocht ar fáil ag 3,000 fear ar feadh trí bliana ar an scéim.

1934

Cuireann dhá mhíle go leith de na Léinte Gorma, idir fhir agus mhná, fáilte roimh an Ghinearál Ó Dubhthaigh agus déanann siad é a thionlacan go dtí Cearnóg an Mhargaidh i mBaile Átha Troim. Deir seisean go ndéanfar iarracht caitheamh éide a chosc chun fáil réidh leo.

1942

Bás de thimpiste ó shuaitheadh agus ó dhoirteadh fola – sin í breith an choiste cróinéara ar bhás sé shaighdiúir déag a maraíodh nuair a phléasc mianach i nGleann Ó Máil i mí Mheán Fómhair.

1958

Deir an Taoiseach Éamon de Valera go mbeadh sé sásta dul chun cainte leis an rialtas ó thuaidh ach ní ar bhonn aitheantas a thabhairt do Thuaisceart Éireann é. Glacann sé leis go bhfuil gá le comhoibriú eacnamaíochta níos leithne.

1965

Freastalaíonn Aire Talmhaíochta an Tuaiscirt, Harry West (thuas), ar chruinniú de chuid an NFA i mBaile Átha Cliath in éineacht leis an Aire Talmhaíochta, Cathal Ó hEochaidh. Uachtarán Aontas Feirmeoirí Uladh ann freisin.

1976

An Taoiseach Liam Mac Coscair i Meiriceá le haghaidh Lá 'le Pádraig. Thug sé cuairt ar an Teach Bán áit ar chuir an tUachtarán Ford agus a bhean fáilte roimhe. An tAire Gnóthaí Eachtracha, Garret FitzGerald, agus Rúnaí Stáit Mheiriceá, Henry Kissinger, i láthair freisin.

1986

Bronnann an Taoiseach saoránacht na hÉireann ar Cheann Comhairle Theach na nIonadaithe, Tip O'Neill, faoin spreagadh a thug sé do náisiúntóirí bunreachtúla tús a chur le feachtas chun teacht ar Éirinn nua.

1992

Táthar le bata agus bóthar a thabhairt do 900 oibrí i monarchana United Meat Packers. Deir an glacadóir, John Donnelly, go raibh deacrachtaí móra airgid agus soláthairtí ann.

1998

Téann na céadta i dteagmháil le líne theileafóin chabhrach tar éis léiriú de scannán faisnéise ar na Magdalene Laundries ar Channel 4. Gabhann an bhean rialta a bhí i gceannas ar an gceann deireanach anseo leithscéal le daoine a d'fhulaing iontu.

1905

Deir an feisire John Redmond, cé nach sásaíonn moltaí díláraithe Lord Dunraven náisiúntóirí, gur admháil mhacánta atá iontu ar an teip ar riail an Chaisleáin in Éirinn.

1912

Deirtear leis an Irish Women's Franchise League i mBaile Átha Cliath nach mbeidh útóipe de chineál ar bith ann go dtagann athrú bunúsach ar dhearcadh na bhfear i leith ban. Is duine daonna réasúnach í an bhean a bhfuil an oiread ceart aici a saol a stiúradh mar is mian léi féin, is atá ag deartháir ar bith léi.

1926

Tagann Hugh Daly ó Hampstead os comhair Bow Street Court i Londain, é curtha ina leith gur chaith sé ábhar pléascach le bord an phreasa agus an Príomh-Aire Stanley Baldwin ag labhairt leis na haíonna ag féasta Lá Fhéile Pádraig.

1946

Cuireann Ardeaspag Bhaile Átha Cliath, an Dr McQuaid, litir chuig ceardchumann na mbunmhúinteoirí, an INTO, an lá roimh dhul ar stailc dóibh, le bá na mbainisteoirí eaglasta agus na bpríomhoidí i measc na cléire a chur in iúl dóibh.

1954

Faigheann Bantracht na Tuaithe coláiste dá gcuid féin i dTearmann Feichín i gContae Lú. Fundúireacht Kellogg a chuir ar fáil é le cúrsaí i scileanna traidisiúnta baile agus talmhaíochta a mhúineadh. An Grianán a thabharfar air.

1969

An chéad iasacht ag Éirinn ón mBanc Domhanda. Deir an tAire Airgeadais, Cathal Ó hEochaidh, leis an Dáil gur thoiligh an Banc airgead a chur ar fáil do scéim hidrileictreach leis an ESB, ar chostas £6m.

1975

Cearnóg Naomh Eoin i Luimneach le caomhnú. An tAire Rialtais Áitiúil, James Tully, Méara Luimnigh, Patrick Kennedy agus an tEaspag Newman i láthair. Tugann an tUrramach Walton Empey eochracha na heaglaise a ndéanfar músaem as, don Mhéara.

1988

5,000 duine ar shlógadh frith-chinedheighilte ag Ardoifig an Phoist i mBaile Átha Cliath. Ar na cainteoirí tá Ruairí Quinn, Michael D Higgins agus Proinsias de Rossa.

An lá céanna i mBéal Feirste maraítear beirt shaighdiúirí Briotanacha ag sochraid Kevin Brady a maraíodh san ionsaí ar Reilig Bhaile an Mhuilinn. Stoptar a ngluaisteán agus tarraingítear an bheirt amach.

1995

Buaileann an dornálaí Stephen Collins ó Bhaile Átha Cliath, an curadh domhanda Chris Eubank i Sráid an Mhuilinn i gCorcaigh leis an gcraobh mheánmheáchain a bhaint.

1900

Is ionadh leis an bhfeisire John Redmond go mbeadh státairí Sasanacha chomh dall sin go gceapfaidís go bhféadfaí éagóirí, ar nós cánach, a mhaolú le cuairt ríoga nó le ceiliúradh Lá Fhéile Pádraig sa Bhreatain.

1917

Molann John Dillon rún sa House of Commons go laghdófaí tuarastal an Phríomh-Aire £100 mar agóid in aghaidh an chinnidh gan tuairiscí ar na cúirteanna airm ó Éirí Amach na bliana roimhe sin i mBaile Átha Cliath a chur ar fáil.

1920

Cuireann marú Ardmhéara Chorcaí, Tomás Mac Curtáin, 38, uafás ar dhaoine. Lámhachtar ina theach go moch ar maidin é. An milleán á chur ar fhórsaí na Breataine.

1935

Agus seacht lá dhéag de stailc bus agus den tsiúlóid curtha isteach socraíonn an tAire Tionscail agus Tráchtála go gcuirfidh an tArm leoraithe ar fáil le daoine a iompar.

1941

Orduithe eisithe ag an Rialtas nach féidir arán a chur ar fáil ach aon uair amháin ag béilí i mbialanna. Agus níl cruithneacht nó plúr le tabhairt do bheithígh.

1958

Cuirtear tús leis an obair athchóirithe ar sheomraí an Stáit i gCaisleán Bhaile Átha Cliath a scriosadh i ndóiteán i 1941. Tá na brící ornáideacha á mbaint agus uimhreacha á gcur orthu. £80,000 a chosnóidh an obair.

1969

Naonúr ball den Fhreasúra i Stormont curtha ar fionraí ar feadh seachtaine tar éis agóide faoin Public Order Bill. Caitheann siad daichead nóiméad ina suí fúthu agus "We Shall Overcome" á chasadh acu.

1979

Mór-agóid PAYE ar siúl i mBaile Átha Cliath. Bailíonn an lucht léirsithe ag Cearnóg Pharnell agus tugann aghaidh ar Shráid Uí Chonaill, oibrithe ar na sráideanna i gCorcaigh freisin.

1980

Sochraid Chonsal na hIar-Ghearmáine Thomas Niedermayer i mBéal Feirste. Thángthas ar chorp an fhir ghnó deich lá roimhe sin, sé bliana tar éis a fhuadach óna theach i mBéal Feirste.

1994

Foireann sacair na hÉireann agus a n-amhrán don Chorn Domhanda á thaifeadadh. Airgead ón gceirnín "Watch Your House for Ireland" ag dul chuig GOAL.

1999

Deir David Trimble (thíos) ón UUP go bhfuil Tuaisceart Éireann nua buailte linn ach go bhfuil gá le díchoimisiúnú. Fáiltíonn Gerry Adams Shinn Féin roimh an ráiteas.

1903

I bhfothoghchán i bhFear Manach Thuaidh buann an feisire neamhspleách aontachtach agus iomaitheoir Ceannach Talún, Edward Mitchell, ar an gCaptaen James Craig, Coimeádach. Meastar go raibh tacaíocht náisiúntóirí ag Mitchell.

1914

Tuairiscítear gur éirigh 70 oifigeach ón marcshlua ar Churrach Chill Dara as tar éis dóibh diúltú d'ordú gníomhú in aghaidh Uladh. Rinne an slua coise an rud céanna a bheag nó a mhór.

1926

Toradh nach raibh coinne leis sa tSraith Náisiúnta Peile. Buaileann Laois Ciarraí, 1-6 in aghaidh 1-5 i bPáirc an Chrócaigh.

1939

Faigheann an Dr Oliver St.John Gogarty £100 cúitimh ina chás clúmhillte in aghaidh foilsitheoirí leabhar le Patrick Kavanagh. Dúirt Kavanagh ann,"I mistook Gogarty's white-robed maiden for his wife or mistress – I expected every poet to have a spare wife".

1947

Deir Príomh-Aire an Tuaiscirt, Sir Basil Brooke, nach lámh chreachadóra a bhain Cúige Uladh ón gcuid eile d'Éirinn ach reibiliúnaithe an Deiscirt, ag iarraidh an Ríocht Aontaithe a scoilteadh ina dhá leath.

1964

Sochraid an údair Breandán Ó Beacháin ag tarraingt ar Reilig Ghlas Naíon i mBaile Átha Cliath, an tsochraid is mó sa chathair ó bhás Mhichíl Uí Choileáin.

1969

Beartaíonn an rialtas gur cóir don Taoiseach agus do na hairí rialtais laghdú 15% a thógáil ina dtuarastail don chéad naoi mí den bhliain. Sabháilfidh sé seo £6,000.

1972

Pléascann buama i Shipquay Street i nDoire, ceann de cheithre cinn a leag Provisionals an IRA sa chathair. Gortaítear 26.

1986

Deacrachtaí i gcás eiseachadta Evelyn Glenholmes sa Chúirt Dúiche i mBaile Átha Cliath. Meastar nach bhfuil an barántas a eisíodh sa Bhreatain ceart.

1989

Maraítear triúr saighdiúirí Éireannacha nuair a phléascann mianach talún i ndeisceart na Liobáine. Ceapann an tArm gur d'aon ghnó a díríodh orthu.

1997

An sagart péidifíleach Brendan Smyth, á eiseachadh i Léim an Mhadaidh. É os comhair na Cúirte Dúiche i mBaile Átha Cliath ansin agus 70 cás íde gnéis curtha ina leith.

1914

Corcaigh sroichte ag an línéar *Cameronia* ó Nua Eabhrac agus líon mór litreacha ar bord – míle sé chéad mála – litreacha don Bhreatain, d'Albain, don tír seo agus do mhór-roinn na hEorpa i gceist.

1920

Adhlactar Tomás Mac Curtáin, Ardmhéara Chorcaí, a dúnmharaíodh dhá lá ó shin. Teachtaireachtaí ómóis agus comhbhróin ó chian agus ó chóngar. 8,000 d'óglaigh Shinn Féin á thionlacan go Reilig Naomh Fionnbarra i gCorcaigh.

1939

Pléitear an neodracht sa Dáil le linn díospóireachta ar na meastacháin chosanta. Deir an Dr T F Ó hUigín gur dhúirt Éamon de Valera gur amaidí atá sa pholasaí neodrachta; aontaíonn seisean leis. Tá tionchar na neodrachta ar an easpórtáil go dtí an Bhreatain á mheas ag an rialtas.

1949

Tugann an Rialtas teach i bPáirc an Fhionnuisce ar léas do rialtas Mheiriceá ar feadh 99 bliain. Bhíodh Chief Secretary na Breataine ann tráth agus Leagáid Mheiriceá ina dhiaidh sin sular bhogadar go Cearnóg Mhuirfean. Aire Mheiriceá, George Garrett, a bheas ina chónaí ann feasta.

1955

Réiteach in aighneas na mbanc. Gheobhaidh feidhmeannaigh na mbanc atá ar stailc ó mhí na Samhna ardú tuarastail ó £26 go £78 in aghaidh na bliana. Tá córas buan eadrána le cur i bhfeidhm.

1969

Agóidí cearta sibhialta ar fud an Tuaiscirt, 4,000 duine ina suí fúthu i gcathair Dhoire. Iarrann an t-eagraí Eamonn McCann (ar dheis) orthu guaim a choinneáil orthu féin. Na feisirí John Hume agus Ivan Cooper ann mar aon le Eddie MacAteer.

1987

Seolann an Taoiseach Cathal Ó hEochaidh an Crannchur Náisiúnta go hoifigiúil. Tugtar treoir faoin gcaoi leis an gcluiche 'Instant Three' a imirt.

1988

Tugtar ómós don fhile Máirtín Ó Direáin (thuas) ag a shochraid i mBaile Átha Cliath. Léann a chomhfhilí Máire Mhac an tSaoi agus Nuala Ní Dhomhnaill, agus an t-aisteoir Mick Lally roinnt dá chuid filíochta. An tUachtarán Ó hIrghile i láthair.

1995

Ciontú an Tallaght Two i ndamáiste mailíseach agus in ionsaí, curtha ar neamhní i gCúirt na nAchomharc Coiriúil. Ach ní dheireann an chúirt go bhfuil iomrall ceartais ann, rud a fhágann nach bhfuil an bheirt i dteideal cúiteamh a fháil.

23 Márta

1914
Séanann an Príomh-Aire Asquith go diongbháilte gur dhúirt sé riamh gur tús feachtais a bhí in aistriú na dtrúpaí ó thuaidh le Cúige Uladh a chloí nó le tabhairt orthu géilleadh.

1925
Deir Joe Devlin, feisire i bParlaimint an Tuaiscirt nár ghlac a shuíochán, go nglacfaidh sé anois é má atoghtar é, i bhfianase na tuarascála ó Choimisiún na Teorann.

1936
Scilling a chosnaíonn glao teileafóin trí nóiméad istoíche chuig an mBreatain nó áit ar bith in Éirinn. Tá glaonna áitiúla laghdaithe ó phingin is feoirling go pingin – agus £6 an cíos ar líne ghnó, £5 ar líne bhaile.

1947
Iarracht mhór ar siúl ag feirmeoirí an talamh a threabhadh agus a chur tar éis na drochaimsire le tamall, tarracóirí agus capaill ag obair de lá agus d'oíche, foirne éagsúla ag obair orthu. Deir lucht talmhaíochta go bhfuil géarchéim mhór bia romhainn.

1949
Ciontaítear bean faoi chácaí a raibh nimh stricnín iontu a chur chuig bean chomharsan léi. Ní ghearrtar téarma príosúin uirthi nuair a thoilíonn sí bliain a chaitheamh i gclochar i Luimneach. Tuigtear go raibh caidreamh aici le fear na mná comharsan.

1969
An *Asgard* cóirithe amach mar long thraenála, í á coimisiúnú ag an Aire Airgeadais, Cathal Ó hEochaidh, i mBinn Éadair. Erskine Childers, Aire Iompair agus Cumhachta, agus mac leis an Erskine Childers ar leis an luamh agus a thug gunnaí isteach inti i 1914, ansin freisin.

1970
Cuirtear fáilte abhaile go Baile Átha Cliath roimh an amhránaí Dana a bhain an comórtas amhránaíochta Eurofíse le "All Kinds of Everything".

1978
Sochraid an iar-Uachtaráin Cearbhall Ó Dálaigh sa tSnaidhm i gContae Chiarraí. An tUachtarán Pádraig Ó hIrghile agus a bhean i láthair mar aon leis an Taoiseach. Tugann an tUachtarán Ó hIrghile an óráid cois uaighe.

1985
Fágann an *Asgard* cuan Chorcaí dá céad turas trasatlantach. An tAire Cosanta Patrick Cooney ar an láthair le slán a chur léi.

1995
Na milliúin punt cúitimh á lorg ag saighdiúirí ón Roinn Cosanta faoi bhodhaire. Deir siad nach raibh cosaint cheart chluas acu.

1998

An Asgard

Deireadh seachtaine iontach ag Sonia O'Sullivan ag Craobh Tras-Tíre an Domhain i Marakesh i Maracó. Baineann sí dhá bhonn óir.

1909

Faigheann an t-údar agus drámadóir John Millington Synge bás i mBaile Átha Cliath in aois a tríocha hocht; baint dhlúth aige leis an Irish National Theatre. Ar na drámaí is fearr aithne tá *Playboy of the Western World* agus *Riders to the Sea.*

1926

Pléitear drochstaid scoileanna na tíre sa Seanad. Deir W B Yeats go bhfuil roinnt díobh brocach agus go bhfuil na fuinneoga chomh beag sin nach bhfuil dóthain solais nádúrtha ag na gasúir ag meán lae fiú amháin.

1932

Deir J H Thomas, Rúnaí Stáit na dTiarnas, sa House of Commons go bhfuil An Mionn Dílseachta mar chuid lárnach den Chonradh. Deir sé freisin go gcaithfidh Saorstát Éireann na hanaidí talún a íoc.

1949

Tá an chiondáil ar bhreosla do charranna príobháideacha maolaithe – a dhá oiread breosla le fáil anois. Níl aon rialacha ag baint níos mó le dáileadh pairifín, ola díosail nó ola téimh.

1951

Cuireann an tOllamh Henry Moore ón Ollscoil Náisiúnta agus ó Ospidéal an Mhater luach £4,000 den druga Cortisone ar fáil do Bhiúró Taighde Leighis na hÉireann. Tuairiscítear dul chun cinn iontach á dhéanamh leis an druga seo.

Ospidéal an Mhater

1962

An Slieve Callan, inneall le traein Phercy French, á chaomhnú in aice leis an stáisiún in Inis, Co. an Chláir. An tAire Oideachais, an Dr Ó hIrghile, ar an láthair leis an tionscnamh a oscailt go hoifigiúil.

1968

Eitleán Viscount le hAer Lingus goite i bhfarraige i muir Éireann amach ón Tuscar i Loch Garman. Maraíodh a raibh ar bord an *St. Phelim,* caoga seacht paisinéir agus ceathrar criú. Bhí an t-eitleán ar a bealach ó Chorcaigh go Heathrow Londain.

1977

Easpag Éireannach Umtali, an Dr Donal Lamont, ag Aerfort Bhaile Átha Cliath. Ardeaspag Bhaile Átha Cliath, Dermot Ryan, agus Easpag na Gaillimhe, Eamonn Casey, roimhe. Cuirfidh sé ar an eolas iad faoi chúrsaí sa Róidéis.

1980

Máirseáil agóide lasmuigh d'Ambasáid Mheiriceá, an léirsiú ar siúl i gcuimhne an Ardeaspaig Romero a dúnmharaíodh sa tSalvadóir.

1997

Córas uathoibríoch anois ar an teach solais deiridh sa tír, an Bailey – deireadh tagtha le traidisiún 200 bliain agus na fir sholais ag dul abhaile don uair dheiridh – deireadh ré.

25 Márta

1916

Liam Mellowes (ar dheis), eagraí de chuid Óglaigh na hÉireann, gafa i mBaile Átha an Rí i gContae na Gaillimhe; eagraí eile, Earnán de Blaghd, gafa i Luimneach an lá roimhe sin.

1926

Pléitear an chéad daonáireamh eile ag an gCumann Staitistiúil i mBaile Átha Cliath. Tá laghdú chomh mór sin tagtha ar an neamhlitearthacht, ón daonáireamh deiridh, is cosúil, nach bhfuil gá le ceisteanna faoi chúrsaí oideachais.

1938

Gabhtar seacht bhfear déag i mBéal Áth hAmhnais i gContae Mhaigh Eo agus achrann ar siúl faoin gcaoi a roinntear eastát M B Curran. Tá talamh tugtha do 27 duine, cuid acu píosa ó bhaile, rud a chuireann fearg ar mhuintir na háite.

1947

Bád nua do phaisinéirí, an *Munster*, á seoladh ag Harland & Wolff i mBéal Feirste. Glacfaidh sí áit an *Munster* eile a chuaigh go tóin poill i Muir Éireann nuair a bhuail mianach í i 1940.

1957

Cailltear Ernie O'Malley, údar, craoltóir agus laoch Chogadh na Saoirse. Ó Mhaigh Eo ó dhúchas é, ghlac sé páirt in Éirí Amach na Cásca. Throid sé sna Ceithre Cúirteanna, gabhadh é i 1922 agus 21 piléar ann. Ceapadh ina Theachta Dála é agus é i bpríosún.

1968

Aimsítear coirp naonúr de na paisinéirí ón eitleán, *St. Phelim* le hAer Lingus, a chuaigh i bhfarraige amach ón Tuscar. Tugtar na coirp go Ros Láir.

1977

Fiche bliain a bhunaithe á chomóradh ag Comhphobal Eacnamaíochta na hEorpa – iad ag breathnú siar ar na mórimeachtaí, ó Chonradh na Róimhe i leith.

1980

Lána bus Chóras Iompair Éireann in úsáid i Sráid na Parlaiminte i mBaile Átha Cliath den chéad uair. Táthar ag súil go dtiocfaidh feabhas ar chúrsaí tráchta dá bharr.

1986

Drochstaid agus easpa áiseanna i dtithe cúirte áitiúla i Loch Garman á gcáineadh ag comhairleoirí áitiúla agus ag dlíodóirí.

1994

An tUachtarán Mhic Róibín ar a séú cuairt ó thuaidh. Cuirtear fáilte roimpi ag halla an bhaile san Iúr. Tugann sí cuairt ar Mhainistir Ghleann Rí agus ar Craigavon – ar aghaidh ansin go Coláiste Mhic Aoidh i nDoire.

1998

Éacht déanta ag an marcach Éireannach Tony McCoy – 222 rás buaite aige in aon séasúr amháin –an ceann deiridh i Ludlow.

1903

Tugann an Chief Secretary Wyndham an Irish Land Bill isteach i Westminster. Ráta ais-íoctha 3.25%; fad 68.5 bliain leis an gcíos bliantúil agus £12 milliún ag dul do thiarnaí talún.

1913

Ag cruinniú den Dublin Conservative Workingmen's Club i Sráid York deir Lord Farnham go gcaithfidh siad a míle dícheall a dhéanamh don chúis a thug anseo iad – cur in aghaidh Home Rule.

1926

Cáineann an Belfast Wholesale Merchant's and Manufacturer's Association an cháin 6 pingine ar bheartanna. Dhá scoirfí de chuirfeadh sé go mór leis an trádáil thuaidh-theas.

1935

Gabhtar 72 poblachtach agus tugtar go príosún an Bhridewell iad. Orthu sin tá eagarthóir *An Phoblacht*, Donal O'Donoghue, Con Lehane, dlíodóir, agus Peadar O'Donnell, scríbhneoir agus ceannaire an Republican Congress Group.

1945

Faigheann an polaiteoir Briotanach David Lloyd George bás in aois a 82. Áirítear go raibh baint ag an gcaoi ar láimhseáil sé cás na hÉireann lena imeacht i 1922. Meastar gurb eisean a thug na Dúchrónaigh go hÉirinn.

1955

Is é Quare Times agus an marcach Pat Taafe a bhaineann an Grand National – an lá leis an traenálaí Vincent O'Brien den tríú bliain as a chéile.

1966

Cailltear Joe McGrath, cathaoirleach an Irish Hospitals Trust. É gníomhach i 1916, bhí sé ina aire rialtais ó 1922 – 24.

1978

Searmanais ar bun i gCloch Shiurdáin, Co. Thiobraid Árann, le céad bliain breith Thomáis Mhic Dhonncha a chomóradh. An garda onóra á iniúchadh ag an Aire Gnóthaí Eachtracha, Mícheál Ó Cinnéide.

1986

Dhá shioráf óga a rugadh i bPáirc Fóta i gCorcaigh á gcur in aithne don phobal. Patairíní sé throithe ar airde i mbun scléipe!

1994

Filleann an chéad pháiste le deich mbliana ar Inis Bigil amach ó chósta Mhaigh Eo, a mháthair in éineacht leis. Rugadh Patrick Michael Calvey in Ospidéal Chaisleán an Bharraigh.

1999

Tagann ceannairí an Aontais Eorpaigh ar shocrú faoi dháileadh an chiste struchtúrtha agus na ndeontas feirme go dtí an bhliain 2006. Éire le £3.4 billiún a fháil sa tréimhse seacht mbliana.

27 Márta

1907
Cailleann trí chéad oibrí a bpost nuair a scriosann dóiteán an Springfield Spinning Company i mBéal Feirste. Luach £15,000 damáiste, meastar.

1914
Eisíonn Oifig an Chogaidh i Londain ordú nua airm tar éis na heachtra ar an gCurrach. Ní féidir saighdiúir a cheistiú faoina dhearcadh nó a sheasamh má iarrtar air ordú a chomhlíonadh mar gheall ar rudaí a d'fhéadfadh tarlú.

1925
Cuireann Comhdháil Bhliantúil Aontas Feirmeoirí Éireann in aghaidh taraifí caomhnaitheacha an Rialtais ar thionscail lasmuigh den talmhaíocht, a mbíonn arduithe ar an gcostas maireachtála dá mbarr.

1934
Na Scuabgheallta anseo thíos le cinneadh House of Lords na Breataine cosc a chur ar gheallta, ar chrannchuir agus ar chomórtais nach bhfuil aon scil ag baint leo.

1944
Cuireann Ardeaspag Mannix na hAstráile sreangscéal chuig Éamon de Valera á rá leis go bhfuil uafás ar dhaoine ansin faoi iarrachtaí chun neodracht na hÉireann a shárú.

1950
Tá an stailc bus cúig seachtaine thart. D'éirigh baill den ITGWU as obair nuair a chuaigh beirt thiománaithe isteach san NUR.

1969
Deir an Taoiseach Seán Ó Loingsigh le toscaireacht ó Bhardas Bhaile Átha Cliath nach féidir a thuilleadh airgid a chur ar fáil do chostais sláinte. Caitear 36% de na rátaí ar chúrsaí sláinte.

1975
Tar éis na buamála i dteach tábhairne an Aire Cosanta, Paddy Donegan, i Mainistir Bhuithe i gContae Lú, cuireann an rialtas fainic ar lucht an fhoréigin, á rá go seasfaidh siad le hinstitiúidí daonlathacha an Stáit.

1981
Agóid ar siúl i Loch Garman faoin ráta ard dífhostaíochta. Uachtarán an ITGWU, John Carroll, i measc an lucht agóide, mar aon le ceannaire Pháirtí an Lucht Oibre, Brendan Corish.

1992

Fógraíonn Bord na Móna go bhfuil an mhonarcha sa Liolcach Mór le dúnadh de bharr easpa éilimh. Tá 108 duine fostaithe sa mhonarcha móna seo i gContae Chill Dara.

1995
Pleananna an rialtais don lárionad cuairteoirí conspóideach i Mullach Mór sa Bhoireann i gContae an Chláir, caite amach. Cuirfear an suíomh ar ais sa chaoi a raibh sé.

1902

An feisire T W Russell ag cur Aontas Feirmeoirí is Sclábhaithe Feirme Uladh i mBéal Feirste ar an eolas faoi Bhille Talún an rialtais. Cáintear an Bille tar éis díospóireachta.

1916

Tugtar sé lá d'Earnán de Blaghd agus do Liam Mellowes – eagraithe Óglaigh Éireann atá faoi ghlas i mBeairic Chnoc an Arbair – áit chónaithe a roghnú i lár tíre i Sasana. Muna ndéanann siad amhlaidh cuirfear thar tír amach iad.

1926

Searmanais shollúnta Dhomhnach na Pailme ar siúl sa Leas-Ardeaglais i mBaile Átha Cliath, an tArdeaspag, an Dr Ó Broin, ina mbun.

1940

Cáineann comhdháil an INTO i gCill Airne an mhúinteoireacht éigeantach trí Ghaeilge. Iarrann siad ar an Aire Oideachais clár níos meáite a chur ar fáil do scoileanna.

1957

Faigheann an t-ealaíontóir aitheanta, Jack B Yeats, bás i mBaile Átha Cliath. Chuaigh an bhaint fhada a bhí aige le Sligeach i bhfeidhm air – dúil aige i radharc tíre agus farraige.

1965

Daoine cois trá ag baint tairbhe as an lá is breáichte dá raibh againn i mí an Mhárta le blianta. Is geall le lá samhraidh é.

1969

Nuachtagallamh ar an gcúnamh atá muid a thabhairt do Bhiafra leis an mórfheachtas aeir a thosaigh an tAthair Tony Byrne agus Caritas bliain go ham seo a chomóradh. Míle ocht gcéad eitilt agus breis agus fiche míle tonna bia, cóir leighis agus éadaí curtha go Biafra.

1972

Seasca míle duine bailithe ag slógadh Vanguard William Craig i Stormont le hagóid a dhéanamh faoi thionscnaimh na Breataine. Labhraíonn an Príomh-Aire Faulkner leis an slógadh – béim ar chomhoibriú i measc aontachtaithe.

1981

Stormont arís – 30,000 duine bailithe don cheann deireanach de shlógaí 'Carson Trail' Ian Paisley. Deir seisean go bhfuil feall ar siúl ag Príomh-Aire Thatcher na Breataine i mBaile Átha Cliath.

1991

An tUachtarán Mhic Róibín sa Spidéal do shaoire na Cásca le feabhas a chur ar a cuid Gaeilge – agus le sclaigeanna cáiliúla bóithre an cheantair a iniúchadh!

1994

Dialanna dubha conspóideacha Roger Casement á gcur ar fáil don phobal ag an Public Record Office i Londain.

29 Márta

1904

Éiríonn Cathaoirleach Choiste Talmhaíochta Phort Láirge, an Canónach de Paor, as oifig de bharr ionsaí a rinneadh ar shagairt in Éirinn i leabhar le Sir Horace Plunkett (ar dheis) dar teideal *Ireland in the New Century.*

1912

Tugann giolla stóir i nDroim Conrach Rúnaí an ITGWU, James Larkin, os comhair cúirte faoi fheidhmiú mar bhall de Bhardas Bhaile Átha Cliath ainneoin gur chuir sé tréimhse príosúin isteach roimhe sin. Gearrann an chúirt fíneáil £5 ar Larkin.

1926

Le linn fiosraithe faoi iarratas ó Chomhairle Uirbeach Bhrí Cualann ar £8,000 chun cur le córas leictreachais an bhaile, deir an Roinn Tionscail agus Tráchtála gur cheart go mbeadh scéim na Sionainne ar fáil faoin mbliain 1929.

1933

Gortaítear 30 duine le linn ionsaithe ar Chonnolly Hall, ceannáras an Revolutionary Workers Group. Saoradh oifigeach Airm agus oifigeach ón nGarda Síochána a raibh amhras orthu faoin gCumannachas, a spreag an t-ionsaí.

1940

Scriostar sciathán de Choláiste Phádraig, Maigh Nuad, i ndóiteán. Tugann an díon uaidh agus tá na seomraí thuas staighre i ndroch-chaoi. Ní ghortaítear éinne.

1950

Iarrtar ar an Aire Dlí agus Cirt fiosrú a dhéanamh faoi úsáid tuairiscí rúnda na nGardaí. Clamhsán a rinne Con Lehane, Clann na Poblachta, faoi na tuairiscí seo a chur faoi bhráid breithiúna a spreag an t-iarratas.

1969

Cúig mhíle dhéag de lucht tacaíochta na gCeart Sibhialta ar shráideanna Dhoire. Téann siad thar an Diamond go Cearnóg an Ghildhalla áit a mbíonn achrann faoi bhratach an Union Jack.

1973

Tugtar seisear fear, a gabhadh nuair a tháinig an cabhlach roimh an *Claudia* amach ó chósta Phort Láirge agus cúig thonna arm ar bord aice, go dtí an Bridewell i mBaile Átha Cliath – Joe Cahill Bhéal Feirste ina measc.

Joe Cahill

1988

Comhairle Oilimpeach na hÉireann buartha faoi imreoirí rugbaí ón tír seo a bheith ar thuras na hAfraice Theas an samhradh seo – imní ann go ndéanfar baghcat ar na Cluichí Oilimpeacha i Seoul.

1995

Deir an tAire Talmhaíochta, Ivan Yates, go bhfuil uafás agus alltacht air faoi bhás 77 beithíoch ar an mbealach as Éirinn go dtí an Araib Shádach.

1996

An teach solais is sine san Eoraip, Rinn Duáin i gContae Loch Garman, ag feidhmiú go huathoibríoch anois.

1909

An 118ú cruinniú bliantúil den Sick and Indigent Roomkeepers' Society i Sráid an Phálais i mBaile Átha Cliath, Ardmhéara na cathrach sa chathaoir. Déanann an cumann freastal ar bhochtáin Bhaile Átha Cliath.

1914

Tar éis Cheannairc an Churraigh glacann an Príomh-Aire Asquith cúramaí an Secretary of State for War air féin tar éis don Choirnéal Seely éirí as. Éiríonn na Ginearáil Sir John French agus J S Ewart as freisin.

1926

Deir an tAire Airgeadais, Earnán de Blaghd, leis an Dáil go bhfuil laghduithe móra ar chaiteachas an rialtais neamhphraiticiúil. Admhaíonn sé go gcuireann cánacha leis an gcostas maireachtála.

1939

Glactar leis an mBille Tréasa sa Dáil. Deir an teachta Fitzgerald Kenney, Maigh Eo Theas, go bhfuil sé áiféiseach go ngearrtar pionós an bháis ar ghníomhartha cuiditheacha tréasa.

1942

De réir ordaithe nua ón Aire Soláthairtí ní cheadaítear gluaisteán nua a dhíol gan cheadúnas agus beidh ar bhusanna gluaiseacht níos moille leis na boinn a spáráil.

1953

An Isolda

An *Isolda*, an 171ú bád a tógadh i Longchlós na Life, i gCuan Bhaile Átha Cliath – an chéad long a tógadh i mBaile Átha Cliath le cúig bliana déag. Déanfaidh sí freastal ar thithe solais agus ar bháid.

1964

Beirt de na Beatles ag spraoi ag Caisleán Dromoland i gContae an Chláir, iad ag ligean a scíthe agus ag iascach.

1978

Ceiliúradh i gcathair Phort Láirge agus bua John Treacy ag an gCraobh Domhanda Tras-Tíre i nGlaschú á chomóradh. Bronnann an Méara, an Comhairleoir Tim Galvin, gloine Phort Láirge air.

1985

Riméad ar dhaoine i mBóthar Lansdúin i mBaile Átha Cliath nuair a bhaineann Éire an Choróin Triarach. Buaileann siad Sasana 13-10.

1994

Fógraíonn an tIRA sos comhraic trí lá. Ní hionann é, adeir siad, agus sos lámhaigh traidisiúnta na Nollag nach bhfuil aon tábhacht pholaitiúil leis.

1995

Ní gá do lucht saoire na tíre seo víosa ar leith a bheith acu feasta le dul go Meiriceá. Tá an reachtaíocht chuí rite ag an gComhdháil agus a ainm curtha leis ag an Uachtarán Clinton.

31 Márta

1903
Fógraíonn an Lord Lieutenant go bhfuil Rí agus Banríon Shasana le cuairt a thabhairt ar Éirinn amach sa samhradh.

1917
Tuairiscíonn an Malartán Oibre i mBaile Átha Cliath nach bhfuil aon athrú mór ar an dífhostaíocht i measc lucht ceirde ach go bhfuil sé an-ard i measc oibrithe tógála agus oibrithe drioglanna.

1925
Deir sreangscéal ó Chonor O'Brien i bPernambuco sa Bhrasaíl go bhfuil ceannscríbe sroichte aige tar éis seacht lá fhichead ar an bhfarraige ó Port Stanley sna hOileáin Malvinas. Tá deireadh lena thuras domhanda agus é ag tabhairt aghaidh ar an mbaile inniu.

1932
Tá Bardas Bhaile Átha Cliath ag déanamh a machnaimh ar mholadh go n-aistreofaí Colún Nelson faoi go bhfuil sé ag cur as don trácht. Níl lucht trádála róshásta.

1944
Ceaptar Erskine Childers mar rúnaí parlaiminte sa Roinn Rialtais Áitiúil agus Sláinte Phoiblí, mar chomhghleacaí ag an Dr Ward. Tuairimíocht ann anois go bhfuil roinn ar leith á beartú ag an Rialtas do chúrsaí sláinte.

1966
Tá an bhratach a bhí ar Ardoifig an Phoist i 1916 tugtha ar ais ag an mBreatain. Bronnann Ambasadóir na tíre seo i Londain, J G Molloy, ar an Taoiseach Seán Lemass í – tugadh dó siúd i Londain inné í.

1976
Déantar ionsaí ar an traein phoist ó Chorcaigh go Baile Átha Cliath idir na Solláin agus an Cholchoill i gContae Chill Dara go moch ar maidin. Áirítear gur thug dháréag £150,000 leo sa robáil.

1979
Sé mhíle duine i mbun léirsithe trí chathair Bhaile Átha Cliath go dtí láthair Ché an Adhmaid mar agóid in aghaidh tógáil oifigí cathartha ar láthair na Lochlannach.

1986
An tUachtarán agus Bean Uí Irghile ag fágáil Aerfort Bhaile Átha Cliath i scairdeitleán an rialtais le tús a chur lena gcuairt oifigiúil ceithre lá ar an Ostair – an chéad chuairt oifigiúil againn ansin.

1992
Deir an Taoiseach Albert Reynolds leis an Dáil nach féidir Prótacal Mhaastricht a nginmhilleadh a athrú gan cead aon bhall déag eile an Aontais Eorpaigh.

1998
Seiceáil ar tháillí agus ar chostas úis le déanamh i mbrainsí de na príomhbhainc go léir ag cuntasóirí a fhostóidh an Stiúrthóir Cúrsaí Tomhaltóirí, William Fagan.

1911

Osclaítear an duga nua grabhála, an ceann is mó ar domhan, i gCuan Bhéal Feirste leis an línéar 45,000 tonna, an *Olympic*, an long is mó ar farraige, a scaoileadh isteach ann.

1919

Freastalaíonn 52 ball de Shinn Féin ar an dara cruinniú den Dáil i dTeach an Ardmhéara i mBaile Átha Cliath. Toghtar Seán T Ó Ceallaigh ina Cheann Comhairle d'aon ghuth agus Éamon de Valera mar Phríomh-Aire.

1922

Fógraíonn Rialtas na Breataine go saorfar chuile dhuine atá i ngéibheann i bpríosúin na Breataine agus coireanna a bhaineann le Sinn Féin curtha ina leith.

1931

Éiríonn le hOspidéal Shráid Jervis a rótharraingt a ghlanadh agus áras do bhanaltraí a thógáil leis an airgead ón Scuabgheall. Ar na hospidéil eile a fhaigheann cabhair tá an Com agus Ospidéal na Leanaí i Sráid an Teampaill.

1935

Cuireann an Chónaidhm Idirnáisiúnta Amaitéarach Lúthchleasaíochta an NACA ar fionraí faoi gur dhiúltaigh siad a gcuid imeachtaí a reáchtáil sa Saorstát amháin – níl cead againn páirt a ghlacadh i gcomórtais thar lear.

1953

Seisear déag ar paráid i mBeairic Mhic Aodha – trí chlann atá i gceist, na Hartleys, na Cronins agus na Coys – agus 237 bliain seirbhíse eatarthu go léir. Curiarracht nua, adeir an tArm.

1966

Cailltear an t-údar Brian Ó Nualláin (lár), Flann O'Brien nó Myles na Gopaleen mar ab fhearr aithne air. Cáil fhorleathan ar *At Swim-Two-Birds* agus *An Béal Bocht*.

1973

Iar-chimí sa Tuaisceart ag fágáil le freastal ar éisteacht sa Chúirt Chearta Daonna i Strasbourg dá gcás in aghaidh na Breataine.

1977

Tá an rialtas le cur lena bhfeachtas aonair ar theorainn iascaigh. Cuireann Cumann na nIascairí fáilte roimh an chinneadh. Céim mhór chun cinn, adeir Joey Murrin.

1980

Filleann Easpag na Gaillimhe, Eamonn Casey, abhaile tar éis shochraid an Ardeaspaig Romero, a dúnmharaíodh sa tSalvadóir. Labhraíonn sé faoin sléacht ag an tsochraid agus lorgaíonn cosc ar airm go dtí an tSalvadóir.

1997

Baineann Doran's Pride an Power Gold Cup i dTeach na Síóg, Richard Dunwoody sa diallait. Caitheann timpiste Shane Broderick inné smál ar an ócáid.

2 Aibreán

1903

Tá imní ar Bhord Caladh agus Dugaí Bhaile Átha Cliath faoi bheirtreacha Chluain Tarbh tar éis dóibh tuairisc a fháil faoi leibhéal ard truaillithe ansin – séarachas ó Fhionnradharc, ó Ghlas Naíon agus ó Chluain Tarbh ar an trá.

1914

Bunaítear Óglaigh na mBan ag cruinniú in Óstán Wynns i mBaile Átha Cliath, iad ag iarraidh saoirse na hÉireann a bhaint amach. Osclaítear ciste cosanta. Is í Úna Ní Fhaircheallaigh atá sa chathaoir agus cuireann sí in aghaidh an fheidearálachais.

1925

Tá an Dublin Metropolitan Police le nascadh leis an Civic Guard faoi Acht nua. An Garda Síochána a bheas air feasta agus an Ginearál Ó Dubhthaigh ina Ard-Choimisinéir air.

1931

Faigheann an t-údar Katherine Tynan bás. Scríobh sí os cionn céad úrscéal, mórchuid dánta agus dírbheathaisnéis i gcúig imleabhar.

1937

Fógraíonn an tAire Tionscail agus Tráchtála gur cúig phingine agus trí feoirlingí atá ar bhuilín aráin dhá phunt – ní cóir níos mó a ghearradh air. Má ghearrtar ba chóir dul i dteagmháil lena roinn.

1956

Nochtann an tUachtarán Ó Ceallaigh busta bráid den Chuntaois Markievicz i bhFaiche Stiabhna – baill den rialtas, den sean-IRA agus cairde i láthair ag an searmanas.

1963

Bronnann an RNLI boinn chré-umha as ucht a gcrógachta ar cheathrar fear tarrthála ó Chill Rónáin in Inis Mór Árann – Colie Hernon, Bartley Mullen, Thomas Joyce agus Patrick Quinn.

1969

Roghnaítear Bernadette Devlin ón People's Democracy, le bheith ina hiarrthóir aontaithe i Lár-Uladh don fhothoghchán i gcomhair Westminster, mac léinn síceolaíochta í sa bhliain dheireanach in Ollscoil na Ríona.

1972

Cuireann Aifreann Sheáin Uí Riada tús le craoladh Raidió na Gaeltachta. Léann an tAthair Ó Coincheanainn agus Coslett Quinn na paidreacha agus léann ceannaire an stáisiúin, Pádraig Ó Raghallaigh, teachtaireacht ón Uachtarán de Valera.

1987

Malartán nua uathoibríoch teileafóin faighte ag Árainn Mhór Thír Chonaill – feabhas mór ar chúrsaí cumarsáide.

1991

Ciontaítear duine den cheathrar atá ar a dtriail faoi dhúnmharú i Roermond san Ísiltír. Saortar an triúr eile, Donna Maguire ina measc. Tá cás eiseachadta chun na Gearmáine rompu.

1902

Bronnann Bardas Bhaile Átha Cliath saoirse na cathrach ar John Redmond agus ar P A McHugh ag searmanas i Halla na Cathrach. Bronnadh an onóir seo ar Isaac Butt ar dtús agus ar Pharnell freisin.

1911

Ag cruinniú den Bhardas seachnaítear rún go gcuirfí fáilte fhoirmiúil roimh an Rí Seoirse V agus an Bhanríon Mary ar a gcuairt go Baile Átha Cliath, trí leasú go ngabhfaí ar aghaidh go dtí an chéad rud eile ar an gclár.

1925

Glacann an Dáil le rún an Rialtais faoi Scéim Chumhachta na Sionainne. Beidh sé faoi smacht an Stáit agus is iad Siemens-Schuckert na conraitheoirí. Ní féidir na meastacháin a shárú.

1931

Fágann báisteach throm shíoraí go bhfuil beagnach leath de na tithe i gCorcaigh faoi uisce. Tá abhainn na Laoi ag cur thar a bruacha agus beithígh ag fáil bháis. Siopaí agus tithe gnó faoi uisce agus earraí scriosta.

1944

Cuireann treoir a thugann an Rialtas do Bhardas Bhaile Átha Cliath gan a thuilleadh béilí a chur ar fáil do ghasúir scoile, seachas iad siúd atá ordaithe cheana, olc as cuimse ar dhaoine. Iarrann an Bardas ar an Oireachtas athmhachnamh a dhéanamh.

1967

Osclaítear an t-ionad nua cumarsáide Caitliceach i mBaile an Bhóthair i gContae Bhaile Átha Cliath – an tUachtarán de Valera agus an Cairdinéal Mac Conmidhe i measc na n-aíonna. Ardeaspag Bhaile Átha Cliath, an Dr McQuaid, a bheannaíonn an foirgneamh.

1976

An traein dheireanach ar an líne ó Luimneach go Clár Chlainne Mhuiris – deireadh á chur le ceangal ochtó bliain. Ócáid bhrónach – caithfear aghaidh a thabhairt ar Bhaile Átha Cliath feasta!

1989

Baineann Alex Higgins (thuas) craobh Benson and Hedges na Breataine sa snúcar. Ríméad ar an slua agus an fráma deireanach in aghaidh Stephen Hendry á imirt.

1990

Tacaíocht ilpháirtí ag Bille an rialtais chun deireadh a chur le pionós an bháis don dúnmharú – téarmaí fada príosúin á gcur ina áit. Meastar go gcuirfidh an Garda Síochána ina aghaidh.

1999

Fógraíonn an Rúnaí Stáit, Mo Mowlam, go dtarbharfar ar ais an talamh le Club Chumann Lúthchleas Gael i gCrois Mhic Lionnáin, a luaithe agus is féidir faoin bpróiseas normáltachta. Tá Arm na Breataine á úsáid dá gcuid héileacaptar ó 1974.

4 Aibreán

1900

Sroicheann an Bhanríon Victoria Dún Laoghaire agus tiomáineann i dtreo na cathrach. Cuireann an tArdmhéara agus an Bardas fáilte roimpi ag Droichead Shráid Leeson agus bronnann seaneochracha na cathrach uirthi.

1911

Ag cruinniú sa Choláiste Ríoga Máinlíochta cáineann dochtúirí moltaí an Bhardais chun luas carranna a shrianadh go dtí luas na gcapall. Is riachtanas iad gluaisteáin anois do dhochtúirí, adeir siad.

1915

Bailíonn 25,000 de na hÓglaigh Náisiúnta i bPáirc an Fhionnuisce. Deir John Redmond agus an chúirtéis á freagairt aige ag dealbh Pharnell i Sráid Sackville go gcuireann siad an 50,000 Éireannach atá ag troid in Arm na Breataine i gcuimhne dó.

1936

Diúltaítear cead isteach go Reilig Ghlas Naíon do chónra naíonáin thréigthe, ainneoin na páipéir chuí a bheith ann. Aighneas idir dhá cheardchumann faoi cé a dhéanann na cónraí is cúis leis seo.

1948

Tugann an Captaen E G Hitzen ar ais an bhratach a tugadh suas i Muilte Uí Bheoláin i 1916. Ghabh an Captaen Hitzen oifigeach ard traochta uaibhreach, a deir sé – Éamon de Valera.

1961

Déanann eitleán Viscount le hAer Lingus tuirlingt éigeandála ag Aerfort Bhaile Átha Cliath agus breosla ag sileadh aisti. D'fhág an t-eitleán agus 60 paisinéir ar bord, an t-aerfort ceathrú uair an chloig roimhe sin.

1967

Tugann baill Fhianna Fáil i mBaile Átha Cliath ómós don iar-Thaoiseach Seán Lemass agus dá bhean Kathleen. Is é an Taoiseach Seán Ó Loingsigh a dhéanann an bronnadh, Thomas McEllistrim, TD, ag cuidiú leis.

1977

Ar fhilleadh abhaile dó, déanann Labhrás Ó Murchú, Stiúrthóir Náisiúnta Chomhaltas Ceoltóirí Éireann, cur síos ar a choinneáil i mBirmingham agus i gCoventry faoin Acht um Chosc ar Sceimhlitheoireacht.

1989

Deir grúpa Windmill Lane, an t-aon dream a bhfuil iarratas istigh acu ag éisteachtaí an IRTC, má fhaigheann siad an ceadúnas go mbeidh TV 3 ar an aer faoi cheann naoi mí nó bliana.

1993

Gabhtar Nessan Quinlivan, a meastar gur ball den IRA é, i dteach feirme in aice leis an Aonach i gContae Thiobraid Árann go moch ar maidin. D'éalaigh sé ó phríosún Brixton i Londain in éineacht le Pearse McAuley dhá bhliain ó shin.

1903

Tá amhras ar Mhichael Davitt an gcuirfidh an Land Bill atá beartaithe deireadh le tiarnaí talún in Éirinn. Bua mór morálta a bheas ann má ghlactar leis, cé nach leigheas ar an gcóras riaradh talún é, adeir sé.

1915

Ag cruinniú d'Óglaigh Náisiúnta na hÉireann molann John Redmond go hard an chaoi ar dhírigh Éire ar an gCogadh. Deir John Dillon agus céad míle Óglach armtha ar paráid trí Bhaile Átha Cliath tar éis an Chogaidh, go gcaithfí Éire saor doroinnte a ghéilleadh.

1929

Osclaítear taispeántas d'ealaíontóirí Éireannacha i Nua Eabhrac. Orthu seo tá AE, Harry Clarke, Sean O'Sullivan, Charles Lamb, Harry Kernoff agus Paul Henry.

1938

Ag cruinniú de Bhord Sláinte Chontae Bhaile Átha Cliath molann an tOifigeach Leighis, J A Harbison, go ndúnfaí ceithre reilig atá plódaithe, Sean-Eiscir, Cill Bhríde, an Chruach agus Baile Phámar.

1953

An Tóstal á cheiliúradh ag an Uachtarán Ó Ceallaigh ar Shráid Uí Chonaill i mBaile Átha Cliath agus na mílte in éineacht leis – teacht le chéile clainne mar aon le ceiliúradh náisiúnta atá ann, adeir sé.

1957

Leagtar an Chrois Cheilteach a tógadh i mBaile an Chaistil i gContae Aontroma in onóir Ruairí Mhic Easmainn. Bhíothas ag súil go gcuirfí anseo é dá scaoilfí a chorp amach as Príosún Pentonville.

1962

Dúnadh iarnród iarthar Chorcaí bliain ó shin ach cuirtear an traein deiridh amach leis na trasnáin ar na ráillí a bhailiú.

1970

Thart ar chúig chéad ball den Ulster Special Constabulary, nó na B Specials, ag máirseáil i mBéal Feirste ar an mbealach go hArdeaglais St. Anne's don tseirbhís le n-iad a scor.

1973

Cuirtear deireadh leis an nGaeilge éigeantach do scrúduithe na Meán agus na hArdteistiméireachta. Fógraíonn an tAire Oideachais, Risteard de Búrca, athrú treo.

1985

Seirbhís amuigh faoin spéir i Sráid Anraí i mBaile Átha Cliath chun tacú le hoibrithe Dunnes Stores atá ar stailc anois le naoi mí in aghaidh an chórais chinedheighilte.

1990

Fáilte chathartha i gCaisleán Bhaile Átha Cliath don scannán *My Left Foot*. Daniel Day-Lewis (thíos) agus Brenda Fricker ar an láthair mar aon le Noel Pearson agus Jim Sheridan. Tugtar ómós do Christy Brown féin agus don aisteoir Ray McAnally nach maireann.

6 Aibreán

1906

Ag ceant ar Ché Urmhan i mBaile Átha Cliath íoctar £3,650 ar phictiúr le Frans Hals *Ógánach ag seinm an Mhaindilín agus Gloine Uaine ina Lámh aige.*

1911

Slua mór i halla an bhaile i nDún Laoghaire agus Emily Pankhurst, ceannaire ghluaiseacht vótála na mban sa Bhreatain, ag áiteamh ar fheisirí Éireannacha tacaíocht a thabhairt don bhille cearta atá os comhair na parlaiminte.

1914

Glactar leis an dara léamh den Bhille Home Rule. Deir Sir Edward Carson arís eile go gcuirfidh sé an plean chun Cúige Uladh a fhágáil ar lár os comhair na ndaoine má fhágtar an teorainn ama sé bliana ar lár. Impíonn sé ar an rialtas gan brú a chur ar Chúige Uladh.

1927

Molann Dan Breen Bille sa Dáil a bhainfeadh Alt 17, is é sin an Mionn Dílseachta, amach as Bunreacht an tSaorstáit. Cuireann an tUachtarán Mac Coscair ina choinne á rá go gcreideann sé i ndo-shárú conarthaí idirnáisiúnta.

1944

Tarraingíonn Ardmháistir Poist na Breataine an tseirbhís teileafóin idir Sasana agus Éire siar le nach sceithfear aon eolas. Tá cosc cheana ar nuachtáin a easpórtáil go hÉirinn.

1962

Crannchur do thithe an Bhardais i dTeach an Ardmhéara i mBaile Átha Cliath. Cuirtear na hainmneacha i ndruma agus tarraingítear na buaiteoirí amach – an t-ádh le daoine áirithe.

1970

Sochraid an Gharda Richard Fallon i mBaile Átha Cliath. Maraíodh é i ruathar ar an mBanc Ríoga i gCé Arran trí lá ó shin. Na Gardaí ag tabhairt ómóis dá gcomhghleacaí agus cuirtear i Reilig Bhaile Ghrifín é.

1984

Colin McStay, ocht mí dhéag d'aois, ag fágáil Bhaile Átha Cliath lena thuismitheoirí le dul go Pittsburgh, Pennsylvania, áit a ndéanfar é a mheas i gcomhair nódú ae. Tá beagnach £900,000 bailithe anseo dó.

1991

An ceannaire frith-chinedheighilte, an tArdeaspag Desmond Tutu, agus grúpa coisithe leis ar shiúlóid bhliantúil an ghorta i Maigh Eo i gcuimhne ar an nGorta Mór. Tarraingeoidh sé aird freisin ar an ngorta atá ag bagairt ar na milliúin san Afraic Theas faoi láthair.

1998

Cuirtear moill ar dhréachtsocrú an tSeanadóra George Mitchell tráthnóna de bharr easaontais idir an UUP agus an SDLP – é ar fáil go gairid tar éis mheán oíche.

1900

Bailíonn thart ar 52,000 gasúr as gach cearn den tír i bPáirc an Fhionnuisce le bualadh le Banríon Shasana. Tugann mac an Ardmhéara bláthanna di. Tae, líomanáid agus ceapairí ar fáil do ghasúir na tuaithe.

1926

Scaoileann bean Éireannach scothaosta le Príomh-Aire Mussolini na hIodáile ar an Piazza del Compidoglio sa Róimh. Deir Violet Gibson, a rugadh i nDeilginis, go raibh sí ag iarraidh íobairt a dhéanamh chun glóire Dé.

1935

Cuirtear fáilte mhór roimh Moss Twomey agus leacht á nochtadh aige do Liam Lynch i gCluain Meala. Níor facthas Twomey ó ghabháil na bpoblachtach i mBaile Átha Cliath. Tugann sé an óráid agus imíonn go ciúin le baill eile den IRA.

1942

San aighneas faoi bhéilí scoile deir Eileen Davitt, múinteoir, nach acmhainn do thuismitheoirí bia a thabhairt dá bpáistí ar an saol gann gortach seo. Deir T J Boylan ó Mheánmhúinteoirí Éireann go mbaineann na béilí te a chuirtear ar fáil ó chearta na dtuismitheoirí.

1953

Tugann an Cairdinéal D'Alton cuairt ar a bhaile dúchais, Clár Chlainne Mhuiris i gContae Mhaigh Eo, den chéad uair ó rinneadh Cairdinéal dhe. Molann sé creideamh na ndaoine agus spreagann sé iad leis an gCoróin Mhuire a rá.

1967

Deir Cumann Seoirseach na hÉireann agus an Dublin Civic Group go bhfuil imní orthu go bhfuil ceithre theach eile i bhFaiche Stiabhna agus Sráid Hume ceannaithe ag an Green Property Company agus é i gceist acu bloic oifige a thógáil.

1976

Fógraíonn Johnny Giles go bhfuil sé ag éirí as an bpeil idirnáisiúnta – é 35 bliain d'aois. D'imir sé 44 uair d'fhoireann na Poblachta.

1981

Sa bhfeachtas toghchánaíochta i bhFear Manach – Tír Eoghain Theas tá tacaíocht ag Bobby Sands, atá ar stailc ocrais, ó Bhernadette McAliskey agus ó Niall Bléine.

1987

Leacht cuimhneacháin nua á ullmhú don Chailín Bán san áit a bhfuil sí curtha i Cill Íomaí ar an tSionainn. An t-ealaíontóir Jim Connolly ag obair ar dhealbh nua. Thug daoine an seandealbh leo ina píosa agus ina píosa i rith an chéid seo caite.

1991

Baineann dráma Brian Friel, *Dancing at Lughnasa*, gradam mór na bliana i gcúrsaí amharclainne na Breataine ag na Laurence Olivier Awards.

8 Aibreán

1907
Tugann Comhairle Cathrach Bhaile Átha Cliath an conradh le stáisiún ginte 1,500 cileavata a thógáil ag an bPigeon House don General Electrical Company ar £8,725.

1919
Freastalaíonn 1,000 teachta ó chuile chearn den tír ar Ard-Fheis Shinn Féin sa seomra cruinn i dteach an Ardmhéara. Toghtar Éamon de Valera ina uachtarán ar an eagras.

1927
Glacann an Seanad le staid an choiste de Bhille na nGiúiréithe a thugann cead do mhná gan freastal ar sheirbhís giúiré má thograíonn siad. Caithfidh trádálaithe gnó seirbhís a thabhairt ach ní hamhlaidh d'iriseoirí.

1934
Tagann 10,000 duine as an gCabhán, Liatroim, An Longfort agus Muineachán chun éisteacht le hÉamon de Valera ag caint ag cruinniú toghchánaíochta sa Chabhán. Iarrann sé tacaíocht ar an slua le Fianna Fáil a choinneáil i gcumhacht.

1937
Bailíonn polaiteoirí agus ceannairí eaglasta i dTeach an Ardmhéara in ómós don Phríomh-Raibí an Dr Herzog, atá ar tí an tír a fhágáil lena phost nua mar Phríomh-Raibí na Palaistíne a thógáil.

1959
Tá an Teachta James Dillon, Fine Gael, ag iarraidh deireadh a chur leis an nGaeilge éigeantach. Ní éiríonn leis an té is fearr cáilithe don phost ar an gcaoi seo, adeir sé.

1963
Stailc bus ar siúl i mBaile Átha Cliath faoi bhusanna aonair a bheith á dtabhairt isteach. Siúlann cuid mhór chuig an obair, faigheann daoine eile síob ón Arm agus tá an trácht ina chíor thuathail.

1975
Báid iascaigh le balla agus stailc lae ar siúl in aghaidh drochstaid na hiascaireachta. Léirsiú ar siúl lasmuigh de Theach Laighean agus cruinniú trí huaire an chloig acu le rúnaí parlaiminte an Aire, ach gan tada dá bharr.

1986
Dhá dhráma á léiriú ag cimí i bPríosún Mhuinseo – *Spreading the News* le Lady Gregory agus *On the Outside* le Tom Murphy. An t-aisteoir Eleanor Feely i bpáirt leo.

1993
Labhraíonn an Seanadóir Gordon Wilson le lucht nuachta faoin gcruinniú a bhí aige leis an IRA, cruinniú gan tairbhe, adeir sé. Ach ghabhfadh sé chun cainte leo arís dá gceapfadh sé go mbeadh toradh air.

1997
Gradam Pulitzer, an duais liteartha is mó clú i Meiriceá, bainte ag an údar Frank McCourt ar an leabhar *Angela's Ashes*.

1901

Glacann an INTO leis an gcóras nua múinteoireachta atá ag teacht in áit Chóras na dTorthaí. Ba cheart go mbeadh ábhar agus fearais don chóras nua saor, adeir siad. Níor chóir go mbeadh ar mhúinteoirí íoc astu iad féin.

1912

Bailíonn breis agus 250,000 Oráisteach ag Balmoral Show Ground áit a nglacann Bonar Law, Lord Londonderry agus Sir Edward Carson an chúirtéis. Dearbhaíonn siad nach ngéillfidh siad do Home Rule, cuma céard a tharlaíonn.

1921

Faigheann Ardeaspag Bhaile Átha Cliath, an Dr William J Walsh, bás in aois a cheithre scór. Fuair sé a chuid scolaíochta san Ollscoil Chaitliceach agus i Maigh Nuad agus ba é an chéad seansailéir ar an NUI é.

1934

Faigheann Aire Mheiriceá chun na tíre seo, W W McDowell, bás ag dinnéar stáit ina onóir i gCaisleán Bhaile Átha Cliath. É ina shuí idir Éamon agus Sinéad de Valera nuair a thagann meirfean air.

1939

Glacann Cumann Lúthchleas Gael le rún an tUachtarán Dubhghlas de hÍde a fhágáil ar lár arís ó liosta na bpátrún faoi gur fhreastail sé mar uachtarán ar chluiche idirnáisiúnta sacair.

1946

Tá na seancharráistí agus na cóistí ársa i mBaile Átha Cliath á dtabhairt le chéile san Ospidéal Ríoga i gCill Mhaighneann. Orthu seo tá sean-inneall traenach, cóiste Dhónaill Uí Chonaill agus cóiste Ardmhéara Bhleá Cliath.

1966

Baintear an chéad fhód agus tá na hullmhúcháin faoi lán seoil do leacht cuimhneacháin do Ruairí Mac Easmainn agus don Chaptaen Robert Monteith ar thrá Bhanna i gCiarraí – gaolta agus polaiteoirí i láthair.

1970

Gabhann na Gardaí stil gáis i ruathar ar lucht déanta poitín i nDún Mánmhaí i gContae Chorcaí. Tugtar buidéil, péist agus eile chun siúil.

1974

Beirt bhan ar stailc ocrais ag Halla na Cathrach i gCorcaigh faoi thriúr fear sa bpríosún toisc nár íocadar a gcíosa leis an mBardas. Déanann tionóntaí feargacha agóid le linn cruinnithe.

1986

Coláiste Mhuire Thuar Mhic Éide i gContae Mhaigh Eo le dúnadh. Coláiste ullmhúcháin a bhí ann ar dtús agus meánscoil lán-Ghaelach do chailíní ó 1961.

1994

Deireadh le sos cogaidh 72 uair an chloig an IRA ó mheán oíche agus tús arís láithreach leis an bhforéigean ó thuaidh – ceithre hionsaí ar na fórsaí slándála.

1914

Úinéir gluaisteáin os comhair cúirte i mBéal Átha na mBuillí, Contae Ros Comáin, faoi ghluaisteán a bheith aige gan clog nó gléas a thabharfadh rabhadh go raibh an carr ag teacht. Deir John James Doorley go bhfuil feadóg air a oibríonn ar an ngás ón inneall. Gearrtar fíneáil réil air agus costais.

1923

Fógraíonn an tArm gabháil Liam Lynch (ar dheis), ceannasaí na nIrregulars, agus é gortaithe, faoi bhun Sléibhte Chnoc Mhaoldomhnaigh – agus a bhás ina dhiaidh sin i gCluain Meala. Éiríonn le hÉamon de Valera agus Dan Breen na cosa a thabhairt leo.

1928

Osclaítear an ráschúrsa nua do rásaí na gcon i gCrois Araild i mBaile Átha Cliath – seans ag na meáin na háiseanna a scrúdú roimh réidh.

1946

Déanann an tAire Talmhaíochta, an Dr Séamas Ó Riain, achainí ar an raidió go bhfásfaí tuilleadh arbhair, fataí agus glasraí chun cuidiú le pobal ocrach na hEorpa, gasúir go háirithe.

1957

Osclaíonn Bean Uí Cheallaigh, bean an Uachtaráin, St. Michael's House, ionad nua lae do pháistí a bhfuil bac meabhrach orthu ar Bhóthar Northbrook i mBaile Átha Cliath.

1966

Forógra na Cásca á léamh agus an bhratach náisiúnta á crochadh ar Ardoifig an Phoist – paráid mhíleata agus an chúirtéis á glacadh ag an Uachtarán de Valera. 900 de lucht Éirí Amach na Cásca 1916 ar an láthair.

1976

Scannán nua ar scileanna na hiomána. Bronnann Ardstiúrthóir RTÉ, Oliver Maloney, cóip ar an Dr Dónal Keenan, Uachtarán Chumann Lúthchleas Gael.

1981

Bobby Sands tofa ina fheisire do Fhear Manach/Tír Eoghain Theas. Buann Sands, atá ar stailc ocrais i bpríosún na Ceise Fada, ar Harry West.

1986

Fuadaítear Jennifer Guinness, bean chéile John, cathaoirleach Guinness and Mahon Bankers, óna dteach cónaithe i mBinn Éadair. Éilítear airgead fuascailte £2m.

1991

Seoltar Greencore, comhlacht nua Siúicre Éireann, ar an stocmhargadh. Tá an rialtas, a bhfuil móramh na scaireanna acu, le breis agus £63 milliún a dhéanamh trína sealúchas a dhíol.

1998

Tagann an dá rialtas agus páirtithe uile an Tuaiscirt ar chomhaontú stairiúil síochána ag na cainteanna i Stormont. Tionóltar an seisiún deiridh agus an Seanadóir George Mitchell sa chathaoir.

1909

Bailíonn slua mór i gcearnóg an bhaile sa Longfort le fáilte abhaile a chur roimh an fheisire J P Farrell. Gearradh téarma príosúin air faoi fhógraí baghcatála a fhoilsiú ina nuachtán, an *Longford Leader*.

1912

Tugann an Príomh-Aire Asquith (thuas) an Home Rule Bill isteach sa House of Commons. Cuireann sé i gcuimhne dóibh go bhfuil 19 bliana caite ó thug Gladstone a dhara hiarracht siúd isteach chun rialtas níos fearr a chur ar fáil in Éirinn.

1932

I litir a sheol an tAire Tionscail agus Tráchtála, Seán Lemass, chuig Cumann na bhFear Dífhostaithe i mBaile Átha Cliath deir sé gur dhúirt sé leis na malartáin fostaíochta gan tús áite a thabhairt dóibh siúd a chaith tréimhse san Arm.

1944

Cuirtear an t-ordú a chuireann cosc ar cheannach guail ar ceal de bharr anró na ndaoine, ach deir an tAire Soláthairtí gur socrú sealadach é seo – go mbeidh an cosc i bhfeidhm arís an mhí seo chugainn.

1951

Éiríonn an tAire Sláinte, Nollaig de Brún, as oifig agus cuirtear an scéim don Mháthair is Leanbh ar ceal. Gabhann an Dr de Brún buíochas leis na dochtúirí a sheas leis.

1966

Osclaíonn an tUachtarán de Valera an Gairdín Cuimhneacháin i gcuimhne laochra 1916 i gCearnóg Pharnell i mBaile Átha Cliath. Beannaíonn an Dr McQuaid é.

1973

Sochraid iar-Ardeaspag Bhaile Átha Cliath, an Dr John Charles McQuaid. Orthu siúd atá i láthair tá an tUachtarán de Valera agus ceannairí eaglasta agus stáit.

1989

Bigil ar siúl i mBéal Feirste agus i mBaile Átha Cliath le fuadach Bhrian Keenan, múinteoir scoile ó Bhéal Feirste, i mBéiriút trí bliana ó shin a thabhairt chun cuimhne.

1992

Cuireann an Rialtas deireadh le ceapachán an Bhreithimh Rory O'Hanlon mar Uachtarán ar an gCoimisiún um Leasú Dlí tar éis a chuid cainte conspóidí faoin nginmhilleadh. Shocraigh siad seo mar gur dhiúltaigh sé éirí as.

Agus sa Bhreatain, is léir faoi sholas an lae, an scrios a rinne buamaí IRA na hoíche aréir i gceantar airgeadais Londan. Cailleadh beirt agus gortaíodh 90 duine san ionsaí.

1998

Ceapadh i gcónaí gur bhain pictiúir uiscedhathach le Turner ón aois seo caite le Yorkshire ach cruthaítear anois gur pictiúir de Chaisleán Chluain Tarbh atá ann.

1912

Cuireann coinbhinsiún de thoscairí Shinn Féin agus Art Ó Gríofa (ar chlé) sa chathaoir in aghaidh Bhille Home Rule. Ar an dream a labhraíonn tá an Chuntaois Markievicz, Éamonn Ceant agus Ó Rathuille – go bunúsach tá siad ag iarraidh nach mbeadh aon rian de riail Shasana anseo.

1920

Ceaptar Sir Hamar Greenwood mar Chief Secretary nua ar Éirinn – é ag dul i mbun oibre le linn do phríosúnaigh a bheith ar stailc ocrais i bPríosún Mhuinseo agus fiosrú a bheith ar siúl faoi dhúnmharú Ardmhéara Chorcaí, Tomás Mac Curtáin.

1928

Fágann an chéad eitilt trasatlantach siar, an *Bremen*, Aerfort Bhaile Dhónaill. An Ceannfort James Christopher Fitzmaurice ón aer-chór anseo, an Captaen Hermann Kohl ón mBaváir agus an Barún Gunther von Hunefeld ag imeacht ar a dturas stairiúil.

1931

Dónn feirmeoirí biatais i gCeatharlach conradh nua an Chomhlacht Siúicre go poiblí. Iarrann siad ar an Dáil idirghabháil a dhéanamh san aighneas faoi laghdú ar phraghsanna.

1935

Aistríonn aon teaghlach déag ó Leitir Móir i nGaeltacht Chonamara go Contae na Mí. Tugtar 22 acra de thalamh méith dóibh, bó, capall agus tríocha scilling sa tseachtain go ceann bliana, le Gaeltacht Rath Cairn a bhunú.

1955

Faigheann bean, a beirt pháistí óga agus máthair a céile bás i ndóiteán i sean teach i Sráid Cuffe i mBaile Átha Cliath. Gortaítear fear dóiteáin agus déagóir a bhí ag iarraidh teacht i gcabhair orthu.

1969

Lucht cearta sibhialta i mbun agóide san Ómaigh áit a mbailíonn slua le bratacha Union Jack ar chúl na bpóilíní. Agus san Iúr cuireann an cruinniú cearta sibhialta bac ar an trácht ar bhóthar Bhéal Feirste.

1976

Adhlactar laoch iomána Loch Garman, Nicky Rickard, i mBun Clóidí. Tugtar ómós dá mhórchumas spóirt agus a chlann is a chairde bailithe cois na huaighe.

1979

Patrick McGilligan, an duine deireanach den chéad rialtas agus 90 bliain á chomóradh aige – Liam Mac Coscair ar cuairt chuige.

1987

Fiosrú ar siúl faoi líomhaintí go raibh oifigeach taidhleoireachta in Ambasáid na hÉireann i Londain ag díol pasanna Éireannacha.

1994

Socraíonn Airí Iascaigh an Aontais Eorpaigh go gcaithfear cead isteach in uiscí na hÉireann a thabhairt do Spáinnigh agus do Phortaingéiligh ó 1996.

1903

Cáineann Michael Davitt na socruithe airgid i mBille na Talún ag cruinniú de Náisiúntóirí dheisceart Dhoire agus Aontroma i nDroichead Thuama.

1926

Diúltaítear d'iarratas ó imreoir contae i Loch Garman, a d'imir i gcluiche rugbaí amháin agus a d'fhreastail ar dhá cheann eile, é a ligean ar ais i gCumann Lúthchleas Gael.

1927

Ag comhdháil bhliantúil Pháirtí na bhFeirmeoirí diúltaítear do mholtaí go nascfadh an páirtí le Cumann na nGaedheal, ainneoin cainteanna a bheith ar siúl le tamall faoi chomhoibriú eatarthu san olltoghchán atá ag teacht.

1938

Deir an Roinn Rialtais Áitiúil agus Sláinte Poiblí go bhfuil laghdú ar an bhfiabhras tíofóideach, an diftéire agus an eitinn ach méadú ar líon bás naíonán.

1945

Sa Dáil déantar comhbhrón le Meiriceá faoi bhás an Uachtaráin Roosevelt a cailleadh inné. Tugtar ómós dó agus cuirtear cúrsaí an tí ar athlá mar chomhartha urraime.

1955

Ceannaíonn Ardmhéara Bhaile Átha Cliath, Alfie Byrne, (ar dheis) agus baill eile an Bhardais a pianó ar ais do bhaintreach tar éis do bhailitheoirí rátaí é a bhaint di agus é a dhíol ag ceant. Kathleen Bean Handley an bhean i gceist. Bhí a hiníon an-mhaith ag an gceol.

1966

Bronnann Congressman Daniel Flood dealbh chré-umha de Roibeard Emmet ar an Uachtarán de Valera, macasamhail de cheann a rinne Jerome Connor.

1973

Stráice tuirlingthe nua ar Inis Meáin Árann amach ó chósta na Gaillimhe. Aire na Gaeltachta Tom O'Donnell ar an láthair don lá mór agus le bualadh le muintir an oileáin.

1989

Paul Anthony Kane á eiseachadadh go dtí an Tuaisceart. Tugtar ar héileacaptar é go dtí an teorainn áit a bhfuil agóid ar siúl. Tugtar ar lámh don RUC é agus imíonn siad leo i Puma leis an RAF.

1992

Comóradh 250 bliain den chéad léiriú de *Messiah* Handel ar siúl i mBaile Átha Cliath agus castar an t-oratóir in amharclann an Phointe. Casann Our Lady's Choral Society cuid de ar láthair an chéad léirithe.

1999

Deir dlíodóirí George Redmond le Binse Fiosraithe Flood go n-aontaíonn iar-Leas-Bhainisteoir Chontae Bhaile Átha Cliath le James Gogarty go bhfuair sé dhá íocaíocht uaidh ach níl siad ar aon fhocal faoi cén chaoi nó cén fáth ar tharla sé.

Alfie Byrne

14 Aibreán

1912

Buaileann an *Titanic*, an long is mó ar domhan a tógadh i longchlós Harland & Wolff i mBéal Feirste, faoi chnoc oighir amach ó Cape Race – téann sí go grinneall cúpla uair an chloig ina dhiaidh sin. Í ar a céad turas farraige go Nua Eabhrac.

1923

Gabhann saighdiúirí náisiúnta Aibhistín de Stac, Aire Airgeadais Éamon de Valera, faoi Shléibhte Chnoc Mhaoldomhnaigh. Tá meamram ar iompar aige ina n-iarrtar go gcuirfí deireadh leis an troid agus go dtabharfaí suas na gunnaí le go dtoghfaí rialtas.

1937

Fógraíonn Seán Mac an tSaoi ina cháinaisnéis go bhfuil laghdú dhá phingin ar phunt ime, laghdú feoirlinge ar phunt siúcra agus laghdú ceithre pingine ar phunt tae. Laghduithe freisin ar chostais phost oifige agus ar cháin ioncaim.

1938

Gluaiseann an SS *Finkenau* lasmuigh d'uiscí na hÉireann áit a gcaitheann 120 duine vóta i bpobalbhreith an Reich nua. An *Finkenau*, ar gnách léi beithígh a thabhairt ó Bhaile Átha Cliath go Hamburg, feistithe amach don ócáid, bratach na hÉireann agus bratach na Gearmáine Náisiúnta Sóisialaí ar foluain agus pictiúr den Cheannaire, Adolf Hitler.

1948

Ag Binse Fiosraithe Coireanna Cogaidh i Hamburg déanann Mary O' Shaughnessy, Éireannach atá ag obair i bPáras, cur síos ar dhíothú na nGiúdach i sluachampa Ravensbrueck.

1966

Fógraíonn Rialtas an Tuaiscirt go bhfuil cleachtais nua i bhfeidhm a chinnteodh go bhfuil an teorainn dúnta don Phoblacht an deireadh seachtaine seo. Ní bheidh na traenacha féin ag imeacht.

1979

Maraítear triúr buachaillí agus gortaítear gasúir eile i bpléasc ar raon lámhaigh an Airm i nGleann Ó Máil i gCill Mhantáin. Tá fiosrú iomlán á éileamh.

1983

Cruinniú tionscnaimh Aosdána, a bhunaigh an Chomhairle Ealaíon d'ealaíontóirí cruthaitheacha i 1981, ar siúl i Sean-Fhoirgneamh na Parlaiminte, nó Banc na hÉireann mar atá anois , i bhFaiche an Choláiste.

1994

Nótaí nua £5 eisithe ag an mBanc Ceannais – bunaitheoir Ord na Trócaire, an tSr Catherine McAuley, atá ar an nóta.

1998

Scaoiltear naonúr príosúnach ón IRA amach as Príosún Phort Laoise roimh a n-am. Seo iad an chéad dream a scaoileadh saor go luath ón Nollaig.

1900

Léirsiú mór náisiúnta ar siúl i mBaile Átha Cliath le James Napper Tandy a chomóradh. Cuairt ar láithreacha sa chathair a raibh baint ag na hÉireannaigh Aontaithe leo, na Ceithre Cúirteanna, Cill Mhaighneann, Margadh an Arbhair áit a nochtann Maud Gonne leacht ag an áit a rugadh Napper Tandy.

1908

Cáineann tuairisc ar an bhforaoiseacht in Éirinn an fhaillí atá déanta ag an rialtas inti agus a laghad acra ata faoi chrainn – muid an dara tír is ísle san Eoraip.

1922

Glacann 50 fear armtha seilbh ar Phríosún Chill Mhaighneann agus cuireann fir ar garda. Tá sé gar go maith don Ospidéal Ríoga áit a bhfuil Ceannfort fhórsaí na Breataine lonnaithe. Níor úsáideadh an áit mar phríosún le tamall.

1930

Tá tacaíocht á lorg do Bhille a dhéanfadh toghlach ar leith de Dún Laoghaire, an Charraig Dhubh agus Deilginis. Ceapann an Rialtas go mbainfeadh sé seo ó dhínit agus ó thábhacht na príomhchathrach.

1948

Maraítear tríocha duine nuair a thuairteann eitleán Pan American in Aerfort na Sionainne sa cheo. Ní thagann slán ach duine amháin, Mark Worst. Caitear glan amach as an eitleán é.

1969

Filleann mic léinn ar an gColáiste Ealaíne i mBaile Átha Cliath tar éis stailc dhá mhí. Táthar tar éis teacht ar shocrú faoi na cumhachtaí a bheas ag comhairle nua an Choláiste.

1972

I mBéal Feirste maraítear Joe McCann, duine mór le rá san IRA Oifigiúil, nuair a scaoileann saighdiúirí Briotanacha leis i gceantar na Margaí. Ceisteanna á gcur faoina bpolasaí lámhaigh.

1984

Tugann an LE *Gráinne* beirt iascairí ó Bhaile Átha Cliath slán tar éis don chabhlach a bheith á gcuartú ar feadh na hoíche.

1988

Mórthaispeántas i gCnoc na gCaiseal i gContae Chiarraí, á eagrú ag an sagart paróiste nua, an tAth. Pat Ahern – muintir an bhaile go léir páirteach ann agus iad ag obair go díograiseach!

1993

Meastar gur leis an bpéintéir Caravaggio an pictiúir *Gabháil Chríost* a bhfuil athchóiriú á chur air sa Ghailearaí Náisiúnta.

1997

Fógraíonn an rialtas córas gearrthéarmach ceadúnais leis na deacrachtaí a bhaineann leis an tseirbhís chonspóideach athchraolta teilifíse a shárú.

16 Aibreán

1905

Tá bríceadóirí agus saoir cloiche i mBaile Átha Cliath míshásta faoi gur dhiúltaigh an Master Builders Association glacadh le moladh an Ardmhéara go scaoilfí ar ais ag obair iad le linn cainteanna eadrána.

1912

Deir an feisire Timothy Healy sa House of Commons go nglacann sé leis an mBille Home Rule cé go bhfuil locht aige ar ghnéithe airgeadais ann. Deir Bonar Law nach n-éireoidh le Home Rule de bharr chúrsaí oirthuaisceart na hÉireann.

1929

Dara parlaimint an Tuaiscirt scortha agus tagann feidhm leis an mBille faoi Mhodhanna Vótála agus Athroinnt na Suíochán. Cuirtear deireadh leis an ionadaíocht chionmhar – toghlach suíocháin aonair ina áit.

1938

Osclaítear pictiúrlann an Carlton i Sráid Uí Chonaill i mBaile Átha Cliath – an chéad £100 ó oifig na dticéad ag dul do Chumann Naomh Uinseann de Pól. 2 scilling, 1s 4d agus scilling na praghsanna.

1947

Deir an tAire Poist agus Telegrafa, P J Little, go bhfuil 5,000 duine ar an liosta feithimh teileafóin. Deir Pa McGrath, FF gur chóir tús áite a thabhairt do Chorcaigh agus do bhotháin phoiblí faoin tuath.

1958

Glacann na Gardaí seilbh ar tharchuradóir raidió atá in úsáid ag Gluaiseacht na Poblachta i dteach i Sráid Fhearchair i mBaile Átha Cliath – gunnaí agus trealamh míleata ar an láthair freisin.

1968

Osclaítear Halla nua an Chontae i gCathair Chorcaí go hoifigiúil. An tAire Rialtais Áitiúil, Caoimhín Ó Beoláin, i láthair. Beannaíonn an tEaspag Lucey an foirgneamh.

1975

Níl peitreal á dháileadh de bharr stailce i gcomhlacht Irish Shell – aighneas faoi mhoill ar ardú pá atá ceadaithe. Oibrithe i gcomhlachtaí ola eile ag tacú leo.

1982

Dhá chéad bliain de Pharlaimint Ghrattan agus dá neamhspleáchas reachtaíochta á chomóradh. Trácht freisin ar Choinbhinsiún Óglaigh Uladh i nDún Geanainn a sheas leis an neamhspleáchas úd.

1986

Saortar Jennifer Guinness tar éis léigir ar Bhóthar Waterloo i mBaile Átha Cliath. Fuadaíodh óna teach cónaithe i mBinn Éadair í, airgead fuascailte £2m á éileamh.

1997

Beagnach 1,000 Garda nach bhfuil ar diúité i mbun agóide i mBaile Átha Cliath, iad ag tarraingt ar Theach Laighean ag éileamh ardaithe pá.

1913

An Bhialann Sláinte a bhunaigh Eagras Náisiúnta Sláinte na mBan i Margadh Urmhan, oscailte go hoifigiúil ag an gCuntaois Aberdeen – cuirtear lón sláintiúil ar fáil ar réal.

1923

Fógraíonn ceannáras an Airm gur gabhadh Dan Breen, Timothy Donovan agus Maurice Walsh i nGleann Eatharlaí. Tugtar an triúr go baile Thiobraid Árann agus slándáil dhian i bhfeidhm.

1933

An chéad léim pharaisiúite in Éirinn á déanamh ar láthair an Irish Aero Club i mBaile Dhónaill. Is e Joseph Gilmore ón Aer-Chór a léimeann as Gipsy Moth.

1939

Deir Príomh-Aire an Tuaiscirt, Lord Craigavon, go bhfuil seasamh na hÉireann ar an neodracht meata. Diúltaíonn sé d'aon mholadh go n-iarrfaí ar an Tuaisceart dul i bpáirt le tír ina mbeadh dearcadh dá leithéid.

1949

Ar uair an mheáin oíche fágann na Sé Chontae Fichead Comhlathas na Breataine, an ceangal bunreachtúil deireanach leis an mBreatain á bhriseadh. Cuirtear fáilte roimh an Phoblacht le cúirtéis gunna agus fiche ar Dhroichead Uí Chonaill – ceiliúradh ar siúl ar fud na tíre.

1954

Taispeántas faoin aeir á léiriú ag Droichead Átha – Teacht Naomh Pádraig mar théama. Éamon de Valera agus Proinsias Mac Aogáin agus a bhean i láthair ag an léiriú is spleodraí den Tóstal.

1966

Paráid mhór Phoblachtach i mBéal Feirste le hÉirí Amach na Cásca a chomóradh. Éiríonn idir iad féin agus paráid Ian Paisley agus a lucht tacaíochta siúd ag filleadh ó sheirbhís san Ulster Hall.

An tUrr. Ian Paisley

1969

Buann Bernadette Devlin, mac léinn bliain is fiche d'aois ón bhfeachtas Cearta Sibhialta, an fothoghchán i Lár-Uladh agus móramh de bhreis agus 4,000 vóta aici. Is í an feisire is óige i Westminster í agus an feisire mná is óige riamh.

1972

An Taoiseach Seán Ó Loingsigh ag tarraingt ar an Metropolitan Hall i Sráid na Mainistreach le feachtas an rialtais don reifreann ar an gComhphobal Eorpach a sheoladh. Lucht agóide lasmuigh.

1985

Ceannaíonn iarfhostaithe i monarcha Molins Components i gContae Dhoire an mhonarcha. Cuireann siad comhlacht nua innealtóireachta ar bun.

1991

Fógraíonn dhá phríomheagraíocht pharamíleatach na ndílseoirí, an UVF agus an UFF, go bhfuil siad ag éirí as an bhforeigéan. Cainteanna polaitiúla ar bun.

1906

Tarraingíonn comhdháil bhliantúil an INTO aird ar na difríochtaí idir tuarastail bhunmhúinteoirí in Éirinn agus a gcomhghleacaithe in Albain agus i Sasana. Tá pá cóir uathu, ardaithe pá in aghaidh na bliana agus deiseanna ardaithe céime.

1918

Feidhm reachtúil leis an mBille Seirbhís Mhíleata, ar cuid de an coinscríobh in Éirinn. Cuireann Ardmhéara Bhaile Átha Cliath fios ar ionadaithe ó Shinn Féin agus ó eagraíochtaí lucht oibre chuig cruinniú i dTeach an Ardmhéara le cur ina aghaidh.

1927

Bailíonn slua mór i bPáirc Celtic i mBéal Feirste do rásaí na gcon – spórt nua agus giorria leictreach acu. Seo é an chéad ráschúrsa dá leithéid in Éirinn.

1939

27 dornálaí óg ó dhá thír déag sa Staid Náisiúnta do Chraobh na hEorpa. Tugtar bualadh bos mór d'fhoireann na Gearmáine, na Breataine Móire agus na Polainne. Ar ndóigh cuirtear fáilte ar leith roimh fhoireann na hÉireann.

1940

Cailltear John McNeela, an dara duine de sheisear a bhí ar stailc ocrais faoina stádas mar phríosúnaigh. Fuair Anthony D'Arcy na Gaillimhe bás dhá lá roimhe in Ospidéal Míleata Naomh Bricín.

1945

Cabhair airgid á lorg ag an Mount Street Club – comharchumann d'fhir atá dífhostaithe, feirm dá gcuid féin agus ceardlanna acu. Ní íoctar aon airgead ach is féidir obair a mhalartú ar earraí.

1965

Beartaíonn Comhdháil Chumann Lúthchleas Gael i mBaile Átha Cliath nach gcuirfear deireadh leis an gcosc ar chluichí gallda. An vóta 282 in aghaidh 52.

1967

Fógraíonn an tAire Oideachais, Donncha Ó Máille, pleananna don aon ollscoil amháin ilchreidmheach i mBaile Átha Cliath. Nascfaí Coláiste na Tríonóide agus Coláiste na hOllscoile, Baile Átha Cliath, mar aonad amháin oideachais.

1986

Beartaíonn comhairleoirí Leitir Ceanainn fanacht go gcuirtear reachtaíocht faoi mheaisíní cearrbhachais i bhfeidhm ar bhonn náisiúnta. Bhí gearáin á ndéanamh faoi na meaisíní seo.

1993

Glacann thart ar thrí chéad duine páirt i gcuardach ar Shléibhte Bhaile Átha Cliath don mhac léinn Meiriceánach, Annie McCarrick, atá ar iarraidh anois le trí seachtaine. A hathair féin ina measc.

1997

Socraíonn Máistir Fómhais na hArdchúirte go n-íocfar £7.7m costais le Larry Goodman agus lena chomhlachtaí tar éis Binse Fiosraithe na Mairteola.

1902

Seirbheáltar úinéir mná an nuachtáin, an *Waterford Star*, agus an t-eagarthóir faoi imeaglú a dhéanamh sa pháipéar ar dhaoine áirithe a ghlac seilbh ar thalamh tar éis díshealbhú ar thionóntaí.

1907

Deir an tOllamh E J McWeeney, agus léacht á thabhairt aige i Halla Laighean i Sráid Molesworth, gur cailleadh beagnach 12,000 in Éirinn leis an eitinn i 1905. Baile Átha Cliath ba mheasa.

1917

Molann Sinn Féin go mbunófaí Comhairle Feidhmiúchain de Chomghuaillíocht Náisiúnta na hÉireann le cur in aghaidh parlaimint eachtrach ar bith a bheith ag ceapadh dlíthe d'Éirinn.

1934

Iarracht ar siúl sa Nás cúig bheithíoch a dhíol, a gabhadh toisc nár íocadh anáidí talún. 700 feirmeoir ar an láthair ag screadach, gan éinne ag ceannach.

1939

Agus é ag caint leis an Seanad déanann Éamon de Valera tagairt d'athrú ar an bpas Éireannach – ní luaitear rí ná an Bhreatain Mhór ann níos mó.

1945

Glactar leis an gCoinbhinsiún ar Eitleoireacht Idirnáisiúnta Sibhialta sa Dáil. Fágann sé seo go mbeidh eitleáin le Meiriceá atá ag eitilt thar Éirinn ar thurais thras-atlantacha, ag tuirlingt in Aerfort na Sionainne feasta.

1951

Deir Ard-Aighne an Tuaiscirt, Ed Warnock, ag tagairt do chás an Dr Nollaig de Brún agus a scéim don mháthair agus leanbh, go léiríonn an eachtra cumhacht na hEaglaise sa saol polaitiúil. Tá Éire, adeir sé, faoi smacht Mhaigh Nuad.

1964

Sroicheann saighdiúirí ón Daicheadú Cathlán Nicosia le páirt a ghlacadh i bhfórsa síochána na Náisiún Aontaithe sa Chipir.

1972

Foilsítear tuarascáil Widgery ar ar tharla i nDoire nuair a lámhachadh trí dhuine dhéag ar an dtríochú la d'Eanáir. Cuireann sé an milleán ar Chumann Cearta Sibhialta an Tuaiscirt.

1984

Bronntar gradam ar leith ar an aisteoir Siobhán Nic Cionnaith faoin méid a rinne sí don drámaíocht, ag searmanas i nGaillimh. An Seanadóir Mícheál D Ó hUiginn, cathaoirleach choiste réigiúnach ealaíona Mhaigh Eo agus na Gaillimhe, i láthair.

1998

Míle duine ag máirseáil i mBaile Chathail, Co. Mhaigh Eo, ag éileamh go bhfágfaí stádas speisialta an Aontais Eorpaigh do réigiúin bhochta ag contaetha an lár-iarthair agus cois teorann.

1912

Faigheann Bram Stoker, úrscéalaí, bainisteoir amharclainne agus údar *Dracula* bás. Státseirbhíseach agus léirmheastóir gan íocaíocht ag an *Evening Mail*, d'fhág sé Baile Átha Cliath le dul i bpáirt le Henry Irving in amharclann an Lyceum i Londain.

1918

Cruinnithe ar leith ar siúl ag Páirtí Parlaiminteach na hÉireann agus ag an lucht oibre in Éirinn chun cur in aghaidh an choinscríofa. Brúidiúlacht agus tíorántacht a thugann John Dillon air.

1924

Éirí Amach na Cásca á chomóradh ag an bPáirtí Poblachtach. I mBaile Átha Cliath Constance Markievicz, Maud Gonne MacBride, agus Mrs. Despard ag ceann an tslua ag déanamh ar reilig na bPoblachtach i nGlas Naíon.

1947

Tugann na hÉireann ag dul i gcabhair ar thancaer ón mBreatain Mhór, *El Gallo*, agus 12,000 tonna ola ar bord, í ag imeacht le sruth amach ó chósta Chill Mhantáin. An criú ag iarraidh an Chis a sheachaint.

1954

Cuirtear Michael Manning, cúig bliana fichead as Luimneach, chun báis i bPríosún Mhuinseo faoi dhúnmharú banaltra scothaosta. Seo é an duine deireanach a chuirtear chun báis go dlíthiúil.

1969

Círéib ar siúl i nDoire idir na póilíní agus lucht cearta sibhialta, Michael Farrell i measc na gcainteoirí a labhraíonn leis an slua. Fonn agóide ar chuid acu.

1972

Tugann trúpaí na Breataine ruathar faoi Phríosún Ard Mhacha, gás CS in úsáid acu, le beirt oifigeach príosúin agus póilín a bhí ina ngialla ag naonúr príosúnach, a shaoradh.

1977

Corp an Chairdinéil Mac Conmidhe i gcónra oscailte in Ardeaglais Phádraig in Ard Mhacha, na mílte ag teacht chun breathnú air le teann ómóis. Fir an pharóiste ar garda onóra cois na cónra.

1983

I mBaile Átha Cliath cuireann ACRA, Eagras na dTionóntaí, picéad ar an gCúirt Dúiche i gCill Mhaighneann agus téarma príosúin trí lá á ghearradh ar William O' Toole faoi nár íoc sé aon chíos talún.

1991

Cailltear an scríbhneoir Corcaíoch Seán Ó Faoláin in aois a 91. Cáil ar a ghearrscéalta agus úrscéalta. Bhunaigh sé iris liteartha, *The Bell* sa bhliain 1940.

1992

Glacann an dá thaobh in aighneas na mBanc le moltaí ón Aire Saothair, Brian Cowen, faoin vótáil ar fhilleadh ar a gcuid oibre.

1909

Deir Angela Dickens, gariníon le Charles Dickens, le brainse na hÉireann den Women's National Anti-Suffrage League nach bhfuil aon am ag mná staidéar a dhéanamh ar pholaitíocht na hImpireachta. Ní chuideodh an vóta leo feabhas a chur ar a saol.

1916

Tagann Roger Casement (thuas) agus beirt chompánach, Robert Monteith agus Daniel Bailey, i dtír ó fhomhuireán Gearmánach ar thrá an Bhanna i gCiarraí. Gabhtar Casement cúpla uair an chloig ina dhiaidh sin.

1918

Léitear Aifrinn i séipéil Chaitliceacha ar fud na tíre ag impí go sábháilfí Éire ón bhforéigean agus í ag cur in aghaidh an choinsríofa. Sínitear cúnant freisin ag cur ina aghaidh.

1930

Deirtear le cruinniú de Cheardchumann na nOibrithe Dáilithe in Óstán Jurys go bhfuil siopaí taistil ag cur isteach ar thrádálaithe áitiúla. Déantar clamhsán leis an rialtas.

1938

Roghnaíonn an dá phríomhpháirtí pholaitiúla an Dr Dubhghlas de hÍde d'aon ghuth le bheith ina chéad Uachtarán ar Éirinn. Duine de bhunaitheoirí Chonradh na Gaeilge é an Dr de hÍde, fear léannta.

1946

Cailltear Hanna Sheehy-Skeffington in aois 69. Chaith sí ceithre thréimhse i bpríosún agus d'fhulaing stailceanna ocrais ar mhaithe le cearta na mban agus saoirse na hÉireann.

1950

Tá ceithre theaghlach i mBaile Átha Cliath ina gcónaí i mbotháin ar láithreán fuíllligh ar Bhóthar an Chlochair i gCromghlinn. Ní féidir le Bardas Bhaile Átha Cliath teach a chur ar fáil dóibh mar nach bhfuil dóthain gasúr acu le cáiliú – páiste amháin an teaghlach atá acu.

1964

Íoctar an praghas is airde riamh ar theach i mBaile Átha Cliath. Ceannaítear 8 Sráid Bhurlington ar £27,750. Breis agus céad bliain d'aois, sé sheomra codlata, ceithre sheomra folctha agus dhá chistin ann.

1965

Éiríonn James Dillon as mar cheannaire Fhine Gael. Tagann Liam Mac Coscair, mac le Liam T Mac Coscair, Uachtarán na Comhairle Feidhmiúcháin ó 1922 go 1932, i gcomharbacht air.

1970

Páirtí nua polaitiúil, Páirtí an Alliance, bunaithe sa Tuaisceart, tacaíocht liobrálach, meánaicmeach acu.

1996

Bailíonn na céadta díobh siúd a chaith tréimhsí i ndílleachtlanna na tíre i mBaile Átha Cliath. Deir an lucht eagraithe gur cuid den phróiseas athshlánaithe atá ann dóibh siúd a d'fhulaing.

1901

Gearrtar sé mhí príosúin ar P A McHugh, feisire Liatroma Thuaidh agus eagarthóir an *Sligo Champion*, faoi chlúmhilleadh. Thug sé le fios sa nuachtán gur glacadh le giúiré Protastúnach amháin ag triail bheirt fhear a raibh imeaglú curtha ina leith i Sligeach.

1916

Cuireann Ceann Foirne Óglaigh na hÉireann, Eoin Mac Néill, na beartaíochtaí míleata Cásca go léir ar ceal d'Óglaigh Shinn Féin an lá dar gcionn, an Domhnach an 23 Aibreán. An t-ordú le foilsiú i *Sunday Independent* an lae amárach.

1929

An chéad scannán cainte, *The Singing Fool*, Al Jolson sa phríomhpháirt, ar siúl in Amharclann an Capitol i mBaile Átha Cliath – fáilte mhór roimhe.

1941

Maraítear cúig chéad duine agus gortaítear suas le 2,000 in ionsaí buamála ar Bhéal Feirste. Scriostar tithe agus tá a lán daoine fós ar iarraidh. Cuireann Éamon de Valera teachtaireachtaí comhbhróin chuig muintir an Tuaiscirt.

1947

An *Centaur* á seoladh ag an Duchess of Kent i longchlós Harland & Wollf i mBéal Feirste. Seo é an t-ochtú iompróir aerárthach a seoladh ansin.

1967

An Tánaiste, Proinsias Mac Aogáin, ag fágáil Aerfort Bhaile Átha Cliath le freastal ar shochraid stáit an Dr Adenaur i Köln na hIar-Ghearmáine.

1970

Seolann an Taoiseach, Seán Ó Loingsigh, cáinaisnéis na bliana in áit an Aire Airgeadais, Cathal Ó hEochaidh. Tuairiscítear gur gortaíodh eisean i dtimpiste marcaíochta.

1984

Domhnach Cásca, an lá is teo go dtí seo i mbliana – daoine ar a suaimhneas i bhFaiche Stiabhna – agus daoine níos misniúla ag snámh i Sáinn le Gó gar do Dhún Laoghaire.

1987

Osclaítear taispeántas le 60 bliain den raidió áitiúil a chomóradh i gCorcaigh – an tArdmhéara, Gerry O'Sullivan, an t-aisteoir Chris Curran, Príomh-Stiúrthóir RTÉ, T V Finn agus an tAire Cumarsáide, Ray de Búrca, ar an láthair.

1996

Faigheann an scríbhneoir Molly Keane bás i gContae Phort Láirge. Ainmniúchán don Booker Prize aici tráth. Scríobh sí mórchuid dá húrscéalta agus drámaí faoin ainm M J Farrell.

1998

Tugtar cead don chomhlacht ceimiceán Meiriceánach, Monsanto, a thuilleadh trialacha a dhéanamh faoi fhás barra a bhfuil leasuithe gineolaíochta déanta orthu. Imní ar lucht na timpeallachta.

1900

Déanann an Dr Dubhghlas de hÍde tagairt do ghalldú gasta na nÉireannach agus é ag caint ag cruinniú i Halla Bhaile Locha Riach. Tá an t-aon rud a thugann ceart dúinn go n-aithneofaí mar náisiún ar leith muid, an teanga, caite uainn againn.

1916

Domhnach Cásca. Buaileann comhairle mhíleata an IRB le chéile i Halla na Saoirse i mBaile Átha Cliath agus socraíonn d'aon ghuth tús a chur leis an Éirí Amach ag meán lae amárach, Luan Cásca. Glacfaidh siad seilbh ar fhoirgnimh thábhachtacha le pé fórsaí a bheas acu. Síníonn Ó Cléirigh, Mac Diarmada, Pádraig Mac Piarais, Ó Conghaile, Mac Donncha, Ceannt agus Pluincéad An Forógra – Rialtas Sealadach Phoblacht na hÉireann do mhuintir na hÉireann.

1934

Glacann an tArm seilbh ar mhianach talún a fritheadh láimh leis an láthair dumpála i gCoill Chaoi. Crot feadánach air, é ceithre horlaí déag ar fad agus déanta d'iarann teilgthe.

1957

Filleann naonúr teifeach Ungárach go díomuach ar a dtír dhúchais. Bhí súil acu deis a fháil dul chun na Stáit Aontaithe nó go Ceanada. Ní fhéadfaidís aon obair a fháil anseo agus chaitheadar cúig mhí i gcampa i gCnoc an Lisín.

1967

Cuirtear seó an réalta scannáin Jayne Mansfield i dTrá Lí ar ceal tar éis don Easpag Moynihan a rá le lucht an pharóiste gan freastal air mar go n-iompraíonn sí í féin go gnéasach. Deir Jayne Mansfield gur Caitliceach díograiseach í, máthair cúigear clainne.

1968

Fógraíonn Premier Dairies agus Hughes Brothers go bhfágfaidh na chéad carranna na déirithe ag a 6.30 am feasta, agus ní ag 3.30 am. Meastar go mbeidh a gcuid oibre críochnaithe ag na tiománaithe roimh mheán lae.

1982

Athchóiriú déanta ar Damer House i Ros Cré, Co. Thiobraid Árann, é ar oscailt anois don phobal. Bailiúchán breá ann de sheantroscán agus obair adhmaid.

1990

Cailltear Willie Bermingham ó Bhaile Átha Cliath, fear dóiteáin agus bunaitheoir ALONE, eagras a thagann i gcabhair ar sheandaoine atá ina gcónaí leo féin.

1997

Fógraíonn an Ceann Comhairle, Seán Treacy, go bhfuil sé ag éirí as. Tugtar bualadh bos dó agus tugann an Taoiseach John Bruton, agus ceannairí na bpáirtithe eile Bertie Ahern, Dick Spring agus Proinsias de Rossa, ómós dó.

24 Aibreán

1903

Faigheann an péintéir Walter Frederick Osborne RHA, bás i Ráth Maonais i mBaile Átha Cliath in aois a 43. Bhí a chuid oibre bunaithe ar shaol tuaithe agus cathrach anseo agus sa Bhreatain.

1914

Ordaíonn ceannáras Óglaigh Uladh mórshlógadh gan choinne i mBéal Feirste. Tugann 75% den fiche cathlán nó 27,000 fear, aird ar an nglaoch.

1916

Glacann Óglaigh na hÉireann agus an tArm Cathartha, Pádraig Mac Piarais agus Séamus Ó Conghaile i gceannas orthu, seilbh ar Ardoifig an Phoist, Halla na Cathrach, an Coláiste Máinlíochta, na Ceithre Cúirteanna, Monarcha Jacobs agus Muilte Uí Bheoláin. Ag meán lae léann Pádraig Mac Piarais An Forógra os comhair Ardoifig an Phoist. Sroicheann saighdiúirí ón gCurrach an chathair níos deireanaí.

1924

Coimisiún na Teorann

Ní éiríonn le Comdháil na Teorann i Londain teacht ar shocrú. Fágann sé seo go mbunóidh Rialtas na Breataine Coimisiún na Teorann faoi Alt 12 den Chonradh.

1931

In Oileán Chiarraí gearrtar fíneáil £2 ar bheirt fhear óga faoi labhairt go bagrach leis an sagart paróiste. D'fhreastail seisean ar dhamhsa agus dhírigh solas ar na rinceoirí.

1955

Tugtar ar ais an clog a thóg Major W M Gallagher ó Bhéal Feirste a bhí i gceannas ar thrúpaí na Breataine a ghlac seilbh ar Halla na Saoirse i 1916, a bhuíochas sin do Giles Kelly.

1962

Tá monarcha Chomhlacht Siúicre Éireann i dTuaim i gContae na Gaillimhe ag táirgeadh calóga fataí te bhruite. Tugann an tAire Tionscail agus Tráchtála, Seán Lemass, cuairt ar an áit.

1978

Sroicheann Banríon Margarethe agus Prionsa Henrik na Danmhairge Baile Átha Cliath ar cuairt oifigiúil. Cuireann an tUachtarán Ó hIrghile agus a bhean fáilte rompu agus téann siad go hÁras an Uachtaráin le crann a chur.

1984

Is é an tiománaí Billy Coleman a bhaineann Slógadh Imchuairt na hÉireann. Déanann sé féin agus a leathbhádóir Ronan Morgan ceiliúradh.

1985

Oileáin Árann plódaithe le coiníní. Tá siad ag cur as don talamh agus don aerstráice go háirithe.

1999

Cuireann daoine a tháinig slán ón mbuamáil i mBaile Átha Cliath agus i Muineachán i 1974, agus a ngaolta, fáilte roimh fhiosrú nua an Gharda Síochána.

1914

Tugtar 35,000 raidhfil Mauser and trí mhilliún go leith piléar i dtír ón *Mountjoy* i Latharna, i mBeannchar, Domhnach Daoi agus Baile Bháltair. Seilbh glactha roimh réidh ag Óglaigh Uladh ar na calafoirt agus dáiltear na gunnaí i ngluaisteáin.

1916

Fógraíonn an Lord Lieutenant agus Gobharnóir Éireann, Lord Winborne, dlí airm i gCathair agus i gContae Bhaile Átha Cliath go ceann míosa mar gheall ar an ionsaí armtha ar údarás an Rí.

1923

Cuirtear Edward Greaney, Reginald Stephen Hathaway agus James McInery chun báis i dTrá Lí. Ciontaíodh iad i ndúnmharú an Leifteanant Pearson agus an Óglaigh Ó Néill ón Arm Náisiúnta.

1940

An t-ádh ar bhleachtairí i gCaisleán Bhaile Átha Cliath na cosa a thabhairt leo nuair a phléascann mianach mór. Bristear fuinneoga luachmhara an tSéipéil Ríoga.

1941

Faigheann Proinsias Mac Aogáin locht sa Dáil ar *The Irish Times* agus ar a úsáid sheasta den ainm Kingstown in áit Dhún Laoghaire – dearcadh éagsúil ag an bpáipéar ó fhormhór mhuintir na hÉireann, adeir sé.

1966

Comóradh ar siúl in Áth an tSléibhe i gContae Luimnigh i gcuimhne Con Colbert agus sráid ainmnithe ina onóir. Déanann an tAire Cosanta iniúchadh ar gharda onóra.

1968

Taispeántas i mBiorra i gContae Uíbh Fhailí le céad bliain den teileascóp cáiliúil a chomóradh, an ceann ba chumhachtaí ag an am.

1978

Osclaítear an chéad Choláiste Pobail don mheánoideachas, oideachas teicniúil agus oideachas d'aosaigh i nDún Seachlainn, Co. na Mí.

1980

Sochraid an tSaighdiúra Singil, Derek Smallhorne, a maraíodh sa Liobáin. An tUachtarán Ó hIrghile, an Dr Garret FitzGerald agus Frank Closkey i láthair ag an Aifreann sa Chloigín Gorm i mBaile Átha Cliath.

1983

2,000 duine ó gach cearn den tír i mbun agóide i mBaile Átha Cliath in aghaidh an leasaithe atá á bheartú ar an mBille faoin leanbh gan bhreith.

1999

Fáiltíonn iar-Cheannfort an Gharda Síochána, William Geary, roimh chinneadh an rialtais a dheachlú a bhronnadh ar ais air. Cuireadh ina leith i 1928 gur sceith sé eolas leis an IRA agus chuaigh sé go Meiriceá ina dhiaidh sin.

1904

Tagann an Rí Éadbhard agus an Bhanríon Alexandra i dtír ón luamh ríoga, an *Victoria and Albert*, i nDún Laoghaire. Cuirtear fáilte oifigiúil rompu agus téann siad ansin go dtí na rásaí i mBaile Phúinse.

1916

Lámhachtar Francis Sheehy-Skeffington agus beirt eile, Thomas Dickson agus Patrick McIntyre, i mbeairic mhíleata Portabello i mBaile Átha Cliath.

1922

Is trua leis an gCliarlathas Caitliceach an chaoi a bhfuil cúrsaí in Éirinn agus deir gur cóir glacadh leis an gConradh agus leas a bhaint as an tsaoirse a thagann leis.

1938

Foilsítear téacs an Chonartha Angla-Éireannaigh. Tabharfar ar ais na calafoirt i gCóbh, i mBéarra agus i Loch Súilí; íocfar £10m leis an mBreatain agus cuirfear deireadh leis na dleachta breise a ghearr an Bhreatain i 1932

1942

Téann mianach i bhfostú sna carraigeacha ar an gcladach i mBré, i gCill Mhantáin. Tagann na Gardaí, an tArm agus seirbhísí éigeandála ar an láthair agus pléasctar é. Ní ghortaítear éinne.

1957

Tar éis léirsithe poiblí scaoiltear Harry Corduff, múinteoir scoile, amach as Príosún Mhuinseo. Dhiúltaigh sé cáin bhótair a íoc mar agóid in aghaidh drochstaid na mbóithre agus na seirbhísí i nGaeltacht Mhaigh Eo.

1967

Briseann Príomh-Aire an Tuaiscirt an tAire Talmhaíochta, Harry West, as oifig. Ba chóir nach mbeadh aon amhras ar dhaoine, adeir sé, go mbeadh leas pearsanta Aire ar bith agus an leas oifigiúil ag teacht salach ar a chéile.

1974

Seasann Bord Soláthair an Leictreachais le fógra an lae inné gurb é Rinn an Chairn ar chósta Loch Garman a rogha suíomh don stáisiún núicléach ginte cumhachta.

1981

Ocht míle duine i mbun agóide in iarthar Bhéal Feirste le tacaíocht a thabhairt don dream atá ar stailc ocrais i bPríosún na Ceise Fada. Owen Carron ag labhairt leis an slua, Marcella Sands agus an tAthair Daniel Berrigan i láthair.

1990

Roghnaíonn Páirtí an Lucht Oibre an dlíodóir agus oibrí cearta daonna, an Seanadóir Mary Robinson, mar iarrthóir i dtoghchán na huachtaránachta.

1998

Baineann Catherina McKiernan an London City Marathon. An tUachtarán Mhic Giolla Íosa ar an bhfón chuici ag déanamh comhghairdeachais thar ár gceann.

1916

An Maorghinearál Sir John Maxwell i mBaile Átha Cliath le ceannas a ghlacadh tar éis Éirí Amach na Cásca. Tá 12,000 de thrúpaí na Breataine i mBaile Átha Cliath anois agus gan cead isteach i lár na cathrach.

1922

Sa Dáil cuireann Éamon de Valera i leith na dtoscairí go Londain go ndearna siad neamhshuim dá n-orduithe. Ach deir Art Ó Gríofa gur admhaigh de Valera agus iad ag imeacht go Londain nach bhféadfaidís Poblacht a bhaint amach. Séanann de Valera é seo.

1928

Beirt de na healaíontóirí is mó clú i Milano ar an taifeadadh nua de dhíséad grá Puccini ón gceoldráma *Madame Butterfly* – an t-amhránaí Éireannach Margaret Sheridan agus an teanór Spáinneach Aureliano Pertile.

1945

Roghnaíonn Fine Gael an Ginearál Seán Mac Eoin (thuas) le seasamh don Uachtaránacht in éadan an Aire Airgeadais, Seán T Ó Ceallaigh. Ní bhaineann an tríú hiarrthóir, an Dr Mac Cartan, le haon pháirtí.

1953

Faigheann Maud Gonne MacBride bás i mBaile Átha Cliath in aois 88. Cara agus comhghleacaí le Yeats agus leis an gCuntaois Markievicz, chuaigh sí leis an bpoblachtachas agus chaith sé mhí i bPríosún Holloway tar éis 1916.

1972

Deich míle tionónta leis an mBardas, baill d'Eagrais Náisiúnta na dTionóntaí, i mbun agóide i mBaile Átha Cliath faoi ardú cíosa.

1981

Coimisiún á thabhairt d'ochtar ábhar oifigeach ban i gCampa an Churraigh. Deir an tAire Cosanta go bhfuil tábhacht ar leith ag baint leis an gcéad choimisiúnú seo i saol na bhFórsaí Cosanta.

1984

Féile sráide na Gaillimhe á hoscailt go hoifigiúil ag an Méara Michael Leahy – mórchuid imeachtaí ag cur gliondair ar an slua.
Agus craobh náisiúnta Shlógadh ar siúl in Inis i gContae an Chláir – ceol, damhsa agus spraoi ar siúl ag an bhféile óige.

1990

Saortar an Winchester Three, Martina Shanahan, Finbarr Cullen agus John McCann, san Old Bailey i Londain tar éis don Chúirt Achomhairc a mbreith a chur ar neamhní. D'fhág ráitis Rúnaí an Tuaiscirt Tom King nach bhféadfaidís triail chóir a fháil.

1998

Pléadálann an tAthair Ivan Payne ciontach in ionsaithe gnéis ar bhuachaillí óga i mBaile Átha Cliath idir 1969 agus 1987. Bhí othair in ospidéal agus friothálaithe Aifrinn i gceist.

28 Aibreán

1914
Ceithre chathlán de Chéad Reisimint Bhaile Átha Cliath d'Óglaigh Náisiúnta na hÉireann ag máirseáil sa chathair den chéad uair. Cruinníonn siad ag Cearnóg Pharnell, i bhFionnradharc, i nDumhach Thrá agus áiteanna eile.

1921
Dearbhaíonn Arm na Breataine gur cuireadh ceathrar fear chun báis i gCorcaigh – Patrick Ronayne, Thomas Mulcahy, Patrick Sullivan agus Maurice Moore. Bhí éirí amach armtha curtha ina leith.

1922
Deir Art Ó Gríofa go bhfuil uafás ar dhaoine faoi na coireanna tromchúiseacha atá ag tarlú. Cáineann an Dáil dúnmharú Protastúnach mar dhíoltas ar na feachtais fhrith-Chaitliceacha i mBéal Feirste.

1939
Cuireann an tUachtarán de Valera a chuairt ar Mheiriceá ar ceal mar gheall ar an gcoinscríobh ó thuaidh. Cuirfear srian ar dhaoine nach Éireannaigh iad a theacht isteach anseo leis an gcoinscríobh a sheachaint.

1954
Seancharranna armúrtha Rolls Royce ón gCogadh Cathartha ar ceant i mBeairic Mhic Aodha, iad ar díol ar £50 no £60 an ceann. Ach coinnítear *Slievenamon*, an carr a thionlaic Mícheál Ó Coileáin go Béal na Bláth i 1922, áit ar maraíodh é.

1969
Éiríonn Príomh-Aire an Tuaiscirt, an Captaen Terence O'Neill, as oifig – iarracht déanta i gcónaí aige, adeir sé, dul chun cinn a dhéanamh ó thuaidh agus leasuithe a chur i bhfeidhm.

1975
Peitreal ar fáil arís agus tiománaithe tancaer ar ais ag obair tar éis dóibh soiléiriú a fháil ar mholtaí réitigh ina stailc dhá lá dhéag.

1982
Cuireann an tAire Tionscail agus Fuinnimh, Albert Reynolds, tús leis an obair ar an bpíobán don ghás nadúrtha ó Chorcaigh go Baile Átha Cliath.

1987
An dlí á chur ag beirt fheirmeoirí ar an gcomhlacht Ciba Geigy faoi tháirge chun an dúchán a shrianadh. Deir siad gurb amhlaidh a leath Ridomil an dúchán.

1992
Táthar le pardún uachtaránachta agus cúiteamh a thabhairt do Nicky Kelly a saoradh i 1984 tar éis dó ceithre bliana a chur isteach faoi robáil traenach sna Solláin i gContae Chill Dara.

1998
Is é iar-Ghobharnóir Hong Cong, Chris Patten, a bheas ina chathaoirleach ar an gcoimisiún a dhéanfaidh iniúchadh ar an RUC – coimisiún a bhunófar má ghlactar le Comhaontú Bhéal Feirste sa reifreann.

In order to prevent the further slaughter of Dublin citizens, and in the hope of saving the lives of our followers now surrounded and hopelessly outnumbered, the members of the Provisional Government present at Head-Quarters have agreed to an unconditional surrender, and the Commandants of the various districts in the City and Country will order their commands to lay down arms.

P. H. Pearse
29th April 1916
3.45 h.m.

I agree to these conditions for the men only under my own Command in the Moore Street District and for the men in the Stephen's Green Command.

James Connolly
April 29/16

On consultation with Commandant Ceannt and other officers I have decided to agree to unconditional surrender also

Thomas MacDonagh.

1916

Géilleann Pádraig Mac Piarais, Séamus Ó Conghaile agus Tomás Mac Donncha gan choinníoll. Tá 450 marbh, 2,500 gortaithe agus 500 den 1,000 príosúnach le cur go Sasana.

1924

Osclaíonn dráma Sheáin Uí Chathasaigh, *Juno and the Paycock* in Amharclann na Mainistreach. Barry Fitzgerald mar 'Captain' Jack Boyle, Sara Allgood i bpáirt Juno agus F J McCormick mar Joxer.

1926

Socraíonn coimisinéirí cathrach Bhaile Átha Cliath go n-aistreoidh siad Colún Nelson, ach molann leasú ar an mBille um Thoghchán Áitiúil nach féidir leachtanna poiblí a aistriú gan cead an Oireachtais.

1934

Scaoiltear urchair agus dóitear ardán cruinnithe i Maothail, Contae Liatroma, rud a tharraingíonn achrann. Tógtar ardán eile níos deireanaí agus cuireann 7,000 duine fáilte roimh an Ghinearál Ó Dubhthaigh agus Liam T Mac Coscair.

1949

Major de Courcy Wheeler, ar ghéill Pádraig Mac Piarais, an Cuntaois Markievicz agus ceannairí eile dó, ag dinnéar in Áras an Uachtaráin. Bronnann sé na gunnaí a ghéill siad ar an Uachtarán Seán T Ó Ceallaigh.

1962

Deir Easpag Chorcaí, an Dr Ó Luasaigh, ag comhneartú sa Sciobairín gur cóir do mhuintir iarthar Chorcaí a chur ina luí ar lucht na Mór-Roinne a cheannaigh talamh anseo, nach bhfuil fáilte rompu. Ní féidir fáilte a chur roimh eachtrannaigh a thógann talamh na hÉireann, adeir sé.

1976

Díbirt an Dr David Thornley as an bPáirtí Parlaiminte á plé ag Páirtí an Lucht Oibre. D'fhreastal sé ar shearmanas cuimhneacháin Cásca le Sinn Féin.

1978

Saoirse chathair Chorcaí á bronnadh ar an Ollamh Aloys Fleischmann, Stiúrthóir Chór-Fhéile Idirnáisiúnta Chorcaí. Is é Ardmhéara Chorcaí, Gerald Goldberg, a bhronnann an onóir air.

1983

Cuireann Easpag Caitliceach Luimnigh, Jermiah Newman, olc ar mhuintir Ráithín faoina phleananna an talamh a bhí leagtha amach do shéipéal agus scoil a bhabhtáil ar shuíomh níos faide uaidh.

1991

Deir an tUachtarán Mhic Róibín, agus tuairisc nua ar an tríú domhan á seoladh aici, go bhfuil gá le dearcadh níos oilte ar an ocras san Afraic.

1995

Deir Ceardchumann na Máistrí Poist go bhfuil An Post ag leanacht lena phlean na céadta d'oifigí poist na tíre a dhúnadh, i ngan fhios.

1902

Tá beirt ghiúistisí ar bhaill de Léig na nÉireannach Aontaithe a chúisítear i gContae an Chláir. Comhcheilg chun tabhairt ar bheirt gan seilbh a ghlacadh ar thalamh tar éis díshealbhú tionónta, curtha ina leith.

1912

An dara léamh den Home Rule Bill á thabhairt isteach sa House of Commons ag Winston Churchill. Deir sé nach raibh deighilt ag teastáil ón ngluaiseacht Home Rule riamh ach go nglacfaí le cearta na hÉireann taobh istigh d'Impireacht na Breataine.

1923

Tar éis beagnach naoi mbliana thar lear filleann James Larkin ar Éirinn. Na mílte roimhe ag stáisiún traenach Rae an Iarthair. Tionclacann siad go Halla na Saoirse é áit a labhraíonn sé leis an slua.

1928

Muintir Nua Eabhrac ina sluaite ar shráideanna na cathrach sin le fáilte a chur roimh chriú an *Bremen* a rinne an chéad turas trasatlantach siar ó Bhaile Dónaill.

1937

An Bunreacht nua á thabhairt isteach ag Éamon de Valera – tagairt don chríochdheighilt agus caint ar athshlánú na críche náisiúnta. Aithníonn an Stát an teaghlach agus institiúid an phósta mar aon le seasamh speisialta na hEaglaise Caitlicí.

1952

Soláthairtí sa Bhille Uchtála le go bhféadfaí dílleachtaí agus páistí a bheirtear lasmuigh de chuing an phósta, a uchtáil ach iad a bheith idir sé mhí agus seacht mbliana d'aois.

1970

Dúnann na bainc agus an t-aighneas ocht seachtaine faoi athbhreithniú ar chúrsaí pá ag dul in olcas. Cuireann an dá thaobh milleán ar a chéile.

1981

Osclaítear an chéad mhonarcha próiseála éisc Spáinneach i dtír de chuid an Chómhargaidh, i mBaile Chaisleáin Bhéarra i gContae Chorcaí. An tAire Iascaigh, Paddy Power, a osclaíonn í.

1984

I mBaile Átha Cliath cuirtear an píosa láir de dhroichead nua ar an Life ina áit. Crann tógála speisialta farraige in úsáid leis an bpíosa 180 tonna a chrochadh.

1994

An lá le hÉirinn sa 39ú comórtas amhránaíochta Eurofíse, den tríú bliain as a chéile. "The Rock 'n' Roll Kids" le Brendan Graham, á chasadh ag Paul Harrington agus Charlie McGettigan, a bhuann. Ach is é an taispeántas leath ama, *Riverdance*, is mó a théann i bhfeidhm ar dhaoine.

1996

Tá monarcha Packard Electric i dTamhlacht le dúnadh – 800 post caillte. Tá an rialtas le tascfhórsa speisialta a bhunú le hiarracht a dhéanamh fostaíocht nua a mhealladh go dtí an ceantar.

1916

Éirí Amach na Cásca ag cliseadh agus fógraíonn an Ginearál Sir John Maxwell, Ardcheannasaí Fhórsaí na Breataine in Éirinn, go bhfuil a raibh páirteach san Éirí Amach tar éis géilleadh gan choinníoll.

1931

Faoin Acht Talún tagann ísliú eile 10% ar na híocaíochtaí bliantúla a dhéanann 70,000 tionónta le Coimisiún na Talún. Is leo féin a ngabháltais feasta.

1943

Ceaptar Sir Basil Brooke (thíos) ina Phríomh-Aire ar Thuaisceart Éireann tar éis do J M Andrews éirí as.

1956

Molann an tAire Oideachais, Risteard Ó Maolchatha, go mbeadh roinn ar leith ann don Ghaeltacht. Deir an tEaspag Ó Luasaigh, ag caint i mBéal Átha an Ghaorthaidh, go bhfuil an Ghaeilge ag imeacht ainneoin ghluaiseacht na hathbheochana.

1969

Ceaptar Major James Chichester-Clark ina Phríomh-Aire ar Thuaisceart Éireann, i gcomharbacht ar an gCaptaen Terence O'Neill tar éis dó Brian Faulkner a bhualadh le vóta amháin do cheannaireacht Pháirtí Aontachtaithe Uladh.

Major James Chichester-Clark

1980

Fógraíonn Michael Webb, fear gnó as Cluain Meala i gContae Thiobraid Árann, gurb é féin agus a mhac a tháinig ar Chailís Dhoire na bhFlann ar oileán i bportach ar an mBaile Beag.

1982

Deir Rialtas na Breataine gur fomhuireán leo a bháigh an trálaer ó Cheann Chlochair i gContae Lú, an *Sheralga*, i Muir Éireann. Ghreamaigh líonta an trálaeir i lián an fhomhuireáin agus tarraingíodh ar gcúl í faoi luas.

1983

Nochtann an t-iar-Thaoiseach Seán Ó Loingsigh dealbh le Yann Goulet de mhórlaoch iomána Chorcaí, Christie Ring. Is i gCluain, áit ar tógadh é, atá an dealbh bhreá seo.

1988

Maraítear triúr saighdiúirí Briotanacha agus gortaítear triúr eile in ionsaithe an IRA i Roermund agus i Nieuw Bergen san Ollainn. Ní raibh na saighdiúirí ar diúité.

1998

An 'fliú gorm' ar na Gardaí agus iad ag lorg ardú pá. Tugtar lucht traenála isteach nuair a fhanann beagnach 80 faoin gcéad de na gnáthoifigigh amuigh.

2 Bealtaine

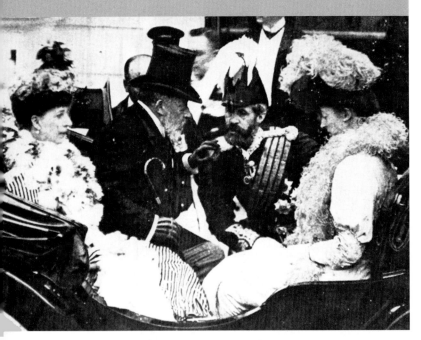

1904

Tugann an Rí Éadbhard VII is an Bhanríon Alexandra aghaidh ar Phort Láirge agus iad ar cuairt anseo in Éirinn. Ar aghaidh leo ansin go Caisleán Leasa Móire.

1920

Tugtar móid a oifige don Viscount Fitzalan. Tá sé ceaptha ina Lord Lieutenant, ionadaí an Rí in Éirinn – an chéad Chaitliceach a fuair an post seo ó aimsir Rí Shéamais, fear Chath na Bóinne i 1690.

1934

Dhearbhaigh Oifig Eolais an Rialtais gur dearnadh iarracht tearmann a fháil sa tír seo do Leon Trotsky. Ach diúltaíodh don iarratas ón iarcheannaire Sóivéadach.

1945

Tugann an Taoiseach agus Aire Gnóthaí Eachtracha, Éamon de Valera, cuairt ar theach an Dr Eduard Hempel, ceannaire Leagáid na Gearmáine in Éirinn, lena chomhbhrón faoi bhás Adolf Hitler a chur in iúl.

1956

Is ábhar buartha do chruinniú bliantúil Ospidéal na Déadliachta i mBaile Átha Cliath go bhfuil formhór a gcéimithe tar éis cúl a thabhairt ar an tír seo agus post fiaclóireachta a thógáil sa Bhreatain.

1974

Faigheann cúigear bás de bharr pléisce i dteach tábhairne an Rose and Crown ar Bhóthar Ormeau i mBéal Feirste. Gortaítear 17 sa phléasc, cuid acu go dona.

1981

Fuadaíonn iarmhanach Cistéirseach eitleán Boeing 737 le hAer Lingus a bhí ag dul ó Bhaile Átha Cliath go Londain. Éilíonn Laurence Downey go dtabharfaí go Tehran é ach nuair nach féidir é seo a dhéanamh déanann Páras cúis. Gabhann na póilíní é ag Aerfort Le Touquet.

1994

Tá céad bliain á chomóradh ag Comhdháil na gCeardchumann, mórpharáid ar siúl acu i mBaile Átha Cliath. Lá breá gréine atá ann agus ardghiúmar orthu – comhlacht Macnas na Gaillimhe ar cheann na paráide.

1997

Éiríonn thar cionn le Páirtí Lucht Oibre na Breataine agus le Tony Blair san olltoghchán. Baineann Sinn Féin dhá shuíochán i Westminster. Is iad an tríú páirtí is mó sa Tuaisceart anois iad, chun tosaigh ar an DUP.

1905

Déanann an Feisire T P O'Connor iarracht an Coiste Éireannach i Westminster a cháineadh faoi long leis an Rialtas a úsáid le saighdiúirí a thabhairt go dtí Oileán Baoi le tionónta a chur as seilbh.

1916

Tar éis cúirt mhíleata cuirtear triúr díobh siúd a shínigh Forógra na Cásca, Pádraig Mac Piarais, Tomás Mac Donncha agus Tomás Ó Cléirigh, chun báis i bPríosún Chill Mhaighneann.

1933

Glacann Dáil Éireann leis an mBille chun deireadh a chur le Mionn Dílseachta na Breataine sa bhfoirm ar cuireadh os comhair an tSeanaid den chéad uair é. Deir Uachtarán na Comhairle Feidhmiúcháin, Éamon de Valera, go bhfuil rudaí eile freisin le baint amach as an mBunreacht.

1949

Glacann an Ireland Bill sa Bhreatain le seasamh bunreachtúil Thuaisceart Éireann. Deir sé freisin nach eachtrannaigh iad saoránaigh na tíre seo sa Bhreatain. Glacann an Bille leis nach cuid den Chomhlathas iad na Sé Chontae Fichead tar éis fógairt na Poblachta.

1953

Is é Dónall Ó Móráin bunaitheoir na heagraíochta nua Gael-Linn, é d'aidhm acu an Ghaeilge a chur chun cinn.

1973

Glactar leis an Northern Ireland Assembly Act gan mórán díospóireachta i dTeach na dTiarnaí sa Bhreatain. Faoin acht seo tá comhthionól 78 ball le roghnú ó thoghcheantair Westminster.

1984

Faigheann an t-amhránaí traidisiúnta, Seosamh Ó hÉanaí as Carna i gConamara, bás i Seattle Mheiriceá. Tabharfar a chorp abhaile go hÉirinn.

1994

Tugtar deontais bhreise do mhuintir na n-oileán Béarla timpeall an chósta. Cuideoidh na deontais seo, atá ar aon leibhéal le deontais na Gaeltachta nach mór, le troid in aghaidh na dífhostaíochta agus le daoine a choinneáil sa bhaile.

1997

Ceaptar an Dr Mo Mowlam mar Státrúnaí nua an Tuaiscirt i Rialtas Phríomh-Aire nua na Breataine, Tony Blair. Tá sí chun díriú ar leasuithe a dhéanamh ar an RUC agus ar an bhfostaíocht a chur ar fáil ar bhonn cothrom.

4 Bealtaine

1907

Cuireann an Lord Lieutenant tús oifigiúil le Taispeántas Idirnáisiúnta na hÉireann i mBaile Átha Cliath. Tá an taispeántas ag iarraidh misneach a thabhairt do thionscail bheaga.

1916

Cuirtear ceannairí eile de chuid Éirí Amach na Cásca chun báis, Joseph Mary Plunkett, Michael O'Hanrahan, Willie Pearse agus Edward Daly. Éiríonn an Chief Secretary, Augustine Birrell, as oifig.

1922

Socraíonn comhdháil de cheannairí dhá thaobh an IRA i dTeach an Ardmhéara go mbeidh sos lámhaigh trí lá ann. Síníonn Eoin Ó Dubhthaigh agus Liam Lynch an conradh.

1939

Fógraíonn Príomh-Aire an Tuaiscirt, Lord Craigavon, nach mbeidh coinscríobh ó thuaidh mar atá sa Bhreatain.

1951

Cuireann an tUachtarán Seán T Ó Ceallaigh an tríú Dáil déag ar ceal. Sin deireadh leis an gcéad chomhrialtas faoin Taoiseach John A Costello. Toghcháin ar an tríochú lá.

1954

An tAire Sláinte, an Dr Séamus Ó Riain, ag oscailt oifigiúil Ospidéal Naomh Lúcás i mBaile Átha Cliath. Is é Cumann Ailse na hÉireann a cheannaigh an suíomh i 1950.

1970

Éiríonn an tAire Dlí agus Cirt, Mícheál Ó Móráin (thuas), as an Rialtas, ar chúinsí sláinte, adeir sé. Glacann an Taoiseach Seán Ó Loingsigh lena chinneadh agus díríonn ar Ghéarchéim na nArm.

1974

Tagann na Gardaí ar phictiúir Beit a tógadh as Russborough House. Gabhann siad an Dr Rose Dugdale a bhfuil bá aici leis an IRA. Is fiú £8m na pictiúir seo. Thángthas orthu slán sábháilte i dteach i gCuan Dor i gCo. Chorcaí.

1982

Lorgaíonn an Rialtas cruinniú práinne de Chomhairle Slándála na Náisiún Aontaithe ar an gcogadh sna hOileáin Malvinas, Oileáin Fháclainne. Tá siad ag iarraidh go gcuirfí deireadh leis na smachtbhannaí eacnamaíochta in aghaidh na hAirgintíne. Cuireann sé seo isteach ar an gComhphobal Eorpach.

1998

Foireann an dráma, *The Beauty Queen of Leenane*, le Máirtín Mac Donncha, ag ceiliúradh i Nua Eabhrac, ainmniúcháin do shé ghradam Tony faighte acu.

1916

Cuirtear duine eile de cheannairí Éirí Amach na Cásca chun báis – Major John MacBride. Daortar Liam T Mac Coscair agus Thomas Hunter chun báis freisin ach athraítear an pionós go príosún saoil.

1918

Freastalaíonn 15,000 duine ar chruinniú i mBealach an Doirín, Co. Ros Comáin le cur in aghaidh an choinscríofa. Tá John Dillon ó Pháirtí an Home Rule agus Éamon de Valera ó Shinn Féin i measc na gcainteoirí.

1934

Cuirtear an chéad léiriú de scannán Robert Flaherty, *Man of Aran* ar siúl. Tá Uachtarán na Comhairle Feidhmiúcháin, Éamon de Valera, i measc an lucht éisteachta, mar aon le hairí rialtais eile.

1939

Deir Aire Thuaisceart Éireann, Sir Basil Brooke, agus é ag caint le hAontachtaithe Inis Ceithleann, go dtuigeann sé an díomá agus an fhearg atá orthu nár tugadh an coinscríobh isteach ó thuaidh de bharr gearáin ó Éamon de Valera.

1941

Béal Feirste buailte go dona arís i ruathair aeir, an tríú hionsaí ó thús an Chogaidh. An Ghearmáin ag scaoileadh buamaí ar cheantair ghnó, lucht dóiteáin agus otharcharranna ón deisceart ag dul ó thuaidh.

1954

Síníonn CIÉ conradh £4.75m le 94 inneall díosail a cheannach thar thréimhse dhá bhliain, rud a chuirfidh deireadh le ré an innill ghaile.

1973

Cuireann Erskine Childers, iarrthóir Fhianna Fáil, tús lena fheachtas uachtaránachta ina bhus speisialta toghchánaíochta.

1981

Faigheann an feisire parlaiminte agus príosúnach poblachtach, Bobby Sands, bás ar stailc ocrais i bPríosún na Ceise Fada, in aois 27. Bhí 66 lá déanta aige ar céalacan agus stádas polaitiúil á éileamh aige agus ag príosúnaigh eile an IRA.

1998

Leagann an tUachtarán Mhic Giolla Íosa cíle an *Jeannie Johnston*, macasamhail an bháid a thug daoine ar imirce go Meiriceá le linn an Ghorta. Tá sí á tógáil i gCathair Uí Mhóráin in aice le Trá Lí.

6 Bealtaine

THE IRISH TIMES

CRESTED

TWO MINISTERS IN ARMS PLA

Lynch tells Dail why
he sacked
Blaney and Haughey

REPORT THAT INFORMATION CAME
FROM BRITISH SECRET SERVICE

Taoiseach
loses
prestige in
Whitehall

MORE ALLIE

1908

Deir an Chief Secretary, Augustine Birrell, leis an bhfeisire William O'Brien i Westminster go bhfuil seilbh faighte ar a ngabháltais in Éirinn in athuair ag breis agus míle cúig chéad tionónta faoin Land Purchase Act 1903.

1924

Ag labhairt dó i bparlaimint an Tuaiscirt deir Sir James Craig go ndiúltaíonn siad ionadaí a chur ar fáil ar Choimisiún na Teorann. Ach leanann an Coimisiún leo agus luíonn siad isteach ar an obair.

1946

Éiríonn le húinéir na bialainne Jammets ar Shráid Nassau i mBaile Átha Cliath, ina chás cúirte in aghaidh an *Daily Telegraph*. Faigheann an Francach, Louis Jammet, £1,000 damáiste faoi gur dhúirt an nuachtán gur chuir sé fáilte ina bhialann roimh Leagáid na Gearmáine agus an Cogadh faoi lán seoil.

1948

Tagann dílleachtaí Giúdacha chun na tíre seo, 48 cailín agus 36 buachaill. Tugtar na gasúir, ar cailleadh a dtuismitheoirí sna sluachampaí géibhinn le linn an Chogaidh, go Caisleán Chluain in aice le Dealbhna i gContae na hIarmhí.

1966

Dúnann bainc thrádála ar fud na tíre de bharr stailce oifigeach sóisearach faoi chúrsaí pá. Cuirtear deireadh leis ó thuaidh i mí an Mheithimh cé nach mbíonn socrú sa deisceart go Lúnasa.

1970

Iarrann an Taoiseach, Seán Ó Loingsigh, ar an Aire Airgeadais, Cathal Ó hEochaidh agus ar an Aire Talmhaíochta, Niall Bléine, éirí as oifig. Cuireann sé iompórtáil mhídhleathach arm ón Mór-Roinn ina leith. Éiríonn an tAire Rialtais Áitiúil, Caoimhín Ó Beoláin, as oifig mar thacaíocht lena chomhghleacaithe. Tá tús curtha le Géarchéim na nArm.

1986

Cuireann an Divorce Action Group tús lena bhfeachtas don Reifreann atá romhainn. Iarrann siad ar an Eaglais Chaitliceach gan iarracht a dhéanamh a chinntiú go dtagann dlí an Stáit le dlí na hEaglaise.

1998

Molann Ard-Chomhairle Shinn Féin go gcaithfí vóta ar son Chomhaontú Aoine an Chéasta in Éirinn thuaidh agus theas. Fógraíonn siad freisin nach gcloífidh siad lena bpolasaí staonta níos mó. Cinneadh stairiúil a gcuirtear na mílte fáilte roimhe.

1902

Osclaíonn an Duke of Connaught Droichead Uí Dhonabháin ar an ngéag theas d'Abhainn na Laoi i gcathair Chorcaí. Ceanglaíonn an droichead nua Bóthar an Iarthair le Bóthar an Choláiste.

1910

Tarraingíonn Anne Horniman, pátrún de chuid Amharclann na Mainistreach, a tacaíocht airgid siar toisc nár dhún an Amharclann in ómós an Rí Éadbhard VII a fuair bás an lá roimhe.

1915

Caitear toirpéid leis an long *Lusitania* ocht míle amach ó Chionn tSáile agus téann sí go grinneall deich nóiméad ina dhiaidh sin. Bhí sí ar a bealach go Nua Eabhrac agus míle naoi gcéad paisinéir ar bord. Tugadh 600 a tháinig slán go Corcaigh.

1931

Bunaítear An Óige – trí bhrú le hoscailt roimh Mheán Fómhair. Terry Trench ar bhunaitheoirí na gluaiseachta in Éirinn.

1945

Tuairiscí sa timpeall go raibh na Gearmánaigh tar éis géilleadh agus tagann mic léinn Choláiste na Tríonóide amach ar an díon ag canadh amhráin náisiúnta na Fraince is na Breataine. Ach tá sé ina raic nuair a chuirtear bratach na hÉireann ar foluain sa chúigiú háit ar an gcrann.

1969

Fógraíonn an tAire Airgeadais, Cathal Ó hEochaidh, go mbeidh airgead a thuilleann ealaíontóirí ar shaothar cultúrtha saor ó cháin. Fáiltíonn scríbhneoirí agus péintéirí roimh an chinneadh.

1981

Tagann breis agus 50,000 duine amach le hómós a thabhairt don fheisire Bobby Sands. Cuirtear é i Reilig Bhaile an Mhuilinn i mBéal Feirste faoi lánghradam míleata ón IRA.

1992

Éiríonn Easpag Eamonn Casey na Gaillimhe as oifig agus téann thar lear nuair a fhógraítear go bhfuil déagóir mic aige leis an Meiriceánach, Annie Murphy.

1997

Tagann seaimpín snúcair an domhain, Ken Doherty, abhaile go caithréimeach tar éis a mhór bhua ag an gCrucible i Sheffield Shasana. Tagann na sluaite amach faoina dhéin.

1999

Deir an Tánaiste, Mary Harney, le Binse Fiosraithe Flood, gur inis an Taoiseach di sular ceapadh an rialtas faoin mbronntanas £30,000 a tugadh do Ray de Búrca.

8 Bealtaine

1901

Leagtar bunchloch Choláiste Oiliúna Bhantiarna na Trócaire do bhunmhúinteoirí mná ar an gCarraig Dhubh i mBaile Átha Cliath. Ardeaspag Bhaile Átha Cliath, an Dr Breathnach, a leagann an chloch.

1916

Cuirtear ceathrar eile de cheannairí na Cásca chun báis i bPríosún Chill Mhaighneann, Éamonn Ceannt, Michael Mallin, Con Colbert agus Seán Heuston.

1934

Tá deireadh leis an raic idir an Rialtas agus Amharclann na Mainistreach faoi na drámaí a léireofar i Meiriceá. Beidh *The Playboy of the Western World* le Synge agus *The Plough and the Stars* le O'Casey le feiceáil thall.

1947

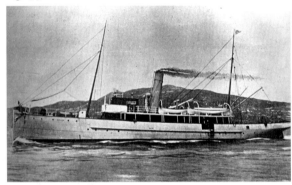

Téann an *Muirchú* – nó an *Helga* mar a bhíodh ar an long chogaidh Bhriotanach seo tráth – go tóin poill cúig mhíle fhichead ó dheas den Tuscar. Tagann na trí dhuine dhéag a bhí ar bord slán. Rinne an *Helga* ionsaí ar Bhaile Átha Cliath le linn Éirí Amach na Cásca.

1962

Tugann saighdiúirí na tíre seo aghaidh ar an gCongó. An Leifteanantghinearál Seán Mac Eoin agus an Maorghinearál Seán Collins-Powell ag fágáil slán acu.

1978

Filleann oibrithe leis An Post agus le hAer Lingus ar a gcuid oibre tar éis stailceanna a mhair píosa fada. Thosaigh stailc an phoist go luath mí Feabhra agus stailc Aer Lingus lár mhí Márta.

1987

Maraítear ochtar ball den IRA nuair a dhéanann an SAS luíochán orthu agus iad i mbun ionsaithe ar stáisiún an RUC i Loch gCál i gCo. Ard Mhacha.

1990

Cailltear an Cairdinéal Tomás Ó Fiaich in aois 66 agus é ar oilithreacht go Lourdes. Staraí agus náisiúntóir aitheanta a rugadh in aice le Crois Mhic Lionnáin, rinne an Cairdinéal Ó Fiaich cáineadh lom ar an bhforéigean.

1997

Téann an Taoiseach John Bruton go Londain le bualadh le Príomh-Aire nua na Breataine, Tony Blair. Tá siad ar aon intinn go gcaithfidh an tIRA a ndáiríreacht faoi shos cogaidh a léiriú go soiléir.

1998

Baineann foireann sacair na hÉireann faoi bhun 16 Craobh na hEorpa amach nuair a bhuaileann siad an Iodáil i bPerth na hAlban – ríméad ar a mbainisteoir Brian Kerr.

1912

Glactar leis an dara léamh ar an Home Rule Bill sa House of Commons le 370 vóta in aghaidh 270. Diúltaíodh do leasú a rinne Aontachtaithe go gcaithfí an Bille amach.

1915

Níl aon dóchas ann níos mó go dtiocfar ar Sir Hugh Lane ina bheatha tar éis tubaiste an *Lusitania* dhá lá ó shin. Rinne sé a chion ar son cúrsaí ealaíne in Éirinn, é ina stiúrthóir ar an nGailearaí Náisiúnta agus ina stiúrthóir oinigh ar Dhánlann na Cathrach.

1927

Tugann foireann leadóige Davis na hAfraice Theas drochbhualadh d'Éirinn – a cúig in aghaidh a náid – i gClub Mhic Liam i mBaile Átha Cliath.

1947

Fabht san airdemhéadar san eitleán le TWA ba chúis leis an timpiste mí na Nollag seo caite nuair a thuairt sí ar Inis Maonachtan in aice leis an tSionainn. Cailleadh naonúr paisinéirí agus ceathrar criú.

1959

Goidtear stampaí ar fiú thart ar £460,000 iad ó Shanahan's Stamp Auctions i nDún Laoghaire. Deir an bainisteoir stiúrtha, Paul Singer, go mbeidh sé dodhéanta beagnach na stampaí a dhíol mar go bhfuil eolas go forleathan orthu.

1974

Tá Halla Ceoil 900 suíochán le tógáil i Halla Mór Choláiste na hOllscoile in Ardán Phort an Iarla i mBaile Átha Cliath. Is ann a bheas Ceolfhoireann Shiansach RTÉ feasta. £700,000 a chosnóidh an obair.

1977

Osclaíonn an Taoiseach Liam Mac Coscair músaem sa Ghraí Náisiúnta i gCo. Chill Dara. Is ann atá an capall aitheanta Arkle – nó a chreatlach!

1986

Déanann ceannaire an DUP, Ian Paisley, agóid lasmuigh den Chomhdháil Angla-Éireannach i Londain áit a bhfuil cúrsaí slándála agus an RUC á bplé.

1992

An lá le Linda Martin agus amhrán Johnny Logan, "Why Me", á chasadh aici sa Chomórtas Amhránaíochta Eurofíse. Bhain Logan féin an comórtas faoi dhó.

1996

Foilsítear an tuarascáil faoi mhí-úsáid páistí i Madonna House i mBaile Átha Cliath ach fágtar dhá chaibidil ar lár ar chúinsí dlí. Níl Fianna Fáil ná an Páirtí Daonlathach sásta.

10 Bealtaine

1912

Sa Royal Albert Hall deir Andrew Bonar Law go ndeachaigh muintir Uladh i muinín Chaomhaigh na Breataine len iad a shábháil ó thodhchaí a raibh an dearg-ghráin acu air. Ag cruinniú eile deir Sir Edward Carson nach ngéillfidh siad ar cheist Home Rule.

1917

An lá le Sinn Féin i bhfothoghchán Longfoirt Theas nuair a bhuaileann JP McGuinness, agus é ina phríosúnach, Patrick McKenna ón bPáirtí Náisiúnta. Tubaiste pholaitiúil do pháirtí Home Rule John Redmond.

JP McGuinness

1926

Leathann an Stailc Mhór go dtí an Tuaisceart. Deir ceardchumainn ansin le comhlachtaí loingseoireachta Bhéal Feirste nach n-oibreoidh dugairí ar bháid chun na Breataine.

1937

Cáineann céimithe ban na hOllscoile Náisiúnta an Bunreacht nua atá á bheartú faoi go bhfuil na comhchearta atá i bhForógra na Cásca agus in Airteagal 3 de Bhunreacht an tSaorstáit, ar iarraidh.

1943

Maraítear seacht n-óg fhear déag agus gortaítear seachtar eile go dona nuair a phléascann mianach ar an trá i mBaile Mhánais i gCo. Dhún na nGall. Bhí siad ag caitheamh clocha leis nuair a phléasc sé.

1958

Éiríonn an Teachta Neamhspleách i mBaile Átha Cliath Lár Theas, John Murphy, as mar agóid in aghaidh neamhshuim na mórpháirtithe polaitiúla sa dream atá dífhostaithe.

1972

An reifreann ar bhallraíocht na hÉireann sa Chomhphobal Eorpach. Caitear cúig vóta in aghaidh a haon ar son na ballraíochta seo. Ríméad ar an Taoiseach.

1979

Scuainí ag garáistí ar fud na tíre agus ganntanas peitril ann de bharr géarchéim an Mheánoirthir. Ach glacann daoine go réchúiseach leis ar an iomlán.

1982

Ceaptar Séamus Mallon (thuas) ón SDLP agus John Robb, máinlia in ospidéal an Royal Victoria i mBéal Feirste, mar bhaill den Seanad. An Taoiseach, Cathal Ó hEochaidh, a cheapann iad.

1995

Buaileann Sinn Féin go foirmiúil le hairí rialtais de chuid na Breataine. Deir Martin McGuinness (thuas) le Michael Ancram gur chóir do Gerry Adams agus Sir Patrick Mayhew castáil le chéile.

1996

Teipeann ar chás Ardchúirte a thógann Scoil Steiner i gCo. an Chláir in aghaidh diúltú na Roinne Oideachais an scoil a mhaoiniú. Ach tugtar costais mhóra dóibh.

1908

Glacann an House of Commons leis an dara léamh den Irish Universities Bill. Is air seo a bhunaítear an Ollscoil Náisiúnta sa deireadh thiar.

1916

Iarrann John Dillon ón Home Rule Party ar Rialtas na Breataine éirí as cur chun báis ceannairí Éirí Amach na Cásca. Bhí an ghéarchéim in Éirinn á plé sa House of Commons.

1926

Éiríonn dugairí i mBaile Átha Cliath, i mBéal Feirste, i nDoire, i bPort Láirge agus i nDroichead Átha as láimhseáil bia chun na Breataine ar iarratas ón TUC ansin.

1937

Agus an dara léamh den Bhille Bunreachtúil á mholadh aige dearbhaíonn Éamon de Valera nach bunús deachtóireachta atá i mBunreacht na hÉireann. Is iad an chosmhuintir atá i gceannas, adeir sé.

1952

I Washington deir an House Foreign Affairs Committee nach féidir faoiseamh eachtrach ón gclár Marshall Aid a chur ar fáil d'Éirinn mar gheall ar ár neodracht.

1963

Tagann deireadh le stailc na mbusanna atá ar siúl anois le cúig seachtaine. Cuirtear fáilte mhór ar ais roimh na busanna.

1971

Faigheann an t-iar-Thaoiseach Seán Lemass bás in aois 71. É in Ardoifig an Phoist go hóg i 1916 chuaigh sé le taobh na Poblachta agus bhí sé ar dhuine de bhunaitheoirí Fhianna Fáil. Beidh cuimhne air faoin obair mhór a rinne sé chun eacnamaíocht na tíre a chur chun cinn.

1992

Saortar Judith Ward i Londain. Bhí ocht mbliana déag as tríocha bliain curtha isteach aici faoi bhuamáil bus ar an M62 i 1974 inar maraíodh dháréag.

1997

Cuirtear Robert Hamill, Caitliceach cúig bliana fichead, i bPort an Dúnáin, Co. Ard Mhacha. Fuair sé bás coicíos tar éis do 30 dílseoir é a bhascadh. Cuireadh dúnmharú i leith cúigir agus tá fiosrú le déanamh faoi ról an RUC sa chás.

1999

Sroicheann eitleán le hAerlínte na Macadóine an Fearann Fuar i gCo. Chiarraí go moch ar maidin agus 138 teifeach ón gCosaiv ar bord. Cuireann an tAire Dlí is Cirt, John O'Donoghue, fáilte rompu.

12 Bealtaine

1910

Ar bhás Rí Éadbhard VII cuireann Bardas Bhaile Átha Cliath a gcomhbhrón in iúl don rí nua, Seoirse V, agus do bhaintreach Rí Éadbhard. Cuireann baill Shinn Féin in aghaidh an rúin.

1916

Cuirtear Seán Mac Diarmada agus Séamus Ó Conghaile, beirt de cheannairí Éirí Amach na Cásca, chun báis. Lámhachtar Ó Conghaile, a gortaíodh san Éirí Amach, ina shuí i gcathaoir.

Agus tagann an Príomh-Aire Asquith go Baile Átha Cliath ar cuairt seachtaine.

1929

Faigheann an Maorghinearál Seán Mac Eoin, atá tar éis éirí as an Arm, ainmniúchán Chumann na nGaedheal sa bhfotoghchán i Sligeach/Liatroim.

I mBaile Átha Cliath cuirtear clúmhilleadh ceannairceach in aghaidh an Stáit i leith Mhaud Gonne MacBride.

1944

Faigheann Edel Quinn ó Léigiún Mhuire bás den eitinn i Nairobi agus í ar na misiúin san Afraic. Bhí sí 37. Chuaigh sí leis an Léigiún nuair nach scaoilfí isteach sna mná rialta í de bharr drochshláinte.

1950

Iarrann feisirí agus seanadóirí náisiúnacha an Tuaiscirt ar Rialtas na Poblachta suíocháin a thabhairt d'ionadaithe tofa ó thuaidh sa Dáil agus sa Seanad.

1958

Osclaítear Stiúideonna Scannán Ardmore. Deir an tAire Tionscail agus Tráchtála, Seán Lemass, gur céim mhór chun cinn i stair eacnamaíochta na tíre é. Tá an chéad scannán bunaithe ar *Home is the Hero*, úrscéal Walter Macken.

1962

Leagtar bunchloch Halla nua na Saoirse, ceannáras na gceardchumann, i mBaile Átha Cliath. Is é Desmond Rea O'Kelly an t-ailtire.

1981

Faigheann Francis Hughes, príosúnach poblachtach agus ball den IRA, bás ar an naoú lá is caoga dá stailc ocrais i bPríosún na Ceise Fada.

1995

Deir an Chúirt Uachtarach go bhfuil an Bille um Eolas faoin nGinmhilleadh bunreachtúil. An Bille sínithe ina Acht anois agus cuireann an Rialtas agus an Freasúra fáilte roimh an chinneadh.

1998

Fógraíonn Seansailéir Státchiste na Breataine, Gordon Browne, plean agus straitéis eacnamaíochta £315m don Tuaisceart. Deir sé nach breab atá ann le go vótáilfear ar son Chomhaontú Stormont sa reifreann.

Ardmore Studios

1900

Deireadh leis an scoilt san Irish Parliamentary Party agus tá John Redmond agus John Dillon i Manchain ar aon ardán den chéad uair le deich mbliana anuas. Cás colscartha Pharnell in 1891 ba chúis leis an aighneas.

1919

Gortaítear Dan Breen agus Seán Treacy (ar dheis) ón IRA agus Seán Hogan á shaoradh ó na póilíní acu ag stáisiún traenach Chnoc Loinge i gCo. Luimnigh.

1921

Deireadh tagtha leis na hainmniúcháin do Pharlaimintí an Tuaiscirt agus an Deiscirt agus baineann Sinn Féin 124 den 128 suíochán sa Deisceart. Toghtar iad mar nár sheas aon duine ina n-aghaidh.

1937

Séidtear san aer an dealbh chré-umha den Rí Seoirse II ar a chapall a bhí i lár Fhaiche Stiabhna ó 1758. I nDáil Éireann glactar leis an dara léamh de dhréacht an Bhunreachta.

1949

John A Costello, Éamon de Valera, Bill Norton agus Seán Mac Giolla Bhríde ar aon ardán i Sráid Uí Chonaill i mBaile Átha Cliath agus iad ag cur in aghaidh Ireland Bill Shasana a thugann tacaíocht do sheasamh bunreachtúil Thuaisceart Éireann.

1957

An Fiodh Ard i gCo. Loch Garman. Tarraingíonn pósadh measctha baghcat na gCaitliceach ar Phrotastúnaigh ar an mbaile de bharr aighnis faoin oideachas a chuirfí ar iníonacha na beirte.

1969

Cuireann Ardeaspag Bhaile Átha Cliath, an Dr John Charles McQuaid, fáilte roimh an Nuinteas Aspalda, an Dr Gaetano Alibrandi, ar shroichint Aerfort Bhaile Átha Cliath dó.

1986

Faigheann Peadar O'Donnell, scríbhneoir agus réabhlóidí, a chaith a shaol ag obair ar son na cosmhuintire, bás in aois 93. Scríobh sé *Islanders, Big Windows* agus úrscéalta eile.

1991

Craoltar clár Granada Television ar chomhlacht Goodman International *World in Action*. Maítear gur baineadh leis na cáipéisí a bhain le meáchan agus grádú feola.

1997

Cuireann an RUC fiosrú dúnmharaithe ar bun tar éis dóibh teacht ar chorp Shean Browne i gCo. Aontroma. Fuadaíodh é ó Chlub Chumann Lúthchleas Gael i mBaile Eachaidh áit a raibh sé ina chathaoirleach.

14 Bealtaine

1906

Téann míle oibrí ar stailc sa mhuileann sníomhacháin lín i Sráid York i mBéal Feirste agus ardú pá scilling sa tseachtain uathu. 9s 6d atá acu faoi láthair.

1912

Fiosrú ar siúl faoin *Titanic* sa chúirt i Westminster. Deir Stanley Lord, máistir na loinge *Californian*, bád a sáinníodh sa leac oighir an oíche a ndeachaigh an *Titanic* síos, gur thug sé féin rabhadh di go raibh leac oighir timpeall.

1921

Tá feachtas an IRA in aghaidh thrúpaí na Breataine agus an RIC ar siúl i gcónaí. Maraítear seachtar saighdiúirí, ochtar póilíní agus cúigear sibhialtach. I gCorcaigh is mó a tharlaíonn an t-ár.

1929

Deirtear ag cruinniú den RNLI i nDún Laoghaire go bhfuil sé bhád tarrthála eile agus innill iontu, le cur i mbun oibre ar chósta na hÉireann ar chostas £150,000.

1935

Foilsítear an Bille Baintreacha agus Dílleachtaí, an tAire Rialtais Áitiúil Seán T Ó Ceallaigh á mholadh. Cuirfidh an Bille nua le seirbhísí sóisialta an stáit.

1941

Dearbhaíonn an Roinn Sláinte go bhfuil cúig ráig den ghalar crúibe is béil sa tír: trí cinn i gCo. Thiobraid Árann agus péire i gCo. Chill Chainnigh. Seo é tús na ráigeanna in oirdheisceart na tíre.

1956

An stáisiún raidió gearrthonnach in Áth Luain le baint as a chéile agus an trealamh le díol. Teicneolaíocht nua ar fáil.

1974

Fógraíonn an Ulster Workers' Council stailc ghinearálta nuair a theipeann ar rún ag cur in aghaidh Sunningdale i gComhthionól an Tuaiscirt. An trácht ina stad de bharr na stailce.

1980

Faigheann Christine Packenham, Cuntaois Longfoirt, úrscéalaí agus drámadóir, bás. Bhí baint fhada aici féin agus ag a fear le hAmharclann an Gheata i mBaile Átha Cliath. Breis agus scór dráma scríofa aici.

1996

Faightear corp Josie Dwyer, 41, andúileach drugaí a raibh an galar SEIF air, i lár na príomhchathrach, agus é buailte batráilte.

1999

Éiríonn leis an mBiúró um Acmhainní Coiriúla ina gcás Ardchúirte in aghaidh Gerry Hutch nó 'An Monk'. Tá breis agus £2m á lorg acu.

1903

Iarrann an Chief Secretary, George Wyndham, tacaíocht dá Irish Land Bill. Tá sé costasach Éire a choinneáil faoi smacht, adeir sé, ach nuair a shocrófar ceist na talún, déanfar airgead príobháideach a infheistiú in Éirinn shíochánta.

1916

Cuirtear tús le triail Ruairí Mhic Easmainn i mBow Street Magistrates Court i Londain. Tá ardtréas curtha i leith Mhic Easmainn, a gabhadh ar Thrá Bhanna ar an bhfichiú lá d'Aibreán.

1931

Foilsíonn an Pápa Pius XI a imlitir *Quadragessimo Anno* ag cur fainic ar Chaitlicigh gan a bheith ina Sóisialaigh. Impíonn sé orthu siúd atá imithe leis an sóisialachas filleadh ar an eaglais.

1948

Cuireann Aer Lingus tús in athuair leis an seirbhís ó Bhaile Átha Cliath go hOileán Mhanann, seirbhís a cuireadh ar fionraí i 1939 ag tús an Chogaidh.
1964
Cailltear Pádraig Ó Caoimh, Ardrúnaí Chumann Lúthchleas Gael ó 1929, in aois 67. Is le linn a thréimhse siúd a tháinig forbairt ar an eagraíocht go raibh sí ar an gceann ba mhó agus ba chumhachtaí sa tír.

1971

Faigheann an stiúrthóir amharclainne aitheanta, Sir Tyrone Guthrie, bás i gCúil Darach, Co Mhuineacháin. Bhí sé in a Sheansailéir ar Ollscoil na Ríona agus d'fhág sé a theach, Teach Eanach Mhic Dheirg, ag an Stát le go bhféadfadh ealaíontóirí agus scríbhneoirí leas a bhaint as.

1973

Deir an Tánaiste agus Aire Sláinte is Leasa Shóisialaigh, Brendan Corish, go bhfuil faoin rialtas cúnamh airgid a thabhairt don dream a bhí thíos leis an druga tailidimíd.

1988

Is cuid den stair anois é an rothaí Seán Kelly tar éis dó rás na Spáinne a bhuachan i Maidrid. Tréaslaítear a bhua le Kelly.

1993

Baineann muid an Comórtas Amhránaíochta Eurofíse arís – Niamh Kavanagh leis an amhrán "In Your Eyes".

1999

Tagann clann an iar-Aire Coveney abhaile tar éis a dturas domhanda ag bailiú airgid do ghasúir Chernobyl. Cailleadh a n-athair, Hugh Coveney, Fine Gael, go tubaisteach agus iad as baile.

Niamh Kavanagh

16 Bealtaine

1906

Buaileann lucht staonta ón ól leis an Lord Lieutenant, Lord Aberdeen. Tá siad ag iarraidh go mbeadh tithe tábhairne dúnta ar an Domhnach, go ndúnfaidís go luath ar an Satharn agus go laghdófaí ar líon na gceadúnas óil ar fud na tire.

1917

Tá Príomh-Aire na Breataine, Lloyd George, ag iarraidh go mbeadh Home Rule láithreach sna Sé Chontae Fichead ach go bhfágfaí na Sé Chontae go ceann cúig bliana. Muna nglactar leis seo d'fhéadfaí Comhdháil Éireannach a ghairm, adeir sé, féachaint le theacht ar réiteach.

1922

Fágann an bhuíon dheireanach de shaighdiúirí na Breataine an campa airm ar an gCurrach. Glacann Arm an Rialtais Shealadaigh seilbh ansin air.

1926

Bunaítear Fianna Fáil, páirtí nua polaitíochta poblachtach, in Amharclann La Scala i mBaile Átha Cliath. Ar lucht a bhunaithe tá Éamon de Valera, P J Ruttledge agus Seán Lemass.

1932

Tá Eastát Powerscourt le díol. Costais throma an eastáit mhóir is cúis leis seo. Is le muintir Powerscourt an t-eastát seo i gCill Mhantáin ón mbliain 1600.

1945

Tugann Éamon de Valera freagra ar an gcáineadh a rinne Winston Churchill ar neodracht na hÉireann. Dá sáródh an Bhreatain ár neodracht ar son a riachtanas féin, sin é a bheadh ina chód morálta feasta agus níorbh fhiú tada cearta daoine eile.

1954

Glacann tríocha míle duine páirt i mórshiúl do Bhliain Mhuire i mBaile Átha Cliath. Seo é an dearbhú poiblí is mó den chreideamh Caitliceach sa chathair ó 1932 agus Comhdháil Idirnáisiúnta Chorp Chríost.

1976

Osclaíonn Síle de Valera, mac léinn ollscoile sa pholaitíocht, teach a seanathar, Éamon de Valera, don phobal i mBrú Rí i gContae Luimnigh.

1985

Fógraíonn an tAire Oideachais, Gemma Hussey, fiontar £20m leis an idirbhliain a chruthú i scoileanna iarbhunoideachais. Sé bliana a bheas le déanamh iontu feasta.

1995

Bíonn ar theaghlaigh i gContae na Gaillimhe a mbailte a thréigean de bharr na dtuilte. Éilíonn siad cúiteamh ar an rialtas agus seift chun deireadh a chur leis an bhfadhb bhliantúil seo.

1916

Diúltaíonn Easpag Luimnigh, an Dr Edward O'Dwyer, d'iarratas go gcuirfeadh sé smacht ar bheirt shagart óga a léirigh bá le Poblachtaigh. Mheabhraigh sé don Ghinearál Maxwell nach raibh trócaire aige siúd don dream a ghéill dó i mBaile Átha Cliath.

1926

Glacann an Seanad le bronntanas de shé phortráid a bhronn Cornelius O'Sullivan, Gael-Mheiriceánach, ar an nGailearaí Náisiúnta. Ar na pictiúir a rinne John Yeats tá an Finín John O'Leary, Dubhghlas de hÍde agus George Moore.

1931

Bunaíonn an Canónach John Hayes Muintir na Tíre. Mac feirmeora a cuireadh as seilbh i Maigh Rua gar do Luimneach a bhí ann, tuiscint mhaith aige ar na fadhbanna a bhaineann le saol na tuaithe. Sin a spreag é leis an eagraíocht a bhunú.

1936

Deir Ardeaspag Thuama, an Dr Thomas Gilmartin, agus é ag oscailt Feis Thuama, gur maith leis go bhfuil cáineadh níos géire á dhéanamh anois ar shnagcheol agus ar shnagrince. Rithim na collaíochta ag baint le cuid mhór dhe, dar leis an easpag.

1937

Gluaiseann cúig chéad fear thar Uachtarán na Comhairle Feidhmiúcháin, Éamon de Valera, isteach i bPortach an Tóchair do Chomórtais Náisiúnta Baint na Móna – ábhar misnigh do thionscal na móna.

1969

Osclaíonn an Taoiseach, Seán Ó Loingsigh, Eastát nua Tionsclaíoch Choimisinéirí Chuan Chorcaí. £2m a chosain an togra in aice le Tivoli i gCorcaigh.

1974

Buamaí i ngluaisteáin i mBaile Átha Cliath agus i Muineachán. Tagann uafás orainn nuair a mharaítear 31 duine agus nuair a ghortaítear 150 eile i gceithre phléasc.

1976

Cuireann an bád beag leathair, *Brendan*, chun farraige ó Chuas Bhréanainn siar ón Daingean, í ar a bealach go Meiriceá mar a rinne Naomh Bréanainn roimpi.

1986

Nochtar panda de mharmar bán sa tSnaidhm i gContae Chiarraí in onóir an iar-Uachtaráin, Cearbhall Ó Dálaigh nach maireann. Muintir Phoblacht na Síne a bhronn.

1998

Cuirtear fáilte chroíúil roimh an pheileadóir aitheanta Paul McGrath nuair a thagann sé ar an bpáirc achar gearr roimh dheireadh a chluiche ómóis i mBóthar Lansdúin.

1902

Báitear trí dhuine dhéag nuair a iompaíonn bád béal fúithi le linn stoirme ar an Loch Íochtar i gCill Airne. Naonúr turasóirí agus ceathrar criú.

1913

Nochtann John Dillon plaic do Mhichael Cusack, fear a d'oibrigh ar son cúrsaí talún agus bunaitheoir an GAA, i nDrongán, Contae Thiobraid Árann.

1918

Cuireann an Field Marshall Viscount French, Lord Lieutenant, fógra amach ag áiteamh ar ghéillsinigh dhílseacha cur ina n-aghaidh siúd atá i bpáirt leis an namhaid Gearmánach. Gabhtar baill Shinn Féin, ina measc de Valera, Count Plunkett, Art Ó Gríofa agus Darrell Figgis agus cuirtear chun na Breataine iad.

1939

Fógraítear go bhfuil Lord Iveagh tar éis a theach i mBaile Átha Cliath, 80 Faiche Stiabhna, a bhronnadh ar an Rialtas.

1947

Ag labhairt dó ag searmanais bliain is fiche bhunú Fhianna Fáil in amharclann an Capitol i mBaile Átha Cliath, deir ceannaire an pháirtí, Éamon de Valera, gurb iad athaontú na tíre agus athshlánú na Gaeilge príomhaidhmeanna an pháirtí.

1954

Cailleann Fianna Fáil ceithre shuíochán san olltoghchán rud a fhágann go bhfuil siad naoi suíochán ó mhóramh iomlán. An dara comhrialtas ag John A Costello a thiocfaidh i gcumhacht.

1979

Faigheann an t-ealaíontóir George Campbell bás in aois 61. I mBéal Feirste a tógadh é agus thug sé aghaidh ar Bhaile Átha Cliath sna seascaidí. Tá fuinneoga daite leis san Ardeaglais i nGaillimh.

1983

Dúnann an Roinn Poist is Telegrafa an stáisiún bradach Radio Nova. Tugtar an trealamh tarchuradóireachta chun siúil óna n-ionad i Ráth Fearnáin.

1991

Cuirtear fáilte ar ais go Baile Átha Cliath roimh Sheisear Bhirmingham ag searmanas ag Ardoifig an Phoist. Gabhann siad buíochas leis an dream a d'oibrigh ar a son ach cáineann siad an rialtas.

1996

An Comórtas Eurofíse bainte againn arís don seachtú uair in Osló – Eimear Quinn agus amhrán Bhrian Graham, "The Voice".

1997

Fágann Packie Bonner, an cúl báire a chuaigh i bhfeidhm go mór orainn in Éirinn, slán lena chairde ag cluiche ómóis i mBóthar Lansdúin.

1908

Cuirtear tús leis an obair thógála ar dhealbh Pharnell i Sráid Sackville Uachtarach i mBaile Átha Cliath.

1915

Fógraíonn Príomh-Aire Asquith na Breataine go bhfuil faoi comhrialtas cogaidh a bhunú – d'fhéadfadh sé go mbeadh ochtar Aontachtaithe ann. Ní haon dea-thuar é seo do theacht Home Rule ag deireadh an chogaidh.

1928

Leagtar bunchloch fhoirgneamh nua Pharlaimint an Tuaiscirt i Stormont. An Gobharnóir, the Duke of Abercorn, a dhéanann an beart agus slua mór i láthair ach diúltaíonn náisiúntóirí freastal ar an ócáid.

1932

Glactar leis an mBille Bunreachtúil chun deireadh a chur leis an Mionn Dílseachta i nDáil Éireann nuair a thugann Fianna Fáil agus Páirtí an Lucht Oibre tacaíocht dó.

1948

Ag labhairt dó i Nua Eabhrac deir an tAire Gnóthaí Eachtracha, Seán Mac Giolla Bhríde, nach bhféadfadh Éire páirt a ghlacadh i gclár athnuachana na hEorpa, bunaithe ar iasachtaí dollar. Níorbh acmhainn dúinn an £30m a aisíoc, adeir sé.

1958

Osclaítear an staid nua lúthchleasaíochta i Seantrabh i mBaile Átha Cliath. Tá Ronnie Delaney, a bhain bonn óir d'Éirinn sna Cluichí Oilimpeacha i Melbourne na hAstráile, i measc na lúthchleasaithe ag Staid Bhilly Morton.

1972

Ní mór 200 príosúnach a bhogadh ó Phríosún Mhuinseo go hionaid choinneála eile tar éis círéibe ansin inar dearnadh mórchuid damáiste.

1981

Cailleann an feisire Gerry Fitt (thíos) a shuíochán ar Chomhairle Bhéal Feirste den chéad uair le trí bliana fichead. Fergus O'Hare, dianoibrí ar son na H-Bhloc, a bhaineann é.

1997

Tugtar pasanna lae sa House of Commons i Westminster d'fheisirí Shinn Féin, Gerry Adams agus Martin McGuinness. Tá siad le dúshlán an choisc atá orthu ann a thabhairt.

1998

Téann John Hume ón SDLP agus David Trimble, ceannaire Aontachtaithe Uladh, ar aon stáitse le U2 agus Ash le linn coirm cheoil sa Waterfront i mBéal Feirste. Tá siad ag áiteamh ar dhaoine óga vóta a chaitheamh sa reifreann ar son Chomhaontú Aoine an Chéasta.

20 Bealtaine

1901

Léiríonn torthaí daonáirimh a cuirtear i láthair an House of Commons, go bhfuil beagán faoi bhun cheithre milliún go leith ar an oileán – laghdú 5.3% ó 1891. Tá a thrí oiread Caitliceach in Éirinn agus atá d'Anglacánaigh is de Phreispitéirigh.

1918

Tionóltar comhdháil speisialta in aghaidh an choinsríofa i dTeach an Ardmhéara i mBaile Átha Cliath ag éirí as an 'German Plot'. Cáintear díbeart de Valera, Uí Ghríofa agus na bpríosúnach eile go dtí an Bhreatain.

1927

Tagann slua mór amach i nGaillimh le fáilte a chur roimh an línéar *München* le comhlacht Lloyd na Gearmáine ar a theacht di ó Nua Eabhrac.

1936

Osclaítear roinn nua máithreachais d'othair sheachtracha in aice le hOspidéal an Rotunda i mBaile Átha Cliath, ar Chearnóg Pharnell.

1943

Dearbhaíonn Irish Shipping Ltd gur bhuail toirpéad an SS *Irish Oak* ar an gcúigiú lá déag den mhí agus go ndeachaigh sí go tóin poill gan mhoill. Tháinig an criú slán.

1953

Deir Stiúrthóir Mhúsaem agus Dhánlann Bhéal Feirste, Wilfred Seaby, gur dóigh go mbaineann an bhlaosc agus na beanna a dtángthas orthu i nDroichead Thuama i gContae Aontroma le fia mor Éireannach, iad idir 10,000 agus 20,000 bliain d'aois.

1963

Fógraíonn an tAire Oideachais, an Dr Pádraig Ó hIrghile, pleananna do scoileanna cuimsitheacha dara leibhéal agus coláistí teicniúla réigiúnda.

1983

Sochraid an iar-Thánaiste Proinsias Mac Aogáin, ómós á thabhairt dá obair saoil. An tUachtarán Ó hIrghile, an Taoiseach, Garret FitzGerald, agus an Tánaiste, Dick Spring, i láthair mar aon le maithe agus móruaisle Fhianna Fáil.

1996

Glacann Sinn Féin le Sé Phrionsabal Mhitchell. Dearbhaíonn siad go nglacfaidh siad go huile is go hiomlán le modhanna síochána chun aidhmeanna polaitiúla a bhaint amach, agus le dí-armáil iomlán na bparamíleatach.

1999

Deir an rialtas arís eile nach gá reifreann faoinár mballraíocht i gComhpháirtíocht na Síochána.

1916

Cuirtear tús den chéad uair le hAm Samhraidh na Breataine nó *Daylight Saving Time*. Cuireann muintir na Breataine agus na hÉireann an clog ar aghaidh uair an chloig. Sábháilfidh sé seo breosla.

1932

Tuirlingíonn Amelia Earhart gar do Dhoire tar éis di an tAtlantach a thrasnú i mbeagnach 14 uair an chloig. Is í an chéad bhean í a thrasnaigh an tAtlantach ina haonar. Baineann sí breis agus dhá uair an chloig den am a thóg an turas ar Alcock agus Brown.

1956

Tionóltar Féile Idirnáisiúnta Scannán Chorcaí den chéad uair – an tUachtarán Seán T Ó Ceallaigh ag an oscailt oifigiúil. Dermot Breen a eagraíonn an fhéile, 32 mórscannán aige ó shé thír déag.

1974

Sa Tuaisceart tá stailc an Ulster Workers Council faoi Chomhaontú Sunningdale thart. Tugann Ardrúnaí an TUC, Len Murray, a lucht agóide ar ais ag obair.

1980

Cruinniú mullaigh ag an Taoiseach, Cathal Ó hEochaidh agus ag Príomh-Aire na Breataine, Margaret Thatcher i Londain – 'cruinniú an taephota'. Comhoibriú dlúth polaitíochta idir an dá rialtas feasta.

1981

Faigheann Raymond McCreesh agus Patsy O'Hara ón IRA bás ar an aonú lá is seasca dá stailc ocrais i bPríosún na Ceise Fada.

1984

Inis, Co. an Chláir, ag ceiliúradh – an tUachtarán Ó hIrghile ar an mbaile le gradam Ghlór na nGael a bhronnadh faoi chur chun cinn na Gaeilge.

1996

Tugann ceannaire Aontachtaithe Uladh, David Trimble, rabhadh go mbrisfidh sé rialtas Major má loiceann siad ar cheist an IRA.

1997

Cailltear Nollaig de Brún in aois 84. Teachta Dála de chuid Chlann na Poblachta a ceapadh ina Aire Sláinte ar a chéad lá sa Dáil, rinne sé tréaniarracht deireadh a chur leis an eitinn agus saorscéim a thabhairt isteach do mháithreacha agus do leanaí.

1998

Cuireann Gay Byrne a *Late Late Show* deireanach i láthair tar éis 37 bliain.

1907

Tugann Coimisiún na gCeantar Cúng cuairt ar Reachlainn amach ó chósta Aontroma áit a gcuireann muintir an oileáin síos ar chruatan an tsaoil. Breis agus míle a bhí ar Reachlainn in 1841 – ceithre chéad atá anois ann.

1920

Beannaíonn an Pápa Beinidict XV Oilibhéar Pluincéad, a cuireadh chun báis ar an gcéad lá Iúil 1681, agus ardtréas curtha ina leith.

1932

Cailltear Lady Augusta Gregory i bPáirc an Chúil, Co. na Gaillimhe, in aois a ceithre scór. Bhí sí ar dhuine de bhunaitheoirí an Irish Literary Theatre agus Amharclann na Mainistreach. Scríobh sí breis agus 40 dráma.

1942

Spreagann an Taoiseach Éamon de Valera mic léinn ó Choláiste na hOllscoile i mBaile Átha Cliath chun dul isteach san Fhórsa Cosanta Áitiúil. Ag labhairt leo i nGairdíní Uíbh Eachach deir sé gur ceart bheith réidh i gcomhair ionsaithe.

1958

Deir an tAire Oideachais, Seán Ó Loingsigh, leis an Dáil go bhfuil an riail adeir go gcaithfidh banmhúinteoirí éirí as a bpost ar phósadh dóibh, le cur ar ceal, rud a chuirfidh idir 400-500 múinteoir oilte breise ar fáil.

1971

Filleann baill de Ghluaiseacht Fuascailte na mBan in Éirinn ar thraein ó Bhéal Feirste agus fearais fhrithghiniúna á dtabhairt isteach acu ón Tuaisceart mar agóid in aghaidh an chosc atá ar a n-iompórtáil.

1974

Inniu lá sochraide na ndaoine a fuair bás sa bhuamáil i mBaile Átha Cliath, ceannairí Stáit agus Eaglaise sa Leas-Ardcaglais don Aifreann Éagnairce. Gluaiseann an tsochraid i dtreo Reilig Ghlas Naíon.

1984

Béal Átha Póirín i gContae Thiobraid Árann, ag fáil réidh i gcomhair chuairt Ronald Reagan, Uachtarán Mheiriceá, agus an preaschór a bhíonn á thionlacan.

1995

Éiríonn an teachta Hugh Coveney, Fine Gael, as a phost mar Aire Cosanta agus na Mara nuair a nochtar gur phléigh sé tairiscintí conartha dá chomhlacht féin le Cathaoirleach Bhord Gáis.

1998

Lá na vótála do mhuintir uile an oileáin seo sa reifreann ar Chomhaontú Aoine an Chéasta. Tá vóta ard ann. Caitheann muintir na Poblachta vóta ar Chonradh Amstardam freisin.

1903

Léiríonn sleachta as tuarascáil bhliantúil Arm na Breataine a fhoilsítear inniu go raibh 35,717 Éireannach san Arm sin ar an gcéad lá Eanáir i mbliana.

1911

Ag fiosrú i Halla na Cathrach déantar cáineadh ar mholtaí Bhardas Bhaile Átha Cliath go mbeadh teorainn luais deich míle san uair sa chathair. Tranglam trachta agus laghdú ar an turasóireacht a thiocfadh as.

1922

Tar éis deireadh seachtaine círéibe i mBéal Feirste ina maraítear ceithre dhuine dhéag cuireann rialtas an Tuaiscirt cosc ar an IRA, Óglaigh na hÉireann, an IRB, Cumann na mBan agus Na Fianna.

1930

Cuirtear coinnleoir ghloine shnoite Phort Láirge a bhí ar crochadh i dTeach Éireannach na dTiarnaí roimh Acht na hAontachta, ar ais ina háit féin. Cheannaigh Banc na hÉireann le deireanaí í ar £1,800.

1947

Cuireann an spiaire Naitsíoch Hermann Goetz lámh ina bhás féin i gCaisleán Bhaile Átha Cliath áit a raibh sé á choinneáil go ndíbreofaí thar tír amach é. Chaith sé cúig bliana i bpríosún.

1964

Osclaítear Ambasáid nua Mheiriceá i nDroichead na Dothra i mBaile Átha Cliath. An tUachtarán de Valera, an Taoiseach, Seán Lemass, agus an Tánaiste, Seán Mac an tSaoi, ar an láthair don mhórócáid.

1983

Tá drioglann cháiliúil Bushmills i gContae Aontroma ag ceiliúradh trí chéad caoga bliain. Is iad lucht déanta an uisce beatha bhreá seo a chuir fostaíocht ar fáil i gceantar Mhuileann na Buaise leis na glúnta.

1994

An tSionainn agus an Éirne ceangailte arís go hoifigiúil ag an Tánaiste Dick Spring agus ag Rúnaí an Tuaiscirt, Sir Patrick Mayhew. Canáil Bhéal an Átha Móir agus Bhéal Átha Conaill a thugtaí uirthi seo. Bhí sí tréigthe le breis agus céad bliain.

1995

Géarchéim pholaitiúil eile faoi Oifig an Ard-Aighne agus cás an Athar Brendan Smith faoi dhrochíde ar pháistí. Moill sé mhí ar fhreagra ar litir is bun leis.

1998

Léiríonn pobal na tíre thuaidh agus theas a dtacaíocht do Chomhaontú Aoine an Chéasta – breis agus 94% sa Phoblacht; 71% sa Tuaisceart.

1904

Osclaíonn Ardmhéara Bhaile Átha Cliath, Joseph Hutchinson, an leabharlann nua phoiblí ar Shráid Chaoimhín Íochtarach. £4,500 punt a chosain an foirgneamh agus is é Coiste na Leabharlanna Poiblí a d'íoc as.

1926

Bagraíonn an Cairdinéal Ó Domhnaill faoi chontúirt an ólacháin, go háirithe le linn damhsaí deireanach san oíche. Bhí sé ag labhairt le Comhdháil Staonta ón Ól in Ard-Deoise Ard Mhacha.

1933

Osclaíonn Gobharnóir an Tuaiscirt, an Duke of Abercorn, taiscumar an Silent Valley sna Beanna Boirche, a chuirfidh uisce ar fáil do Bhéal Feirste agus don cheantar máguaird. Beidh a dhá oiread uisce ag an gcathair feasta.

1938

Glacann an páirtí nua in aghaidh na críochdheighilte ocht suíochán ar Bhardas Dhoire, a bhfuil móramh ag Aontachtaithe ann. An feisire Patrick Maxwell i gceannas orthu, siúlann siad amach nuair a chuirtear cosc lena rún dea-mhéine don Dr Dubhghlas de hÍde ar a cheapachán mar Uachtarán.

1951

Caitear buama le hAmbasáid na Breataine i mBaile Átha Cliath ach is beag damáiste a dhéantar. Caitheann beirt fhear piléir leis na Gardaí agus iad ag teitheadh ón áit. Faightear bileoga a cháineann aon cheangal leis an mBreatain.

1965

Cuirtear tús le seirbhís farantóireachta gluaisteán idir Ros Láir agus Fishguard – céim chun cinn don tionsclaíocht agus don turasóireacht san oirdheisceart.

1973

Fágann an capall oibre deireanach calafort Bhaile Átha Cliath. Chaith Smokey sé bliana déag ag obair do chomhlacht B&I. Deir a thiománaí, Peter Long, go gcuirfear Smokey amach ar féarach.

1982

Breis agus fiche míle duine i mbun agóide ar fud na tíre faoi athruithe ar cháin ioncaim agus ar an PRSI. Seoltar litreacha agóide isteach chuig Foirgnimh an Rialtais.

1998

Baineann John Boorman (thíos) gradam an stiúrthóra is fearr ag Féile Amharclainne Cannes dá scannán *The General*, bunaithe ar shaol an choirpigh Martin Cahill ó Bhaile Átha Cliath. Glacann Boorman leis in ómós na ndaoine go léir a chaith vóta ar son na síochána i gComhaontú Aoine an Chéasta.

1910

Glacann cruinniú speisialta de Bhardas Bhaile Átha Cliath d'aon ghuth le rún a éilíonn go mbainfí alt as an Coronation Oath, adeir go bhfuil teagaisc áirithe den chreideamh Caitliceach pisreogach.

1915

Ceapann Príomh-Aire Asquith na Breataine comhrialtas náisiúnta aimsir chogaidh ina mbeidh dháréag Liobrálach, ochtar Aontachtaithe agus duine as Páirtí an Lucht Oibre. Seasann páirtí Home Rule John Redmond lena chinneadh gan páirt a ghlacadh ann.

1921

Déantar ionsaí ar Theach an Chustaim i mBaile Átha Cliath agus cuirtear trí thine é. Maraítear ochtar, gortaítear naonúr agus gabhann na saighdiúirí céad eile. An cruinneachán ar tí titim isteach.

1937

Diúltaíonn an Dáil do leasú ó Phroinsias Mac Diarmada ar Bhunreacht na hÉireann go mbeadh ballraíocht againn sa Chomhlathas. Ach glactar le leasú eile uaidh go n-úsáidfí an focal 'Ireland' in áit 'Éire' sa téacs Béarla.

1949

Tugann Banphrionsa Eilís na Breataine agus an Duke of Edinburgh cuairt ar an Tuaisceart, iad ar eitleán leis an RAF go hAldergrove i mBéal Feirste.

1958

Osclaíonn Stiúrthóir An Óige, T J O'Driscoll brú nua, Aghadoe House, i gCill Airne. Chosain an teach féin agus cóiriú an tí beagnach £12,000. Tá spás ann do 80.

1973

Caitheann muintir na n-oileán amach ó chósta Dhún na nGall a vótaí roimh an chuid eile den phobal sa toghchán uachtaránachta.

1985

Filleann an curadh snúcair, Dennis Taylor, ar a bhaile dúchais, Oileán an Ghuail i gContae Thír Eoghain. Cuireann a lucht tacaíochta fáilte roimhe.

1991

Osclaítear Músaem Nua-Ealaíne na hÉireann sa Bhrú Ríoga i gCill Mhaighneann i mBaile Átha Cliath. An Taoiseach, Cathal Ó hEochaidh, a dhéanann an oscailt oifigiúil.

1995

Bristear Eagarthóir Gnó an *Irish Press*, Colm Rapple, faoi alt a scríobh sé agus a foilsíodh in *Irish Times* an lae inné. Is e *Irish Press* an lae inniu an ceann deireanach a fhoilsítear de bharr an aighnis.

1908

Briseann lucht agóide gach fuinneog den Bhanc Náisiúnta i nDurlas, i gContae Thiobraid Árann toisc gur chuir an Banc iallach ar shiopadóir agus tábhairneoir áitiúil na siopaí a dhíol lena chuid fiacha a ghlanadh.

1918

Díbrítear 450 Gearmánach agus Ostarach a bhí i ngéibheann sa Seanchaisleán i gCo. na Mí o thús an Chogaidh i 1914, thar tír amach. Na gártha áthais ó Shinn Féin.

1925

Ritear Bille Leictreachais na Sionainne i nDáil Éireann. Deir an tAire Airgeadais, Earnán de Blaghd, nach mbeidh aon deacracht acu an £5.2m a theastaíonn don scéim seo a bhailiú.

1941

Cuireann cruinniú speisialta de Dháil Éireann d'aon ghuth in aghaidh an choinscríofa sa Tuaisceart. Deir an Taoiseach, Éamon de Valera, gur Éireannaigh iad an mhuintir ó thuaidh nach mbeadh ag iarraidh troid ar son tíre a rinne feall orthu leis an gcríochdheighilt.

1964

Glacann Fine Gael le clár Declan Costello ar an 'Just Society', a chuireann béim ar phleanáil eacnamaíochta le dul chun cinn sóisialta a dhéanamh.

1977

Maraítear cúigear saighdiúirí nuair a bhuaileann srapnal iad ar raon airtléire i nGleann Ó Máil, Contae Chill Mhantáin. Seo é an timpiste is measa san Arm ó maraíodh 16 nuair a phléasc mianach talún sa cheantar céanna 36 bliain ó shin.

1987

Is é seo lá na vótála don Reifreann ar an Acht Aon-Eorpach. Caitheann beagnach 70 faoin gcéad vóta ar son an reifrinn seo, an 10ú leasú ar Bhunreacht 1937.

1988

Cuireann an bádóir Pat Lawless as Luimneach chun farraige arís ar thuras domhanda aonair eile ina luamh, é ag tarraingt ar Capetown, Melbourne, Rinn an Choirn, Uragua agus ar ais go Luimneach.

1994

Bronntar saoirse Bhaile Átha Cliath ar an mbainisteoir peile, Jack Charlton, a rinne éacht le foireann sacair na tíre agus a mhúscail bród mhuintir na tíre seo iontu.

1997

Saolaítear iníon óg do Róisín McAliskey in ospidéal i Londain. Sé mhí caite sa phríosún aici toisc gur mhaith leis an nGearmáin í a cheistiú faoi ionsaí moirtéir leis an IRA.

1911

Dearbhaíonn ceannaire pháirtí an Home Rule, John Redmond, nach ionann Home Rule agus scaradh nó deighilt, ach a mhalairt. Ní ag lagú na hImpireachta a bheidís leis, ach ag cur le neart na hImpireachta.

1929

Sna Stáit Aontaithe éilíonn Henry Ford, ceannasaí chomhlacht ghluaisteán Ford, go staonfadh oibirithe uile an chomhlachta ón ól agus ón tobac. Ní fhaigheann comhlacht tarracóra Ford i gCorcaigh agus an 4,000 oibrí ann aon treoir oifigiúil.

1936

Cuirtear tús le seirbhísí aeir idir Baile Átha Cliath agus Bristol agus Learpholl Shasana. Ar fágáil Aerfort Bhaile Dhomhnaill di téann *An t-Iolar* go Bristol ar airde 4,000 troigh. Ar an turas go Learpholl ní mór tuirlingt bheag a dhéanamh ar Oileán Mhanann.

1941

Ag labhairt dó sa House of Commons deir Príomh-Aire na Breataine, Winston Churchill, nach gcuirfear an coinscríobh i bhfeidhm sa Tuaisceart. Bheadh sé rídheacair an plean a chur i gcrích, adeir sé.

1955

Baineann beirt iomaitheoirí le Sinn Féin, Philip Clarke i bhFear Manach-Tír Eoghain Theas agus Tomás Mistéil i Lár Uladh, suíocháin in olltoghchán na Breataine, an bheirt acu sa phríosún ag an am.

1960

Fágann an bád canála deireanach caladh San Séamas i mBaile Átha Cliath ag tabhairt Guinness go Luimneach ar an gCanáil Mhór. Deireadh le traidisiún 156 bliain.

1970

Gabhtar an Captaen James Kelly, iar-oifigeach faisnéise, Albert Luykx ó Chill Fhionntain agus John Kelly Bhéal Feirste. Tá comhcheilg le hairm a iompórtáil curtha ina leith.

1974

Osclaítear Scoil Phobail Thamhlachta i mBaile Átha Cliath go hoifigiúil. An tAire Oideachais, Risteard de Búrca, ar an láthair don ócáid mhór.

1983

Éiríonn leis an scairdeitleán Meicsiceach a fágadh ar an trá fholamh ar ráschúrsa Mhala le cúig seachtaine, imeacht léi arís. Fágann an Captaen Rueben Ocana slán lena chairde nua.

1993

Baineann Dawson Stelfox ó Bhéal Feirste barr Mhount Everest amach – an chéad Éireannach ar éirigh leis a leithéid d'éacht a dhéanamh.

1905

Bailíonn slua mór náisiúntóirí faoi cheannas Thomas Grattan Esmonde agus Michael Davitt in Inis Córthaidh i gContae Loch Garman leis an mbunchloch a leagan do leacht i gcuimhne na ndaoine a cailleadh i gCath Chnoc Fhiodh na gCaor i 1798.

1920

Tugann grúpa mór armtha ruathar faoi stáisiún an RIC i gCill Mocheallóg i gCo. Luimnigh. Maireann an t-ionsaí cúig uair an chloig agus cuirtear an bheairic trí thine. Dóitear beirt phóilíní ina mbeatha.

1923

Foilsíonn an Rialtas dhá litir leis an IRA dar dáta an 24ú Bealtaine, iad sínithe ag Éamon de Valera, Uachtarán Phoblacht na hÉireann agus Proinsias Mac Aogáin, Ceann Foirne an IRA, ag éileamh go gcuirfí deireadh leis an gcoimhlint armtha – an Cogadh Cathartha thart.

1936

Glacann an Dáil le rún ó Uachtarán na Comhairle Feidhmiúcháin, Éamon de Valera, ag cur deireadh le Seanad an tSaorstáit.

1945

Osclaíonn an Taoiseach, Éamon de Valera, taispeántas in aghaidh na heitinne i dTeach an Ardmhéara i mBaile Átha Cliath. Tá faoi an pobal a chur ar an eolas faoin ngalar.

1970

Cathal Ó hEochaidh agus Niall Bléine os comhair cúirte sa Bhridewell, comhcheilg le hairm a iompórtáil curtha ina leith féin agus i leith an Chaptaen James Kelly agus Albert Luykx.

1974

Teipeann ar Choiste Feidhmitheach Thuaisceart Éireann tar éis chúig mhí de bharr easaontais idir airí Aontachtacha agus airí an SDLP faoi dhul ag margaíocht leis na dílseoirí a d'eagraigh an stailc in éadan Chomhaontú Sunningdale.

1987

Aistrítear an malartán teileafóin láimhe deireanach sa tír go ceann uathoibríoch i mBaile Uí Bheoláin i gCo. an Chláir. Tréaslaítear le Florence Budhlaeir, máistreás an phoist.

1995

Tá Jack Charlton agus baill d'fhoireann sacair na hÉireann ina measc siúd a thugann cuairt ar Ché Burgh le tacaíocht a thabhairt d'iriseoirí *Scéala Éireann* ansin.

1998

Díomá ar an Taoiseach Bertie Ahern faoi iompar an iar-Aire Ray de Búrca agus an ghéarchéim is deireanaí faoi íocaíochtaí do pholaiteoirí in airgead tirim á plé sa Dáil.

Bealtaine 29

1905

Léiríonn staitisticí don bhliain1904 go ndeachaigh beagnach 37,000 duine ar imirce. Tá beagán faoi bhun 4 mhilliún duine imithe as an tír ón mbliain 1851.

1910

Scriosann dóiteán Muileann Lín Ushers i nDroichead Átha. Déantar luach £15,000 damáiste. Cailleann 200 duine a bpost.

1921

Trí shuíochán fós le líonadh agus léiríonn torthaí an chéad toghcháin do pharlaimint nua an Tuaiscirt go bhfuil móramh millteanach ag Aontachtaithe: 38 suíochán acu, 6 cinn ag Sinn Féin agus 5 ag náisiúntóirí.

1928

Moltar go n-iomprófaí seanbhratach na hÉireann, cláirseach órga ar chúlra gorm, le linn na paráide ag na Cluichí Oilimpeacha in Amstardam. Ach tá sé ró-mhall, tá an bhratach thrídhathach cláraithe cheana.

1934

Osclaíonn an Duke of Gloucester an King's Hall go hoifigiúil ar thailte an Royal Ulster Agriculture Society i mBaile Mhoireil i mBéal Feirste.

1956

Fógraíonn an Rialtas gurb é T K Whitaker, naoi mbliana is tríocha d'aois, rúnaí nua na Roinne Airgeadais.

1968

Osclaíonn an tUachtarán de Valera Páirc Chuimhneacháin John F Kennedy ag Sliabh Coillte in aice le Ros Mhic Thriúin i gCo. Loch Garman.

1977

Slógadh mór ar son na síochána i mBéal Feirste, eagraithe ag Betty Williams, Mairead Corrigan agus Ciaran MacKeown. Ionadaithe ó na hEaglaisí ar an ardán in éineacht leo ag Halla na Cathrach.

1984

Músaem Mhichael Davitt á oscailt go hoifigiúil sa tSráid i gCo. Mhaigh Eo. Is é Seán Mac Giolla Bhríde atá i mbun an tsearmanais.

1991

Fógraíonn an Pápa Eoin Pól II go bhfuil Ardeaspag Ard Mhacha agus Príomháidh Uile Éireann, an Dr Cahal Daly, le ceapadh ina Chairdinéal.

1999

Eolas ar fáil anois faoi dhaoine a mharaigh an tIRA sna seachtóidí agus tugtar faoi chuardach do chorp Jean McConville, i gcarrchlós ag Trá Bhaile an Teampaill in aice le Cairlinn i gCo. Lú. Máthair naonúr clainne í a fuadaíodh i mBéal Feirste i 1972.

1906

Faigheann Michael Davitt, fear a chaith a shaol ag obair ar son leasaithe ar úinéireacht talún, bás in aois a thrí scór. D'oibrigh sé le John Devoy agus Parnell agus bhunaigh sé Conradh na Talún in 1879.

1924

Cuireann an tAire Dlí is Cirt, Kevin O'Higgins, bille nua óil os comhair na Dála faoina gceadaítear do thithe tábhairne oscailt óna naoi a chlog ar maidin go dtí a deich san oíche.

1935

Osclaíonn an tAire Rialtais Áitiúil agus Sláinte Poiblí, Seán T Ó Ceallaigh, ospidéal nua don eitinn agus do ghalar súl i gcathair Luimnigh.

1940

Tagann an Chomhairle Náisiúnta Cosanta, a d'fhógair an Taoiseach le deireanaí, le chéile den chéad uair i dTeach Laighean, triúr ó Fhianna Fáil, triúr ó Fhine Gael agus beirt ón Lucht Oibre atá uirthi.

1952

Fógraíonn an tAire Oideachais, Seán Moylan, go mbeidh saoire níos faide ag páistí bunscoile – ó thús mhí Iúil go dtí an chéad lá de Mheán Fómhair a bheas i gceist (ar dheis).

1973

Caitheann daoine a vótaí i dtoghchán na huachtaránachta le comharba a cheapadh ar Éamon de Valera. Faigheann Erskine Childers an ceann is fearr ar Tom O'Higgins.

1983

Tionóltar an chéad chruinniú d'Fhóram nua na hÉireann i gCaisleán Bhaile Átha Cliath faoi chathaoirleacht Choilm Uí Eocha.

1986

Aerfort Chnoc Mhuire oscailte go hoifigiúil. Ceannaire Fhianna Fáil, Cathal Ó hEochaidh, i mbun gnímh mar aon leis an Monsignor James Horan. Easpag Achadh Conaire, an Dr Tomás Ó Floinn, a thugann an bheannacht.

1994

Seolann an Cairdinéal Cahal Daly an chéad Teagasc Críostaí Caitliceach le 400 bliain. Ní raibh sé i gceist mná a fhágáil as an áireamh, ach thuig sé go raibh mná nach mbeadh sásta.

1998

Déanann Cumann Lúthchleas Gael cinneadh conspóideach cloí le Riail a 21, an riail a choscann ar bhaill den RUC agus ar fhórsaí slándála na Breataine a bheith ina mbaill den eagraíocht.

1999

Daichead míle Réadóir bailithe i bPáirc an Chrócaigh le céad bliain na heagraíochta sin a chomóradh. Ardeaspag Bhaile Átha Cliath, an Dr Desmond Connell, a deir an tAifreann.

1911

An línéar nua leis an White Star, an *Titanic*, á seoladh ag longchlós Harland & Wolff i mBéal Feirste. Is í an long ghaile is mó dá bhfuil ann í.

1921

Maraítear seisear ó bhanna an Hampshire Regiment i bpléasc in Eochaill, Co. Chorcaí. Gortaítear duine is fiche eile.

An lá céanna scriosann trí mhianach talún an oibilisc a tógadh i 1736 ar láthair Chath na Bóinne ar son 'the glorious memory of King William III'.

1941

Maraítear 34 duine agus gortaítear 90 eile i mbuamáil an Luftwaffe ar Bhaile Átha Cliath. An Trá Thuaidh is measa a bhuailtear cé gur buaileadh freisin an Baile Bocht, an Cuarbhóthar Thuaidh, Sáinn le Gó agus Teach Meallóg.

1957

Osclaíonn an Tánaiste agus Aire Tionscail agus Tráchtála, Seán Lemass, an mhonarcha nua seacláide £50,000 le Fry-Cadbury sa Chúlóg i mBaile Átha Cliath.

1970

Tá an capall rása cáiliúil Arkle, a bhain trí Cheltenham Gold Cup, i ndeireadh a ré. Ní mór é a chur chun báis ag teach a úinéara, an Duchess of Westminster. Ceannaíodh é in aois a thrí bliana ar 1,150 gine.

1976

Bronntar céimeanna oinigh ar an spásaire Neil Armstrong, an scríbhneoir Saul Bellow agus an file Robert Lowell ag seramanas i gColáiste na Tríonóide.

1982

Tagann deireadh oifigiúil leis an obair i monarcha De Lorean i mBéal Feirste ach diúltaíonn na hoibrithe glacadh leis. Leanann siad orthu ina suí fúthu.

1992

Baineann *Dancing at Lughnasa* le Brian Friel trí ghradam Tony i Nua Eabhrac. Sin é leagan stáitse na nOscars.

An lá le Christy Óg O'Connor sna British Masters nuair a bhuaileann sé Tony Johnston.

Agus tagann foireann na hÉireann abhaile ó na Cluichí Speisialta Oilimpeacha san Eilvéis agus fiche bonn leo.

1995

Cuireann Prince Charles Shasana tús lena chéad chuairt oifigiúil ar Bhaile Átha Cliath. Téann sé ar dtús go cóisir ghairdín in áras Ambasadóir na Breataine in Áth an Ghainimh, as sin go Foirgnimh an Rialtais agus ansin go dinnéar stáit i gCaisleán Bhaile Átha Cliath.

ı Meitheamh

1914

Deir modhnóir na hEaglaise Preispitéirí in Éirinn, an Dr Macauley, le Comhthionól na hEaglaise má bhíonn ar Óglaigh Uladh dul i mbun troda go mbeidh sé féin agus formhór a chomhghleacaithe ann leo.

1926

Baineann drochghortú do Lizzie Duffy, marcach le Sorcas Duffy, nuair a ionsaíonn babún mór í. Tá an sorcas lonnaithe i gCloich na Coillte agus bhí sí ag beathú peata gabhair nuair a d'éalaigh an babún.

1940

Tagann na céadta amach ag breathnú ar an tram deireanach ó Pháirc an Fhionnuisce go Domhnach Broc, bealach Uimhir 10. Amhráin á gcasadh ar bord, neart spraoi agus scléip.

1944

Fágann torthaí an Olltoghcháin go bhfuil móramh 14 suíochán ag Fianna Fáil ar na páirtithe eile. 76 ag Fianna Fáil, 62 ag an gcuid eile.

1964

Sroicheann Jill, eilifint dhá bhliain d'aois, í 47 n-orlaí ar airde, Aerfort Bhaile Átha Cliath ón India – í ar a bealach go Gairdín na nAinmhithe.

1967

Cruinniú agóide ar siúl ag mná an NFA i gCearnóg Mhuirfean i mBaile Átha Cliath, iad ag cur in aghaidh na dtéarmaí a gearradh ar 42 feirmeoir i bPríosún Phort Laoise de bharr imshuí an Chumainn faoi dhrochstaid an tionscail.

1978

An Comhairleoir David Cooke ó Pháirtí an Alliance á insealbhú mar Ardmhéara Bhéal Feirste – an chéad mhéara nárbh Aontachtaí é. Teipeann ar an iarracht deiridh é a choinneáil amach.

1980

Mainistir 800 bliain d'aois Dúisce i nGráig na Manach, Co. Chill Chainnigh, iar-mhainistir Chistéirseach, á hathoscailt mar shéipéal paróiste tar éis athchóiriú a mhair sé bliana. An tUachtarán Ó hIrghile i measc an lucht éisteachta mar aon leis an Taoiseach Cathal Ó hEochaidh a léann ceacht.

1985

65,000 i láthair ag ceolchoirm Bruce Springsteen ag Caisleán Sláine i gContae na Mí – an slua ar bís ag fanacht leis an gceol.

1993

Tugann an Mháthair Treasa cuairt ar Áras an Uachtaráin le bualadh leis an Uachtarán Mhic Róibín – a céad choinne oifigiúil le linn a cuairte ar an tír seo.

1998

Sroicheann an chéad bhean Éireannach a chuaigh go barr Shliabh Everest an baile. Deir Josephine Kieran, 44 bliain d'aois, go raibh an dreapadh 28,750 troigh ar an rud ba dheacra dá ndearna sí riamh.

1902

Déantar céad bliain na mBráithre Críostaí a cheiliúradh le hArd-Aifreann sa Leas-Ardeaglais i mBaile Átha Cliath agus le ceolchoirm sa Rotunda.

1920

Tugtar ruathair faoi shé bheairic póilíní i gcontaetha Uíbh Fáilí, an Chláir, Chiarraí agus an Dúin. Sa Chlóirtheach is i nGaeilge is mó a thugann an lucht ionsaithe a gcuid orduithe.

1939

Deir an Iris Oifigiúil go bhfuil feidhm reachtaíochta anois leis an Acht Tréasa 1939 – pionós an bháis le gearradh ar éinne a chuireann cogadh ar an stát.

1942

Cuireann an Rialtas teorainn luais i bhfeidhm le nach ndéanfar an iomarca caithimh ar bhoinn – 30 míle san uair do ghluaisteáin agus rothair ghluaiste, 25 do bhusanna aon urlár, 20 do bhus dhá urlár.

1959

Glactar le tuairisc ó Choimisiún go n-aistreofaí UCD go dtí an suíomh i mBelfield ar chostas £8 milliún. Molann ball amháin den Choimisiún, Aodhagán Ó Rathallaigh, go nascfaí le Coláiste na Tríonóide é.

1966

Atoghtar Éamon de Valera mar Uachtarán na hÉireann ach laghdú suntasach ar a mhóramh – 10,500 vóta aige ar TF Ó hUigín. I 1959 bhí móramh 120,000 vóta aige.

1968

Fleadh Cheoil na hÉireann ar siúl i gCluain Eois i gCo. Mhuineacháin – meascán sa bhféile mhór ceoil seo de chomórtais fhoirmiúla agus seisiúin gan choinne sna pubanna agus sna sráideanna.

1979

Glacann lucht agóide seilbh ar an suíomh d'oifigí nua cathrach ar láthair Lochlannach Ché an Adhmaid i mBaile Átha Cliath agus fanfaidh siad ann más gá.

1986

Cailltear seisear ban rialta scothaosta i ndóiteán i gClochar Loreto ar Fhaiche Stiabhna go moch ar maidin. Tugtar sólás do na mná rialta eile. Tá an clochar scriosta.

1993

Tá an rialtas ag leanacht lena bplean chun pardún ginearálta cánach a thabhairt isteach – é d'aidhm acu seans a thabhairt do dhaoine a gcúrsaí a chur ina gceart.

1994

Gearrtar ceithre bliana déag príosúin ar an bhfear i gcás X. Phléadáil an fear gnó 44 bliain d'aois ciontach in ionsaithe mígheanasacha ar chailín scoile agus in dhá chás gnéas faoi aois.

3 Meitheamh

1913

Socraítear faoi Acht na Siopaí go ndúnfaidh siopaí go luath ar an gCéadaoin nó ar an Satharn. Moladh é seo a rinneadh i bpobalbhreith trádálaithe.

1921

Scaoiltear urchair ó na ráillí i Sráid Nassau agus cluiche cruicéid ar siúl i bPáirc an Choláiste idir na Gentlemen of Ireland agus an Military of Ireland. Maraítear mac léinn óg, Kathleen Wright, ó Choláiste na Tríonóide.

1940

Diúltaíonn Bardas Bhéal Feirste d'iarratas ón oifigeach i gceannas sa Tuaisceart go n-osclófaí pictiúrlann amháin ar an Domhnach do na saighdiúirí.

1941

Tugtar moladh do na seirbhísí éigeandála le linn coiste cróinéara ar 25 duine a fuair bás de bharr na buamála i mBaile Átha Cliath. Daoine faoi bhrón agus coirp mhuintir de Brún, seachtar acu, a fuair bás sa Trá Thuaidh, á dtabhairt chun siúil.

1953

Tugann Gardaí agus smachtíní ina lámha acu, aghaidh ar 500 fear dífhostaithe i Sráid Chill Dara. Ceadaítear ceathrar chomh fada le Teach Laighean. Obair agus ní dól atá uathu.

1963

Deireadh craolta ag Telfís Éireann díreach tar éis nuacht a naoi a chlog mar chomhartha ómóis don Phápa Eoin XXIII. Cur síos sa nuacht féin ar na himeachtaí is suntasaí le linn a thréimhse sa Róimh.

1966

An Dr CS Andrews (thuas), cathaoirleach Chóras Iompair Éireann, i gcomharbacht ar Éamonn Andrews mar chathaoirleach ar RTÉ.

1974

Tugtar ómós don údar Charles Kickham ag searmanas cuimhneacháin i nDurlas, Co. Thiobraid Árann. Leagann an tAth. W J Hayes bláthfhleasc ar an uaigh agus tugann Ben Kiely oráid.

1984

10,000 duine i mbun agóide i mBaile Átha Cliath in aghaidh chuairt Uachtarán Reagan Mheiriceá – grúpaí éagsúla páirteach ann, a bhformhór ag cur in aghaidh a pholasaí eachtrach.

1994

Bailíonn seansaighdiúirí Éireannacha D-Day i mBaile Átha Cliath roimh imeacht chun na Fraince dóibh le páirt a ghlacadh sna mórchuimhneacháin ansin.

1998

Glacann an Dáil le rún ón rialtas chun an chonspóid faoi íocaíochtaí airgid do Ray de Búrca a chur faoi bhráid Bhinse Fiosraithe Flood. Deir an Taoiseach Bertie Ahern gur chomhoibrigh Fianna Fáil leis an mBinse Fiosraithe.

1902

Is é Déan Ardeaglais Phádraig an príomhchainteoir ag searmanas buíochais ar son na síochána in Ardeaglais Chríost. Deir sé go bhfuil freagracht anois orthu a chinntiú go mbeidh dlí agus ceart iomlán i bhfeidhm san Afraic Theas.

1924

Tá pleananna á n-ullmhú chun institiúid a bhunú i Stigh Lorgan i mBaile Átha Cliath chun an raicíteas a leigheas le modhanna nádúrtha, is é sin aer úr, bia folláin agus solas na gréine.

1930

Sroicheann eitleán aon-inneall Fokker an Chaptaen Kingsford Smith Baile Dhónaill. Tá sé i gceist aige an tAtlantach a thrasnú sa *Southern Cross.* Déanfar na tástálacha deireanacha ar an gCurrach.

1958

Buann an capall Hard Ridden Derby Shasana. R M Rogers a thraenáil an capall do Sir Victor Sasoon ar an gCurrach – is é Charlie Smirke an marcach.

1967

Tugann an tUachtarán de Valera cuairt ar theach Thomás Ághas i gCeann Ard, Lios Póil, i gCo. Chiarraí. Déanann sé iniúchadh ar gharda onóra ón FCA agus ón sean-IRA agus deirtear deichniúr den phaidrín.

1970

Caitheann páirtí parlaiminte Fhianna Fáil an t-iar-Aire Rialtais Áitiúil, Caoimhín Ó Beoláin, amach leis an vóta a 60 in aghaidh a 11. Deir an Taoiseach Seán Ó Loingsigh (ar dheis) nach mbeidh olltoghchán ann.

1973

Osclaítear scoil náisiúnta Dhún Chaoin i nGaeltacht Chiarraí go hoifigiúil in athuair, an tAire Oideachais, Risteard de Búrca, i mbun gnímh. Deireadh le coimhlint trí bliana.

1984

Labhraíonn an tUachtarán Ronald Reagan le Tithe an Oireachtais. Siúlann triúr teachtaí Dála amach – Tomás Mac Giolla agus Proinsias de Rossa ó Pháirtí na nOibrithe, agus Tony Gregory.

1989

Buaileann muid an Ungáir 2-0 i gcluiche cáilíochta do Chorn an Domhain san Iodáil an samhradh seo chugainn. 50,000 i láthair i mBóthar Lansdúin – Paul McGrath agus Tony Cascarino a fhaigheann na cúil.

1995

Áit againn i gcluichí ceathrú ceannais Chorn an Domhain sa rugbaí tar éis an Bhreatain Bheag a bhualadh, 24–23 in Ellis Park san Afraic Theas. Agus buann Philip Walton comórtas oscailte golf Shasana. Faigheann sé an ceann is fearr ar Cholin Montgomerie.

5 Meitheamh

1903

Tá comhlacht le bunú le hiarnród leictreach a chur ar fáil idir Baile Átha Cliath agus Sórd – stáisiúin i Seantrabh agus i gClochrán. Meastar go mbeidh suim ag an Dublin Electric Tramway ann.

1913

Éiríonn leis an Marquis of Clanricarde ina chás in aghaidh Bhord na gCeantar Cúng. Bhí siad ag iarraidh seilbh éigeantach a ghlacadh ar na heastáit ar fad atá aige i gContae na Gaillimhe.

1928

An chéad chruinniú ar siúl ag Cumann Gailf an Oireachtais i nDún Laoghaire – an tUachtarán Mac Coscair, Bean Uí Choisdealbha, ball den Seanad agus an tAire Talmhaíochta, Patrick Hogan, i láthair.

1931

Deir an tAire Gnóthaí Eachtracha, Paddy McGilligan, gur chuir rialtas na Gearmáine fíorchaoin fáilte roimhe. Bhí na Gearmánaigh go léir a casadh leis chomh cairdiúil céanna leis an Uachtarán Hindenburg.

1947

Agus aonach á oscailt aici d'ionad naíonán deir bean an Ardmhéara, Mrs J McCann go bhfuil gá le tuilleadh mar é. Tugann an t-ionad seo aire do ghasúir idir a dó agus a chúig bliana d'aois agus a máithreacha amuigh ag obair.

1962

Ceannaíonn Elizabeth Arden, a bhfuil cáil faoi smideadh uirthi, Caisleán Barrettstown sa mBaile Mór i gCo. Chill Dara – ní fios cé mhéid a d'íoc sí air. 500 acra atá san eastát.

1974

Fuadaíonn fir armtha agus púicíní orthu an Earl agus Countess Donoughmore nuair a fhilleann siad ar an mbaile i gCnoc Lochta, cúpla míle ó Chluain Meala i gContae Thiobraid Árann.

1978

I mBéal Feirste osclaítear pictiúrlann ar an Domhnach den chéad uair ón Dara Cogadh Domhanda. Ach níl chuile dhuine sásta, tá agóid taobh amuigh.

1986

I mBaile Átha Cliath cuirtear fios ar an Arm leis an mbruscar a thógáil ó áiteanna ar nós Árasáin Naomh Treasa. Níor bailíodh an bruscar le coicís agus tá imní ann anois faoi chúrsaí sláinte.

1994

Cuireann muintir an triúr ball den IRA a mharaigh saighdiúirí na Breataine i nGiobráltar sé bliana ó shin fáilte roimh chinneadh Choimisiún na hEorpa um Chearta Daonna an cás a chur faoi bhráid na Cúirte um Chearta Daonna. Ach deir an Coimisiún nach ndeachaigh na saighdiúirí thar fóir leis an bhforéigean.

1996

Osclaíonn Uachtarán Chumann Lúthchleas Gael, Jack Boothman, Ardán nua Uí Chíosóig go hoifigiúil – £35m a chosain sí.

1904

Socraíonn an Chúirt Achomhairc nach gá go dtógfaí naíonáin mhuintir Uí Néill sa chreideamh Caitliceach. Ba Chaitliceach a n-athair atá marbh. Ba Phrotastúnach a máthair a chuaigh leis an gcreideamh Caitliceach ar phósadh di, ach atá tar éis filleadh ar a creideamh féin.

1915

Cuirtear an-suim i gcruinniú earcaíochta airm i mBaile Brigín. Tá 182 as daonra 2,400 ar an mbaile liostáilte cheana. Orthu siúd a cailleadh bhí ceathrar i Mons agus tuilleadh ag Ypres.

1926

Cuirtear seicteachas i leith Choimisinéirí na nOibreacha Poiblí faoi cheannas Earnán de Blaghd faoi chead a dhiúltú dealbh de T M Kettle a chur suas i bhFaiche Stiabhna toisc nár thaitin an inscríbhinn le Kettle féin leo.

1934

Is é Windsor Lad, capall a thóg Don Sullivan i gContae na Mí, a bhaineann an Derby agus Charlie Smirke sa diallait. Is le Maharaja Rajpipia Windsor Lad anois.

1946

Sroicheann an long Mheiriceánach ocht míle tonna *James Bennett Moore* Baile Átha Cliath agus trí mhíle mála litreacha ar bord – an chéad turas ó dheireadh an Chogaidh.

1954

Nochtann an tUachtarán Seán T Ó Ceallaigh leacht cuimhneacháin d'Ó Donnabháin Rossa i bhFaiche Stiabhna. Inscríbhinn ó óráid an Phiarsaigh ag a uaigh leis an gcloigeann cré-umha. 'Ní dhéanfaidh na Gaeil dearmad ort go deo'.

1968

Caoineann Éire an Seanadóir Robert Kennedy a feallmharaíodh. Tugtar ómós dó sa Dáil agus osclaítear leabhar comhbhróin in Ambasáid Mheiriceá.

1978

Tugann Banphrionsa Grace Mhonacó agus a comhghleacaithe ó Chlub Gairdíní na tíre sin, cuairt ar Ghairdíní Powerscourt. Cuireann sise crann leis an ócáid a chomóradh.

1983

Dealbh don iar-Uachtarán Cearbhall Ó Dálaigh, nach maireann, á nochtadh ag an Uachtarán Ó hIrghile sa tSnaidhm i gContae Chiarraí. An file Síneach Lin Lin i láthair agus Siobhán Nic Cionnaith ag léamh a chuid filíochta.

1994

D Day caoga bliain ó shin inniu – seansaighdiúirí Éireannacha i measc na mílte a thugann aghaidh ar Thrá Omaha leis an lá a chomóradh le Ceannairí na gComhghuaillithe.

1996

An tríú lá dá cuairt chun na Breataine agus tugann an tUachtarán Mhic Róibín cuairt ar an mBanríon Eilís i bPálás Buckingham. Iniúchann sí garda onóra leis na hIrish Guards.

1901

Cuireann Comhthionól na hEaglaise Preispitéirí in Éirinn in aghaidh ollscoil Chaitliceach a bhunú. Cé nach bhfuil cead ag Caitlicigh freastal ar Choláiste na Tríonóide, adeir siad, féadfaidh siad dul go hOxford nó Cambridge.

1917

Glacann fórsaí na gComhghuaillithe, Éireannaigh ina measc, seilbh ar bhaile Ypres agus ar Mhullach Messines. Gabhtar 5,000 príosúnach Gearmánach – reisimintí na hÉireann, go háirithe an 36ú Reisimint Ultach, i lár an aicsin.

1921

Tagann Parlaimint nua an Tuaiscirt le chéile i Halla na Cathrach i mBéal Feirste, daichead Aontachtaí i láthair. Ní fhreastalaíonn náisiúnaithe nó baill Shinn Féin. Toghtar Robert O'Neill ina Cheann Comhairle, Sir James Craig ina Phríomh-Aire.

1936

Faigheann Cathaoirleach Chomhairle Dhún Laoghaire, Éamonn Duggan, bás go tobann le linn cruinniú toghcháin i Halla an Bhaile, é in aois 62. Bhí sé ar dhuine den chúigear a shínigh an Conradh Angla-Éireannach i 1921.

1944

Fógraíonn an tAire Soláthairtí, Seán Lemass, srianta nua ar leictreachas i gcomhair solais agus cócaireachta agus cuirfear deireadh le tramanna.

1959

Téann 1,100 duine ó 700 comhlacht i mBaile Átha Cliath ar oilithreacht go Cnoc Mhuire i gContae Mhaigh Eo leis an bpaidrín a rá in ómós don Mhaighdean Mhuire.

1962

An capall Larkspur (ar dheis) a thraenáil Vincent O'Brien agus a bhain an Epsom Derby ag 22/1, ag filleadh ar Bhaile Átha Cliath.

1972

Scaoileann Státrúnaí an Tuaiscirt, William Whitelaw, 50 imtheorannaí eile amach as Príosún na Ceise Fada. Cuirtear fáilte ghlórach rompu.

1988

Leagann Ardmhéara Bhaile Átha Cliath, Carmencita Hederman, an bhunchloch do lárionad nua de chuid Simon ag Cé Oileán Usher i mBaile Átha Cliath – ionad dóibh siúd atá gan dídean.

1996

Maraítear an Bleachtaire Gerry McCabe agus gortaítear Garda eile le linn eachtra lámhaigh in Áth Dara i gContae Luimnigh. Bhí veain le hoifig an phoist, a bhí ag dáileadh airgid, á thionlacan acu. Tá dianchuardach ar siúl.

1999

Seasann an Chúirt Achomharc Spóirt san Eilvéis le cosc ceithre bliana a gearradh ar Mhichelle de Bruin faoi bhaint, mas fíor, le tástáil fuail. Maíonn an snámhaí Oilimpeach nach bhfuil sí ciontach.

1903

Níl aon scoil den chéad ghrád liostaithe ag Cigire na Scoileanna Ceartúcháin agus Saothair. Baineann ceann i mBaile na Manach agus Scoil Bhaile Mhoireil do Bhuachaillí Protastúnacha i mBéal Feirste grád a dó amach– grád a trí ag an gcuid eile.

1915

Ritheann cruinniú den Pháirtí Náisiúnta sa House of Commons agus John Redmond sa chathaoir, rún d'aon ghuth ag cur in aghaidh coinscríobh éigeantach. John Dillon a mhol.

1925

Deirtear le Bord Sláinte Thiobraid Árann Theas i gCluain Meala go bhfuil cúrsaí go dona i gceantar an mhianaigh guail ar a dtugtar 'The Commons' – galar ar na boicht ansin. Chuideodh deontas £50 agus tá achainí le déanamh ar an rialtas.

1937

Stailc lae amhránaíochta agus rince ar siúl ag 250 cailín atá fostaithe ag monarcha léinte Bryce and Weston i nDoire mar agóid in aghaidh an ghearradh siar atá beartaithe.

1949

Glacann an tUachtarán Seán T Ó Ceallaigh dhá chapall ar léas ón nGraí Náisiúnta. Beidh an dá láir dhá bhliain d'aois, Cnoc Gorm agus Ceol Srulla, faoi dhathanna gorm agus muinchillí óir an Uachtaráin.

1951

I bPáirc na Tulcha i mBaile Átha Cliath buann Jack Doyle, an 'Gorgeous Gael' ar an 'Beer Baron', 'Two-Ton Tony' Galento as Meiriceá a bhain leagan as Joe Louis.

1964

Imeachtaí faoi lán seoil ag Féile Bhliantúil na gCurachaí i Leitir Móir i gConamara. An lá le clann Jimmy Mac Donncha.

1970

Tugann Stiúrthóir Bhord Fáilte, an Dr T J Ó Drisceoil, gníomhais theach Dhónail Uí Chonaill, Teach Dhoire Fhionáin, ar lámh don Rialtas.

1986

An tArm i mbun oibre i Sráid Uí Mhórdha i mBaile Átha Cliath go moch ar maidin, an bruscar á sciobadh chun siúil acu. Na Gardaí agus an tArm san airdeall le haon agóid ó oibrithe an Bhardais a chosc.

1997

Cuireann dílseoirí tine leis an eaglais Chaitliceach sa Bhaile Caol, tar éis paráid den Ord Oráisteach ar an mBaile Meánach. Is beag trioblóid a bhí ann níos luaithe le linn léirsiú seachtainiúil na ndílseoirí taobh amuigh den eaglais, léirsiú atá ar siúl anois le 39 seachtain.

1998

Aisteoirí mór le rá ag tarraingt ar an Radio City Music Hall i Nua Eabhrac do na Gradaim Tony. Baineann Amharclann an Druid ceithre cinn leis an *Beauty Queen of Leenane*.

9 Meitheamh

1903

Tá Ollscoil Bhaile Átha Cliath le céimeanna a bhronnadh ar mhná. Chaith Seanad na hOllscoile vóta ar a shon – bhí 63 den 85 a bhí i láthair sásta cead a thabhairt do mhná céimeanna ollscoile a fháil.

1915

Obair ar siúl ar Dhroichead Uí Chonaill i gcónaí le rialacha nua tráchta na bpóilíní a chur i bhfeidhm – oileán i lár an droichid agus dhá lána tráchta ar chaon taobh de.

1920

Cáineann an Dr Ó Ceallaigh, easpag Caitliceach Rossa, an réasúnaíocht bhréige gur féidir daoine a mharú toisc go bhfuil 'cogadh ar siúl'. Má mharaíonn saighdiúirí Sasanacha Éireannaigh – sin dúnmharú. Má mharaíonn Éireannaigh póilíní is dúnmharú é sin freisin.

1932

Fágann an tUachtarán de Valera agus baill eile na toscaireachta Dún Laoghaire le dul go Londain chun leanacht leis na cainteanna le rialtas na Breataine faoi Chomhdháil Ottawa.

1946

Bailíonn na mílte sa tSráid, Contae Mhaigh Eo, le céad bliain bhreith Mhichael Davitt, bunaitheoir Chonradh na Talún, a chomóradh. Molann Éamon de Valera a ndearna sé ar son Éire an lae inniu.

1953

Cuireann cruinniú san Ulster Hall i mBéal Feirste in aghaidh an nua-aimsearachais san Eaglais Phreispitéireach in Éirinn. Dóitear dhá leabhar leis an modhnóir, an Dr Davey. Iarrann an tUrramach Ian Paisley ar dhaoine atá i láthair a gcreideamh a dhearbhú.

1969

An tUachtarán Éamon de Valera i láthair ag réamhthaispeántas ealaíne an RHA – mórshaothar Éireannach le feiceáil.

1974

Sochraid an stailceoir ocrais Michael Gaughan ar a bealach tríd an Muileann gCearr ag déanamh ar Bhéal an Átha. Na mílte amuigh ar na sráideanna ansin roimpi, Fianna Éireann agus Cumann na mBan ina measc.

1987

Cairt nua deartha go speisialta do lucht trádála Shráid Uí Mhórdha agus Shráid Anraí i mBaile Átha Cliath. Deir an lucht trádála go mb'fhearr leo ceann níos mó.

1992

Tagann ceannairí na gceithre phríomhpháirtithe polaitiúla amach ar an aon ardán le háiteamh ar dhaoine vóta a chaitheamh ar son Reifreann Maastricht.

1998

Tá súil ag an rialtas na cásanna bodhaire eile san Arm a shocrú lasmuigh den chúirt. Braitheann an tairiscint ón Aire Cosanta Michael Smith ar ghlacadh na saighdiúirí leis an gcóras meastacháin agus na rátaí cúitimh a mhol an Ardchúirt le deireanaí.

1901

Filleann baill den Irish Yeomanry ón Afraic Theas agus cuireann na sluaite fáilte ghlórach rompu ag an gCé Thuaidh i mBaile Átha Cliath – cuid mhór den chogaíocht ansin feicthe acu.

1913

Deir Sir Edward Carson leis an House of Commons nach mbeidh aon bhaint ag Aontachtaithe le geamaireacht an Home Rule Bill níos mó. Cuimhneoidh siad ar mholadh Oilibhéar Chromail "trust in God and keep your powder dry".

1915

Molann Major General Hunter-Weston na Royal Dublin Fusiliers tar éis dóibh cúig lá déag cogaíochta as a chéile a dhéanamh, tráth ar ghabh siad Dún na Dardainéile. 'Well done the Dubs' adeir sé, 'your deeds will live in history'.

1930

Séidtear san aer an dealbh chré-umha a tógadh ar Dhroichead Sháirséil i Luimneach i gcuimhne ar an Viscount Fitzgibbon agus a chairde sa Chogadh Criméach.

1933

Scaoiltear cúirtéis naoi ngunna dhéag roimh Éamon de Valera ar theacht i dtír i nDún Laoghaire dhó – pribhléid nár tugadh riamh don Ghobharnóir Ginearálta.

1951

Cailltear an Breitheamh George Gavan Duffy, Uachtarán na hArdchúirte, i mBaile Átha Cliath. Bhí sé ar dhuine den dream a shínigh an Conradh i 1921. Chaith sé vóta go drogallach ar a shon sa Dáil. É ina Aire Gnóthaí Eachtracha i 1920 ach d'éirigh sé as nuair a shocraigh an Rialtas deireadh a chur leis na cúirteanna Poblachtacha.

1961

An Prionsa Rainier agus Banphrionsa Grace Mhonacó ar cuairt stáit anseo. Cuireann an tUachtarán de Valera dinnéar ar siúl ina n-onóir in Áras an Uachtaráin. Bronnann an Prionsa Rainier gradaim air agus ar an Taoiseach.

1972

Na mílte páirteach i mórshlógadh na ndílseoirí i mBéal Feirste. William Craig ag faire ar an Vanguard Rally agus iad ag máirseáil thar halla na cathrach.

1983

An-teannas i mBéal Feirste Thiar agus na hiomaitheoirí ag fanacht le toradh an toghcháin. Toghtar Gerry Adams Shinn Féin mar fheisire, buann sé ar Gerry Fitt.

1985

Bronntar saoirse na cathrach ar Bharry McGuigan i mBéal Feirste tar éis dó Craobh Chleitmheáchain an Domhain a bhaint. Cuirtear fáilte mhór roimhe freisin ina bhaile dúchais, Cluain Eois.

1996

Sroicheann polaiteoirí Foirgnimh an Chaisleáin i Stormont le tús a chur leis na cainteanna ilpháirtí. Is é an Seanadóir George Mitchell a bheas sa chathaoir.

1901

Conspóid in Ospidéal Barrington i Luimneach faoin Mátrún nua – Caitliceach nó Protastúnach. Deir an tEaspag Bunberry gur Caitliceach é an dochtúir cónaitheach, rud a fhágann gur ceart gur Protastúnach a roghnófaí ina mátrún.

1914

Léiríonn figiúirí an Chláraitheora go ndeachaigh breis agus trí mhíle go leith ar imirce sa Bhealtaine i gcomparáid le sé mhíle sa tréimhse chéanna anuraidh. Chuaigh a bhformhór mór go Meiriceá.

1927

Ní aontaíonn an Captaen Craig, deartháir le Príomh-Aire an Tuaiscirt, leis an moladh vóta a thabhairt do mhná in aois 21. Ní bheadh aon tuiscint ag cailín as céad ar an bpolaitíocht, a dúirt sé.

1939

Cuirtear bratach 1ú Cathlán na Royal Inniskelling Fusiliers i dtaisce in Ardeaglais Inis Ceithleann. Is iad na bratacha is sine iad a bhí in úsáid ag Arm na Breatáine. Is cuid de chomóradh 250 bliain na reisiminte an searmanas seo.

1956

Cuirtear tús sa Chúirt Dúiche i mBaile Átha Cliath le triail an bhanaltra Mary Ann Cadden, 54 bliain d'aois ó Shráid Hume – tá dúnmharú Helen Bean Uí Raghallaigh curtha ina leith.

1963

Ceann de na stoirmeacha leictreacha ba mhó riamh – báisteach agus tintreach trí huair an chloig. Damáiste mór déanta i mBaile Átha Cliath, sna contaetha máguaird agus in iarthar na tíre.

1967

Tugtar corp an Cheannfoirt Thomas Wickham, 48, a maraíodh agus é ar diúité leis na Náisiúin Aontaithe sa tSiria go dtí an séipéal i gCnoc an Arbair. An tAire Gnóthaí Eachtracha, Proinsias Mac Aogáin, agus an tAire Cosanta, Michael Hilliard, i láthair.

1976

Bronnann Séamus Smith, Bainisteoir Stiúrtha na Stiúideonna Náisiúnta Scannán, duais ar Tom Cooper, a léirigh The Dawn sa bhliain 1936, faoin mórobair a rinne sé do thionscal na scannán.

1988

Coinnle Rathborne ag ceiliúradh 500 bliain i mBaile Átha Cliath. An eaglais is mó a cheannaíonn a gcoinnle – ba mhaith leo go n-úsáidfeadh an chuid eile againn iad mar a dhéantar san Eoraip.

1993

Earraí á lódáil ar na dugaí i bPort Láirge le cur go dtí an Rómáin tar éis tuairiscí faoi chruatan agus dearóile dílleachtaí ansin.

1996

Tá Fruit of the Loom, an comhlacht déantúsaíochta is mó sa tír, le 3,000 oibrí a chur ar sheachtain trí lá. Imní i nDún na nGall faoin gcinneadh.

1909

Sciobtar chun bealaigh ceithre bheithíoch déag a bhí á gcoinneáil sa Longfort. Gabhadh na beithígh ó thionóntaí le More O'Farrell nuair a dhiúltaigh siad cíos a íoc toisc nach ndíolfadh seisean a eastát leis na tionóntaí.

1922

I gCaisleán Windsor glacann an Rí Seoirse V le bratacha sé reisimintí Éireannacha atá le scor – sin iad an Royal Irish Regiment; Connaught Rangers; South Irish Horse; Prince of Wales Leinster Regiment; Royal Munster Fusiliers agus Royal Dublin Fusiliers.

1936

Dóitear ceann de na tithe nua a thóg Coimisiún na Talún i mBaile Ghib, Co. na Mí, do mhuintir na Gaeltachta. Níl muintir na háite sásta go bhfuil talamh tugtha do dhream ón taobh amuigh.

1944

I mBaile Átha Cliath baintear an dealbh den Rí Seoirse III óna phlionta i Halla na Cathrach. Tá sé le haistriú go Teach an Ardmhéara. Cuirfear dealbh de Thomás Dáibhís (ar dheis) ó Reilig Mhount Jerome ina háit.

1955

Faigheann Scoil Ealaíne na Cathrach i gCorcaigh a gcéad dealbh chré-umha le Epstein – busta de chailín Éireannach mar *Deirdre of the Sorrows* atá ann. Filíocht W B Yeats agus meas Epstein air, a spreag é.

1963

Faigheann beirt ghasúr bás nuair a thiteann dhá theach i Sráid na bhFíníní i mBaile Átha Cliath. Is iad sin Marie Vardy, naoi mbliana d'aois agus Linda Byrne, ocht mbliana.

1977

Osclaítear Caisleán Mhullach Íde i gContae Bhaile Átha Cliath don phobal. Is é an Seanadóir John Boland, Cathaoirleach na Comhairle Contae, a dhéanann an oscailt.

1986

Dhá ollphanda, Ping Ping agus Ming Ming, ar a mbealach ón tSín go dtí an Zú i mBaile Átha Cliath agus na Gardaí á dtionlacan. Caithfidh siad céad lá ansin ag faire na nÉireannach!

1988

An bua is mó le linn 60 bliain de chomórtais idirnáisiúnta á cheiliúradh ag foireann sacair na Poblachta tar éis dóibh Sasana a bhualadh 1-0 i gCraobh Peile na hEorpa i Stuttgart, an Ghearmáin Thiar.

1995

Pléann na hEaspaig Chaitliceacha tuairisc ó choiste na hEaglaise ar íde gnéis ag a gComhdháil i Maigh Nuad. Ní bheidh dídean le fáil ag ciontóirí san Eaglais feasta.

1997

Fógraíonn Ard-Rúnaí na Náisiún Aontaithe, Kofi Annan, go bhfuil an tUachtarán Máire Mhic Róibín ceaptha ina Coimisinéir Cearta Daonna.

1910

Deir Augustine Birrell sa House of Commons gur fuadaíodh eallach ceithre uair déag i mí Eanáir; sé huaire mí Feabhra; 23 uair sa Mhárta; 24 in Aibreán agus 35 sa Bhealtaine. Gabhadh 224 duine.

1926

Deir Déan Chaisil, an Monsignor Ó Riain, le Feis Chaisil gur dearmad millteanach a bheadh ann dá ruaigfeadh an Ghaeilge éigeantach an Béarla as na scoileanna. Cuidíonn an Béarla le hÉirinn a hobair aspalda a dhéanamh san Afraic, san India, i Meiriceá agus san Astráil.

1934

Déantar gearáin faoi dhíol fíona agus biotáille mheitileach i siopaí poitigéara ag cruinniú den Chónaidhm Chaitliceach um Staonta ón Ól. Deirtear go gcaitheann Éireannaigh dhá mhilliún déag punt in aghaidh na bliana ar an ól.

1941

Cailltear 23 duine nuair a bhuaileann buama as eitleán an long *St. Patrick* agus í ar a bealach ó Ros Láir go Fishguard. Téann sí go grinneall. Tagann na mná agus na páistí slán.

1951

Tá Éamon de Valera i gceannas ar rialtas leis an móramh is lú riamh – 74 in aghaidh 69. Tá tacaíocht chúigir neamhspleáigh san áireamh, an Dr Nollaig de Brún agus an Captaen Peadar Cowan ina measc.

1962

Nochtann Sylvia Warren leacht cuimhneacháin don úrscéalaí Edith Somerville ag Eaglais Naomh Bearrachán i mBaile an Chaisleáin, Contae Chorcaí.

1965

Bailíonn na sluaite i Reilig Dhroim Chliabh i gContae Shligigh in ómós don fhile W B Yeats a rugadh céad bliain ó shin. An tUachtarán de Valera agus an Taoiseach Seán Lemass in éineacht leis an gclann agus na cairde cois na huaighe.

1972

Leathchéad bliain a mbunaithe á chomóradh ag an nGarda Síochána i Mount Argus, an tUachtarán, an Taoiseach agus polaiteoirí mór le rá i láthair. Tionóltar seirbhís in Ardeaglais Phádraig freisin.

1989

Árasáin Rossville i nDoire á leagan – tús curtha leis an obair. Foirgnimh iad seo a bhí i lár an aonaigh go minic sa troid in éadan Arm na Breataine le scór bliain, Domhnach na Fola san áireamh.

1990

Cailltear iar-Phríomh-Aire Stormont, Lord O'Neill – fear a rinne iarracht córas polaitiúil agus sóisialta an Tuaiscirt a leasú. Thug sé an cuireadh stairiúil úd do Sheán Lemass i 1965. Nuair a thosaigh feachtas na gceart sibhialta bhagair sé go raibh an Tuaisceart ag an gcrosbhóthar.

1919

Sroicheann an Captaen Alcock agus an Lieutenant Brown an Clochán i gContae na Gaillimhe – tuirlingíonn siad sa phortach láimh le stáisiún raidió Marconi. 16 uair an chloig a thóg an turas 1,900 míle.

1928

Deir leasuithe ar Bhille na gCúirteanna nach féidir breithiúna sa Chúirt Chuarda, sa Chúirt Dúiche ná breithiúna cúnta a cheapadh gan smacht a bheith acu ar an nGaeilge.

1932

Na chéad phictiúir den trealamh a úsáideadh i Saotharlann Cavendish i gCambridge leis an adamh a scoilteadh (ar dheis). An Dr J Cockroft agus an Dr Walton ó Choláiste na Tríonóide a rinne é.

1937

Glactar le dréacht an Bhunreachta sa Dáil 62 in aghaidh 48, ainneoin go ndéanann an tUasal Mac Coscair diancháineadh air. Scoirtear an t-ochtú Dáil agus fógraítear olltoghchán ar an 23ú Meitheamh.

1953

Beannaíonn an Cairdinéal D'Alton páirc nua Ruairí Mhic Easmainn do Chumann Lúthchleas Gael i mBéal Feirste. Tugann reathaithe cré ó Staid Shempel i nDurlas agus ó Pháirc an Chrócaigh le meascadh le cré Pháirc Mhic Easmainn.

1965

Bronntar saoirse Shligigh ar an Taoiseach Seán Lemass agus síníonn sé leabhar na ngradam. Tugann sé féin agus Bean Lemass cuairt ar Mhúsaem Chontae Shligigh.

1974

Cuireann Anatoli Kaplin, chéad Ambasadóir Sóivéadach chun na tíre seo, a dhíntiúirí i láthair an Uachtaráin Childers in Áras an Uachtaráin, an tAire Gnóthaí Eachtracha, an Dr Mac Gearailt, i láthair.

1985

Tagann deireadh le Binse Fiosraithe Naíonán Chiarraí tar éis 82 lá. Réiteoidh an Breitheamh Kevin Lynch a thuairisc don Aire ar Joanne Hayes, ar líon na naíonán, ar ráitis óna gaolta nach raibh ag teacht lena chéile, agus ar iompar na nGardaí.

1990

Deir Rúnaí Baile na Breataine David Waddington leis an House of Commons go bhfuil ciontaithe Annie Maguire agus baill dá clann míshásúil agus guaiseach.

Annie Maguire

1993

Cuireann Ardmhéaraí Bhaile Átha Cliath agus Bhéal Feirste fáilte roimh an fhoireann a bhain barr Everest amach. Téann Dawson Stelfox, Frank Nugent agus a gcomrádaithe ar aghaidh go hÁras an Uachtaráin ansin áit a dtréaslaíonn an tUachtarán a n-éacht leo.

1996

An chéad chruinniú ag Fóram tofa an Tuaiscirt agus iad ag argóint faoi cé a bheas ina chathaoirleach. Tá naoi bpáirtithe páirteach sa bhFóram 110 suíochán. Ní bheidh Sinn Féin ag freastal air.

15 Meitheamh

1917

Agus muid ag tarraingt ar chéad sheisiún an Choinbhinsiúin Éireannaigh socraíonn Rialtas na Breataine na príosúnaigh go léir ón Éirí Amach in Éirinn a shaoradh gan choinníoll.

1921

Tagann deireadh le stailc naoi mí na mbríceadóirí i mBaile Átha Cliath. 2s 2d san uair a bhíodh acu; 2s 3d san uair a bheas acu go dtí an chéad lá Lúnasa tráth a bhfillfidh siad ar an seanráta.

1932

Teipeann ar Pheadar O'Donnell ina chás clúmhillte in aghaidh sagairt ón Ord Doiminiceach a dúirt gur Stiúrthóir Saor Éire a bhí ann a cuireadh go Coláiste Lenin i Moscó le staidéar a dhéanamh ar réabhlóid. Deir an Breitheamh Hanna go n-aithnítear fear ón gcomhluadar a thaithíonn sé.

1941

Nochtar trí fhuinneog ghloine dhaite le Evie Hone a léiríonn tuirlingt an Spioraid Naoimh, sa séipéilín i gColáiste na Carraige Duibhe – bronntanas don Ardeaspag John Charles McQuaid ó iarscoláirí an Choláiste.

1961

Ólann an Prionsa Rainier agus Banphrionsa Grace Mhonacó tae sa teach beag ceann tuí deich míle slí ó Chathair na Mart. Is as seo a d'fhág a seanathair, John Henry Kelly, le dul go Meiriceá beagnach 100 bliain ó shin.

1967

Sroicheann Jacqueline Kennedy agus a páistí, Caroline agus John, Aerfort na Sionainne áit a gcuireann an tAire Gnóthaí Eachtracha, Proinsias Mac Aogáin, fáilte rompu. Tugann siad aghaidh ar Phort Láirge le saoire a chaitheamh le cairde ansin.

1979

A cáilíochtaí bainte amach ag Gráinne Cronin, an chéad bhanphíolóta ag Aer Lingus. Déanann a comhghleacaithe a rinne an cúrsa traenála céanna comhghairdeas léi.

1986

Glacann oibrithe Bardais i mBaile Átha Cliath le tairiscint phá agus filleann siad ar a gcuid oibre. Deireadh leis an stailc trí seachtaine a d'fhág carn bruscair sa chathair.

1988

An dara lá den chás cúirte a thóg beirt deartháir Aontachtacha, Michael agus Christopher Mc Gimpsey, féachaint an bhfuil an socrú Angla-Éireannach ag teacht leis an mBunreacht.

1993

Tá Aer Lingus ag iarraidh fáil réidh le 1,200 den fhoireann – mar aon le 200 eile d'oibrithe Team Aer Lingus mar chuid dá bplean leis an gcomhlacht a thabhairt slán.

1999

75 bliain den Chéad Chath Gaelach i nDún Uí Mhaoilíosa ar an Rinn Mhóir i nGaillimh á cheiliúradh. Ceannairí Airm, Méara na Gaillimhe Angela Lupton, lucht an Bhardais agus ceannairí eaglasta i láthair.

1906

Cuireann baill de Chonradh na Gaeilge bac ar iarrachtaí chun gual a dhíol ar ceant i mBaile Átha Cliath. Ghabh na póilíní an gual nuair a dhiúltaigh Pádraig Ó Conaill fíneáil a íoc faoi nach raibh a ainm inléite ar a chairt. Bhí a ainm scríofa i nGaeilge.

1916

Buaileann easpaig Chaitliceacha an Tuaiscirt le chéile san Óstán Minerva i mBaile Átha Cliath ar iarratas ón gCairdinéal Logue le moltaí Lloyd George faoi riaradh na hÉireann a phlé. John Redmond ina gcuideachta.

1929

Sochraid John Devoy, an Fínín, go Reilig Ghlas Naíon, a chorp tugtha abhaile as Meiriceá. Iompraítear an chónra, agus bratacha na hÉireann agus Mheiriceá air, ar charráiste gunna.

1936

Deir an t-oifigeach leighis, an Dr Harbison, le Bord Sláinte Chontae Bhaile Átha Cliath gur plódú agus nach sláinteachas faoi deara an fiabhras dearg. Tá teach as gach ceithre theach mífheiliúnach mar áit chónaithe.

1946

Achainí ag cruinniú bliantúil an Magdalen Home i Sráid Leeson i mBaile Átha Cliath go mbeadh clubanna measctha i ngach paróiste. An t-uaigneas mar aon leis an aineolas, an cogadh agus easpa tithíochta a chothaíonn an mhímhoráltacht.

1958

An teach lán agus dráma nua Bhreandáin Uí Bheacháin, *An Giall*, á oscailt i Halla an Damer ar Fhaiche Stiabhna i mBaile Átha Cliath. Proinsias Mac Diarmada a léiríonn an dráma.

1962

Osclaítear Músaem Joyce sa Túr Martello i Sáinn le Gó inniu, Bloomsday. Sylvia Beach, a d'fhoilsigh *Ulysses*, cara buan le James Joyce, a dhéanann an oscailt oifigiúil.

1972

Pléasc ag an nGuildhall i nDoire – an dara pléasc le seachtain. Maíonn Sealadaigh an IRA gurb iad faoi deara an buama. Ní ghortaítear éinne ach déantar damáiste don fhoirgneamh.

1988

Maraítear seisear saighdiúirí Briotanacha nuair a shéideann an tIRA san aer an veain ina rabhadar ag taisteal ó Lios na gCearrbhach. Bhíodar tar éis páirt a ghlacadh i rás carthanachta.

1989

Cailltear Ray McAnally, duine de na haisteoirí is mó clú sa tír seo a raibh meas go hidirnáisiúnta air, go tobann. Ina theach i gCill Mhantáin a cailleadh é.

1993

Tacaíocht rialtais á lorg ag Aer Lingus dá bplean chun an comhlacht a thabhairt slán; 1,500 post le himeacht agus £175 milliún ag teastáil nó brisfear an comhlacht.

17 Meitheamh

1901

Cuirtear tús leis an tseirbhís leictreach tram ó Chill Fhionntain go barr Bhinn Éadair. Fágann an chéad tram Cill Fhionntain ag 7.15 am. Tríocha nóiméad a thógann sé ceann scríbe a bhaint amach.

1907

Tugann baill de Chomhdháil Náisiúnta na Talún faoin mBáille Ó Brádaigh atá ag cur faoi ar fheirm dhíshealbhaithe i gContae Liatroma – é ar a bhealach i gcarr agus asail go Droim Dhá Thiar ag an am le bia a cheannach mar nach ndéanfar freastal go háitiúil air.

1916

Bronntar an St. George's Medal ar an Saighdiúir Singil Benjamin Patrick Thorpe ón gCarnán i mBaile Átha Cliath faoina iompar céimiúil ar pháirc an chatha. An Ginearál Sir John Maxwell i láthair ag an searmanas.

1921

Staitisticí go dtí an t-aonú lá déag de Mheitheamh ó Chaisleán Bhaile Átha Cliath: 370 póilín marbh agus 500 gonta; 130 saighdiúir marbh agus 300 gonta; beagnach 900 beairic leis na póilíní sciosta agus breis agus 3,000 ruathar ag lorg arm.

1935

Cosc ar pharáideanna i mBéal Feirste, sochraidí amháin atá ceadaithe. Cuirtear an t-ordú rialtais seo i bhfeidhm tar éis chlampar leanúnach agus círéib le roinnt seachtaine ó ceiliúradh an Iubhaile Ríoga.

1946

Téann Seán Lemass agus a iníonacha Peggy agus Maureen, go Páras ar eitleán Douglas DC3 le tús a chur leis an tseirbhís aeir idir Baile Átha Cliath agus Páras. Dhá uair an chloig a thógann an turas.

1958

Deir an Dr Nollaig de Brún agus é ag labhairt ag cruinniú le tacaíocht a thabhairt do Noel Hartnett (thuas), gur iarshaighdiúirí gan polasaithe atá i mbun na tíre seo.

1965

An stailc bus ar siúl i gcónaí ach 116 leoraí leis an arm ar fáil anois le daoine a thabhairt chuig an obair; 100 díobh i mBaile Átha Cliath, 16 i gCorcaigh.

1978

Scannánaíocht ar siúl ar *Strumpet City* le Jim Plunkett Kelly i Sráid Uí Chonaill. An t-aisteoir Peter O'Toole i bpáirt Jim Larkin, ag labhairt leis an slua.

1985

Uachtarán Chaim Herzog Israel, a rugadh in Éirinn, ar cuairt ceithre lá, fáilte á cur roimhe ag an Uachtarán Ó hIrghile. Labhraíonn sé le taidhleoirí i dTeach Uíbh Eachach.

1999

Rialaíonn an Ardchúirt i Londain nach mbeidh ar sheacht n-iarshaighdiúir déag ó Arm na Breataine, atá le fianaise a thabhairt ag Binse Fiosraithe Dhomhnach na Fola, a rá cé hiad féin.

1908

Foilsíonn Augustine Birrell a Bhille ar an eitinn in Éirinn. Ní mór fógra a thabhairt feasta faoi chásanna den ghalar agus caithfidh comhairlí contae ospidéil leighis a chur ar fáil.

1917

Sroicheann príosúnaigh a gabhadh le linn Éirí Amach na Cásca Dún Laoghaire ar an mbád. Tuirlingíonn na gnáthphaisinéirí ar dtús. Bailíonn baill Shinn Féin ansin agus máirseálann siad leo.

1927

Is oth le Coiste Ospidéal na Gaillimhe go bhfuil an mhímhoráltacht ghnéis forleathan, rud a léirítear ó líon na mbreitheanna lasmuigh den phósadh in Ospidéal Máithreachais na Gaillimhe. An milleán á chur ar mhaolú seantraidisiún Gaelach na geanmnaíochta de bharr easpa smachta na dtuismitheoirí.

1933

Glacann an Dáil le meastachán £300 le go ndéanfadh Robert Flaherty scannán Gaeilge 15 nóiméad. Taispeánfar é roimh a scannán ar Oileáin Árann atá beagnach réidh anois.

1948

Tá liamhán 36 troigh ar fad ag cur imní ar mhuintir Ghleann Cholm Cille i gContae Dhún na nGall. Fanann sé thart ar na potaí gliomaigh agus nuair a thagann na báid iascaigh leanann sé iad ar feadh an lae.

1954

Deir CIÉ le cruinniú den Chomhchomhairle Tionsclaíoch go raibh easnamh de bhreis agus £1m orthu don bhliain dar chríoch an 31ú Márta – feabhas 50% ar an mbliain roimhe sin.

1969

Iar-Uachtarán na Fraince, Charles de Gaulle, agus a bhean ar cuairt, iad ag fanacht in éineacht leis an Uachtarán de Valera in Áras an Uachtaráin. Tugann an bheirt státairí scothaosta aghaidh ar an bpreas.

1972

Oirnítear Easpag nua Ard Fhearta is Cill MacDuagh in ardeaglais Naomh Breandán in Ard Fhearta. Buaileann an tUrramach Edwin Owen ar dhoras na hardeaglaise.

1983

Osclaítear an chéad stáisiún ginte gréine ar Inis Píc i gCuan Chorcaí, Cathal Ó hEochaidh ar an láthair. Ardmhéara Chorcaí, Hugh Coveney, a dhéanann an oscailt oifigiúil.

1989

Deir Easpag Dhún is Chonaire, Cathal Daly, agus é ag labhairt ag ceiliúradh céad bliain Chumann Réadóirí na hÉireann i gCnoc Mhuire nach bhfuil na rialtais thuaidh agus theas sách dáiríre faoina seasamh ar mhí-úsáid alcóil.

1993

Tugann an tUachtarán Máire Mhic Róibín cuairt ar an Tuaisceart. Tugann sí aghaidh ar dtús ar iarthar Bhéal Feirste áit a bhfuil Uachtarán Shinn Féin, Gerry Adams, i measc an tslua.

1900

Cuirtear tús le Comhdháil Náisiúnta na hÉireann sa seomra cruinn sa Rotunda, John Redmond ina Uachtarán uirthi. Dearbhaíonn an cruinniú a dtacaíocht don Irish Nationalist Party agus don United Irish League.

1914

Éiríonn Jim Larkin, Ard-Rúnaí an ITGWU, as oifig – tá sé le Baile Átha Cliath a fhágáil. "Beannacht leat", adeir an teachtaireacht ghearr san eagrán reatha den *Irish Worker*.

1933

Osclaíonn Ardmhéara Bhaile Átha Cliath Dánlann nua na Cathrach – an tUachtarán de Valera, Mrs. Shine agus Miss Lane, deirfiúr agus neacht le Sir Hugh Lane, i láthair. Tugtar ómós do Sir Hugh Lane faoinar bhronn sé ar an gcathair.

1949

Cúpla míle duine i láthair ag paráid bhliantúil Corpus Christi i bparóiste Naomh Caitríona i mBaile Átha Cliath. Garda onóra don tsacraimint naofa á chur ar fáil ag an Arm agus an FCA.

1957

Is é an Curadh Oilimpeach Ronnie Delaney, a bhain bonn óir sa rás 1500 méadar, a ghearrann an chéad fhód ar láthair staid nua spóirt Clonliffe Harriers i Seantrabh.

1967

Sagairt á n-oirniú i Mainistir Bhaile an Tobair den chéad uair le 400 bliain. Is é an Dr Breathnach, Ardeaspag Thuama, atá i mbun an tsearmanais.

1970

Éiríonn le Bernadette Devlin a suíochán i Lár Uladh a choinneáil – a lucht tacaíochta i mbun ceiliúrtha ag slógadh san Ómaigh i gContae Thír Eoghain.

1980

Ceannáras nua Seirbhís Lucht na hAimsire á oscailt go hoifigiúil i nGlas Naíon. Fáiltíonn an tAire Iompair, Albert Reynolds, roimh an trealamh nua-aimseartha satailíte, radair agus ríomhaireachta atá ar fáil ann anois.

1988

Tagann laochra sacar na hÉireann abhaile go Baile Cliath áit a gcuirtear fáilte ghlórach chroíúil rompu – thart ar 250,000 duine amuigh ar na sráideanna ón Aerfort go Sráid Uí Chonaill.

1994

Pobal Loch an Oileáin i gContae an Dúin ag caoineadh an tseisir ón gceantar, Caitlicigh ar fad, a maraíodh in ionsaí de chuid an UVF ar theach tábhairne O'Toole's ar an mbaile aréir.

1997

Fógraíonn an comhlacht ríomhaireachta Meiriceánach, Hewlett Packard, 1,000 post nua i bhforbairt £100m i Léim an Bhradáin, Co. Chill Dara. D'fhéadfadh sé go mbeadh 800 post eile acu amach anseo.

1903

Rialaíonn Cúirt an Lord Chancellor gur le Rí Shasana na hornáidí Ceilteacha óir a fritheadh i Léim an Mhadaidh sa bhliain 1896.

1909

Tairgíonn Coláiste na Tríonóide comhcheangal le Coláiste Mhic Aoidh ar choinníoll go leanann mic léinn Mhic Aoidh cúrsa ealaíne Choláiste na Tríonóide, ag freastal ar léachtanna ann ar feadh dhá bhliain den chúrsa.

1927

Deir Éamon de Valera agus é ag craoladh ar nuacht 2RN go léiríonn torthaí an olltoghcháin go bhfuil daoine ag iarraidh fáil réidh leis an Mionn Dílseachta. Ní féidir le Poblachtaigh an mionn a ghlacadh, adeir sé.

1932

Aimsir bhreá agus taispeántas spleodrach ar theacht i dtír i nDún Laoghaire ar an long *Cambria* do Leagáid an Phápa, an Cairdinéal Lorenzo Lauri. Eisean a bheas i gceannas ar Chomhdháil Idirnáisiúnta Chorp Chríost.

1936

Rialaíonn an Rialtas gur eagraíocht mhídhleathach é an tIRA. Cuireann an tAire Sealadach Dlí is Cirt, Gerry Boland, cosc ar an mórshiúl agus cruinniú a bhí beartaithe do Bhaile Bhuadáin amárach.

1950

Tá James Michael Kinch ó Bhré seachtain d'aois inniu – an leanbh is troime a rugadh riamh meastar – 17 punt agus trí unsa. Deir iar-mháistir an Rotunda nach bhfaca seisean leanbh aonair níos troime ná 15 punt.

1964

Coláiste Choill Chluana Gabhann, scoil cháiliúil na nÍosánach do bhuachaillí i gContae Chill Dara, agus céad caoga bliain a bhunaithe á chomóradh acu.

1978

Bristear teorainneacha luas talún na hÉireann i gCarraig Ruachain, Contae Chorcaí. 156 míle san uair ag Rosemary Smith i Jaguar XJ6 agus os cionn 161 míle ag Danny Keaney ar Yamaha 750.

1986

Baile nua ceardaíochta sa Spidéal á oscailt ag Aire na Gaeltachta, Pádraig Ó Tuathail – tugann sé cuairt ar na ceardaithe i mbun oibre.

1998

Cluichí Náisiúnta Oilimpeacha Speisialta ar siúl an deireadh seachtaine seo i UCD i mBelfield i mBaile Átha Cliath. Na céadta lúthchleasaí agus a ngaolta ar an láthair.

1999

Deichniúr eile gafa ar dhá thaobh na teorann ag na Gardaí agus an RUC le linn a bhfiosruithe faoin mbuamáil san Ómaigh. Gabhadh roinnt eile roimhe seo.

21 Meitheamh

1910

Cuireann Easpaig Chaitliceacha in aghaidh iarrachtaí chun deireadh a chur le scoileanna ar leith do bhuachaillí agus do chailíní. Gan cúinsí morálta a chur san áireamh, dar leo go gcuireann meascadh buachaillí is cailíní isteach ar iompar agus ar mhodhúlacht na gcailíní.

1917

Iarrann toscaireacht ón Irish Women's Reform League ar an mBord Rialtais Áitiúil leanacht leis na béilí do ghasúir bhochta le linn na laethanta saoire ón scoil toisc cúrsaí a bheith go dona i mBaile Átha Cliath faoi láthair.

1926

Tugtar corp Iarla Dunraven go Faing ar luamh as Southampton agus as sin ar eileatram go hÁth Dara. Na cloig sa séipéal Protastúnach agus sa séipéal Caitliceach ag bualadh in ómós don té a chaith go fial leis an gceantar.

1932

Sroicheann línéaraí agus na mílte oilithreach ar bord as Meiriceá, ón Laplainn agus ón Ísitír calafoirt na hÉireann do Chomhdháil Chorp Chríost. Canann siad "Faith of our Fathers" agus iad ag teacht chun cé.

1946

Cúigear gasúr ar thug na dochtúirí Collis agus McClancy slán ó shluachampa géibhinn Belsen iad an samhradh seo caite, i mBaile Átha Cliath anois. Is é Cumann Lána Marrowbone atá ag tabhairt aire dóibh agus déanfar iad a uchtáil amach anseo.

1948

Cailltear an Dr Vincent O'Brien a bhí ina chéad stiúrthóir ceoil ar Sheirbhís Chraolacháin na hÉireann, é ina orgánaí agus ina stiúrthóir cóir sa Leas-Ardeaglais agus is é a chuir comhairle ceoil ar John McCormack.

1968

Cuartú ar siúl go fóill do smionagar an eitleáin Viscount le hAer Lingus a thuairt amach ón Tuscar i gContae Loch Garman. An long chabhlaigh Bhriotanach *Reclaim* ar na báid i mbun cuardaigh.

1979

Tugtar corp Frank Ryan, Poblachtach, abhaile. Fuair sé bás i nDresden sa Ghearmáin Thoir i 1944. D'fhág sé Éire le dul ag troid i gCogadh Cathartha na Spáinne.

1986

Slógadh frith-cholscartha á eagrú i mBaile Átha Cliath ag Mná in Éadan Colscartha. Ar na cainteoirí ag an gcruinniú tá an Teachta Dála Alice Glenn, Fine Gael.

1994

Na mílte i láthair ag sochraidí an tseisir a maraíodh in ionsaí lámhaigh de chuid an UVF i Loch an Oileáin, Contae an Dúin.

1998

Sroicheann an chéad othar, Stephen Sinclair, ospidéal nua Thamhlachta. Aisitrítear 115 othar ar fad ó ospidéil an Adelaide, an Mhater agus Ospidéal Náisiúnta na bPáistí.

1900

Diúltaíonn baill náisiúnacha Bhardas Chorcaí táille £136 a íoc de bharr ceapachán an Phríomh-Ghiúistís ina Ardmhéara. Cáineann siad é faoi ómós a thabhairt do Bhanríon Shasana thar ceann saoránaigh na cathrach.

1911

Agus an Rí Seoirse V agus an Bhanríon Mary á gcorónú i Londain tionólann Sinn Féin cruinniú ar chéimeanna Theach an Chustaim ag cur in aghaidh rannpháirtíocht na hÉireann sna searmanais thall.

1921

Osclaíonn an Rí Seoirse V agus an Bhanríon Mary Parlaimint an Tuaiscirt. Tá súil aige gurb í seo an chéad chéim i dtreo athmhuintearais i measc an phobail.

1932

Cuirtear tús leis an 31ú Comhdháil Chorp Chríost sa Leas-Ardeaglais – an teacht le chéile is mó de dhaoine mór le rá san Eaglais dá bhfacthas riamh in Éirinn, Leagáid an Phápa ina measc. Seinntear an t-iomann "Ecce Sacerdos Magnus" ar theacht isteach dó.

1948

Ritear conradh trádála Angla-Éireannach i Londain. Méadófar ar ár n-easpórtálacha talmhaíochta chun na Breataine agus cuirfear srian leis na hearraí go dtí an Eoraip. Beidh beithígh, éanlaith, uibheacha, im, caoireoil is bagún i gceist.

1957

Tá Eastát 8,000 acra an Neidín, locha Chill Airne san áireamh, ceannaithe ag ochtar Meiriceánach – iad ag iarraidh é a shlánú ar lucht gnó, adeir siad.

1962

Páirc fiche is a cúig acra thart ar Theach Rockingham i gContae Ros Comáin, a bhí á forbairt mar ionad turasóireachta ag Comhlacht Forbartha Mhainistir na Búille, á hoscailt go hoifigiúil ag Seán Lemass.

1972

An Taoiseach agus polaiteoirí eile ag Aerfort Bhaile Átha Cliath agus coirp seisear de cheannairí eacnamaíochta na tíre a maraíodh sa tubaiste aeir i Londain, á dtabhairt abhaile. A muintir rompu faoi bhrón.

1973

Saoirse chathair Bhaile Átha Cliath á bronnadh ar Mhícheál Mac Liammóir agus ar Hilton Edwards ag searmanas i dTeach an Ardmhéara – beirt a rinne a gcion don amharclannaíocht in Éirinn.

Mhícheál Mac Liammóir agus Hilton Edwards

1988

Comóradh 400 bliain Armáid na Spáinne i nGaillimh – baill d'ord ceithre chéad bliain d'aois de Ridirí Spáinneacha páirteach ann. Ambasadóir na Spáinne i láthair freisin.

1994

Scaoileann Team Aer Lingus suas le 800 oibrí chun siúil. Ceardchumainn na gceardaithe ag iarraidh go gcuirfí tús in athuair le cainteanna ar a bhfuil in ann don chomhlacht.

1902

Cruinniú bliantúil Chumann Lánstaonta Bhaile Átha Cliath ar siúl sa Coffee Palace Hall i Sráid Townsend. Cuireann na Coffee Palaces imeachtaí ar siúl do dhaoine óga leis an meisceoireacht a mhaolú agus le rudaí eile seachas tithe tábhairne a thairiscint dóibh.

1914

Tugtar an Government of Ireland Bill isteach sa House of Lords. Ceadaíonn an Bille do Chúige Uladh vóta a chaitheamh contae ar chontae féachaint an bhfuil siad ag iarraidh a bheith páirteach sa Home Rule Bill.

1929

Freastalaíonn trí chéad míle duine ar Ard-Aifreann i bPáirc an Fhionnuisce le deireadh a chur le ceiliúradh céad bliain Saoirse na gCaitliceach. Ardeaspag Ard Mhacha, an Dr Mac Ruairí, a léann an tAifreann.

1932

200,000 fear i láthair ag Aifreann ag Ard-Altóir sna cúig acra déag i bPáirc an Fhionnuisce. Áthas as cuimse ar Leagáid an Phápa, adeir sé, bheith i láthair ag slógadh iontach seo na bhfear.

1940

Deir Proinsias Mac Aogáin (ar dheis), Aire um Chomhordú cúrsaí Cosanta, agus é ag caint ag cruinniú i nDroichead Átha, gur chóir do chuile dhuine dídean a ullmhú a thabharfadh cosaint ó bhuamaí – ba cheart bia agus uisce a chur i dtaisce freisin.

1953

Is náisiún í Éire atá lán le seanmhaighdeana agus baitsiléirí, dar leis an gCaptaen Giles, FG. Deir sé leis an Dáil nach bhfuil aon rud a mheallfadh daoine fanacht faoin tuath. Tá cailíní ag dul go Sasana agus ag pósadh ann.

1964

Ag a gcruinniú i Maigh Nuad, ceapann Cliarlathas na hÉireann an tAthair Joe Dunne mar chéad stiúrthóir Lár-ionad Cumarsáide na gCaitliceach.

1972

San Uaimh i gContae na Mí glacann oibrithe ó mhonarcha troscáin Crannac seilbh ar an ngnó. Tá grúpa díobh ag iarraidh an mhonarcha a rith.

1985

Tuairteann eitleán 747 le hAir India i bhfarraige 150 míle amach ó chósta Chiarraí agus cailltear a bhfuil ar bord, 329 duine. Tugann héileacaptair leis an RAF na mairbh go Corcaigh.

1989

I mBéal Feirste tugtar na gialla sa Liobáin chun cuimhne ag bigil a eagraíonn gaolta agus cairde Bhrian Keenan, an múinteoir a bhfuil breis agus trí bliana caite i ngéibheann aige anois.

1992

Seoltar 150 caora isteach an doras sa Roinn Talmhaíochta i mBaile Átha Cliath – na feirmeoirí i mbun agóide faoi laghduithe ar dheontais ón gComhphobal Eorpach.

1912

Bunaítear trí bhrainse nua den Ancient Order of Hibernians i gContae Chill Dara. Deirtear leis an gcruinniú sa Droichead Nua go bhfuil gá leis an ord i gcónaí. Bhunaigh Ruairí Ó Mórdha an AOH sa chontae in 1565 le Caitlicigh a chosaint.

1917

Cuirtear iallach ar ghluaisteán atá ag déanamh ar oirthear an Chláir le tacaíocht a thabhairt don iarrthóir Éamon de Valera, stopadh le clocha móra ar an mbóthar roimhe. Scaoiltear urchair leo agus iad á mbogadh ach ní ghortaítear éinne.

1932

200,000 bean bailithe i bPáirc an Fhionnuisce ag an gComhdháil Chorp Chríost. Cuireann Ardeaspag Dhún Éideann fainic orthu faoi bhaol an Bhoilséiveachais.

1935

Baineann Foireann Mhíleata Eachléim na hÉireann an King George V Gold Cup. Bronntar an corn ar an gCaptaen JJ Lewis, fear nár leag claí ná fál ar an gcapall Tramore Bay.

1949

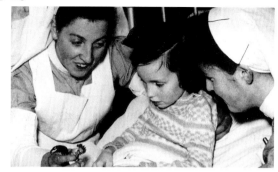

Foilsítear téacs an Bhille Altranais faoina mbunófar Bord nua d'Altraí, an Bord Altranais.

1957

Baineann Ronnie Delaney an míle Éireannach nuair a bhuaileann sé Brian Hewson ag Bóthar Lansdúin – ach ní curiarracht nua atá i gceist.

1965

Sochraid an Mhaorghinearáil Piaras Béaslaí. Ba iriseoir é agus duine de bhunaitheoirí Óglaigh na hÉireann – throid sé in Éirí Amach na Cásca. Cáil air mar údar agus drámadóir Gaeilge.

1973

An tUachtarán de Valera ag éirí as oifig. Téann sé ó Áras an Uachtaráin go Muilte Uí Bheoláin áit a dtugann Seán Ó Loingsigh ómós dó. Ar aghaidh ansin go Lóiste Thalbóid ar an gCarraig Dhubh áit a mbeidh cónaí feasta ar Éamon de Valera.

1981

Iascairí bradán Loch Garman agus Phort Láirge ar buille toisc eangacha 1,500 slat a bheith in úsáid ag iascairí ón iarthar. Tá Bord Iascaigh Réigiúnda an Deiscirt le hachomharc a dhéanamh san Ardchúirt faoi chinneadh an Aire.

1993

Glacann an Dáil le chuile chéim den Bhille adeir nach coireanna iad feasta gníomhartha homaighnéasacha idir daoine fásta.

1999

Cúisítear iarshaighdiúir san Ulster Defence Regiment i ndúnmharú an dlíodóra Pat Finucane deich mbliana ó shin. Cuirtear William Stobie siar faoi choinneáil.

25 Meitheamh

1910

Tionóltar cruinniú le coiste Chorcaí den All-for Ireland League a bhunú. Cáineann Maurice Healy an Páirtí Náisiúnach á rá go bhfuil siad easaontaithe agus deir nach fiú tada anois i gCorcaigh na Dilliúnaigh, na Devlins nó na Crosbies.

1920

Cuirtear isteach ar sheirbhísí traenach san iarthar agus sa deisceart nuair a dhiúltaíonn tiománaithe bogadh agus póilíní ar bord. Ní ritheann ach traein amháin ó Luimneach go hInis. Cuirtear 30 tiománaí agus gardaí traenach ar fionraí.

1938

Insealbhaítear an Dr Dubhghlas de hÍde mar chéad Uachtarán na hÉireann i Halla Naomh Pádraig i gCaisleán Bhaile Átha Cliath. D'fhreastail sé ar sheirbhís in Ardeaglais Phádraig níos luaithe fad is a d'fhreastail an rialtas ar Aifreann sa Leas-Ardeaglais.

1945

Seán T Ó Ceallaigh á insealbhú mar Uachtarán na hÉireann. I ndiaidh an tsearmanais téann sé féin agus a bhean ar chóiste oscailte trí lár na cathrach, an marcshlua in éineacht leis.

1959

Éamon de Valera á insealbhú mar thríú hUachtarán i searmanas simplí i Halla Naomh Pádraig i gCaisleán Bhaile Átha Cliath. Trumpaí á seinm ar ghlacadh móid a oifige dó agus scaoiltear cúirtéis gunna is fiche dó i mBeairic Uí Choileáin.

1966

An tUachtarán de Valera á insealbhú don dara téarma. Freastalaíonn sé féin agus Bean de Valera ar Aifreann sa Leas-Ardeaglais á léamh ag an gCairdinéal Mac Conmidhe.

1970

Socraíonn na heaspaig ag a gcruinniú i Maigh Nuad go gcuirfear deireadh leis an gcosc ar fhreastal ar Choláiste na Tríonóide. Deir an Cairdinéal Mac Conmidhe go mbeidh tacaíocht na Róimhe acu faoi cheann cúpla mí.

1973

Erskine Childers ar a bhealach isteach go hArdeaglais Phádraig ar lá a insealbhaithe mar Uachtarán. Tar éis an tsearmanais i gCaisleán Bhaile Átha Cliath déanann an tUachtarán nua garda onóra a iniúchadh roimh dhul go dtí an tÁras.

1984

Craobh dhomhanda rásaí curach Naomh Bréanainn ar siúl sa Daingean, Co. Chiarraí, le breith Bhréanainn 1,500 bliain ó shin a chomóradh.

1990

Foireann sacair na hÉireann sna cluichí ceathrú ceannais sa Chorn Domhanda tar éis an Rómáin a bhualadh ar chiceanna pionóis i Genoa – ardmholadh do Phackie Bonner (ar dheis) agus do Dave O'Leary.

1998

Muintir an Tuaiscirt ag caitheamh vótaí le Comhthionól nua a thoghadh faoi choinníollacha Chomhaontú Aoine an Chéasta.

1913

Bronntar céad punt damáiste ar an bhfeirmeoir Thomas Ryan ó Chorcaigh faoi bhás a mhic i dtubaiste an *Titanic*. Bheartaigh giúiré i Londain go raibh an loingseoireacht faillitheach agus nár léir go raibh an comhlacht saor ó fhreagracht.

1916

Ruairí Mac Easmainn ar a thriail sna Royal Courts of Justice, tréas curtha ina leith. Is é an t-abhcóide Éireannach, Serjeant Sullivan, atá á chosaint.

1930

Tuirlingíonn an *Southern Cross* leis an Major Kingsford-Smith agus an Captaen Saul, i Nua Eabhrac – daichead is a dó uair an chloig a thóg an turas ó Phort Mearnóg.

1932

Beagnach milliún duine i láthair ag Aifreann an Phápa i bPáirc an Fhionnuisce agus críoch á cur le Comhdháil Chorp Chríost – glór an Phápa á chraoladh go soiléir agus an bheannacht á tabhairt. Casann John Mc Cormack "Panis Angelicus".

1949

80,000 duine, idir fhir, mhná agus pháistí, ó gach cearn den tír bailithe i bPáirc an Chrócaigh lena móid a athnuachan mar bhaill de Chumann na Réadóirí.

1955

An *St. Brendan*, bád CIÉ ag fágáil Bhaile Átha Luain ar a céad turas ar an tSionainn. Droichead Átha Luain maisithe agus banna áitiúil ag seinm agus tús á chur leis an gcaitheamh aimsire nua seo.

1966

Léitear Aifreann i gCaisleán Bhaile Átha Cliath in ómós na ndaoine ó Gharastún na gCeithre Cúirteanna nach maireann, an Taoiseach, Seán Lemass, i láthair.

1973

Cáineadh forleathan déanta ar dhúnmharú an tSeanadóra Paddy Wilson ón SDLP agus Irene Andrews ar imeall Bhéal Feirste go moch ar maidin. Deir na hUlster Freedom Fighters gurb iad a rinne é.

1981

Cuirtear Rí an Lucht Siúil, Pat McDonagh, i Sligeach. Ardaítear a chónra ar ghuaillí agus é á thabhairt isteach sa reilig.

1991

Cuireann an Chúirt Achomhairc i Londain ciontú na Maguires ar ceal ach ní shaortar ó mhilleán go hiomlán iad. Olc ar a lán mar nár cáineadh eolaithe an chúisitheora a chuir an fhianaise ar fáil a chiontaigh an chéad lá iad.

1996

Dúnmharaítear an t-iriseoir Veronica Guerin agus í ina suí ina carr ag soilse tráchta ar Bhóthar an Náis. Agus an tír á caoineadh geallann an Taoiseach go ndéanfar gach ar féidir leis an dream a mharaigh í a ghabháil.

1906

Cáineann an Dr Windle an tseirbhís phoiblí sláinte in Éirinn ina aitheasc uachtaránachta d'Institiúid na Sláinte Poiblí i gCorcaigh. Tá an eitinn ag méadú anseo in aghaidh na bliana agus í ag dul i léig sa Bhreatain agus is ábhar imní líon na ndaoine atá as a meabhair.

1916

Tuairiscíonn an Belfast Board of Guardians go bhfuil úsáid an mhargairín in áit ime i dTeach na mBocht sásúil go maith. Agus tá beagnach £350 punt sábháilte acu dá bharr le trí mhí.

1928

Íocann Jim Rice ó Bhéal Feirste £1,050 ar an gcú Comorant le TG Mac Eoin ó Thír Eoghain, a bhfuil cáil mhór air sa chliathrásaíocht. Seo é an praghas is mó riamh ar chú.

1939

Bean ina hArdmhéara ar Bhaile Átha Cliath den chéad uair – sin í Bean Thomáis Uí Chléirigh, baintreach an té is túisce a shínigh Forógra na Cásca. Diúltaíonn sí an slabhra a bhronn Rí Liam III ar an gcathair a chaitheamh agus roghnaíonn sí gnáthshlabhra cathrach.

1941

Tugtar duine agus fiche a tháinig slán nuair a bhuail toirpéid long Bhriotanach amach ó na hAsóir, i dtír i nGaillimh tar éis dóibh 19 lá a chaitheamh i mbád oscailte.

1963

Tugann an tUachtarán Ó Cinnéide cuairt ar Loch Garman, garda cabhlaigh onóra á iniúchadh aige agus bláthfhleasc á leagan ag dealbh John Barry i gCearnóg Réamoinn. Téann sé ar an ardán ansin leis an Méara Tomás Ó Broin.

1972

Doire ciúin go maith agus sos comhraic Shealadaigh an IRA i bhfeidhm. Deir Seán Mac Stíofáin, ceannaire an IRA Shealadaigh, gur féidir druidim i dtreo cainteanna dáiríre anois.

1986

An comhaireamh ar siúl i Reifreann an Cholscartha i gcathracha agus i mbailte ar fud na tíre. Deir lucht cuntais go mbeidh móramh mór ag an dream atá ina choinne.

1987

Dianslándáil i bhfeidhm, na ticéid á seiceáil agus na sluaite ag tarraingt ar Pháirc an Chrócaigh do cheolchoirm U2. Baintear an-sult as an ngig!

1991

Seirbhís fharantóireachta dá gcuid féin ag Toraigh sa deireadh thiar. Bhí seirbhís shealadach héileacaptair ann ar feadh tamaill ach fáiltíonn siad roimh an tseirbhís cheart.

1999

Oráistigh shinsearacha Phort an Dúnáin agus ceannairí áitritheoirí Bhóthar Gharbh Achaidh ag bualadh leis an gCéad Aire Trimble i Stormont – iarracht deiridh le cruachás Dhroim Crí a réiteach.

1910

Fógraíonn Coiste Sláinte Poiblí Bhaile Átha Cliath go bhfuil titim leanúnach ar an ráta báis le deich mbliana anuas. Meastar gur feabhas mór ar chúrsaí sláinteachais is cúis leis seo.

1920

Rialaíonn cúirt de chuid Shinn Féin ar a bhfuil uachtarán, binse seisir, cúisitheoir, cléireach agus abhcóide cosanta, gur cóir buachaill ón Muileann gCearr a chur ar deoraíocht ar feadh cúig bliana faoi chriosanna sabhrain leis na hÓglaigh Náisiúnta a ghoid.

1939

An Taoiseach Éamon de Valera i bhFaing le fáilte a chur roimh an *Yankee Clipper*, bád aeir le Pan American agus ceithre mhála déag poist ar bord ó Thalamh an Éisc – an chéad eitilt oifigiúil phoist trasatlantach.

1944

Ceaptar Effie Moran mar Ollamh Dlí Regius i gColáiste na Tríonóide, an chéad bhean a ceapadh sa phost seo. Ollamh Dlí Reid í ó 1926 agus sí an chéad bhean in Éirinn í ar dearnadh abhcóide sinsir di.

1954

Tugtar bualadh bos mór ón ngailearaí poiblí agus Alfie Byrne tofa ina Ardmhéara ar Bhaile Átha Cliath den deichiú huair.

1963

Bualadh bos mór d'Uachtarán Mheiriceá, John Fitzgerald Kennedy, agus é ag teacht isteach sa Dáil leis an Taoiseach, Seán Lemass, le labhairt le baill an Oireachtais, idir Dháil agus Sheanad. Ócáid stairiúil.

1969

An Bardasach Stephen Coughlan tofa ina Mhéara ar Luimneach. Teachta de chuid an Lucht Oibre do Luimneach Thoir ó 1961, sheas sé mar iarrthóir do Chlann na Poblachta sa dáilcheantar sna caogadaí.

1973

Páirc Fhoraoiseach Loch Cé i gContae Ros Comáin á hoscailt go hoifigiúil don phobal. Ar bhád a thagann an tAire Tailte, Tom Fitzpatrick, leis an oscailt a dhéanamh.

1981

Léirsiú mór H-Bhloc ar siúl i mBéal Feirste, fear agus pluid air ar cheann na paráide. Bratacha agus balúin á n-iompar ag lorg tacaíochta don dream atá ar stailc ocrais.

1984

Bronntar saoirse Bhaile Átha Cliath ar Mhaureen Potter agus Noel Purcell – an onóir á bronnadh ag an Ardmhéara Michael Keating agus bainisteoir na cathrach Frank Feely.

1999

Cuireann Coimisiún na bParáideanna sa Tuaisceart cosc ar Pharáid na nOráisteach i nDroim Crí Dé Domhnaigh seo chugainn. Theip ar an Ord Oráisteach agus ar áitritheoirí Bhóthar Gharbh Achaidh teacht ar réiteach.

1902

Cuireann grúpa eagraithe isteach ar bhanna an 7ú Reisimint Cúige agus iad ag seinm i bPáirc an Fhionnuisce. Déanann siad siosarnach agus faíreach agus casann amhráin thírghrácha. Múchtar an banna go hiomlán le "God Save Ireland".

1911

Beartaíonn Bord Bardachta Chorcaí le daichead vóta in aghaidh a deich, a bpá a íoc le fir oibre a thóg lá saoire gan chead ar Coronation Day.

1927

An aimsir go dona ach caitheann na mílte an oíche ag rince ag fanacht le hurú na gréine. Ní bhíonn sé le feiceáil ach anseo agus ansiúd.

1939

Deir Rúnaí Gnóthaí Eachtracha na Breataine, Lord Halifax, ag labhairt i Londain dó, go dtuigeann siad anois gur méadú agus nach laghdú a tháinig ar a sábháilteacht agus Éire saor agus cairdiúil.

1952

Tógtar corp Mhatt Talbot, fear oibre ó Bhaile Átha Cliath a cailleadh i 1925, i Reilig Ghlas Naíon. Seo í an chéad chéim sa phróiseas beannaíochta lena ainmniú mar naomh.

1963

Fágann an tUachtarán John Fitzgerald Kennedy slán in Ambasáid Mheiriceá i mBaile Átha Cliath agus a chuairt ag tarraingt chun deiridh –é ag comhrá leis an Uachtarán de Valera agus leis an Ambasadóir Matt McCloskey.

1977

Buaileann páirtí parlaiminte Fhianna Fáil le chéile i dTeach Laighean den chéad uair ón olltoghchán. Tá 84 teachta agus 17 seanadóir meáite ar a ngealltanas faoi dheontais thithíochta, cáin ghluaisteáin agus rátaí a chur i bhfeidhm.

1987

Bronnann an tAire Stáit, Séamus Brennan, seic ar Lily Raftery a bhain an duais fiontair dá comhlacht ER Harness a bhunaigh sí sa Chom nuair a scaoil a fostóirí an comhlacht.

1989

Éiríonn Cathal Ó hEochaidh as a bheith ina Thaoiseach. Téann sé go hÁras an Uachtaráin ach ní iarrann sé ar an Uachtarán Ó hIrghile an Dáil a scor.

1996

An tUachtarán Mhic Róibín agus an Taoiseach John Bruton ar shochraid an iriseora Veronica Guerin a dúnmharaíodh. Comhbhrón á dhéanamh lena fear céile Graham Turley agus lena mac Cathal.

1999

Coirp Bhrian McKinney, 22, agus John McClory, 18, a mharaigh an tIRA i 1978, aimsithe i gCalgach, Co. Mhuineacháin.

1915

Fógraítear bás Uí Dhonnabháin Rossa i Nua Eabhrac. Is ann a chuaigh sé nuair a scaoileadh amach as an bpríosún é i 1871 agus chaith sé an chuid is mó dá shaol thall.

1922

Fógraítear i ráiteas oifigiúil go moch ar maidin go bhfuil saighdiúirí Náisiúnacha tar éis ruathar a dhéanamh ar na Ceithre Cúirteanna agus go bhfuil 33 príosúnach gafa. Deir an Rialtas Sealadach go bhfuil comhcheilg ar siúl leis an gConradh a scriosadh.

1932

Osclaítear na Cluichí Tailteann i bPáirc an Fhionnuisce, na cluichí a d'eagraigh Lú Lámhfhada den chéad uair i 632 roimh Chríost in onóir a mháthair altrama, an Bhanríon Tailte.

1937

Cuireann Éamon de Valera críoch lena thuras toghcháin le mórshlógadh i bhFaiche an Choláiste. Deir sé leis an slua go bhfuil rogha acu idir an Bunreacht nua agus an chumhacht ag na daoine, nó an seancheann lofa.

1944

Is oth leis an Stiúrthóir Leighis, an Dr C J Mac Suibhne, na trí dhuine agus ceithre scór a fuair bás den diftéire i mBaile Átha Cliath anuraidh. Dá mbeadh díonadh éigeantach ann go hóg bheadh an chathair saor ón ngalar faoi 1950.

1957

Deir Easpag Chluain Fearta, an Dr Philbin, go bhfuil dianiarracht ar siúl ag lucht an chreidimh mhionlaigh, ról ceannasach a bhaint amach sa saol poiblí. Bhainfeadh sé seo ó éifeacht na caitliceachta.

1962

Derby na hÉireann ar an gCurrach agus is é an capall Tambourine II agus an marcach Francach Roger Poincelet a bhaineann an rás is saibhre san Eoraip. Artic Storm sa dara háit.

1976

Aifreann speisialta á rá ag Carraig an Aifrinn i gContae Chill Mhantáin, carraig Aifrinn a úsáideadh aimsir na bpéindlíthe.

1981

Toghtar ceannaire Fhine Gael, an Dr Garrett FitzGerald, ina Thaoiseach. Tar éis preasagallaimh ina labhraíonn sé faoi na H-bhloic is faoin eacnamaíocht téann sé go hÁras an Uachtaráin le séala a oifige a fháil ón Uachtarán Ó hIrghile.

1987

Tagann Alice Dalgarno a rinne córagrafaíocht do na Royalettes go Baile Átha Cliath le comóradh 25 bliain dhúnadh an Theatre Royal a cheiliúradh leo.

1995

Baineann foireann eachléime na hÉireann Corn na Náisiún in Aachen sa Ghearmáin – an cúrsa deiridh gan locht ag Eddie Macken.

1 Iúil

1912
Drochráig den ghalar crúibe is béil i mBaile Atha Cliath, sa Mhí, i gCill Dara agus i gCill Mhantáin – na ceithre contaetha timpeallaithe ag an Roinn Talmhaíochta agus an RIC. Cosc curtha ag an Airgintín ar bheithígh Éireannacha a cheannach.

1916
Cuirtear tús le Cogadh an Somme le mórionsaí na gComhghuaillithe ar stráice 25 míle ar fhad, ar Fhronta an Iarthair. An t-uafás maraithe agus gortaithe san 36th Ulster Division, an lá is measa fós.

> **PRESSING THE ADVANCE.**
> ───
> **FALL OF SOMME STRONGHOLDS.**
> ───
> **BAPAUME MENACED.**

1925
Glacann Coimisinéir na nOibreacha Poiblí le tairiscint £50,000 ó chomhlacht tógála Alexander Hull ón Rinn i mBaile Átha Cliath le hArdoifig an Phoist a atógáil i Sráid Sackville.

1932
Cailltear aon duine déag de chriú an *Melbourne* ón bhFionlainn nuair a bhuaileann sí faoi thancaer tríocha míle amach ó Charraig Aonair. Bhí an *Melbourne* 106 lá ar an bhfarraige ó Phort Victoria san Astráil agus a turas go Cóbh beagnach curtha di aici.

1942
Deir Éamon de Valera leis an Dáil agus an Bille Cumhachtaí Éigeandála á mholadh aige, go ngearrfar fíneáil £20 ar fheirmeoirí nach saothraíonn an oiread talún agus is gá faoin Ordú Éigeantach Curadóireachta.

1951
Tugann an Taoiseach Éamon de Valera a chéad chuairt ar Dhoire le cúig bliana fichead. Tagann 30,000 duine amach roimhe agus é ar a bhealach go Celtic Park le hiubhaile cúig bliana fichead Chomhaltas Uladh a chomóradh.

1967
Jacqueline Kennedy ag na rásaí ar an gCurrach leis an Taoiseach Seán Ó Loingsigh agus a bhean Máirín. Radharc aici ar an Irish Sweeps Derby ó bhosca an Uachtaráin.

1979
Cuireann na Dubliners ceolchoirm ar siúl chun tacú le lucht agóide ag Cé an Adhmaid atá ag cur in aghaidh tógáil bloc oifigí ar an láthair seandálaíochta.

1986
Tugann Rí Juan Carlos na Spáinne agus an Bhanríon Sofia cuairt ar Mhainistir Bhuíthe, ar Bhrú na Bóinne agus ar Choláiste na Tríonóide.

1990
Tagann foireann sacair na hÉireann abhaile ón gCorn Domhanda go buacach agus cuirtear fáilte mhór rompu ón Aerfort go Faiche an Choláiste i mBaile Átha Cliath – 250,000 dá lucht tacaíochta rompu ansin.

1996
Agus an tír faoi bhrón faoi dhúnmharú an iriseora Veronica Guerin, tagann ceannairí an Chomhrialtais ar shocrú faoi phacáiste leathan chun déileáil leis an gcoiriúlacht eagraithe.

1903

Baineann Camillie Jenatzki ón mBeilg rás mótair Gordon-Bennett don Ghearmáin i Mercedes bán. Cúrsa 370 míle atá ann ón gCurrach go Mainistir Eimhín go dtí an Sráidbhaile, go Baile Átha Í, Ceatharlach agus ar ais go dtí an Currach.

1923

Ag an dara léamh den Bhille Cosanta Poiblí cuireann baill an Lucht Oibre i gcoinne an imtheorannaithe tráth a bhfuil deireadh le stádas cogaidh. Cuireann siad freisin in aghaidh moltaí go ndéanfaí robálaithe agus lucht dó mailíseach a lascadh. Áirítear go bhfuil 13,000 príosúnach míleata sa tír.

1933

Cuireann cathair Dhoire fáilte roimh an Ghinearál Balbo agus a armáid aeir ón Iodáil a thuirlingíonn ar Loch Feabhail agus iad ar a mbealach go Chicago.

1947

Tá Clann na Talmhan agus an Páirtí Talmhaíochta Náisiúnta le nascadh – an teachta dála P J Halliden a fhógraíonn é seo tar eis dhá lá margaíochta.

1957

Seasann rúnaí parlaiminte an Aire Airgeadais, Patrick Beegan, leis an gcinneadh dhá theach Sheoirseacha a leagan ag Uimh. 2 agus 3 Plás Chill Dara. Deir sé leis an Dáil go bhfuil droch-chaoi orthu agus nach bhfuil aon tábhacht náisiúnta ag baint lena gcaomhnú.

1963

Toghtar Frances Condell mar Mhéara Luimnigh. Déantar comhghairdeas léi agus cuireann an Seanadóir Stevie Coughlan slabhra a hoifige uirthi.

1970

Glantar Niall Bléine ó chúisimh a bhaineann le comhcheilg faoi airm a thabhairt isteach – ríméad ar a lucht tacaíochta, ina measc Gerry Jones. Deir Bléine go mbaineann sé féin le Fianna Fáil i gcónaí.

Niall Bléine

1978

Comóradh céad bliain ar siúl i Mainistir Naomh Seosamh láimh le Ros Cré – Nuinteas an Phápa, an Dr Gaetano Alibrandi, agus easpaig i bpáirt leis na manaigh Chistéirseacha don cheiliúradh. An tUachtarán agus an Taoiseach ann freisin.

1986

Cruinniú dúshlánach dá gcuid féin ar bun i Halla na Cathrach i mBéal Feirste ag baill Aontachtaithe Chomhthionóil scortha Stormont. An tUrramach William Beatty ón DUP sa chathaoir.

1990

Tugann Leas-Uachtarán an ANC, Nelson Mandela, aitheasc os comhair Thithe an Oireachtais. Deir sé go gcaithfear leanacht leis an troid in aghaidh na cinedheighilte. Tugann sé féin agus a bhean Winnie cuairt ar an Uachtarán.

1996

Sroicheann iompróir aerárthach Mheiriceá, an *John F Kennedy*, Baile Átha Cliath, í ar ancaire amach ó Dhún Laoghaire. An 'Big John' rómhór don chalafort.

3 Iúil

1905

Deir Michael Davitt le cruinniú de Léig na nÉireannach Aontaithe i mBaile Uí Fhiacháin i gContae Mhaigh Eo nach bhfaighidh tionóntaí greim ar thalamh muna mbíonn sealbhú éigeantach air. Dar leis go ndéanfar leasú ar Acht Talún 1903.

1918

Cuireann an Lord Lieutenant cosc ar Shinn Féin, ar chlubanna Shinn Féin, ar Óglaigh na hÉireann, ar Chonradh na Gaeilge agus ar Chumann na mBan. Bagairt mhór atá iontu, a deir sé, é d'aidhm acu sceon a chur ar ghnáthmhuintir na hÉireann.

1924

Fógraíonn an tAire Oideachais, an Dr Mac Néill, go mbeidh múineadh na Gaeilge éigeantach sna scoileanna feasta mar gur mionlach beag amháin nach mian leo í a fhoghlaim.

1932

50,000 duine i nDún Laoghaire ag fágáil slán leis an gCairdinéal Lauri, Leagáid an Phápa ag Comhdháil Chorp Chríost, agus é ag imeacht ar an mbád poist, *Hibernia*.

1946

Céimeanna oinigh á mbronnadh ar Sir Alexander Fleming, an té a d'aimsigh peinicillin, agus ar an Urramach J A Jagoe, Ard-Shéiplíneach an RAF, i gColáiste na Tríonóide.

1950

John J Hanley ó Nua -Eabhrac, nó Baron of Broadway mar a thugadh sé air féin, á thiomáint trí Bhéal Feirste i gcarr Ambassador, péint uaine, bán agus oráiste air, bratacha beaga na hÉireann ar foluain láimh le cinn Mheiriceá. Tógann an RUC na cinn Éireannacha.

1963

10,000 trádálaí, baill den RGDATA, i mbun agóide i mBaile Átha Cliath faoin gcáin láimhdeachais, iad ag déanamh ar an Roinn Airgeadais.

1975

Poist á gcailliúint agus monarchana á ndúnadh ar an Droichead Nua – orthu seo tá Newbridge Cutlery, Sandersons Manufacturers agus Irish Ropes.

1981

Buaileann gaolta na ndaoine atá ar stailc ocrais i bPríosún na Ceise Fada leis an Taoiseach i dTithe an Rialtais – súil acu go ndéanfaidh sé idirghabháil le rialtas na Breataine.

1993

Baineann Éire úsáid as an veto ar cheist chiste struchtúrtha an Aontais Eorpaigh. Déanann an Tánaiste, Dick Spring, é seo toisc nach bhfuil ag éirí le hÉirinn an £8b a lorg sí a fháil.

1997

Buaileann an Taoiseach, Bertie Ahern, le Príomh-Aire na Breataine, Tony Blair, den chéad uair ó ghlac sé oifig. Tuigtear go bhfuil máirseáil na nOráisteach i nDroim Crí Dé Domhnaigh seo chugainn, go mór i gceist.

1904

An t-aisteoir Sarah Bernhardt ar cuairt lae go Baile Átha Cliath, "La Dame aux Camelias" ar siúl in Amharclann an Gaiety tráthnóna, "La Sorciere" san oíche, an teach lán go doras.

1913

Éiríonn le Sir Arthur Vicars ó Choill Mhaonaigh, Co. Chiarraí, ina chás clúmhillte in aghaidh an *London Mail* faoi líomhaintí go raibh baint aige le robáil na nIrish Crown Jewels. Bronntar costais agus £5,000 damáiste air.

1921

Déanann Sir James Craig baghcat ar chomhdháil shíochána i dTeach an Ardmhéara i mBaile Átha Cliath – é míshásta gur sheol an tUachtarán de Valera cuireadh chuige go príobháideach agus ní mar Phríomh-Aire Thuaisceart Éireann.

1935

Cuireann an tUasal Morgan ó Chomhairle Lucht Trádála Bhéal Feirste an milleán ar na húdaráis faoin gcíréib a tharla le deireanaí. Luann sé go háirithe ráiteas Lord Craigavon gur "parlaimint Phrotastúnach do Phrotastúnaigh" a bhí acu agus treoir Sir Basil Brooke gur chóir baghcat a dhéanamh ar Chaitlicigh.

1940

Dearbhaíonn an tAire Gnóthaí Eachtracha, Éamon de Valera, arís eile nach bhfuil sé i gceist ag an rialtas aon athrú a dhéanamh ar an bpolasaí neodrachta a roghnaíodh mí Mheán Fómhair seo caite – polasaí a tháinig le toil mhuintir na hÉireann.

1955

Toghtar Teachta Dála an Lucht Oibre, Denis Larkin (ar dheis), ina Ardmhéara ar Bhaile Átha Cliath. Buaileann sé an Bardasach Alfie Byrne le 23 vóta in aghaidh a 22.

1965

An Prionsa Rainier agus Banphrionsa Grace Mhonacó ar saoire anseo. Cuireann Lord Killanin, an tAire Gnóthaí Eachtracha, Proinsias Mac Aogáin, agus an tAire Talmhaíochta, Cathal Ó hEochaidh, fáilte rompu.

1970

Lá agus oíche eile chíréibe ar Bhóthar na bhFál i mBéal Feirste agus lucht calláin i ngleic le trúpaí na Breataine. Scaoiltear gás CS agus cuirtear carranna trí thine.

1984

Teipeann ar achomharc Eileen Flynn, múinteoir scoile ó Ros Mhic Thriúin, in aghaidh chinneadh na meánscoile áitiúil, í a chaitheamh amach as a post.

Agus cuireann aistriú an Ath. Diarmaid Ó Peicín, an séiplíneach ar Thoraigh, alltacht ar mhuintir an oileáin.

1990

Sir Edmund Hillary, an chéad duine a chuaigh go barr Everest, i mBaile Átha Cliath – buaileann sé le dreapadóirí Éireannacha, ina measc Frank Nugent.

1992

Lucht agóide Gay Rights i mbun máirseála i mBaile Átha Cliath. Tagann siad le chéile ag an nGairdín Cuimhneacháin agus tugann aghaidh ar Shráid Uí Chonaill.

5 Iúil

1900

Eisíonn Oifig Chogaidh na Breataine liosta de na hÉireannaigh ón 1ú Cathlán de na Royal Irish Fusiliers, atá gafa i Nooitgedacht san Afraic Theas – 473 fear ó 8 gcomplacht.

1911

Déanann an Chuntaois Markievicz agus Helena Molony, eagarthóir *Bean na hÉireann*, iarracht cruinniú de Chomhairle na Cathrach, áit a bhfuil cuairt an Rí agus na Banríona á plé, a chur as a riocht. Gearrtar téarma príosúin ar Helena Molony nuair a dhiúltaíonn sí fíneáil a íoc.

1922

Gontar Cathal Brugha go dona agus é ag iarraidh éalú ó Óstán Hammam i mBaile Átha Cliath, é fós ag scaoileadh. Fórsaí na nIrregulars ag géilleadh – Baile Átha Cliath anois i lámha an Rialtais Shealadaigh.

1937

Déanann Éamon de Valera agus an tAire Tionscail agus Tráchtála, Seán Lemass, an bád aeir, an *Caledonian*, a iniúchadh i bhFaing roimh a céad thuras trasatlantach. Bronnann Méara Luimnigh, Daniel Bourke, cásanna toitíní ar an gcriú agus armas Luimnigh breactha orthu.

1949

Deir an Taoiseach, John A Costello, leis an Dáil nach bhfuil sé i gceist ag an rialtas aon mholtaí a dhéanamh faoi ionadaithe tofa an phobail náisiúnaigh sa Tuaisceart a scaoileadh isteach sa Dáil, de bharr deacrachtaí bunreachtúla, dlíthiúla is eile.

1954

Socraíonn Bardas Bhaile Átha Cliath nár chóir aon cheo a dhéanamh faoi iarratas Bhriogáid Bhaile Átha Cliath den IRA go n-aistreofaí Colún Nelson. Chosnódh sé sin £15,000 agus ní leigheasfadh sé na deacrachtaí tráchta.

1969

2,000 de lucht agóide Chearta Sibhialta i mbun léirsithe san Iúr. Labhraíonn an Feisire Bernadette Devlin leis an slua.

1970

Éilíonn an Rialtas go mbeadh cosc iomlán ar pharáideanna sa Tuaisceart agus go mbeadh ar shibhialtaigh a bhfuil airm mhídhleathacha acu, iad a thabhairt suas.

1984

Cáineann cruinniú bliantúil Chomhdháil na gCeardchumann i bPort Láirge cinneadh na Cúirte Cuarda seasamh le briseadh an mhúinteora Eileen Flynn i Ros Mhic Thriúin – a caidreamh le fear pósta scartha ba chúis lena briseadh.

1993

Toghtar Tomás Mac Giolla (ar dheis) ó Pháirtí na nOibrithe ina Ardmhéara ar Bhaile Átha Cliath. Tréaslaíonn an t-iarmhéara Gay Mitchell agus comhairleoirí eile a bhua leis.

1998

Cuirtear tús le himhsuí i nDroim Crí, an tOrd Oráisteach agus na fórsaí slándála ag tabhairt aghaidh ar a chéile. Cosc curtha ar na hOráistigh dul síos Bóthar Gharbh Achaidh.

1907

Goidtear Seodra Stáit na hÉireann, ar fiú £50,000 iad, ó thaisceadán i gCaisleán Bhaile Átha Cliath – agus níor briseadh isteach. Is ar an 11ú Meitheamh a osclaíodh an taisceadán go deireanach.

1918

Trí sheomra sa Ghailearaí Náisiúnta ina bhfuil breis agus trí scór pictiúr a d'fhág Sir Hugh Lane le huacht acu, á n-oscailt go hoifigiúil ag an Viscount French. D'fhág Sir Hugh, a cailleadh in aois a dhá scór sa *Lusitania*, £20,000 ag an ngailearaí freisin.

1938

Comóradh céad bliain ar siúl ag an gColáiste Talmhaíochta, an Albert College i nGlas Naíon, 500 dalta agus iardhaltaí i láthair. Labhraíonn Éamon de Valera ar thábhacht an choláiste.

1946

Bunaítear páirtí nua polaitiúil, Clann na Poblachta, ag comhdháil in Óstán Barrys i mBaile Átha Cliath. Deir Seán Mac Giolla Bhríde ón bpáirtí nua go mbeidh siad eagraithe agus go seasfaidh siad sna toghcháin i ngach dáilcheantar.

1953

Míle duine dífhostaithe ina suí fúthu ar Dhroichead Uí Chonaill ar feadh ceathrú uair an chloig – tranglam tráchta dá bharr – iad ag clamhsán faoin trí lá a chaithfidh siad fanacht leis an 'airgead fóirthinte'.

1962

Seirbhís choimeádán chuisniúcháin, an chéad cheann Éireannach, i mBaile Átha Cliath, á cur ar fáil ag Palgrave Murphy. Déanfaidh sí freastal ar Éirinn agus ar thíortha an Chómhargaidh.

1972

Bronntar céim oinigh dochtúireachta sa cheol ar an gcumadóir Rúiseach Dimitri Shostakovich ag searmanas i gColáiste na Tríonóide.

1978

Seolann an tAire Oideachais John Wilson (sa lár) foclóir nua Gaeilge – Béarla le Niall Ó Dónaill (ar dheis). Fáiltíonn sé roimh an tionscnamh nua agus deir go bhfuil géarghá leis an bhfoclóir nua-aimseartha seo.

1984

I mBaile Átha Cliath osclaítear Casino Mharino don phobal – an tArdmhéara, Michael O'Halloran, i láthair.

Agus i nDúlainn, Contae an Chláir osclaíonn an tAire Liam Kavanagh cé nua a chuirfidh le sábháilteacht agus leis an turasóireacht ansin.

1987

Cathal Ó hEochaidh ar héileacaptar go hInis Toirc i gContae Mhaigh Eo leis an leictreachas a lasadh ansin. Pádraig Ó Muircheartaigh ón ESB ann freisin.

1997

Arm na Breataine agus an RUC ar Bhóthar Gharbh Achaidh agus an tOrd Oráisteach ag máirseáil ó Dhroim Crí. Seasann na húdaráis lena gcinneadh an pharáid a cheadú tríd an gceantar náisiúnach.

7 Iúil

1905

Díospóireacht faoi Bhille an Óil in Éirinn sa House of Commons. Cáineann feisirí Éireannacha é á rá gur masla do chuile Éireannach é. Is fadhb chomh mór céanna é an t-ól in Albain agus sa Bhreatain Bheag, a deir siad.

1913

Glactar leis an mBille Home Rule arís sa House of Commons ainneoin iarracht deiridh ó Bhonar Law moill a chur air. Deir feisirí Aontachtacha go gcuirfidh muintir Uladh i gcoinne aon reachtaíocht dá leithéid leis an lámh láidir.

1925

Táthar le beagnach £4m a chaitheamh ar scéim chuimsitheach le bóithre a fheabhsú. Deir an tAire Rialtais Áitiúil, James Burke, go bhfuil 1,500 míle slí i gceist.

1938

Tugann Joseph Kennedy, garmhac le heisimircigh agus Ambasadóir nua Mheiriceá chun na Breataine, a chéad chuairt ar Éirinn agus a mhac Joe in éineacht leis. Buaileann sé leis an Uachtarán de hÍde agus é anseo.

1947

Tús á chur ag Aer Lingus le turas díreach ó Bhaile Átha Cliath go hAmstardam – Seán Lemass, agus lucht nuachta ar bord. Sroicheann siad Aerfort Schiphol trí huair an chloig tar éis Baile Átha Cliath a fhágáil.

1953

Deir Teachta Dála an Lucht Oibre, James Hickey, leis an Dáil go bhfuil seilbh á gabháil ar Éirinn in athuair ag eachtrannaigh. Cheannaíodar 6,900 acra anseo anuraidh -na praghsanna ró-ard anois don ghnáth-Éireannach.

1966

Fógraíonn an tAire Oideachais, Donncha Ó Máille, mioneolas faoina scéim saor-oideachais don scolaíocht iarbhunscoile.

1975

Monarcha seodra oscailte ar Inis Mór Árann – súil ag oibrithe an cheantair go gcuirfidh Seoda Astrid, mar a thugtar air, le cúrsaí fostaíochta ar an oileán.

1980

Maraítear beirt Ghardaí nuair a lámhachtar iad tar éis ruathair ar Bhanc na hÉireann i mBealach an Doirín, Ros Comáin. Bhí an Garda Henry Byrne agus an Bleachtaire John Morley ag ionad seiceála.

1993

Oibrithe Team agus Aer Lingus i mbun agóide lasmuigh de Theach Laighean faoi phlean athstruchtúraithe an rialtais don chomhlacht. Tacaíonn an Dáil féin leis an bplean ach éiríonn na teachtaí Tony Killeen agus Síle de Valera as an bpáirtí parlaiminte dá bharr.

1994

Céad míle de lucht tacaíochta fhoireann sacair na hÉireann rompu agus iad ag filleadh as Meiriceá – an Taoiseach, Albert Reynolds, freisin. Ar aghaidh ansin go dtí an ceiliúradh i bPáirc an Fhionnuisce.

1911

Osclaíonn an Rí Seoirse V agus an Bhanríon Mary an Coláiste Eolaíochta go hoifigiúil ar Chearnóg Mhuirfean. Puball mór tógtha ar an bhféar os comhair Theach Laighean agus áit do mhíle cuairteoir os comhair an choláiste.

1921

An Chomhdháil Síochána ar siúl arís i dTeach an Ardmhéara i mBaile Átha Cliath. Glacann an tUachtarán de Valera le cuireadh go Londain ó Phríomh-Aire na Breataine, Lloyd George, leis an tsíocháin a phlé leis. Sos cogaidh le teacht i bhfeidhm ó mheán lae ar an aonú lá déag d'Iúil.

1932

Sroicheann na píolótaí cáiliúla J A Mollison agus a ghrá geal Amy Johnson Aerfort Bhaile Uí Dhónaill. Tá an tAlbanach anseo le hullmhúcháin a dhéanamh dá iarracht an tAtlantach a thrasnú faoi dhó ó Thrá Phort Mearnóg.

1941

Bronnann Joseph McGrath carr nua ar Ardmhéara Bhaile Átha Cliath, Peadar Doyle. Chrysler Fairyhouse atá ann a tháinig ó Mheiriceá ina phíosaí agus a cuireadh le chéile anseo. Áirítear gurb é an carr is nua-aimseartha san Eoraip é.

1952

Deir an tAire Rialtais Áitiúil, Patrick Smith, leis an Dáil nach bhfuil aon réiteach iomlán ar fhadhb thráchta Bhaile Átha Cliath. Tá an trácht ag dul i méid i gcónaí agus ag cur brú millteanach ar na bóithre.

1965

Bronnann an Seansailéir F H Boland céim oinigh dochtúireachta dlí ar an Taoiseach, Seán Lemass, i gColáiste na Tríonóide.

1976

Tuirlingíonn an bád aeir Sandringham i bhFaing, Co. Luimnigh. Cuireann Captaen an Chumainn Seoltóireachta ansin fáilte roimh an Chaptaen Charles Blair agus a bhean, an t-aisteoir Maureen O'Hara.

1981

Faigheann Joseph McDonnell, an cúigiú ball den IRA ar stailc ocrais, bás sa phríosún – na sluaite ag bailiú os comhair a thí i mBéal Feirste agus círéib ar siúl de réir mar a scaipeann an scéal.

1988

Tugann an tAire Fuinnimh, Ray de Búrca, cuairt i héileacaptar ar an Marathon Alpha Rig amach ó Chionn tSáile i gContae Chorcaí.

1992

Labhraíonn an tUachtarán Máire Mhic Róibín le dhá theach an Oireachtais – í ag iarraidh go mbeadh díospóireacht oscailte mhacánta ar an neodracht agus go gcothófaí comhrá agus caradas sa Tuaisceart. Tugtar bualadh bos mór di ar an ócáid stairiúil seo.

1996

Deir muintir an fhir thacsaí, Michael McGoldrick, Caitliceach tríocha haon bliain d'aois a lámhachadh sa Lurgain, go bhfuil cuid den fhreagracht faoina bhás ar pholaiteoirí.

9 Iúil

1901

Fiafraíonn Lord Clonbrock den Rialtas céard tá siad chun a dhéanamh le saoránaigh Shligigh a chosaint ó Léig na nÉireannach Aontaithe. Tá a mbaill siúd, a deir sé, ag dó, ag cur fainic ar dhaoine gan talamh Protastúnach a thógáil ar léas agus ag cur baghcat ar ghnólachtaí Protastúnacha.

1922

Tagann na mílte, cuid mhór ón tuath, ag breathnú ar an scrios atá déanta ar Shráid Sackville i mBaile Átha Cliath. Tá fir dhóiteáin fós ag caitheamh uisce ar an smionagar. Tá iarratais chúitimh faighte ag Bardas Bhaile Átha Cliath cheana féin.

1934

Is é Bord Soláthair an Leictreachais a bheas freagrach as bainistú na n-iascaireachtaí ar Abhainn na Sionainne faoi Bhille nua a thugann an tAire Tionscail agus Tráchtála, Seán Lemass, isteach.

1949

An turas deireanach don tram deireanach ó Cholún Nelson go Deilginis. Ar fhilleadh go dtí an garáiste sa Charraig Dhubh di baintear aisti a bhfuil inti.

1955

Cuirtear rásaí na gcon i bPáirc Shíol Broin i mBaile Átha Cliath ar ceal toisc nach bhfuil leictreoir ar an láthair leis an ngiorria ná na soilse a oibriú. Ní ghabhfadh sé thar picéad na bhfear tábhairne taobh amuigh.

1959

Liostáiltear mná sa Gharda Síochána den chéad uair – dháréag acu. Is í an Sáirsint Doreen Prissick ó phóilíní ban Learphoill a bheas i mbun traenála leo.

1969

Comhdháil éacúiméineach ar siúl i Mainistir Ghleann Stáil i gContae Luimnigh – an tAb Dom Augustin O'Sullivan ag labhairt le hArdeaspag Bhaile Átha Cliath, an Dr Simms.

1976

Bronnann Ambasadóir nua na Breataine, Christopher Ewart-Biggs, a dhíntiúirí ar an Uachtarán Cearbhall Ó Dálaigh in Áras an Uachtaráin. An tAire Gnóthaí Eachtracha, Gearóid Mac Gearailt, i láthair.

1982

Bád farantóireachta nua, an *Naomh Ciarán II*, faighte ag Cléire amach ó chósta Iarthar Chorcaí – í i bhfad níos fearr agus níos sábháilte ná *Naomh Ciarán I*. Fáiltíonn muintir an oileáin roimpi.

1990

Osclaíonn an Taoiseach mórthaispeántas leis an ealaíontóir Jack B Yeats sa Ghailearaí Náisiúnta. Áirítear anois gurb é an péintéir Éireannach is mó le rá san fhichiú haois é – breis agus £250,000 tugtha ar phictiúr leis ag ceant.

1995

Craobh na Mumhan san iománaíocht bainte ag an gClár den chéad uair le trí bliana agus trí scór. Buaileann siad Luimneach 1-17 in aghaidh 0-11. Glacann Antoin Ó Dálaigh leis an gcorn. Lá mór do Cho. an Chláir!

1914

Buaileann Rialtas Sealadach Uladh le chéile den chéad uair san Ulster Hall. Móidíonn siad go gcoinneoidh siad an Cúige slán don Impireacht – an Ulster Volunteer Force á chosaint leis an lámh láidir más gá.

1917

Buaileann Éamon de Valera (Sinn Féin) Patrick Lynch KC (Home Rule) sa bhfotoghchán in oirthear an Chláir. Deir feidhmeannach i gCaisleán Bhaile Átha Cliath gurb é seo an toghchán is tábhachtaí riamh i stair na hÉireann.

1927

Dúnmharaítear an tAire Dlí agus Cirt, Kevin O'Higgins – fear a sheas leis an gConradh, a bhí ina Leas-Uachtarán ar an gComhairle Feidhmiúcháin ó 1922–1927, agus a chosain cur chun báis 77 Poblachtach.

1932

Cuireann an Gobharnóir Ginearálta James MacNeill comhfhreagras idir é féin agus Éamon de Valera ar fáil faoi mhíchúirtéis a thug airí áirithe dó, a deir sé, an tUasal de Valera ina measc.

1941

Ionad aeir á thógáil ag Meiriceá don Bhreatain sa Tuaisceart. Deir an Seanadóir Robert Taft le Seanad Mheiriceá go bhfágfadh sé seo go mbeadh leathmhilliún Meiriceánach óg sna 'British Isles'.

1950

Tá Alfred Chester Beatty, an milliúnaí copair 75 bliain d'aois a tháinig chun cónaithe in Éirinn níos luaithe i mbliana, le 80 pictiúr luachmhar a bhronnadh ar an Stát. Cáil dhomhanda air mar bhailitheoir ealaíne.

1966

Nochtar leacht i gCill Mhichíl, Co. Chorcaí, leis an gcogadh a troideadh ansin aimsir Chogadh na Saoirse, a chomóradh. An Ginearál Tom Barry i measc na seanfhondúirí ag an searmanas.

1973

Sochraid an Ghinearáil Seán Mac Eoin go Béal Átha na Lao i gContae an Longfoirt. An tUachtarán Childers ag déanamh comhbhróin lena bhean, a dhearthair agus a dheirfiúracha, iad ag fágáil slán le 'Gabha Bhéal Átha na Lao'.

1980

Cuirtear an Garda Henry Byrne agus an Bleachtaire John Morley i gCnoc Mhuire, an bheirt a lámhachadh tar éis ruathair bainc i mBealach an Doirín. Polaiteoirí, an chléir agus a gcomhghleacaithe sa Gharda Síochána i láthair.

1988

Míle bliain á chomóradh ag Baile Átha Cliath. Gearrann an tArdmhéara Ben Briscoe cáca lae breithe leath-thonna meáchain, agus déanamh bád Lochlannach air.

1997

Monarcha Sheapánach Asahi i gCill Ala le dúnadh agus breis agus 300 post le cailleadh.

1901

An *Celtic*, 20,904 tonna, an long is mó ar domhan, á seoladh i Longchlós Harland & Wolff. Í le seoladh idir Learpholl agus Nua Eabhrac.

1921

Faoi théarmaí an tsos cogaidh a mbeidh feidhm leis ag mean lae dearbhaíonn Arm na Breataine nach dtabharfar isteach saighdiúirí breise, an RIC ná na Póilíní Cúnta, armlón ná spiairí. Dearbhaíonn Arm na hÉireann nach ndéanfar ionsaithe feasta ar fhórsaí an Rí ná ar shibhialtaigh agus nach dtabharfar faoi mhaoin phríobháideach ná maoin an Rialtais.

1929

Ardoifig an Phoist athchóirithe á hoscailt ag an Uachtarán Mac Coscair. Baill eile an Rialtais, an Príomh-Bhreitheamh agus teachtaí Dála is seanadóirí i láthair.

1938

Cuirtear trí dhún i gCuan Chorcaí ar ais i seilbh an Rialtais anseo. Ardaíonn Éamon de Valera bratach na hÉireann agus ceannas in athuair ag Éirinn ar Inis Píc agus ar na dúnta Camden agus Carlisle.

1945

Deir Éamon de Valera agus freagra á thabhairt aige ar cheist ón Teachta Dillon, (Neamhspleách), gur Poblacht muid. "Cén uair ar tharla sé sin?" a d'fhiafraigh Dillon. "Cloisfidh tú faoi sin ar ball", a deirtear leis.

1955

Ceadaíonn Bardas Bhaile Átha Cliath rótharraingt mhéadaithe ó £3m go £6m. Deir an tArdmhéara, Denis Larkin, go gcaithfear os cionn £4m thithíoct. 4.2% an ráta úis.

1962

Faigheann an tAer-Chór eitleán Dove ocht suíochán ón gcomhlacht de Havilland agus tugtar go Baile Dhónaill é. Tá trealamh leictreonach agus fótagrafach ar leith ann.

1979

Tugann Rúnaí Gnóthaí Eachtrach na Breataine, Lord Carrington (ar dheis), a chéad chuairt oifigiúil ar Bhaile Átha Cliath. Cuireann an Taoiseach, Seán Ó Loingsigh, agus an tAire Gnóthaí Eachtracha, Mícheál Ó Cinnéide, fáilte roimhe.

1985

Tagann lucht stailce Dunnes Stores ar ais go Baile Átha Cliath tar éis cead isteach san Afraic Theas a dhiúltú dóibh. I measc an tslua ag an Aerfort ag cur fáilte rompu tá Seán Mac Giolla Bhríde agus an tAthair Niall O'Brien.

1993

Baineann Sonia O'Sullivan an rás 3,000 méadar sna Cluichí Bislett atá ar siúl in Osló na hIorua.

1996

Círéib ó thuaidh tar éis do na póilíní cead a thabhairt d'Oráistigh Phort an Dúnáin máirseáil síos Bóthar Gharbh Achaidh – bhíodar cúig lá ag tabhairt aghaidh ar a chéile.

1916

Cuirtear stop iomlán leis an obair i mBéal Feirste nuair a thagann scéala faoin scrios ar an 36ú Ulster Division ag Cath an Somme.

1926

Ceithre eitleán nua ag an Aer-Chór – sé huaire an chloig a thógann siad eitilt as Londain, briseadh le breosla a thógáil ar bord i Chester san áireamh. Eitleáin beirte, 65 each-chumhacht atá iontu.

1933

Dícháilítear Jack Doyle, an dornálaí ó Chóbh, leath bealaigh tríd an dara babhta de Chraobh na Breataine in aghaidh Jack Peterson i White City i Londain faoi bheith ag aimsiú ró-íseal. Craoltar an comhrac ó oifigí an *Irish Press* i mBaile Átha Cliath agus i gCorcaigh.

1949

Faigheann an Dr Dubhghlas de hÍde, céad Uachtarán na hÉireann, bás in aois a 89. Ba dhuine de bhunaitheoirí Chonradh na Gaeilge é agus an chéad ollamh le Nua-Ghaeilge i UCD.

1954

Molann tuarascáil an Choimisiúin ar an Eisimirce gur chóir mórfhorbairt eacnamaíochta a dhéanamh ar an talmhaíocht agus ar an tionsclaíocht, mar aon le polasaí dílárnaithe.

1962

Fágann an *Irish Rowan*, ceann de na lastlonga a tógadh do Irish Shipping i Longchlós Verolme i gContae Chorcaí, lena tástálacha farraige a dhéanamh.

1972

Breis agus 2,000 teifeach ón Tuaisceart ar an taobh ó dheas den teorainn don 'twelfth' – sroicheann 290 Stáisiún Uí Chonghaile i mBaile Átha Cliath, iad ag tarraingt ar Chorcaigh.

1983

Paráideanna ar siúl i 19 ionad sa Tuaisceart leis an 'twelfth' a chomóradh. Ardmháistir an Oird Oráistigh, an tUrramach Martin Smyth, i gceannas i mBéal Feirste.

1988

Tá Páirc Dalymount, láthair Chlub Peile Bohemians le 87 bliain, le díol. Tá cuid mhór airgid caite ag Bohemians le blianta beaga leis an bpáirc a chur in oiriúint do chaighdeáin na hEorpa, ach theastódh tuilleadh.

1993

Iarrann an tAire Timpeallachta, Michael Smith, ar na Gardaí fiosrú a dhéanamh faoi mhí-iompar a maítear a bheith ar siúl i bpróiseas pleanála Chontae Bhaile Átha Cliath. Mhaígh tuairisc san *Irish Times* gur íocadh airgead le comhairleoirí faoina dtacaíocht do scéimeanna conspóideacha athchriosaithe.

1998

Ionsaí barbartha a thugann an Taoiseach ar dhúnmharú triúr páistí óga i mBaile Monaidh thar oíche. Cáineann an Chéad Aire Trimble agus an Leas-Chéad Aire Mallon an marú.

1903

Brúnn léirsitheoirí isteach i Halla na Cathrach i mBaile Átha Cliath áit a bhfuil rún á phlé ag an mBardas a mholann ómós a thabhairt do Rí agus do Bhanríon Shasana, le linn a gcuairte. Buailtear an rún. Tugtar bualadh bos mór do Mhaud Gonne MacBride ar fágáil an ghailearaí phoiblí di.

1905

Eisíonn an tOrd Oráisteach Neamhspleách 'Forógra Mhachaire Mór' a dhréacht Robert Lindsay Crawford ag iarraidh ar gach Éireannach lámh chairdis a shíneadh chucu sin nach bhfuil ar aon chreideamh linn, ach arb iad ár gcómhuintir iad.

1922

Ceapann an Rialtas Comhairle Chogaidh leis an bhfeachtas míleata in aghaidh na nIrregulars a stiúradh – is iad sin Mícheál Ó Coileáin, Risteard Ó Maolchatha agus an Ginearál Ó Dubhthaigh.

1932

Fógraíonn Éamon de Valera reachtaíocht éigeandála mar fhreagra ar Dhleachta Speisialta na Breataine. Tabharfaidh an Bille cead iomlán don Rialtas dleachta agus srianta a chur i bhfeidhm mar aon le lánchosc ar iompórtálacha ón mBreatain.

1946

1,450 feidhmeannach bainc sa Tuaisceart ar stailc, iad ag iarraidh arduithe pá agus bealaí níos sciobtha chun aighnis a réiteach. Seo é an chéad uair riamh i gcúrsaí baincéireachta in Éirinn a raibh stailc ann.

1955

Deir an tAire Dlí agus Cirt, James Everett, leis an Dáil go bhféadfadh sé go mbeadh príosúin áirithe á ndúnadh. Thit meán-líon laethúil na bpríosúnach ó 732 go 450 le deich mbliana anuas.

1962

U Thant (thuas), Ard-Rúnaí gníomhach na Náisiún Aontaithe, ar cuairt i mBaile Átha Cliath. Tugann sé ómós do shaighdiúirí na hÉireann a throid sa Chongó agus moladh do Frank Aiken agus don Uachtarán de Valera.

1979

Dúntar monarcha ispíní Donnellys i Sráid Chorcaí i mBaile Átha Cliath tar éis 150 bliain. Cailleann 240 oibrí a bpost, a bhformhór ó cheantar na Líbeartaí.

1986

Searmanais ar siúl sa Ghairdín Cuimhneacháin i mBaile Átha Cliath leis an gcéad lá náisiúnta ceiliúrtha a chomóradh. Nochtann an tUachtarán Ó hIrghile leacht.

1993

Seirbhís fhartha nua go Toraigh amach ó Chósta Dhún na nGall a chuirfidh dlús lena cheangal leis an mórthír.

1998

Dearbhaíonn Oráistigh Phort an Dúnáin go leanfaidh siad lena n-agóid ainneoin iarratais go gcuirfí deireadh léi tar éis an dó mailíseach i mBaile Monaidh inar maraíodh triúr deartháireacha óga.

1900

Gortaítear daoine go dona agus gabhtar scór le linn círéibe ag an mBalla Thuaidh i mBaile Átha Cliath. Thug oibrithe cuain atá ar stailc faoi 50 oibrí ó Shasana a bhí ag díluchtú báid ó Learpholl – an bád a thug ann iad.

1925

Ní shroicheann páipéir vótála náisiúntóirí do na toghcháin do Sheanad an Tuaiscirt in am ainneoin gur cuireadh i bposta iad ar an 11 Iúil.

1932

Cuirtear beagnach 6,000 beithíoch, caoirigh agus muca, sé chapall rása agus dhá chú dhéag i dtír i Learpholl mar aon le 200 tonna ime, uachtair agus uibheacha – báid Éireannacha ag iarraidh éalú ó cháin nua iompórtála 20 faoin gcéad na Breataine a mbeidh feidhm léi amárach.

1935

Maraítear cúigear, bean amháin ina measc, tá breis agus 70 san ospidéal agus breis agus 50 teach scriosta nó dóite tar éis na círéibe i mBéal Feirste.

1947

Deir an tUachtarán, Seán T Ó Ceallaigh, ag labhairt dó ag dinnéar Chonradh na Gaeilge i mBéal an Átha – "Níor éirigh linn fós, ach éireoidh lin ceannas iomlán a bhaint amach ar na 32 contae."

1968

Éiríonn le Jack McClelland ó Bhéal Feirste snámh ó Thoraigh amach ó Dhún na nGall go dtí an mórthír ag Mín an Chladaigh. Cuireann a bhean agus a lucht tacaíochta fáilte roimhe.

1979

Agóid i gCrois Mhic Lionnáin i gContae Ard Mhacha faoi sheilbh a bheith tógtha ag Arm na Breataine ar chuid de pháirc le Cumann Lúthchleas Gael. Labhraíonn an t-iar-Uachtarán, Con Murphy, leis an slógadh.

1984

Filleann an tAthair Niall Ó Briain abhaile ó na misiúin sna Filipíní. Cuireann a mháthair, an Cairdinéal Ó Fiaich agus an tEaspag Éamonn Ó Cathasaigh fáilte roimhe.

1988

Tugtar *Gulliver*, atá seachtó troigh ar airde, go dtí Amharclann an Phointe áit a saorann an tArdmhéara Ben Briscoe é.

Agus sroicheann bád Lochlannach ón Iorua, a d'fhág Allsund mí ó shin, Dún Laoghaire.

1993

Gearrtar naoi mbliana príosúin ar fionraí ar William Conroy, an t-óganach ó Chill Chainnigh a phléadáil ciontach in éigniú Lavinia Kerwick bliain ó shin.

1998

Sochraid Jason, Mark agus Richard Quinn i gContae Aontroma, an triúr páistí a maraíodh in ionsaí seicteach ar a dteach i mBaile Monaidh ar an Domhnach.

15 Iúil

1907

Deir an feisire Larry Ginnell ag cruinniú de Léig na nÉireannach Aontaithe i gContae na hIarmhí, má fheiceann daoine feirm ar ar mhair a sinsir tráth, dar leo, gur chóir dóibh an leas náisiúnta a dhéanamh agus na beithígh a thiomáint amach as.

1921

Glacann Arm na Breataine ceannas ar cheantar Shráid na Banríona Thuaidh i mBéal Feirste tar éis círéibe a mhair roinnt laethanta inar maraíodh 16, inar gortaíodh 68 go dona agus inar scriosadh sealúchas Caitliceach.

1927

Cailltear an Chuntaois Markievicz, Constance Gore-Boothe, in aois a 59. Ba oifigeach in Arm Cathartha na hÉireann í, ghlac sí páirt in Éirí Amach na Cásca – níor cuireadh chun báis í toisc gur bean a bhí inti. Is í an chéad bhean í a toghadh don House of Commons cé nár ghlac sí a suíochán. Bhí sí ina hAire Saothair sa chéad Dáil.

1935

Déanann feirmeoirí, a mná céile agus gasúir, agóid i Maigh Chromtha faoi ghabháil stoic. Gabhadh iad toisc nár íocadh na hanáidí.

1941

Deir an tAire Soláthairtí, Seán Lemass, sa Dáil nach bhfuil aon seans ann ciondáil bhreise tae a fháil do dhaoine a bhíonn ag obair san oíche. Bíonn tae breise ag lucht bainte móna agus guail.

1955

Na céadta ag déanamh bolg le gréin ar Thrá Chill Iníon Léinín nuair a thuairteann eitleán sa bhfarraige dhá chéad slat ón trá. Maraítear an paisinéir agus gortaítear an píolóta.

1967

Foirgneamh nua á oscailt ag Ospidéal Máithreachais an Choim i mBaile Átha Cliath – an tAire Sláinte, Seán Flanagan, a dhéanann an oscailt go hoifigiúil.

1977

An rialtas le cosc 50 míle farraige ar iascach scadán a éileamh ó Chomhphobal Eacnamaíochta na hEorpa mar aon le mogall níos mó i líonta don iasc geal.

1986

Osclaíonn an tUachtarán Ó hIrghile Páirc Náisiúnta Ghleann Bheithe i gContae Dhún na nGall. An tAire Stáit, Avril Doyle, agus Ambasadóir Mheiriceá, Margaret Heckler, i láthair.

1993

Deireadh le Binse Fiosraithe na Mairteola tar éis 226 la. Thug breis agus 400 duine fianaise, briseadh rialtas dá bharr agus tugadh roinnt cásanna chuig an gCúirt Uachtarach.

1995

Tugann an tUachtarán Máire Mhic Róibín cuairt ar Thoraigh áit a gcuireann rí an oileáin, Patsy Dan Mac Ruairí, fáilte roimpi.

Agus éiríonn le fear as Tír Chonaill, Anraí Ó Domhnaill, snámh ó Thoraigh go tír mór, an dara fear riamh a rinne é.

1917

Éilíonn cruinniú sa Seomra Cruinn i dTeach an Ardmhéara go gcuirfí coirp cheannairí Éirí Amach 1916 ar fáil le go dtabharfaí sochraid chríostaí dóibh. Labhraíonn Éamon de Valera agus an Chuntaois Markievicz leis an gcruinniú a d'eagraigh Sinn Féin.

1922

Gabhann an Cúigiú Rannán Tuaisceartach den Arm Náisiúnta 300 de na 'Irregulars' i nDún Dealgan. Géilleann 70 eile i gCúil Mhuine, Contae Shligigh, agus gabhtar lárionad deireanach na nIrregulars i nDún na nGall, an dún ar an Inis i Loch Súilí.

1935

Leanann na hionsaithe seicteacha ar aghaidh ó thuaidh. Ionsaíonn slua gasúir scoile Chaitliceacha i bPort an Dúnáin. Tugtar faoi thithe agus faoi shéipéal Caitliceach.

1946

Cuireann 20 fear, atá scaipthe sa lucht éisteachta i bPictiúrlann Shráid Grafton, isteach ar scannán faoi Pharáid Chaithréimeach Londan, iad ag éileamh go glórach go mbainfí den scáileán é, á rá nár cheart go bhfeicfeadh Éireannaigh a leithéid. Cuirtear fios ar na Gardaí ach ní ghabhtar éinne.

1950

Glacann 5,000 duine ar a bhfuil easláin agus oilithrigh ó Bhaile Átha Cliath agus ó Dhoire, páirt sa mhórshiúl náisiúnta i nDroichead Átha in onóir Oilibhéar Beannaithe Pluincéad, mairtíreach, a cuireadh chun báis i Tyburn.

1962

Cuirtear tús leis an obair ar Amharclann nua na Mainistreach. Áirítear go dtógfaidh sé dhá bhliain í a chríochnú. Earnán de Blaghd ar an láthair don ócáid.

1971

Fógraíonn an SDLP go bhfuil siad ag tarraingt amach as Stormont – ní féidir leo tacú a thuilleadh le córas atá ag scrios a muintire. Níl siad ag éirí as a gcuid suíochán.

1981

Tá aon chéad déag den 3,000 duine atá fostaithe ag Grúdlann Ghuinness, lena bpost a chailliúint as seo go ceann cúig bliana faoi phlean nua athstruchtúraithe atá molta ag an mbainistíocht.

1985

Osclaítear Músaem Ché an Adhmaid; earraí láimhe a fritheadh sa tochailt seandálaíochta ar an láthair ar taispeáint, ina measc siogairlíní gloine agus earraí leathair.

1994

Tagann Janette Dolan, trí bliana déag, a chuaigh go Meiriceá le dul san iomaíocht sna cluichí idirnáisiúnta do dhaoine faoi bhac, abhaile – cúig bhonn bainte aici.

1996

Cuirtear tús in athuair leis na cainteanna ilpháirtí i bhFoirgnimh an Chaisleáin i Stormont. Sinn Féin i mbun agóide lasmuigh, ag éileamh go gceadófaí dóibh a bheith páirteach iontu.

1913

Déanann Sir Edward Carson a chéad iniúchadh ar chuid den Ulster Volunteer Force, eagraíocht a tháinig ó na hUlster Clubs, ag Ard Mhic Nasca i gContae an Dúin.

1918

Buaileann toirpéid an long *Carpathia* le Cunard amach ó chósta Iarthar Chorcaí agus téann sí go grinneall. D'éirigh le leathchéad den 55 de chriú teacht slán. Tharrtháil an *Carpathia* daoine ón *Titanic*.

1935

Faigheann George Russell, nó AE, bás in aois a 68. File, scríbhneoir aistí, ealaíontóir agus eacnamaí a bhí ann a rugadh sa Lorgain. Beidh cuimhne air faoin obair mhór a rinne sé le Cumann Eagraíochtaí Talmhaíochta na hÉireann.

1937

Cuirtear cosc ag an nóiméad deireanach ar chaint raidió le Frank O'Connor ar D H Lawrence agus James Joyce – í feiliúnach is cosúil do lucht éisteachta liteartha agus léirmheastóireachta, ach ní don ghnáthdhuine.

Frank O'Connor

1944

Tagann 150 teifeach go Dún Laoghaire ar an mbád poist, iad ag teitheadh ó na buamaí i Sasana. Cumann na Croise Deirge rompu i nDún Laoghaire agus i Stáisiún Rae an Iarthair.

1956

Deir an tAire Gnóthaí Eachtracha, Liam Mac Coscair, le céad seisiún chruinniú de Chomhairle an OEEC i bPáras, go bhfuil oiread agus is féidir déanta ag Rialtas na hÉireann faoi na dlíthe trádála – ní féidir a thuilleadh laghduithe cánach a dhéanamh.

1963

I nDún na Séad, Co. Chorcaí, ceaptar bean ina máistir cuain. Téann Mrs. Margaret Davis i mbun a dualgas, ar a n-áirítear bailiú táillí poirt.

1974

Buailtear Bille Frithghiniúna an Chomhrialtais sa Dáil: an Taoiseach, Liam Mac Coscair, an tAire Oideachais, Risteard de Búrca, agus ceathrar de chúlbhinseoirí Fhine Gael ag vótáil ina aghaidh.

1986

Caitheann an Chúirt Achomhairc i mBéal Feirste ciontaithe in aghaidh ocht bhfear déag amach. Daoradh iad trí bliana ó shin ar fhianaise an 'supergrass' Christopher Black.

1991

Deir Tuarascáil Bhaile Coitín ar bhás ceathrar oifigeach iascaireachta nach raibh an ceart ag an gcigire i gceannas an phatróil eangach a thógáil le linn ceo. Cáineann sé an riocht ina raibh an bád agus cuireann i leith triúr iascairí ó Chorcaigh gur inis siad bréaga ag an bhfiosrú oifigiúil.

1992

An lá le hÉirinn i gCorn na Náisiún ag Seó na gCapall san RDS – chuile shórt ag brath ar thimpeall deiridh gan locht ó Eddie Macken – agus éiríonn leis. Bronnann an tUachtarán Mhic Róibín corn an Aga Khan ar an bhfoireann.

1909

1,200 ball den Ancient Order of Hibernians i mbun agóide i nDún Dealgan, Home Rule á lorg acu. Labhraíonn Uachtarán Náisiúnta an Oird, an feisire Joe Devlin, leis an slua.

1912

Gortaítear John Redmond sa chluas dheas nuair a chaitear tua leis an gcarráiste ina bhfuil sé féin, Príomh-Aire Asquith na Breataine is a bhean agus an tArdmhéara ag taisteal – iad ag dul thar Ardoifig an Phoist ag an am.

1935

Ardaíonn an Seanadóir Milroy ceist an achrainn i mBéal Feirste sa Dáil. Dar leis go mba chóir b'fhéidir an caidreamh idir na Sé Chontae Fichead agus na Sé Chontae a chur faoi bhráid Chonradh na Náisiún.

1947

Téann iascairí ón Ros, ó Bhaile Brigín agus ó na Cealla Beaga i bpáirt le hiascairí Bhinn Éadair – iad ag éileamh ardú ar an bpraghas a fhaigheann siad ó cheannaitheoirí.

1951

Dóitear Amharclann na Mainistreach go talamh nuair a théann sí trí thine go moch ar maidin, dhá uair an chloig go leith tar éis léiriú den *Plough and the Stars* le Ó Cathasaigh. Tugtar pictiúir de W B Yeats agus Lady Gregory slán.

1966

Cúig bliana déag ina dhiaidh sin go díreach a osclaítear Amharclann nua na Mainistreach. Éamonn Andrews i láthair mar aon leis an Ardmhéara Timmons agus Earnán de Blaghd a chuireann fáilte roimh an Uachtarán.

1976

Bailíonn na sluaite ag Cnoc Mhuire i gContae Mhaigh Eo d'oscailt an tséipéil nua ansin. I measc na cléire tá an Cairdinéal Mac Conmidhe agus Ardeaspag Thuama, an Dr Ó Cuinneáin, a bheanaíonn an eaglais.

1981

Gortaítear Gardaí agus sibhialtaigh le linn círéibe láimh le hAmbasáid na Breataine i mBaile Átha Cliath tar éis máirseáil agóide ag lucht tacaíochta stailc ocrais na H-Bhloc. Bernadette McAliskey ina measc.

1988

Saoirse Baile Átha Cliath á bronnadh ar cheannaire na hAfraice Theas, Nelson Mandela, agus é i bpríosún, lena sheachtó lae breithe a chomóradh. Cuireann Cumann Frith-Chinedheighilte na hÉireann cóisir lae breithe ar siúl i gCearnóg Mhuirfean.

1993

Ní chuireann an drochaimsir isteach rómhór ar mhuintir Bhéal an Átha a thagann amach ina mílte do cheann de mhórimeachtaí Mhaigh Eo 5,000. An tUactarán Mhic Róibín agus a fear i láthair don ócáid.

1996

Déantar iarracht borradh a chur faoi phróiseas cainteanna Stormont agus muinín náisiúnaithe a atógáil ag comhdháil idir-rialtais i Londain tar éis don RUC cinneadh a dhéanamh Oráistigh a scaoileadh síos Bóthar Gharbh Achaidh.

1910

Drochthimpiste traenach idir Ros Cré agus Biorra nuair a imíonn naoi gcarráiste de thraein turais agus 300 paisinéir ar bord agus buaileann siad faoi ghnáth-thraein paisinéirí. Gortaítear breis agus 60 duine, cuid acu go dona.

1912

Deir an Príomh-Aire Asquith le lucht éisteachta sa Theatre Royal i mBaile Átha Cliath go mbrúfar Bille an Home Rule tríd an Commons agus go mbeidh sé os comhair Theach na dTiarnaí roimh Nollaig agus gan cumhacht acu a thuilleadh é a chaitheamh amach. Is náisiún amháin í Éire, a deir sé, ní péire.

1919

Máirseáil chaithréimeach i mBaile Átha Cliath, paráid mhíleata ag an marcshlua, lucht airtléire agus Cumann na Croise Deirge, iarshaighdiúirí agus bannaí ceoil. Glacann Lord French an chúirtéis lasmuigh de Bhanc na hÉireann ar Fhaiche an Choláiste.

1935

Tuairimíocht i mBéal Feirste faoi chuairt Phríomh-Aire an Tuaiscirt, Lord Craigavon, ar Londain – cruinniú uair a chloig aige leis an bPríomh-Aire Stanley Baldwin in Uimhir 10.

1944

Sroicheann an chéad ghrúpa teifeach ó Ghiobráltar Béal Feirste. Tabharfar dídean sealadach don 3,500 go dtí go mbeidh siad in ann filleadh. Chuir Rialtas na Breataine iallach orthu aistriú amach i 1940.

1950

Ardeaspag Bhaile Átha Cliath, John Charles McQuaid agus Éamon de Valera ag dul ar bord eitleáin de chuid Aer Lingus ar a mbealach go Luxeuil le freastal ar chomóradh 14 céad bliain in onóir Naomh Columba.

1962

An t-eagrán deireanach den pháipéar nuachta is sine i mBaile Átha Cliath, an *Evening Mail*, ar díol. Foilsíodh an chéad eagrán den *Evening Mail* ar an 3 Feabhra 1823.

1976

Tógann Arm na Breataine fál chúig throithe déag ar airde i Suffolk in iarthar Bhéal Feirste le ceantair Chaitliceacha agus Phrotastúnacha a scaradh óna chéile.

1980

Gabhtar fear 41 bliain d'aois i gcathair na Gaillimhe faoi dhúnmharú beirt Ghardaí i gContae Ros Comáin – seo é an tríú fear a gabhadh.

1993

Oifig nua ag na Coimisinéirí Ioncaim i mBaile Átha Cliath le déileáil leis an bpardún ginearálta cánach 15%. D'fhéadfaí príosún a ghearradh ar dhaoine a bhaineann mí-úsáid as.

1997

Fógraíonn an tIRA sos lámhaigh nua a mbeidh feidhm leis ó mheán lae amárach – an sos lámhaigh a fógraíodh i 1994 i réim arís.

1911

Deir Lord Londonderry, agus é ag caint sa House of Lords, má bhunaítear parlaimint Home Rule go mbeidh círéib agus doirteadh fola ann. Beidh an locht, a deir sé, ar rialtas an Rí.

1923

Iarrann Éamon de Valera ar an American Association for the Recognition of the Irish Republic céad míle dollar a chur ar fáil leis an olltoghchán atá rompu a throid. Is Poblachtaigh go bunúsach iad muintir na hÉireann agus ní ghlacann siad leis an rud ar a dtugtar an Conradh.

1939

Seoltar na chéad ghunnaí nua éadroma frith-eitleáin chuig an stóras lón cogaidh i mBeairicí Dhroichead na hInse i mBaile Átha Cliath. Tabharfaidh na gunnaí nua cosaint in aghaidh ionsaithe buamála ó eitleáin atá íseal.

1950

Áirítear go bhfuiltear ag caitheamh go héagórach le clóscríobhaithe ban sa Chumann Árachas Náisiúnta Sláinte i mBaile Átha Cliath. Cuirtear na líomhaintí seo os comhair na Cúirte Oibreachais agus ardú pá á lorg acu.

1969

Cúig mhíle dhéag duine ar shochraid Samuel Devenney i nDoire. Bhí £20,000 cúitimh iarrtha ag an tiománaí leoraí 42 bliain d'aois faoi ghortuithe a bhain dó nuair a thug daoine in éide an RUC faoi, ina theach.

1974

Tugann mná ruathar faoin ionad snámha atá teorannaithe d'fhir amháin ag an Forty Foot i Sáinn le Gó i gContae Bhaile Átha Cliath – iad ag cur in aghaidh an chosc traidisiúnta seo.

1983

Teipeann ar an Leabharlann Náisiúnta páipéir le Dubhghlas de hÍde a cheannach ag ceant ag Christies i Londain – ina measc litreacha ó Yeats agus Lady Gregory.

1984

Molann cáipéis pholasaí an rialtais ar an lucht siúil gur chóir údarás iomlán a thabhairt do bhainisteoirí cathrach is contae chun déileáil lena bhfadhbanna tithíochta.

1991

Cuan Chorcaí agus rás na gCrann Ard. 100 de na báid ag seoladh go grástúil i dtreo an Chóibh áit a nglacann an Taoiseach, Cathal Ó hEochaidh, an chúirtéis ar an LE *Eithne*.

1993

Gheobhaidh Éire £7.8b ó chiste struchtúrtha an Aontais Eorpaigh as seo go ceann seacht mbliana – beagán faoi bhun an £8b a lorg an Rialtas. Tá an Plean Náisiúnta Forbartha bunaithe ar an £8b a cheapamar a bheadh againn.

1997

Feidhm le sos comhraic nua an IRA ó mheán lae inniu. Séanann Uachtarán Shinn Féin, Gerry Adams, tuairiscí nuachtán a deir nach seasfaidh an sos lámhaigh ach ceithre mhí.

1906

Osclaíonn an Lord Lieutenant, Lord Aberdeen, an tseirbhís chuain ó Ros Láir go Fishguard go hoifigiúil. Trí huaire agus trí cheathrú a thógann an turas.

1914

Cuireann an Rí tús le Comhdháil Phálás Buckingham. Táthar ag súil go dtiocfaidh Aontachtaithe agus Náisiúnaithe ar shocrú faoi Home Rule trí fhoirmle a aimsiú a fhágfaidh sé chontae Uladh as an áireamh.

1922

Gabhann Fórsaí Náisiúnta seilbh in athuair ar Luimneach agus ar Phort Láirge tar éis dianchogaíochta. I Luimneach scriostar Beairic na Trá nuair a chuireann na h*Irregulars* tine léi roimh imeacht dóibh.

1933

Snámhann an Dr T Cronhelm ó Phlás Warrington, Baile Átha Cliath, trasna an chuain ó Bhinn Éadair go Dún Laoghaire, achar 8 míle slí, i gceithre huaire agus fiche nóiméad. Téann sé i bhfarraige ag Teach Solais an Bhailey.

1949

Stailc lae ar siúl ag píolótaí Aer Lingus a fhágann na heitleáin go léir díomhaoin. Deir na píolótaí nár chuir an comhlacht conradh feiliúnach ar fáil ná scéim phinsin.

1953

Léimeann James Kinsella ó Bhóthar Dharú, Cinn Mhuí, amach in abhainn na Life le John Chillingworth, naíonán 20 mí, a shábháil a thit 20 troigh ón mballa.

1969

Cuireann an tUachtarán de Valera sreangscéal chuig an Uachtarán Nixon ag déanamh comhghairdis faoi éacht Armstrong agus Aldridge a thuirling ar an ngealach – 'One small step for man. One giant leap for mankind'.

1972

Maraítear naonúr agus gortaítear breis agus céad duine i sraith pléascanna i mBéal Feirste – Aoine na Fola a thugtar ar lá an áir, an fhreagracht ar phoblachtaigh.

1976

Dúnmharaítear Ambasadóir na Breataine chun na tíre seo, Christopher Ewart-Biggs, agus an státseirbhíseach Judith Cook nuair a phléascann mianach talún in Áth an Ghainimh, Co. Bhaile Átha Cliath.

1984

Cuirtear tús le mara-rothaíocht Co-operation North idir Baile Átha Cliath agus Béal Feirste. Fágann 1,200 Baile Átha Cliath, 400 a thosaíonn i mBéal Feirste.

1996

Baineann an snámhaí Michelle Smith ó Rath Cúil, Co. Bhaile Átha Cliath, bonn óir sa rás meascra 400 méadar ag na Cluichí Oilimpeacha in Atlanta. Déanann an tUachtarán Mhic Róibín comghairdeas léi.

1902

Faigheann T L Cróc, Ardeaspag Chaisil, bás in aois a 78. Ó Bhaile Cloch, Co. Chorcaí é, cuireadh oideachas air i bPáras agus sa Róimh. Duine de lucht tacaíochta agus an chéad éarlamh ar Chumann Lúthchleas Gael, bhí sé i bhfabhar staonadh ón ól. Thug sé tacaíocht do Chonradh na Gaeilge agus do Chonradh na Talún.

1913

Glacann Sir Edward Carson leis an gcúirtéis ó 2,000 d'Óglaigh Uladh i Lios na gCearrbhach "Fear God, Honour the King and follow Carson" mar mhana acu.

1929

Cuirfear abhainn na Sionainne ag obair feasta ar mhaithe leis an náisiún – sin é a deir an tUachtarán Mac Coscair agus scéim hidrileictreach Ard na Croise i gContae an Chláir á hoscailt aige. Chosain an scéim £450,000 níos mó ná mar a bhí súil leis.

1937

Beidh busanna dhá urlár in úsáid ar sheirbhísí bus i mBaile Átha Cliath ón mí seo chugainn. Tá leathchéad á dtógáil ag an monarcha in Inse Chór.

1957

Scriostar Dealbh Gough i bPáirc an Fhionnuisce i bpléasc go moch ar maidin – cloistear an phléasc ar fud na cathrach.

1964

Glacann an tAire Tailte, Mícheál Ó Móráin, seilbh go foirmiúil ar an eastát ina ndéanfar páirc chuimhneacháin don iar-Uachtarán John F Kennedy.

1968

Tugann an tUachtarán Éamon de Valera cuairt ar uaigh an Dr Dubhghlas de hÍde, chéad Uachtarán na hÉireann agus Uachtarán Chonradh na Gaeilge, in aice le Dún Gar, Co. Ros Comáin.

1975

Beannú bliantúil na mbád iascaigh sna Cealla Beaga agus sa Chaisleán Nua i nDún na nGall. Easpag Dhoire, an Dr Edward Daly, agus Reachtaire an Chaisleáin Nua, J G Cartwright i mbun oibre le chéile.

1988

Bronnadh na gcéimeanna ar na mic léinn dheireanacha i gColáiste Oiliúna Dhún Carúin do bhunmhúinteoirí ar an gCarraig Dhubh i mBaile Átha Cliath. Uachtarán an Choláiste ag tréaslú leo.

1993

Deir na Coimisinéirí Ioncaim go bhfuil oll-íocaíochtaí cánach do 1992, beagnach £12 billiún, níos airde ná riamh. Ina dtuarascáil bhliantúil tugtar ainmneacha 400 duine nó comhlacht a d'íoc a gcuid fiacha leis na húdaráis.

1994

Baineann Sonia O'Sullivan an rás míle óir ag na Cluichí Bislett in Osló – ach teipeann uirthi curiarracht nua dhomhanda a bhaint – seo é a tríú hiarracht an séasúr seo an churiarracht nua a dhéanamh.

1912

Gabhtar triúr fear faoi scrios a dhéanamh ar Pheamount Sanatorium agus tugtar os comhair cúirte speisialta iad i Leamhcán. Tá muintir na háite ag cur in aghaidh sanatóir don eitinn ina gceantar féin.

1916

Freastalaíonn na mílte ar chruinniú amuigh faoin spéir i bPáirc an Fhionnuisce i mBaile Átha Cliath le moltaí rialtas na Breataine faoi chríochdheighilt na hÉireann a phlé. Seo é an chéad chruinniú a ceadaíodh ó cuireadh dlí míleata i bhfeidhm.

1934

Osclaítear an Muileann Náisiúnta Plúir i gCorcaigh – an tAire Tionscail agus Tráchtála, Seán Lemass, a osclaíonn é. Ardmhéara Chorcaí, Seán French, i láthair.

1948

Molann an Bille nua Leasa Shóisialaigh arduithe ar phinsin seanaoise agus athruithe ar íocaíochtaí dífhostaíochta agus árachas náisiúnta sláinte. 17s 6d a bheas sa phinsean nua agus laghdófar an aois cháilíochta do phinsean na ndall.

1953

Nochtann an Dr H O Mackey leacht do Roibeard Emmet lasmuigh de Shéipéal Naomh Caitríona i Sráid Thomáis i mBaile Átha Cliath, gar don áit inar cuireadh Emmet chun báis 150 bliain ó shin. An tAire Gnóthaí Eachtracha, Proinsias Mac Aogáin, i láthair.

1968

Tugtar lár an eitleáin Viscount le hAer Lingus a thuairt i bhfarraige amach ón Tuscar i gContae Loch Garman, i dtír i Ros Láir. Tugtar chun siúil é le dianscrúdú a dhéanamh air.

1971

Insealbhaítear an tUrramach Walton Empey mar Dhéan Luimnigh de chuid Eaglais na hÉireann, Easpag Luimnigh, an Dr Donald Caird, ag feidhmiú. Méara Luimnigh, an Comhairleoir Gus O'Driscoll, ar an láthair.

1982

Asgard II ag Inis Sionnach, Co. Chorcaí, agus í ar tí fágáil do Rás an Cutty Sark do Longa na gCrann.

1984

Cuirtear tús leis an tseirbhís DART idir Binn Éadair agus Bré. Deir CIÉ gur thaisteal 35,000 duine an chéad lá.

1992

Deir an tArd -Aighne, Harry Whelehan, leis an gCúirt Uachtarach nach bhfuil sé ag iarraidh srian a chur le hobair Bhinse Fiosraithe na Mairteola. Thug an Ardchúirt cead don Bhinse Airí a cheistiú faoi chruinnithe rialtais.

1996

An dara bonn óir ag Michelle Smith sa rás 400 méadar saorstíle ag na Cluichí Oilimpeacha in Atlanta.

Agus sroicheann Pat Lawless, bádóir 70 bliain d'aois ó Luimneach, baile slán sábháilte tar éis seoladh ina aonar timpeall an domhain.

1907

Cruinniú callánach stailce ar siúl ag an RIC i mBeairic Mhusgrave i mBéal Feirste. Leagtar an Coimisinéir ar an talamh. Roghnaítear cúigear fear lena gcás a chur le linn margaíochta faoi arduithe pá.

1914

Teipeann ar Chomhdháil Phálás Buckingham ceantar a shocrú a d'fhágfaí amach as feidhmiú an Government of Ireland Bill. Ní éiríonn le Náisiúnaithe ná le hAontachtaithe teacht ar shocrú i bprionsabal ná ar pháipéar faoi cheantar dá leithéid.

1923

Sa Dáil, cuireann an tAcht Talún deireadh le Bord na gCeantar Cúng agus fágtar a chúramaí anois ar Choimisiún na Talún.

1943

Freastalaíonn 1,200 ar Chóisir Gairdín in Áras an Uachtaráin – is baill de na Fórsaí Cosanta agus de Chumann Croise Deirge na hÉireann a bhformhór. An tUachtarán féin ag baint taitnimh go soiléir as an ócáid.

1950

Socraíonn Rialtais na hÉireann agus na Breataine ardú céime a thabhairt dá gcaidreamh taidhleoireachta. Is é John Dulanty, ar Ard-Choimisinéir i Londain anois é, a bheas ina Ambasadóir.

1966

Téann an tUachtarán Éamon de Valera go Cléire amach ó chósta Chorcaí, le Coláiste nua Gaeilge a oscailt ar an oileán. Tar éis an tsearmanais beannaítear an coláiste agus labhraíonn an tUachtarán leis an slua.

1976

Tugtar coirp an Ambasadóra Christopher Ewart-Biggs agus Judith Cook, a dúnmharaíodh, go hAerpháirc Mhic Easmainn. An tAire Gnóthaí Eachtracha, an Dr Gearóid Mac Gearailt, i láthair.

1986

Bronntar ridireacht oinigh ar an amhránaí Éireannach agus iarbhall de na Boomtown Rats, Bob Geldof, ag Pálás Buckingham faoin obair a rinne sé do dhaoine atá ag fáil bháis den ghorta.

1989

Nil a fhios ag Comhairle Chontae Lú céard a dhéanfaidh siad faoi leagan Scoil Ghramadaí Dhroichead Átha a bhí 250 bliain d'aois. Bhí ordú caomhnaithe eisithe ag an Ardchúirt agus ag an mBord Pleanála ar an bhfoirgneamh stairiúil seo.

1994

Díríonn Sinn Féin agus iad ag labhairt amach ar Fhorógra Shráid Downing, ar na gnéithe diúltacha agus débhríocha atá ann. Ach níor dhiúltaigh siad dó, a deir Martin McGuinness.

Agus buaileann peileadóirí Liatroma Maigh Eo le Craobh Chonnacht a bhaint den chéad uair ó 1927. Captaen na bliana siúd, Tom Gannon, i measc an tslua ag an gcluiche.

1901

Tionóltar cruinniú sa Rotunda de Chumann Cosanta Úinéirí Tithe a bhunaigh úinéirí tionóntán le deireanaí chun cur in aghaidh mholadh ó Bhardas Bhaile Átha Cliath go ngearrfaí cáin orthu faoi ghlanadh na gclós sna seantithe seo.

1917

Buaileann Comhdháil na hÉireann le chéile den chéad uair sa Regent's House i gColáiste na Tríonóide, Sir Horace Plunkett sa chathaoir. Cuireann an tArd-Rúnaí H E Duke tús leis an gcruinniú – slua mór bailithe i bhFaiche an Choláiste, ag faire go ciúin.

1933

An t-ádh dearg leis an Seanadóir Oliver St John Gogarty nuair a thuairteann an t-eitleán a bhí á thiomáint aige agus é ag teacht isteach go hAerfort Bhaile Dhónaill – scriostar an focharráiste agus an ruball nuair a bhuaileann sé caora.

1946

Tar éis dhá lá díospóireachta glactar d'aon ghuth sa Dáil le rún Éamon de Valera go lorgódh muid ballraíocht in eagraíocht na Náisiún Aontaithe.

1958

Bronnann an Breitheamh Barra Ó Briain £100 cúitimh agus costais ar Kyran Early, naoi mbliana d'aois. Bhuail a mhúinteoir é i Scoil Náisiúnta Chroisín.

1968

Táthar le droichead nua ceithre lána a thógáil ar láthair Dhroichead Pharnell i gCorcaigh mar go bhfuil an seanstruchtúr lochtach. Tá sé sin á leagan faoi láthair.

1979

Oilithreacht ó na fórsaí cosanta go Cnoc Mhuire i gContae Mhaigh Eo – foireann ón Arm agus ón gCabhlach ag tarraingt ar an séipéal, bannaí ceoil á dtionlacan.

1981

Na mílte i láthair ag slógadh ag Ardoifig an Phoist i mBaile Átha Cliath le tacaíocht a thabhairt dóibh siúd atá ar stailc ocrais i bPríosún na Ceise Fada. Gluaiseann an slua ar aghaidh ansin go Tithe an Rialtais.

1995

Deir an tAire Sláinte, Mícheal Ó Núnáin, gur tholg 500 duine an Heipitíteas C ó tháirgí truaillithe fola. Táthar tar éis dul i dteagmháil le 400 díobh ach deir an tAire nach mbeidh aon fheachtas náisiúnta ann le teacht suas leis an gcuid eile.

1997

Gearrtar dhá bhliain déag príosúin ar an Athair Brendan Smith a phléadáil ciontach i 74 cúis ionsaithe gnéis ar ghasúir.

1998

Bronnann an tUachtarán Máire Mhic Giolla Íosa saoránacht oinigh ar Ambasadóir Mheiriceá, Jean Kennedy Smith, in Áras an Uachtaráin. An Taoiseach, ceannaire an SDLP John Hume agus an Seanadóir Edward Kennedy i láthair.

1910

Scriostar Caisleán Mhionlaigh ar bhruach thoir Loch Coirib, teach Sir Valentine agus Lady Blake, i ndóiteán. Maraítear a n-iníon agus searbhónta. Bhí bailiúchán luachmhar pictiúr is troscáin sa chaisleán.

1914

Tagann an *Asgard* agus Erskine Childers go Binn Éadair le 2,500 gunna d'Óglaigh na hÉireann. Maraítear triúr agus gortaítear 38 nuair a scaoileann saighdiúirí le sibhialtaigh atá ag magadh fúthu ar Ché na mBaitsiléirí.

1916

Socraítear go gcuirfear Ruairí Mac Easmainn chun báis ar an 3 Lúnasa i bPríosún Pentonville. Na feisirí náisiúnacha le hiarraidh ar an bPríomh-Aire faoiseamh ón mbreith a thabhairt.

1938

Tá Rialtas na Breataine sásta rud a dhéanamh ar rialtas na hÉireann agus sé bhád agus gunna mór a fhágáil acu nuair atá sealúchas na hAimiréalachta á thabhairt ar lámh i mBéarra, Cóbh agus Loch Súilí.

1944

Deirtear le cruinniú bliantúil Ospidéal Meabhairghalar Phort Láirge, gur tháinig laghdú de 39 ar líon na n-othar i 1943 agus go bhfuil laghdú leanúnach tugtha faoi deara le linn bhlianta an Chogaidh, mar ar tharla sa Chéad Chogadh Domhanda.

1956

Bronntar saoirse Chathair Bhaile Átha Cliath ar an milliúnaí agus bailitheoir ealaíne, Sir Alfred Chester Beatty (ar dheis) – an tUachtarán Ó Ceallaigh agus an Taoiseach, John A Costello, i láthair.

1969

Gabhtar breis agus leathchéad ag cruinniú de na People's Democracy in Inis Ceithleann faoi bheith ina suí fúthu ar imeall an bhaile – cuirtear 37 siar go príosún Bhéal Feirste.

1979

Muintir Phort Láirge amuigh ina sluaite le fáilte abhaile a chur roimh an Churadh Domhanda sa rás tras-tíre, John Treacy – fáilte á cur ag an Méara Stephen Rodgers roimhe.

1987

Baineann Stephen Roche an Tour de France – éacht déanta aige agus é seo agus Tour na hIodáile buaite aige in aon bhliain amháin. Déanann Príomh-Aire na Fraince, Jacques Chirac agus an Taoiseach Cathal Ó hEochaidh comhghairdeas leis ar an Champs Elysées.

1990

Fógraíonn ceannaire Pháirtí na nOibrithe, Proinsias de Rossa, go n-ainmneoidh siad Máire Bean Mhic Róibín i bpáirt le Páirtí an Lucht Oibre don toghchán uachtaránachta i mí na Samhna.

1994

Dearbhaíonn an tAire Oideachais, Niamh Bhreathnach, go dtabharfar saor-oideachas tríú leibhéal isteach do chách faoi cheann trí bliana.

1905

Cuirtear tús le cás colscartha Mhaud Gonne MacBride sa chúirt i bPáras. Tá sí ag iarraidh cuing an phósta a bhriseadh – mí-iompair agus meisce á chur i leith a fir.

1922

Éalaíonn 105 de phríosúnaigh na n*Irregulars* ón bpríosún i nDún Dealgan nuair a phléascann buama geiligníte in aice le balla an phríosúin. Baintear creathadh as na tithe máguaird agus bristear fuinneoga.

1934

Ní fhoilsítear nuachtáin i mBaile Átha Cliath de bharr stailc na gclódóirí, ar baill de Cheardchumann Oibrithe Iompair agus Ilsaothair na hÉireann iad.

1949

Ar fhilleadh go Cluain Meala dó tar éis 45 bliain ceannaíonn Jim Maher, 63 bliain d'aois, trí acra talún ag bun Shléibhte Chnoc Mhaoldomhnaigh – agus tugann a theach leis as Meiriceá go Co. Thiobraid Árann i mboscaí móra.

1956

Osclaítear foirgneamh nua £64,000 leis an B and I ar an mBalla Thuaidh i mBaile Átha Cliath – seomraí feithimh do phaisinéirí ann mar aon le hoifigí custaim agus stóras.

1969

Sroicheann Tom McClean, 26, saighdiúir singil in Arm na Breataine a rugadh i mBaile Átha Cliath, Cuan an Fhóid Dhuibh, Co. Mhaigh Eo. Bhí 72 lá caite aige ag rámhaíocht ina aonar trasna an Atlantaigh sa *Super Silver*.

1973

Deireadh le cosc an Rialtais ar chóras daite in RTÉ. Déanfar athchóiriú ar na stiúideonna agus beidh ardú ar an gceadúnas teilifíse.

1986

Dearbhaíonn Gaillimh Aontaithe, tar éis chinneadh údaráis na hEorpa nach bhfuil Páirc Thír Oileáin feiliúnach, gur i bPáirc an Chathánaigh ar an gCeathrú Rua a imreoidh siad an dara babhta dá gcluiche do Chorn UEFA in aghaidh Groningen na hOllainne.

1987

Tagann Stephen Roche abhaile tar éis a bhua iontach sa Tour de France. Cairde agus lucht tacaíochta roimhe ag an aerfort agus ar an mbealach go lár na cathrach.

1993

Cuirtear tús leis an scannánaíocht ar *War of the Buttons* i mBréantrá, Co. Chorcaí. Na Gardaí ar an láthair leis an lucht féachana a choinneáil siar.

1995

Rialaíonn an Chúirt Uachtarach gur cheart cead a thabhairt do bhean ar deineadh damáiste dá hinchinn 23 bliain ó shin, bás a fháil trína píobán cothabhála a bhaint amach. Caitheadh amach achomharc in aghaidh chinneadh na hArdchúirte a 4–1.

1907

Deir Edmond Sheehan, Corcaigh, le cruinniú de Shinn Féin go bhfuil an Irish Party tar éis iad féin a scriosadh gan chabhair ar bith ó Shinn Féin agus go bhfuil an-easaontas ann. D'éirigh an feisire Blake as an bpáirtí i Londain inné.

1927

Osclaítear an chéad mhalartán uathoibríoch teileafóin in Éirinn i mBaile Átha Cliath – cúram 700 custaiméir air.

1932

Na mílte ar Fhaiche an Choláiste i mBaile Átha Cliath le héisteacht le hÉamon de Valera. Fógraí á n-iompar a deir "Dóigh chuile shórt Sasanach ach a cuid guail" agus "Baghcat ar Earraí ón mBreatain".

1943

Tuairteann eitleán sibhialta agus baill den RAF ar bord ar thaobh Chnoc Bhréanainn i gCo. Chiarraí tar éis di dul amú ar a bealach ó Liospóin go Faing. Maraítear an captaen agus 9 paisinéir – tagann 6 den chriú agus 9 paisinéir eile slán.

1958

Séidtear dealbh chuimhneacháin Carlisle i bPáirc an Fhionnuisce san aer. Baintear an dealbh chré-umha ocht dtroithe ar airde den 7ú hIarla Carlisle dá bonn.

1965

Buaileann feidhmeannaigh ó Bhord Turasóireachta an Tuaiscirt agus Bord Fáilte le chéile le hathoscailt na canálach tras-teorann a cheanglaíonn Loch Éirne agus an tSionainn, a phlé. Na hairí Henry West agus Erskine Childers ar an abhainn.

1974

An chéad oilithreacht lae go Cruach Phádraig i gContae Mhaigh Eo. Léann Ardeaspag Thuama, an Dr Seosamh Ó Cuinneáin, an tAifreann san aireagal ar an mbarr agus bronnann sé boinn an phápa ar mhaoir a thug seirbhís fhada.

1980

Na sluaite i láthair ag Siamsa Cois Laoi i bPáirc Uí Chaoimh i gCorcaigh. Cathal Ó hEochaidh ann agus casann sé amhrán leis na Dubliners ar stáitse. An t-amhránaí cáiliúil Joan Baez ann freisin.

1981

Dearbhaíonn Cumann Lúthchleas Gael go mbaineann cás na H-Bhloc anois le polaitíocht pháirtí agus nach féidir lena mbaill tacaíocht a thabhairt do choiste náisiúnta na H-Bhloc.

1992

Buann beirt dornálaithe ó Bhéal Feirste, Wayne McCullough agus Paul Douglas, a mbabhtaí tosaigh i Staid Juventus ag na Cluichí Oilimpeacha i mBarcelona.

1999

Socraíonn an Chúirt Achomhairc i Londain gur féidir le hiarshaighdiúirí Briotanacha a n-ainmneacha a cheilt agus fianaise á tabhairt acu ag Binse Fiosraithe Dhomhnach na Fola – díomá ar ghaolta na marbh ach ní ábhar iontais é.

1907

Cuireann an long nua le Cunard, an *Lusitania*, an long is mó ar domhan, deireadh lena trialacha farraige amach ó iarthar agus iardheisceart na tíre. Tógfaidh sí 3,250 paisinéir agus criú.

1912

Sa chúirt i nDún Droma gearrtar fíneáil £5 ar Mháirtín Mac Gearailt ó Ardilea, Dún Droma, mar aon le costais, faoi throid coileach a cheadú ar a chuid talún. Cúisítear an geallghlacadóir Richard Lynam faoi chabhrú leis agus gearrtar punt fíneála air siúd agus ar dhaoine eile a bhí ar an láthair.

1915

Glacann Pádraig Mac Piarais agus náisiúnaithe ceannas ar Chonradh na Gaeilge ag a gcomhdháil i nDún Dealgan. Éiríonn Dubhghlas de hÍde as uachtaránacht an Chonartha.

1933

Cuirtear ceadúnais airm ar ceal agus tosaíonn na Gardaí ag bailiú na n-arm. Deir Earnán de Blaghd leo go bhfuil seisean chun a ghunna a choinneáil.

1935

Cuirtear dinnéar ar bun in Óstán an Royal Hibernian i mBaile Átha Cliath, airí rialtais agus baill den Oireachtas i láthair, le bunú chomhlacht nua le Irish Dunlop i gCorcaigh a chomóradh.

1959

Bunaítear an Roinn Iompair agus Cumhachta – na cúramaí seo á mbaint den Roinn Tionscail agus Tráchtála. Is é an t-iar-Aire Tailte, Erskine Childers, a bheas ina chéad Aire ar an roinn rialtais nua.

1968

Foilsítear mioneolas faoi imlitir an Phápa Pól VI ar chosc beireatais – "Humanae Vitae" – ag preasagallamh i gColáiste Chluain Life, áit a dtacaíonn Ardeaspag Bhaile Átha Cliath, an Dr John Charles McQuaid, leis an imlitir.

1977

An t-aighneas i nGaillimh faoi thithe a thabhairt don lucht siúil, ar bun i gcónaí. Diúltaítear cead isteach san eastát nua do Mháirtín Mac Donncha, áit a bhfuil teach curtha ar fáil dó.

1986

I gContae Mhaigh Eo tuirlingíonn an chéad eitilt trasatlantach ag Aerfort Chnoc Mhuire. An Monsignor James Horan, an fear a ba chúis le bunú an aerfoirt, ansin le fáilte a chur roimh na paisinéirí.

1992

Saorann an Chúirt Achomhairc i mBéal Feirste, triúr de cheathrar an UDR ach rialaíonn sí go bhfuil ciontú Neil Latimer slán. Filleann seisean ar an bpríosún.

1999

Gearrtar príosún saoil ar Bhrian Meehan, 34, ó Chinn Mhuí i mBaile Átha Cliath faoi dhúnmharú an iriseora Veronica Guerin i 1996.

1900

Déantar damáiste do Chaisleán Chill Chainnigh nuair a bhuaileann tintreach é agus téann cuid de trí thine – ní fada go mbíonn an dóiteán faoi smacht.

1914

Cuirtear siar an Bille um Rialú na hÉireann (Leasú) a cheadódh go bhfágfaí Cúige Uladh amach as Home Rule, mar gheall ar chúrsaí san Eoraip.

1928

Ardaítear bratach na hÉireann den chéad uair ag na Cluichí Oilimpeacha nuair a bhaineann an Dr Pat O'Callaghan bonn óir in Amstardam do chaitheamh an chasúir – an chéad saoránach d'Éirinn neamhspleách a bhaineann bonn óir.

1936

Maraítear cailín amháin agus gortaítear bean agus dháréag gasúr eile nuair a thugann teach beag dhá sheomra uaidh in aice le Sráid an Phiarsaigh i mBaile Átha Cliath. Bhí na gasúir ag spraoi os comhair an tí.

1949

Fágann an tAcht Míntíreachais Talún go gcuirfidh an Stát airgead ar fáil don obair seo – £40m thar thréimhse deich mbliana le 4 mhilliún acra a chur ag obair.

1953

Pictiúrlann nua, an Kenilworth, oscailte i gCros Araild i mBaile Átha Cliath – 1,110 suíochán ann, breis agus 800 ar 1s 3d, an chuid eile ar 2s 3d.

1968

Leagann Conradh na Gaeilge bláthfhleasc ag teach Major John MacBride, duine de cheannairí 1916, i gCathair na Mart – an Col. Eoghan Ó Néill, stiúrthóir Chomhdháil Náisiúnta na Gaeilge, i láthair.

1976

Slua ollmhór i láthair ag Rásaí na Gaillimhe i mBaile Briota – na capaill, na marcaigh agus na geallghlacadóirí a tharraingíonn an slua ach is cuid lárnach den fhéile an siamsa sráide agus na ceoltóirí freisin.

1984

Glacann tiománaithe traenach, ar baill den NBU iad, le moladh na Cúirte Oibreachais go mbeadh ardú 23.5% acu faoi sheirbhís nua an DART.

1995

Sé an dornálaí Wayne McCullough curadh nua coileachmheáchain an domhain. Buann sé ar Yasuei Yakushiji na Seapáine ar phointí.

1998

An t-iar-Thaoiseach Cathal Ó hEochaidh os comhair na Cúirte Dúiche i mBaile Átha Cliath faoi líomhaintí gur chuir sé isteach ar Bhinse Fiosraithe McCracken. Iarrann an DPP go n-éistfear an cás sa Chúirt Choiriúil Chuarda.

1913

Nochtann an Dukc of Aberdeen fuinneog álainn in Ardeaglais Naomh Colm Cille i nDoire i gcuimhne ar Fhuascailt na Cathrach i 1689. Sir Edward Carson agus baill den Irish Society i láthair ag an searmanas.

1917

Cuirtear tús le mór-ruathar Ypres sa bhFrainc ag 3.50 am. Maraítear a lán – ina measc an file Francis Ledwidge, 30 bliain d'aois.

1922

Lámhachtar Harry Boland, Rúnaí Príobháideach Éamon de Valera, é gníomhach i bhfeachtas na n*Irregulars*, agus é ag teitheadh ón Grand Hotel sna Sceirí – tuairiscítear é a bheith go dona tinn in ospidéal.

1947

Cuireann an Rúis in aghaidh bhallraíocht na hÉireann sna Náisiúin Aontaithe toisc go raibh Éire báúil le Cumhachtaí Axis le linn an Chogaidh – iad á rá go raibh Éamon de Valera, ag déanamh comhbhróin leo agus le Franco sa Spáinn.

1955

Tagann Averell Harriman (ar dheis), Gobharnóir Nua Eabhrac go Baile Átha Cliath ó Pháras agus cuireann an tAire Gnóthaí Eachtracha, Liam Mac Coscair, fáilte roimhe mar aon le Seán Mac Giolla Bhríde, Ardmhéara Bhaile Átha Cliath, Denis Larkin agus Ambasadóir Taft Mheiriceá.

1969

Baintear an leathphingin den mhargadh agus aghaidh á tabhairt ar an deachúlacht. Gan fonn rómhór ar an bpobal 29 milliún leathphingin, ar fiú breis agus £62,000 iad, atá fós sa timpeall a thabhairt ar ais.

1972

Feachtas Motorman. Brúnn saighdiúirí na Breataine isteach sna ceantair 'ná-gabh' i nDoire, i mBéal Feirste agus san Iúr. Aontachtaithe sásta ach dar le daoine cilc, an Taoiseach ina measc, go bhfuil cúrsaí imithe in olcas.

1975

Maraítear triúr ball de bhanna ceoil an Miami i luíochán leis an UVF agus iad ag filleadh ó rince i nDroichead na Banna, Co. an Dúin.

1985

Tugann na mílte aghaidh ar Bhéal Átha an Spidéil, Co. Chorcaí áit a maítear go mbogann dealbh den Mhaighdean Mhuire go míorúilteach. Fáiltíonn an eaglais roimh an urnaí páirteach ach tugann rabhadh faoi mhíorúiltí.

1988

Gortaítear beirt fhear le linn Grand Prix Budwiser ar an Life. An t-ádh leis an nGearmánach Michael Werner nuair a thiteann a bhád as a chéile ag 110 míle san uair.

1994

Bailíonn thart ar 60,000 daoine faoin mbáisteach i nDurlas, Co. Thiobraid Árann, d'Fhéile '94 – an cúigiú féile agus an ceann deireanach.

1906

Deir an Cliarlathas Caitliceach nach nglacfar le hoideachas measctha i gColáiste na Tríonóide do Chaitlicigh na hÉireann. Tá trí rogha ann, ollscoil do Chaitlicigh, coláiste nua in Ollscoil Bhaile Átha Cliath nó san Ollscoil Ríoga.

1915

Cuirtear Diarmaid Ó Donabháin Rossa i nGlas Naíon. Tugann Pádraig Mac Piarais an óráid ag an uaidh ag críochnú le: "The fools, the fools, the fools! They have left us our Fenian dead, and while Ireland holds these graves, Ireland unfree shall never be at peace."

1932

Ag na Cluichí Oilimpeacha i Los Angeles buann Bob Tisdell an cliathrás 400 méadar i 51.8 soicind – an lá freisin le hÉireannach eile, an Dr Pat O'Callaghan, ag caitheamh an chasúir.

1940

Tá gearán déanta ag an rialtas le rialtas na Gearmáine agus tá cúiteamh á lorg acu faoi ionsaí a rinne eitleán cogaidh Gearmánach ar an long Éireannach *Kerry Head* ag béal Chuan na nOisirí i gContae Chorcaí.

1958

Diúltaíonn an INTO do dhearbhú a rinne an Feisire Aontachtach Montgomery Hyde sa House of Commons go dtugtar ardómós don fheallmharú sa leagan de stair na hÉireann a mhúintear i scoileanna sa Phoblacht.

1969

Tionóltar slógadh faoin Tuaisceart ag Ardoifig an Phoist i mBaile Átha Cliath – éilimh ann go ngabhfadh Arm na hÉireann ó thuaidh – an file John Montague i measc na gcainteoirí.

1974

Feachtas ar siúl ag tuismitheoirí ar Oileáin Árann i gContae na Gaillimhe ag éileamh go dtógfaí an chéad cheardscoil chónaithe ar Inis Mór.

1980

Maraítear seacht nduine dhéag ar a laghad agus gortaítear a lán eile i dtimpiste traenach ag Cill na Mallach, Co. Chorcaí. Imíonn traein a 10 a chlog ó Bhaile Átha Cliath go Corcaigh de na ráillí agus buaileann sí balla. Scriostar na carráistí tosaigh.

1981

Tugtar corp an stailceora ocrais Caoimhín Ó Loingsigh ón INLA, a fuair bás go moch ar maidin inniu, abhaile go dtí a theach i nDún Geimhin, Co. Dhoire. Cáil air i gcúrsaí Chumann Lúthchleas Gael.

1996

Ba mhaith leis an Aire Talmhaíochta, Ivan Yates, go dtógfaí loiscneoir £30m chun déileáil le géarchéim galar na bó mire.

2 Lúnasa

1916

Léiríonn figiúirí i mí Aibreáin go bhfuil os cionn 150,000 oifigeach gan choimisiún ó Éirinn in Arm na Breataine – beagnach 90,000 Caitliceach agus 60,000 Protastúnach. Ó thús an Chogaidh tá 30,000 de na hÓglaigh Náisiúnta agus 30,000 d'Óglaigh Uladh tar éis liostáil.

1925

Agus 700 bliain á cheiliúradh ag an Mainistir Dhubh i gCill Chainnigh, tugann Dún Luain i gCill Mhantáin clog ón seachtú haois déag a bhí in úsáid acu i Halla an Bhaile le dhá chéad bliain, ar ais do Mhéara Chill Chainnigh.

1933

Gabhann bleachtairí i mBaile Átha Cliath dhá ghunnán ón nGinearál Eoin Ó Dubhthaigh, a dhiúltaigh seisean a thabhairt ar lámh faoi Acht na nArm Tine. Ba le Mícheál Ó Coileáin ceann acu, a deir sé, é ina lámh aige nuair a lámhachadh é i mBéal na Bláth.

1946

Déanann an Rialtas iarratas foirmiúil ar bhallraíocht sna Náisiúin Aontaithe tar éis díospóireacht Dála a thug tacaíocht d'aon ghuth don fhiontar.

1953

I Murlach i ngleannta Aontroma áit a bhfuil láthair roghnaithe d'uaigh Ruairí Mhic Easmainn, éilíonn an Taoiseach Éamon de Valera go dtabharfaí a chorp ar ais. Deir Brian Faulkner nach bhfuil Aontachtaithe sásta go mbeadh polaiteoirí an deiscirt ag teacht ar cuairt mar seo – muna mbeidís ar saoire, ar ndóigh.

1964

Jack Cruise, John McCann agus Dermot Doolin

Osclaítear Amharclann an Olympia i mBaile Átha Cliath in athuair – léiriú de *Holiday Hayride* ar siúl. Jack Cruise, John McCann agus Dermot Doolin i measc na réaltaí atá bailithe.

1975

Freastalaíonn na mílte ar shochraid Fran O'Toole, an t-amhránaí leis an Miami, i mBré, Co. Chill Mhantáin – Des McAlea a gortaíodh sa luíochán a rinneadh ar an mbanna, i láthair.

1981

Faigheann Ciarán Ó Dochartaigh, cúig bliana fichead, ón IRA, Teachta Dála do Chabhán-Muineachán, bas ar an 73ú lá dá stailc ocrais i bPríosún na Ceise Fada.

1986

Gluaiseacht frith-chinedheighilte na hÉireann i mbun agóide in Ambasáid na Breataine i mBaile Átha Cliath faoi sheasamh an Phríomh-Aire Thatcher ar smachtbhannaí san Afraic Theas.

1994

Cáineann tuarascáil Bhinse Fiosraithe na Mairteola polasaí an rialtais ar chreidmheas easpórtála don Iaráic agus ar phlean forbartha feola Goodman.

1998

Daichead agus a cúig Rómánach eile aimsithe ar bord na lastloinge *European Pathfinder* i Ros Láir – seo í an dara huair ar thug an long giofóga ón Rómáin.

1903

Dhá shioráf nua faighte ag Gairdín na nAinmhithe i mBaile Átha Cliath – bronntanas ó Sir Reginald Wingate ó Arm na hÉigipte.

1913

Báitear cúigear ban óg agus iad ag snámh ag an trá sa Leathros i gContae Shligigh. Níor thángthas ach ar thrí chorp go dtí seo.

1916

Crochtar Ruairí Mac Easmainn i bPríosún Pentonville i Londain. Gabhadh é ar Thrá an Bhanna i gCiarraí, trí lá roimh Éirí Amach na Cásca. Ciontaíodh i dtréas ina dhiaidh sin é agus daoradh chun báis é.

1925

Seasann an Bord Achomhairc le cinneadh an Chinsire Scannán go ndiúltófaí don leagan Gearmánach de *Shaol Chríost*. Claonadh d'aon ghnó ar an bhfírinne atá ann, a deirtear, a ghlanann an smál de chlú Iúdáis.

1936

Drochthimpiste ag Grand Prix Luimnigh nuair a bhuaileann John Charles William Fitzroy, Diúc Ghrafton, balla ag 80 míle san uair ina ghluaisteán Bugatti 3.3 lítear. Dóitear go dona é agus faigheann sé bás in Ospidéal Barrington.

1945

Fógraíonn an Rialtas go bhfuil an 290 Gearmánach a bhí i gcampa géibhinn anseo, le cur abhaile. Tá siad ag obair i gContae Chill Dara ó dheireadh an Chogaidh. Leathchéad ag iarraidh fanacht ach diúltaítear dóibh.

1969

An Taoiseach, Seán Ó Loingsigh, ar cuairt stáit go dtí an Liobáin. Tar éis cainteanna leis an bPríomh-Aire Abdullah Yafi i mBéiriút buaileann sé leis an Uachtarán Charles Helou ag a phálás i mBeitedin. Tugann sé cuairt freisin ar chathair ársa Baalbek.

1978

Tá monarcha nua la gluaisteáin spóirt de Lorean a chur le chéile le tógáil sa Tuaisceart. Meastar gur in eastát tionsclaíochta Twinbrook in iarthar Bhéal Feirste a bheas sé lonnaithe.

1988

Cuirtear tús le Féile Idirnáisiúnta Ealaíne na Gaillimhe le léiriú den scannán *Reefer and the Model* le Joe Comerford. Tugtar ardmholadh dó.

1994

Tá páirtithe an chomhrialtais ag iarraidh an t-aighneas eatarthu faoi thurascáil Bhinse Fiosraithe na Mairteola a leigheas. Ghoill caint an Tánaiste, Dick Spring, ar Fhianna Fáil – polasaí tubaisteach a thug sé ar an scéim árachais chreidmheasa easpórtála.

1998

Deir ISME, eagraíocht na ngnólachtaí beaga agus meánghnólachtaí, nár cheart go mbeadh oibrithe a bhfuil níos lú ná £10,000 á thuilleamh acu, ag íoc cánach.

4 Lúnasa

1904

Lorgaíonn Anne Horniman paitinn ó Bhardas Bhaile Átha Cliath don tsean-amharclann atá ceangailte le hInstitiúid na Meicneoirí i Sráid na Mainistreach Íochtarach. Tá sí ag iarraidh an amharclann a chur ar fáil don Irish National Theatre Society.

1927

Cailltear John Dillon, iarfheisire náisiúnach do Mhaigh Eo Thoir, i Londain in aois a 76. Mac é leis an Éireannach Óg, John Blake Dillon agus bhí sé ar an gcathaoirleach deireanach ar an IPP.

1935

Tá ionadaithe na gCaitliceach i mBéal Feirste ag iarraidh go mbunófar fiosrú neamhspleách leis an gcíréib is deireanaí sa chathair a iniúchadh. Cuireadh beagnach 400 teaghlach Caitliceach amach as a dtithe.

1948

Deir an tAire Talmhaíochta, James Dillon, gur chóir go mbeadh na háiseanna céanna ag oibrithe talmhaíochta agus atá ag oibrithe tionsclaíochta. "Dá dtairgeodh éinne 55 scilling domsa ar sheachtain 54 uair an chloig", a deir sé, "d'fhágfainn an fheirm chomh luath agus a d'fhéadfainn".

1957

Tubaiste mhillteanach i Ros Ó gCairbre, Co. Chorcaí. Báitear fear 45 bliain d'aois, an t-aon pháiste a bhí aige, beirt neacht agus nia leis nuair a imíonn a charr den ché.

1967

Tá an Seanadóir Margaret Pearse, deirfiúr le Pádraig agus Liam Mac Piarais, ceannairí Éirí Amach 1916, naoi mbliana agus ceithre scór inniu. Tugann an tUachtarán Éamon de Valera cuairt uirthi i dteach téarnaimh Linden.

1976

Iarrachtaí ar siúl chun Frescati House sa Charraig Dhubh i mBaile Átha Cliath a shábháil. Teach saoire na nGearaltach ó Chill Dara a bhí ann – bhí an Tiarna Éadbhard Mac Gearailt agus a bhean Pamela ina gcónaí ann tráth.

1981

Sochraid Chiaráin Uí Dhochartaigh, Teachta Dála an Chabháin agus Mhuineacháin a fuair bás ar stailc ocrais, i mBéal Feirste, Niall Andrews agus Neil Blaney i láthair – an bhratach náisiúnta i lár crainn ag Teach Laighean.

1988

Na deartháireacha McGimpsey ó Chontae an Dúin le hachomharc a dhéanamh in aghaidh chinneadh na hArdchúirte nach bhfuil an Conradh Angla-Éireannach míbhunreachtúil.

1994

Tugtar triúr marcach chuig an ospidéal agus maraítear trí chapall in eachtraí éagsúla ag na rásaí ar thrá na hInse i gContae na Mí.

1998

Tá an Banc Éireannach Náisiúnta le breis agus £130,000 a thabhairt ar ais do bhreis agus 300 custaiméir tar éis iniúchadh faoi tháillí iomarcacha a bheith á ngearradh.

1915

Deir Bardas Bhaile Átha Cliath nach bealach poiblí a bheas i Hoey's Court feasta. Bhí sé in úsáid ag coisithe ón séú céad déag le dul ó Shráid an Chaisleáin go Sráid na Long. Rugadh Dean Swift in Uimh. 9 Hoey's Court sa bhliain 1667.

1927

Faigheann an teanór Joseph O'Mara, bunaitheoir agus stiúrthóir Chomhlacht Ceoldrámaí Uí Mheára, bás ina theach i mBaile Átha Cliath. Bhí sé tinn le fada.

1933

Maraítear an Captaen Oscar Heron ón Aer-Chór nuair a thuairteann a eitleán ag an seó i bPáirc an Fhionnuisce, Lá Eitleoireachta na hÉireann. Bhí a bhean i measc an 12,000 lucht féachana. Maraíodh píolóta eile ón Aer-Chór agus é ag cleachtadh dhá lá roimhe seo.

1947

Fágann aonad taifeadta ón mBBC Baile Átha Cliath faoi cheannas Brian George ó Dhún na nGall, ar thuras míosa le hamhráin thraidisiúnta agus bailéid a bhailiú mórthimpeall na tíre.

1966

Osclaíonn na bainc in athuair tar éis stailc trí mhí. Vótáil feidhmeannaigh na mbanc filleadh ar an obair an mhí seo caite tar éis éisteachtaí sa Chúirt Oibreachais.

1969

An chíréib sheicteach is measa i mBéal Feirste le 34 bliain – Árasáin Unity agus bóithre Chromghlinne agus na Seanchille is measa atá buailte, tine curtha le tithe agus bacainní tógtha.

1974

Cumann na Sagart ar oilithreacht go dtí Cluain Mhic Neois – léann easpag cúnta Bhaile Átha Cliath, an Dr Séamus Caomhánach, Aifreann amuigh faoin spéir – Éamon de Valera i measc an tslua.

1986

Breis agus 7,000 duine bailithe ag Cnoc Mhuire ar shochraid Monsignor James Horan, an sagart ar éirigh leis aerfort a bhunú ann.

1988

Maraítear beirt fhear ó Chontae Fhear Manach, William Hassard, tógálaí trí scór bliain agus a chomhghleacaí Frederick Love, 64. Scaoileann an tIRA iad agus iad ag filleadh ó obair dheisiúcháin ar stáisiún an RUC i mBéal Leice.

1993

Bronnann scoláire ó Cheanada bailiúchán de litreacha pearsanta ón drámadóir John Millington Synge, ar Choláiste na Tríonóide, litreacha chuig a chailín Molly Allgood ina measc.

1998

Vótálann na Gardaí le móramh a dó in aghaidh a haon, deireadh a chur lena n-aighneas faoi chúrsaí pá agus glacadh leis an ardú 9% atá tairgthe ag an rialtas.

6 Lúnasa

1912

I dTeach Cúirte Green Street pléadálann ceathrar de lucht cearta vótála na mban sa Bhreatain neamhchiontach in iarracht a dhéanamh an Theatre Royal a chur trí thine le linn cuairt an Phríomh-Aire Asquith ar Bhaile Átha Cliath le deireanaí.

1926

Sroicheann dhá scriostóir toirpéad le Cabhlach Mheiriceá, an *Isherwood* agus an *Case*, Baile Átha Cliath agus tagann le balla i mBáisín Alexandra. Ochtar oifigeach agus 125 fear ar chaon long.

1946

Sroicheann an Captaen Bob Lewis, comhphíolóta an eitleáin *Enola Gay* a scaoil an buama adamhach ar Hiroshima, Aerfort na Sionainne tar éis a chéad eitilte mar phíolóta sibhialtach. Bliain ó shin go díreach inniu a buaileadh Hiroshima.

1950

I mBaile Shéamuis, Co. Liatroma, déantar comóradh trí chéad bliain ar Shionad Jamestown, áit ar cháin easpaig Chaitliceacha Iarla Urmhan toisc gur theip air deireadh a chur le scrios Chromail in Éirinn.

1958

Sáraíonn an tAstrálach, Herb Elliott, 20, an churiarracht dhomhanda don mhíle ag Staid Sheantraibh, i 3 nóiméad 54.5 soicind. Éiríonn le ceathrar eile, Ronnie Delaney ina measc, an míle a rith faoi cheithre nóiméad.

1964

Fágann manaí frith-Shasanacha ar bhallaí agus ar bhóithre in Acaill go gcuireann ceannasaíocht Arm na Breataine sa Tuaisceart saoire eachtraíochta do shaighdiúirí ar an oileán ar ceal.

1978

Faigheann an Pápa Pól VI bás ag a theach samhraidh i gCastel Gandolfo. Seolann an tArdeaspag, Tomás Ó Fiaich, agus an tUachtarán Ó hIrghile teachtaireachtaí comhbhróin.

1982

Táthar le forbairt a dhéanamh ar Chuan Dhairbhre i gContae Chiarraí ar mhaithe le tionscal na hiascaireachta ansin. Tá feachtas ar bun ag muintir na háite le breis agus scór bliain ag iarraidh an ché a dheisiú.

1988

Bailíonn grúpa i gCearnóg Mhuirfean ar lá comórtha na buamála i Hiroshima – ar na cainteoirí tá Eoin Ryan agus Tom Kitt Fhianna Fáil. CND na hÉireann agus Greenpeace a d'eagraigh é.

1997

Buaileann Rúnaí an Tuaiscirt, Mo Mowlam, agus ceannaire Shinn Féin, Gerry Adams, le chéile den chéad uair – cruinniú dáiríre a bhí ann dar leis an mbeirt.

1998

Gearrtar cosc iomaíochta ceithre bliana ar an snámhóir Oilimpeach Michelle de Bruin faoi chur as do thástáil drugaí. Séanann sí go láidir é agus déanfaidh sí achomharc.

1906

Bronnann Bardas Bhaile Átha Cliath saoirse na cathrach ar an Dr Dubhglas de hÍde, Uachtarán Chonradh na Gaeilge, faoin obair a rinne sé ar son an Chonartha.

1916

An teach lán go doras sa Bohemian Theatre i mBaile Átha Cliath do chéad léiriú chéad scannán Chomhlacht Scannán na hÉireann, *O'Neill of the Glen*.

1937

Faigheann Anne Horniman, éarlamh Amharclann na Mainistreach, bás i Londain in aois a 77. Thug sí úinéireacht na hAmharclainne ar lámh do chomhlacht Éireannach faoi cheannas W B Yeats.

1943

Cailltear an t-ealaíontóir portráide, Sarah Purser, i mBaile Átha Cliath in aois a 95. Bunaitheoir na ceardlainne gloinedhaite, An Túr Gloine, ba chara mór í le Sir Hugh Lane agus is í a fuair Teach Charlemont i gCearnóg Pharnell do Ghailearaí na Cathrach.

1957

Séidtear leacht cuimhneacháin chogaidh 20 troigh ar airde i gCearnóg Phercy i Luimneach. Tógadh é i 1932 le fir Luimnigh a fuair bás sa Chéad Chogadh Domhanda a chomóradh. Cuireadh na fir a fuair bás sa dara Cogadh leis ina dhiaidh sin.

1969

Aighneas seicteach ar siúl i mBéal Feirste agus fágann trí theaghlach déag a dtithe i gceantar Ard Aighin agus Chromghlinne tar éis bagairt go ndófaí a raibh acu.

1978

Osclaítear leabhar comhbhróin i Nuinteasacht an Phápa i bPáirc an Fhionnuisce ar bhás an Phápa Pól VI. Na bratacha ar Ardoifig an Phoist agus ar fhoirgnimh an Rialtais i lár crainn.

1981

Sroicheann Ardmhéaraí Bhaile Átha Cliath, Chorcaí agus Bhéal Feirste an RDS i mBaile Átha Cliath i seanchóiste capaill le cuairt a thabhairt ar Sheó na gCapall.

1986

Gabhtar leascheannaire an DUP, an feisire Peter Robinson, nuair a thugann slua dílseoirí faoi bhaile Chluain Tiobraid i gContae Mhuineacháin i lár na hoíche tráth a scriostar stáisiún na nGardaí.

1996

Cuireann Rúnaí an Tuaiscirt, Sir Patrick Mayhew, cosc ar na hApprentice Boys máirseáil ar an gcuid sin de Bhallaí Dhoire atá os cionn Thaobh an Bhogaigh.

1997

Séanann an tAire Gnóthaí Eachtracha, Ray de Búrca, go ndearna sé fabhar riamh nó gur labhair sé thar ceann comhlachta a thug síntiús polaitíochta £30,000 dó in 1989.

8 Lúnasa

1906

Ní féidir le cúirt i bPáras colscaradh a thabhairt do Mhaud Gonne MacBride toisc gur Éireannaigh iad an dá pháirtí. Tugtar dealú pósta di agus fágtar cúram Sheán Mhic Giolla Bhríde uirthi.

1925

Gabhann an Seanadóir W B Yeats, duine de stiúrthóirí Amharclann na Mainistreach, buíochas le rialtas Chumann na nGaedheal faoi dheontas £850 – súil aige gur deontas bliantúil a bheas ann.

1938

Ceannaíonn Bardas Bhaile Átha Cliath sé cinn déag de shoilse tráchta uathoibríocha ar chostas £10,700. Cuirfear ag crosairí ar na príomhbhóithre iad amach ó lár na cathrach.

1941

Cuireann Aontas na Sóivéadach go láidir in aghaidh diúltú na Cúirte Uachtaraí glacadh leis gur leo an dá long ó Laitvia agus na trí cinn ón Eastóin atá i gcalafoirt na hÉireann. Ní ghlacann an rialtas anseo leis gurb é an USSR fíor-rialtas na stát Bailteach ó ghabhadar seilbh orthu.

1958

Cuireann Ambasáid Mheiriceá i gCearnóg Mhuirfean na pleananna don Ambasáid nua i nDroichead na Dothra ar taispeáint. Tá súil acu go mbeidh an foirgneamh tógtha taobh istigh de bhliain go leith.

1968

Bronnann Mícheál Ó hAodha, cathaoirleach Chumann Merriman, eagrán speisialta de *Chúirt an Mheán Oíche* le Brian Merriman ar an Uachtarán de Valera – eagarthóir an leabhair, an tOllamh Daithí Ó hUaithne agus Seán Ó Tuama in éineacht leis.

1972

Cainteanna ar siúl ag an SDLP le Rúnaí an Tuaiscirt, William Whitelaw – feidhmiú neamhchlaonta an dlí á phlé, mar aon le líon na n-arm gan cheadúnais agus seilbh Arm na Breataine ar cheantair Chaitliceacha. Deireadh iomlán leis an imtheorannú uathu freisin.

1980

Cailltear deichniúr, cúigear páistí ina measc, nuair a scriostar an Central Hotel i mBun Dobhráin i ndóiteán go moch ar maidin. Tagann 50 slán.

1987

Sroicheann U2 Corcaigh don cheolchoirm dheireanach sa chuid Eorpach dá dturas domhanda. Cuireann siad gliondar ar shlua ollmhór i bPáirc Uí Chaoimh.

1992

Baineann an dornálaí Michael Carruth chéad bonn óir na hÉireann le 36 bliain anuas ag na Cluichí Oilimpeacha i mBarcelona nuair a bhuaileann sé Juan Hernandez ó Chúba – bonn airgid ag Wayne McCullough.

1995

An tAthair Brendan Smyth os comhair cúirte i mBéal Feirste – sé chúis déag íde gnéis ar ghasúir curtha ina leith. Téarma ceithre bliana cheana air faoi choireanna peidifíleacha.

1911

Dealbh Pharnell á cur ar a bonn i Sráid Sackville – teilgeadh an dealbh chré-umha in Éirinn ó mhúnla an dealbhóir Gael-Mheiriceánach, Augustus Saint Gaudens.

1922

Osclaítear siopa nua Clerys ar Shráid Uí Chonaill. Scriosadh an bunfhoirgneamh – Óstán an Imperial agus siopa Clerys ar chothrom na talún – le linn Éirí Amach 1916.

1929

Tugtar cearta paitinne do Chlara Boag ón gCarraig Dhubh i mBaile Átha Cliath ar ghaireas comharthaíochta ghluaisteán – is í an chéad saoránach Éireannach í ar bronnadh paitinn uirthi.

1933

Tionólann an Irish Academy of Letters a chéad chruinniú bliantúil in Amharclann na Péacóige i mBaile Átha Cliath, W B Yeats sa Chathaoir. Toghtar George Bernard Shaw ina Uachtarán. Bhí an tAcadamh gníomhach cheana in aghaidh na cinsireachta.

1965

Bronnann na sagairt Montfort ó Nua Eabhrac gradam Mhuire an Phápa Pius XII ar bhunaitheoir an Léigiúin Mhuire, Frank Duff. An tAthair Tomai a thugann dó é ag searmanas san Eaglais Dhoiminiceach i Sráid Dominic i mBaile Átha Cliath.

Frank Duff

1970

Tús le seirbhís aeir idir Gaillimh agus Árann – eitleán dhá inneall 'Islander', deich suíochán ann ag dul ó Órán Mór go hInis Mór. £5 ar thicéad fillte don turas 20 nóiméad.

1971

Cuirtear tús leis an imtheorannú sa Tuaisceart – achrann agus círéib ar siúl, breis agus 300 fear tógtha go moch ar maidin. Maraítear naonúr sibhialtach, saighdiúir Briotanach agus ball den UDR ar an gcéad lá seo.

1982

Mainistir Dhún Bródaigh i gContae Loch Garman- 800 bliain a bunaithe á chomóradh le hAifreann amuigh faoin spéir, á léamh ar na Cistéirsigh, arbh leo an mhainistir tráth.

1989

An *Limerick Leader* 100 bliain d'aois inniu. Bunaíodh é an chéad lá mar pháipéar a sheas le Parnell. Ábhar ceiliúrtha.

1996

Socraíonn Áitritheoirí Thaobh an Bhogaigh, ar iarratais ó ionadaithe polaitiúla agus eaglasta, a máirseáil agóide a chur ar malairt treo agus droim a thabhairt le heastát Protastúnach an Fountain agus an Diamond.

1999

I mBaile Átha Cliath cuireann an tArm buama ocht bpunt déag ón Dara Cogadh Domhanda, a fritheadh i dteach i bhFionnbhrú, ó mhaith. Déantar amhlaidh le gaireas eile a thagann i dtír i mBaile Chaisleáin Bhéarra.

1903

Tá Andrew Carnegie le £28,000 a thabhairt do Bhardas Bhaile Átha Cliath le Príomh-Leabharlann Phoiblí a thógáil. Cuirfidh an t-airgead seo ar a gcumas áit cheart a chur ar fáil do Bhailiúchán breá Gilbert.

1909

Tagann 250 paisinéir slán nuair a théann an bád an *Duke of Abercorn* ar na carraigeacha ar Oileán Dheilginse. Bhí sí ar a bealach go Bré do gheallta bád.

1933

Nochtann an Ginearál Ó Dubhthaigh a phleananna d'athstruchtúrú na parlaiminte – córas uaidh ina mbeadh ionadaithe ó ghrúpaí proifisiúnta agus ceardaíochta. Bheadh mná ceangailte le grúpaí a bhfear céile nó a n-aithreacha.

1937

An scríbhneoir Liam Ó Flaithearta i measc lucht liteartha agus réaltaí scannán a bhfuil cosc orthu anois ag fórsaí Franco sa Spáinn – Charlie Chaplin, Douglas Fairbanks Junior agus Joan Crawford luaite freisin.

1953

Iarnród cúng Chomhlacht Iarnróid Dhoire agus Loch Súilí tréigthe go hoifigiúil – bhí sé 100 bliain d'aois i mí an Mheithimh. Tá an comhlacht iompaithe ar chóras na mbóithre anois.

1963

Ag Seó na gCapall i mBaile Átha Cliath baineann Tommy Wade agus a chapall cáiliúil Dundrum an Grand Prix Aonair. Timpeall ceiliúrtha ag deireadh an chomórtais.

1976

Faigheann beirt pháistí bás in Iarthar Bhéal Feirste nuair a théann carr goidte a bhfuil Arm na Breataine ina dhiaidh, ó smacht. Cailltear Andrew, ceithre seachtaine d'aois agus Joanna, ocht mbliana. Gortaítear a máthair Anne Maguire agus John, dhá bhliain go leith go dona.

1981

Sochraid an stailceora ocrais Thomas McElwee i mBaile Eachaidh, Co. Dhoire. A chónra á hiompar ar dtús ag ochtar deirfiúr leis. Scaoiltear a dheartháir Benedict, bliain is fiche, amach as Príosún na Ceise Fada don tsochraid.

1984

Maraítear an Bleachtaire Frank Hand nuair a scaoileann robálaithe leis agus £220,000 á thógáil as veain poist taobh amuigh d'oifig phoist Dhroim Rí in aice le Dún Seachlainn, Co. na Mí.

1989

Osclaítear Uaimh na gCreag gar d'Oileán Ciarraí den chéad uair. Thángthas ar an gcóras mór faoi thalamh i 1983 agus táthar ag súil go meallfaidh sé turasóirí.

1996

Socraíonn Apprentice Boys Dhoire gan máirseáil ar na ballaí os cionn Thaobh an Bhogaidh. Cuireann muintir Thaobh an Bhogaigh cruinniú agóide ag Free Derry Corner ar ceal.

1919

Faigheann an fear gnó daonnachtúil Andrew Carnegie bás i Massachusetts in aois a 83. Eisimirceach Albanach a thosaigh ag obair mar bhuachaill teileagraif i bPittsburg, rinne Carnegie urraíocht ar iliomad leabharlanna poiblí ar fud an domhain.

1927

Athruithe a rinneadh ar an dlí toghchánaíochta tar éis feallmharú an Aire Dlí is Cirt, Kevin O Higigins, a thugann Teachtaí Dála Fhianna Fáil go Teach Laighean leis an Mionn Dílseachta a ghlacadh – 'foirmle pholaitiúil gan tábhacht í', dar leo.

1942

Seolann an tAire Soláthairtí, Seán Lemass, comhlacht nua Waste Paper Ltd. – é d'aidhm aige déileáil leis an nganntanas páipéir de bharr an Chogaidh. "Bíodh bhur gcuid páipéir réidh", an mana atá acu.

1950

Ag cruinniú de Chomhthionól Comhairleach na hEorpa i Strasbourg caitheann ionadaithe na hÉireann vóta in aghaidh rún ó Winston Churchill go mbunófaí Arm Eorpach – de bhrí go bhfuil seilbh ag an mBreatain ar an Tuaisceart.

1958

Dúntar an Bailey i mBaile Átha Cliath tar éis breis agus 100 bliain – bialann a luadh i scríbhinní James Joyce agus Oliver St. John Gogarty. Ar na daoine aitheanta a thaithíodh í bhí Charles Stewart Parnell, Mícheál Dáibhéid, Art Ó Gríofa agus Piaras Béaslaí.

1962

Insealbhú an Aba nua, Dom Eugene, á chomóradh ag mainistir Chistéirseach Naomh Seosamh i Ros Cré, Co. Thiobraid Árann. Tugann an tAth. Boylan a bheannacht.

1973

An chéad pharáid oifigiúil ag na hApprentice Boys i nDoire ó 1969. Leagtar bláthfhleasc ag leacht cuimhneacháin an Chogaidh agus trúpaí na Breataine ag faire – ar aghaidh ansin go dtí an Ardeaglais.

1988

Tá líon na ndaoine a bhfuil an galar Seif orthu in Éirinn ag dul i líonmhaire níos sciobtha ná an meánráta idirnáisiúnta – sin é a deir leabhrán eolais ar Sheif a sheolann an Roinn Sláinte.

1989

Ceannaíonn Gerry O'Reilly, fear gnó as Liatroim, Amharclann an Gaiety i mBaile Átha Cliath ar £1.5m. Tá dhá chlub oíche aige sa chathair freisin.

1992

Cuirtear fáilte abhaile roimh na dornálaithe Michael Carruth agus Wayne Mc Cullagh a bhain boinn óir agus airgid ag na Cluichí Oilimpeacha – fáilte chathrach i dTeach an Ardmhéara.

1999

Muintir na hÉireann ina measc sin a fheiceann urú gréine deireanach na mílaoise. Titeann an teacht agus éiríonn sé dorcha, an ghrian á clúdach ag an ngealach.

12 Lúnasa

1914

Faigheann John Holland ó Chontae an Chláir, a chéadcheap an fomhuireán, bás i Newark, New Jersey, in aois a 79. Chuaigh sé leis na Bráithre Críostaí ar dtús ach ansin thug aghaidh ar na Stáit Aontaithe. Thug John Devoy tacaíocht don obair ar an bhfomhuireán.

1922

Faigheann Art Ó Gríofa bás go tobann i mBaile Átha Cliath. Thacaigh sé leis an bhféinmhuinín náisiúnta, nó Sinn Féin, agus cé nár ghlac sé páirt in Éirí Amach na Cásca cuireadh i bpríosún é ina dhiaidh sin. Is é a bhí i gceannas ar an margáil don Chonradh i 1921.

1935

Glacann Bardas Bhaile Átha Cliath d'aon ghuth le rún ón Ardmhéara Alfie Byrne go mbronnfaí saoirse na cathrach ar Sir John Lavery mar bhuíochas faoin ábhar ealaíne a bhronn sé ar an gcathair.

1946

Tuairteann eitleán le 23 banóglach ón bhFrainc ar bord ar Dhioghais i gCill Mhantáin le linn drochaimsire. Bhí na cailíní le saoire a chaitheamh leis na 'brídíní' anseo. Tá cuid acu gortaithe go dona.

1956

Socraíonn Ard-Chomhairle Chumann Lúthchleas Gael na cluichí ceannais iomána agus peile a chur siar le nach leathfaidh an polaimiailíteas. Deimhníodh 126 cás den ghalar i gCorcaigh. Beidh Corcaigh ag imirt sa dá chluiche ceannais.

1968

Mná agus páistí amuigh ar shráideanna na príomhchathrach ag déanamh agóide faoi stailc an Bhardais – is baol sláinte é do lucht na n-árasán a deir siad. Tá 3,000 oibrí an Bhardais ag iarraidh ardú pá.

1971

Saighdiúirí na Breataine ag glanadh suas i mBéal Feirste tar éis na círéibe is measa le blianta. Éilíonn an Taoiseach, Seán Ó Loingsigh, go gcuirfí deireadh le riail Stormont.

1987

Luamh Éireannach, an *Irish Independent*, a bhaineann rás Charraig Aonair – an rás is déine ar domhan, meastar.

1989

Paráid bhliantúil na nApprentice Boys ar siúl i nDoire, ainneoin gur phléasc buama leis an IRA. Déantar léiriú ar shaoradh na cathrach agus téann báid tríd an imshuí.

1990

Cuirtear tús le scoil shamhraidh Mhagill ar na Gleannta i gContae Dhún na nGall – a bhfuil in ann d'Éirinn in Eoraip atá ag athrú, téama na scoile.

1998

Tugann áitritheoirí árasáin Bhaile Munna Bardas Bhaile Átha Cliath os comhair na hArdchúirte – príosúnaigh cuid mhór acu ina n-árasán, a deirtear sa chúirt, na hardaitheoirí briste.

1908

Olc ar Chumann Banaltraí
Éireann faoin mBille um
Chlárú Banaltraí. Is banaltraí
ar cuireadh traenáil orthu i
scoileanna Shasana amháin
a bheas cláraithe le hobair a
fháil san Arm nó in
Impireacht na Breataine thar
lear.

1913

Alltacht ar mhuintir Chorcaí nuair a fhógraíonn
Cunard, agus tacaíocht an Ardmháistir Poist acu,
nach stopfaidh an *Mauretania* nó an *Lusitania* sa
Chóbh níos mó agus iad ag tarraingt ar na Stáit
Aontaithe.

1923

Nochtann Uachtarán na Comhairle Feidhmiúcháin,
Liam T Mac Coscair, leacht cuimhneacháin ar an
bplásóg os comhair Dháil Éireann, i gcuimhne ar Art
Ó Gríofa agus ar Mhícheál Ó Coileáin.

1931

Tugtar leabhair dlí agus cáipéisí amach as Caisleán
Bhaile Átha Cliath ar ais go dtí na Ceithre
Cúirteanna a bhfuil athchóiriú déanta anois orthu.
Scriosadh iad le linn an Chogadh Cathartha.

1951

Agus fadhbanna tráchta á bplé ag Bardas Bhaile
Átha Cliath molann an Teachta Dála Peadar Cowan
go dtógfaí ionaid pháirceála ar imeall na cathrach sa
chaoi nach mbeadh ar thiománaithe a gcarranna a
thabhairt isteach go dtí an lár.

1969

Léigear Thaobh an Bhogaigh ar siúl i gcónaí agus an
chíréib ag dul in olcas. Deir an Taoiseach, Seán Ó
Loingsigh, nach féidir le Rialtas na hÉireann gan
tada a dhéanamh – tá fórsa síochánaíochta leis na
Náisiúin Aontaithe don Tuaisceart á éileamh acu.

1971

Deir Príomh-Aire an Tuaiscirt, Brian Fualkner, ag
tagairt d'éileamh an Taoisigh, Seán Ó Loingsigh, go
gcuirfí deireadh le Stormont, nach féidir leis déileáil
go héifeachtach le Baile Átha Cliath níos mó.

1976

I mBéal Feirste adhlactar triúr páistí le muintir Mhic
Guidhir, a maraíodh nuair a chuaigh carr a
d'fhuadaigh an tIRA ó smacht agus Arm na
Breataine sa tóir air.

1988

Naíonán beag ag teacht chuici féin in Ospidéal
Máithreachais Sráid Holles i mBaile Átha Cliath.
Tógadh as broinn a máthar í nuair a réab an
bhroinn. Seans 50,000–1 go dtiocfadh an naíonán
slán.

1996

Glacann an Banc Éireannach Náisiúnta seilbh in
athuair ar an bhfeirm is mó in Éirinn tar éis argóint
dhlíthiúil cúig bliana. Glacann na báillí seilbh ar an
eastát trí mhíle acra, An Grianán, sa Leifear i
gContae Dhún na nGall.

1999

Tá a chloigeann ar ais arís ar an scríbhneoir Sean-
Phádraic Ó Conaire sa bhFaiche Mór i nGaillimh.
Aird an phobail arís air.

14 Lúnasa

1903

Ritear Acht Talún Wyndham i Westminster a thugann spreagadh do thiarnaí talún a n-eastáit a dhíol. Cuireann Mícheál Dáibhéid agus John Dillon ina choinne a rá gur tiarnaí talún is mó a bhainfidh tairbhe as, agus nach tionóntaí.

1924

Díolann Cumann Ríoga Bhaile Átha Cliath Teach Laighean ar Shráid Chill Dara leis an Rialtas. Is é Iarla Chill Dara a thóg é i 1745 agus díoladh leis an RDS é in 1815.

1935

Scriostar Monarcha Innealtóireachta Booth Brothers ar Fhaiche Stiabhna Uachtarach i mBaile Átha Cliath i ndóiteán. Tógann sé cúig uair an chloig ar an mbriogáid dóiteáin an tine a smachtú.

1940

Faigheann Ceann Foirne an IRA, Seán Russell, bás ar fhomhuireán Gearmánach amach ó chósta na Gaillimhe. Frank Ryan in éineacht leis.

1962

Tagann seandálaithe atá ag tochailt ar láthair Bhrú na Bóinne i gContae na Mí ar ghnéithe nua a chuireann lenár n-eolas faoin gcaoi ar tógadh an mhór-uaigh ansin.

1965

An Cairdinéal Cushing i nGaillimh do choisreacan na hArdeaglaise nua sa chathair. Tá Ardeaglais Naomh Muire sna Flaithis agus San Nioclás tógtha ar láthair an tseanphríosúin.

1976

I mBéal Feirste fágann 10,000 duine Baile Andarsain agus tugann aghaidh ar Reilig Bhaile an Mhuilinn, agóid shíochánta agus an tsíocháin á héileamh acu. Frithléirsiú ar siúl ag lucht tacaíochta Sealadaigh an IRA.

1979

Cailltear cuid de na hiomaitheoirí i rás Charraig Aonair agus tá a thuilleadh ar iarraidh le linn stoirme. An bád fartha gluaisteán *St. Killian* agus lastlong i mbun cuardaigh.

1986

Clampar agus leas-cheannaire an DUP, an feisire Peter Robinson, os comhair cúirte i nDún Dealgan – é cúisithe faoi ionsaí a dhéanamh i gCluain Tiobrad, Co Mhuineacháin.

1990

Gateaux lena mbácús i bhFionnghlas i mBaile Átha Cliath a dhúnadh. Deir siad gur chuir an stailc aon tseachtain déag as go mór dá n-easpórtálacha, rud a bhain ó bhonn eacnamaíochta an chomhlachta.

1998

Deir an Taoiseach nach saorfar na daoine a mharaigh an Bleachtaire Gerry McCabe, faoi théarmaí Chomhaontú Aoine an Chéasta. Bhí Bertie Ahern in Áth Dara, Co. Luimnigh, le bualadh le Ceann Comhairle Theach na nIondaithe i Meiriceá, Newt Gingrich.

1919

Deir Joe Devlin, ceannaire an Pháirtí Náisiúnta sa House of Commons, go gcreideann seisean i gcónaí gur fearr polasaí Pharnell agus Redmond le saoirse na hÉireann a bhaint amach ná staonadh Shinn Féin.

1923

Gabhtar Éamon de Valera agus é ag slógadh toghchánaíochta in Inis, Co. an Chláir. Gortaítear scór duine sa scliúchas. Tugtar de Valera go Luimneach agus garda air. Deir an Rialtas nach féidir é féin ná a chomhghleacaithe a shaoradh más baol don phobal iad.

1932

Caoga míle duine ar Chnoc Sláine agus comóradh míle cúig chéad bliain lasadh thine na Cásca ag Naomh Pádraig á cheiliúradh. An Cairdinéal Mac Ruairí agus Uachtarán na Comhairle Feidhmiúcháin, Éamon de Valera, i láthair.

1933

Céad bliain á chomóradh ag Mainistir na gCistéirseach ag Cnoc Mheilearaí, Co. Phort Láirge. Baineann na manaigh le hord ar leith de na Cistéirsigh a caitheadh amach as an bhFrainc sa bhliain 1830.

1949

Maraítear naonúr nuair a théann eitleán DC 4 le Trans-Ocean i bhfarraige amach ó chósta an Chláir. Tugann trálaer 49 duine eile slán go Gaillimh. Bhí an t-eitleán ag dul ón Róimh go Veiniséala.

1969

Béal Feirste tar éis oíche círéibe – tithe ag dó, an bhraillín fhuilteach tar éis lámhach Phatrick Rooney, naoi mbliana d'aois, fós le feiceáil.

I mBaile Átha Cliath éilíonn cruinniú agóide de chuid Shinn Féin baghcat ar earraí Briotanacha, cabhair rialtais do mhuintir an Tuaiscirt agus idirghabháil na Náisiún Aontaithe.

1980

Saoirse Phort Láirge á bronnadh ar Phríomháidh Eaglais na hÉireann, an tUrramach John Ward Armstrong, i Halla na Cathrach. Méara Phort Láirge is Ardmhéara Bhéal Feirste i láthair.

1983

Cuirtear fáilte abhaile roimh Eamonn Coghlan tar éis dó bonn óir a bhuachan sa rás 5,000 méadar ag an gCraobh Dhomhanda Lúthchleasaíochta i Heilsincí.

1985

Na mílte ag tarraingt ar Bhéal Átha an Spidéil ar Lá Fhéile Muire Mór ag súil go bhfeicfidh siad dealbh na Maighdine ag bogadh.

1998

Maraítear duine agus fiche i bpléasc san Ómaigh i gContae Thír Eoghain agus gortaítear na scórtha eile. Ag deich tar éis a trí tráthnóna a phléascann an buama i lár an bhaile agus an áit plódaithe le lucht siopadóireachta.

16 Lúnasa

1921

Tar éis an toghcháin do Pharlaimint Dheisceart Éireann faoin Acht um Rialú na hÉireann (1920) tagann feisirí Shinn Féin le chéile i dTeach an Ardmhéara agus bunaíonn an Dara Dáil.

1922

Sochraid Airt Uí Ghríofa go Reilig Ghlas Naíon – buíonta Airm agus baill an Rialtais i measc an tslua. Is é Liam T Mac Coscair a thugann an óráid cois na huaighe.

1928

Cuireann muintir Bhéal Feirste an-tsuim sa rásaíocht mótair agus na trialacha don Rás Bóthair Idirnáisiúnta TT ar siúl ar Chúrsa an Aird. Luas beagnach 100 míle san uair faoi chuid acu.

1935

Scriostar ionaid phriontála Bhrún agus Ó Nualáin i Sráid na bhFíníní i mBaile Átha Cliath i ndóiteán. Tá baint lárnach ag an gcomhlacht seo le priontáil leabhar scoile.

1942

Freastalaíonn na mílte ar chruinniú i Sráid Uí Chonaill i mBaile Átha Cliath ag lorg faoisimh ó bhreith an bháis do sheisear, Tom Williams ina measc, a daoradh chun báis faoi mharú oifigeach leis an RUC.

1969

Réimsí móra de Bhéal Feirste scriosta ag an gcíréib is deireanaí sa chathair – Sráid Bombay agus Sráid Kashmir buailte go dona, na tithe go léir dóite, ionaid ghnó freisin. Cuirtear fáilte roimh shaighdiúirí na Breataine.

1972

Ceard aosta á cleachtadh i mBéal Átha Fhinín i gContae Chorcaí áit a bhfuil craobh na hÉireann sa 'sulkie' ar siúl – carráiste dhá roth á tharraingt go grástúil ag capall. Iarsma den seansaol.

1979

Déanann an grúpa Clannad a gcéad deich mbliana a chomóradh le coirm cheoil i dTeach Leo, tábhairne a muintire i nGaeltacht Thír Chonaill.

1981

Bunaíonn an Rialtas Bord Náisiúnta Scannán le misneach a thabhairt do lucht déanta scannán na tíre seo. Déanfaidh sé leas Stiúideonna Ardmore freisin.

1992

Cruinniú na mBád, teacht le chéile bliantúil na mbád seoil traidisiúnta i gCinn Mhara, Co. na Gaillimhe – is iad húcaeraí na Gaillimhe is mó a mheallann an slua.

1998

Cruinníonn gaolta na ndaoine a maraíodh agus a gortaíodh i mbuamáil na hÓmaí ag ospidéil agus ag ionaid phobail – uafás an lae inné le feiceáil ar fhíseán amaitéarach. Tugann an tUachtarán Mhic Giolla Íosa cuairt ar dhaoine a gortaíodh. Buaileann an Taoiseach, Bertie Ahern, le Príomh-Aire Blair na Breataine i mBéal Feirste.

1911

Glacann Bardas Bhaile Átha Cliath le rún go n-úsáidfí Meánam Greenwich anseo. Deirtear leo go bhfuil am na hÉireann 25 nóiméad taobh thiar de Greenwich agus gur bac trádála é seo.

1922

Tugtar Caisleán Bhaile Átha Cliath ar lámh go foirmiúil do na Gardaí agus imíonn a bhfuil fágtha den RIC. Tagann an fórsa nua, 380 díobh, isteach go Clós Íochtarach an Chaisleáin, an Coimisinéir Staines ag ceann na paráide.

1925

Bronntar saoirse chathair Chill Chainnigh ar Ardeaspag Mhelbourne, an náisiúntóir aitheanta, an Dr Daniel Mannix, le linn a chuairte. Is oth leis go bhfuil daoine a sheas le chéile tráth go naimhdeach in aghaidh a chéile anois tar éis na scoilte faoin gConradh Angla-Éireannach.

1937

Cuireann an Irish Academy of Letters dinnéar ar bun in onóir an Dr Patrick McCartan a rinne an-obair dóibh ag bailiú airgid i Meiriceá.

1939

Maraítear bean amháin agus gortaítear scór duine ag lainseáil an iompróir aerárthach *Formidable* i Longchlós Harland & Wolff. Thosaigh an long mhór ag gluaiseacht uaithi féin ar an bhfánán lainseála.

1958

Osclaíonn Ardmhéara Bhaile Átha Cliath, Catherine Byrne, cosán siúlóide nua £60,000 ag Cuan Bhinn Éadair. Thóg sé dhá bhliain an obair thógála a dhéanamh de bharr na taoide.

1969

Gardaí agus lucht léirsithe in adharca a chéile ar Shráid Uí Chonaill i mBaile Átha Cliath agus iad ag déanamh ar Ambasáid na Breataine i gCearnóg Mhuirfean le hagóid a dhéanamh faoi chúrsaí an Tuaiscirt.

1972

Glacann cruinniú poiblí i mBeanntraí, Co. Chorcaí, le pleananna chun scaglann ola £55m a thógáil ar Fhaoide – macasamhail den scaglann ar taispeáint.

1989

Is í an tSr. Mary Carmel, bean rialta ó Ord na Sailéiseach, atá ag obair le daoine óga a fhágann an scoil go luath, pearsa na bliana i Luimneach.

1992

Sroicheann long sheoil thraenála na hAirgintíne, an *Libertad*, Baile Átha Cliath. Cuireann coiste ó Bhéal Easa i gContae Mhaigh Eo, arbh as don Aimiréal William Brown, bunaitheoir Chabhlach na hAirgintíne, fáilte rompu.

1998

Céad duine in ospidéal i gcónaí, seachtar go dona tinn, tar éis bhuamáil na hÓmaí. Gaolta na Spáinneach óg a maraíodh, anseo. Osclaítear leabhair chomhbhróin i mBaile Átha Cliath agus i gcathracha eile.

1911

Cealaíonn an Parliament Act smacht an House of Lords ar bhuiséid agus srianaíonn a gcumhachtaí ar Bhillí eile go dtí cros dhá bhliana – impleachtaí móra aige seo do theacht an Home Rule in Éirinn.

1924

Chéad 'rodeo' na hÉireann i bPáirc an Chrócaigh – comórtais marcaíochta ar chapaill fhiáine agus ar bhulláin agus dhá thaipeántas in aghaidh an lae ar feadh seachtaine. Meastar go meallfaidh sé na mílte.

1932

Fágann an píolóta cáiliúil James A Mollison, a phós Amy Johnson le deireanaí, Trá Phort Mearnóg ag triall ar Nua Eabhrac agus ar ais arís ina eitleán an *Heart's Content*.

1938

Córas nua soilse lasta cois na farraige i nDún Laoghaire – cuid é d'iarracht nua le breis cuairteoirí a mhealladh go dtí an baile.

1957

Ag cruinniú de Mhuintir na Tíre in Inis, deir Easpag Chorcaí, an Dr Ó Luasaigh, gur idéalachas gan chiall é a bheith sásta bás a fháil ar son tíre ach gan a bheith sásta cónaí agus oibriú inti. Is mó d'fhadhb í an imirce ná an chríochdheighilt in Éirinn, a deir sé.

1969

Cuirtear an chéad bheirt a cailleadh san fhoréigean ó thuaidh – Herbert Roy, Protastúnach, a maraíodh in eachtra lámhaigh agus Gerald McAuley, Caitliceach, cúig bliana déag.

1971

Téann trúpaí na Breataine isteach go Taobh an Bhogaigh i nDoire leis na bacainní a leagan agus tús á chur ag muintir na háite le feachtas síochánta – an tAth. Denis Bradley ag iarraidh dul i gcion ar an slua.

1981

Osclaítear teach Sir Tyrone Guthrie in Eanach Mhic Dheirg in aice le Cúil Darach, Co. Mhuineacháin, mar thearmann d'ealaíontóirí den uile chineál.

1988

Tá corn nua Sam Maguire a bheas le bronnadh ag Craobh na hÉireann sa pheil an mhí seo chugainn réidh anois. Cuireann an Measúnóir stampa na Mílaoise air i gCaisleán Bhaile Átha Cliath.

1995

Titeann na pleananna le nuachtáin an *Irish Press* a athlainseáil, as a chéile. Tarraingíonn infheisteoirí Gael-Mheiriceánacha amach as an margaíocht agus milleán á chur acu ar úinéirí an nuachtáin.

1996

Cailltear Charles Mitchel, an chéad léitheoir nuachta teilifíse ag RTÉ, i mBaile Átha Cliath in aois a 76 – an glór ab fhearr aithne ar RTÉ.

1907

Osclaíonn an Duke of Connaught Áirse Chuimhneacháin Chogadh na mBórach i bhFaiche Stiabhna i gcuimhne na Royal Dublin Fusiliers a maraíodh san Afraic Theas.

1916

Foilsíonn an *Irish Times* leabhrán 264 leathanach ag cur síos ar imeachtaí Sheachtain na Cásca – idir ráitis oifigiúla, tuairiscí airm, forógraí reibiliúnaithe, liostaí na ndaoine a gortaíodh mar aon le cuntais oifigiúla ar thrialacha airm an 16 a daoradh chun báis. 6d a chosnaíonn an leabhrán.

1920

Tar éis a ghabhála faoin Defence of the Realm Act téann Traolach Mac Suibhne, Ardmhéara Chorcaí, ar stailc ocrais i bPríosún Brixton.

1936

Cailltear an baratón cáiliúil Harry Plunkett Green, i Londain in aois a 71. I gCill Mhantáin a rugadh é agus bhí baint mhór aige le Feis Cheoil Bhaile Átha Cliath. Rinne sé staidéar i Stuttgart, Flórans agus i Londain.

1941

Fágann orduithe faoi Acht na gCumhachtaí Speisialta go mbeidh Bardas Bhaile Átha Cliath in ann cur leis an obair atá ar siúl ag ionaid leasa shóisialaigh, ag ullmhú béilí.

1962

Leagtar bunchloch mhainistir nua na gCistéirseach i bPort Chluain Eoghain i gContae Aontroma. Beannaíonn an tArdeaspag Heenan an láthair agus an slua atá bailithe.

1977

Cuirtear ar ceal an córas conspóideach ceadúnais do thrálaeir Éireannacha ag iascach scadán i Muir Éireann, ceithre lá tar éis an córas a thabhairt isteach. Rinne iascairí neamhaird de.

1978

Glacann breis agus 5,000 duine páirt i slógadh frithnúicléach ag Ceann an Chairn i gContae Loch Garman. Plé dáiríre ar siúl ach baintear taitneamh as coirm cheoil freisin.

1989

Máirseálann 10,000 duine ó lár Bhaile Átha Cliath go hAmbasáid na Breataine ag éileamh go dtarraingeodh an Bhreatain amach as an Tuaisceart. Grúpa nua darbh ainm FADA a eagraíonn an léirsiú.

1995

Deireadh an Dara Cogadh Domhanda 50 bliain ó shin á chomóradh i nDroichead na hInse i mBaile Átha Cliath. Dhá chéad seansaighdiúir mar aon lena ngaolta i láthair.

1998

Na mílte ag freastal ar shochraidí an triúr gasúr scoile ó Dhún na nGall a maraíodh i mbuamáil na hÓmaí. An tUachtarán Mhic Giolla Íosa i mBun Cranncha le cuairt a thabhairt ar a ngaolta. An Chéad Aire David Trimble agus Gerry Adams, Shinn Féin ag an tsochraid.

20 Lúnasa

1909

An teanór aitheanta Enrico Caruso ar stáitse sa Theatre Royal i mBaile Átha Cliath, áiria ó *Aida* le Verdi aige ar dtús. Is pléisiúr annamh é – ní minc ag ceol an fear seo in áit tuaithe!

1910

Taispeántar scannán den bhabhta dornálaíochta Johnson-Jeffries sa Rotunda i mBaile Átha Cliath, rud a cháineann an t Ardeaspag Caitliceach, William Walshe, agus an tArdmhéara, Michael Doyle, go láidir.

1926

Fágann oilithreacht na hÉireann Dún Laoghaire – aghaidh á thabhairt acu ar pháirceanna Fhlóndras. Croiseanna Ceilteacha le nochtadh ansin i gcuimhne an 16th Irish Division sa Chéad Chogadh Domhanda.

1940

Ciontaíonn Cúirt Mhíleata i mBeairic Uí Choileáin, a bunaíodh faoi Chumhachtaí Éigeandála, beirt fhear i ndúnmharú an Bhleachtaire Richard Hyland ar Bhóthar Ráth Garbh. Daortar chun báis iad.

1951

Leagan Bardas Bhaile Átha Cliath luacháil rátaí £65 ar Cholún Nelson. Beidh ar na hiontaobhaithe rátaí agus cáin ioncaim a íoc feasta.

1967

Osclaíonn an tUachtarán Éamon de Valera Teach Dhoire Fhionáin, inar chónaigh Dónall Ó Conaill tráth, mar mhúsaem. An Tánaiste Proinsias Mac Aogáin agus muintir Uí Chonaill i láthair.

1972

Comóradh ar siúl i mBéal na Bláth, Co. Chorcaí, i gcuimhne ar bhás Mhichíl Uí Choileáin, leathchéad bliain ó shin. Leagann an tAire Cosanta, Gerry Cronin, bláthfhleasc ag an leacht cuimhneacháin.

1976

Cuirtear William Joyce, Lord Haw-Haw mar a b'fhearr aithne air, faoi na craolta síolteagaisc a rinne sé le linn an Dara Cogadh Domhanda, i nGaillimh. Crochadh faoi thréas é i bPríosún Wandsworth 30 bliain ó shin.

1988

Maraítear 8 saighdiúir Briotanach agus gortaítear 27 eile nuair a phléascann buama láimh lena mbus in aice le Baile Uí Dhálaigh, iad ar a mbealach ó Aerfort Aldergrove go dtí an Ómaigh go moch ar maidin.

1992

Dearbhaíonn Waterford Crystal go bhfuil siad ag iarraidh fáil réidh le líon mór oibrithe agus tá AT Cross, an comhlacht pinn i mBéal Átha na Sluaighe, le 100 oibrí a scaoileadh chun siúil. Cruinniú práinne rialtais á bheartú leis an dífhostaíocht a phlé.

1993

Dearbhaíonn Gailearaí Náisiúnta na hÉireann gur pictiúr fíorluachmhar leis an ealaíontóir Iodálach Caravaggio ón séú haois déag, an pictiúr a dtángthas air i dteach leis na hÍosánaigh i mBaile Átha Cliath.

1902

Molann Bardas Luimnigh go mbronnfaí saoirse na cathrach ar na Ginearáil Bhóracha, De Wet, Botha agus De la Rey – "an dream is mó a sheas le saoirse saoránach agus saoirse creidimh".

1911

Bunaítear Cónaidhm Cearta Vótála Mhná na hÉireann, cónascadh de Chumainn Cearta Vótála na mBan i mBéal Feirste agus i gCúige Mumhan, mar aon leis an Irishwomen's Reform League.

1938

Osclaítear Seastán Uí Chíosóig go hoifigiúil i bPáirc an Chrócaigh – seastán do 20,000 lucht féachana a tógadh ar chostas £50,000.

1943

Jerome Connor

Faigheann an dealbhóir cloiche agus cré-umha, Jerome Connor, bás in ospidéal i mBaile Átha Cliath in aois a 66. Ó Abhainn an Scáil i gContae Chiarraí ó dhúchas é agus chuaigh an chlann ar imirce go Massachusetts.

1945

Glacann beirt fheisirí náisiúnacha, Anthony Mulvey agus Patrick Cunningham, an Mionn Dílseachta agus glacann a suíocháin iWestminster tar éis bua Pháirtí an Lucht Oibre san olltoghchán.

1962

Sroicheann iar-Uachtarán na Stát Aontaithe, Dwight D Eisenhower, Béal Feirste ar cuairt ceithre lá. Téann sé ó Aerfort Nutt's Corner go Halla na Cathrach áit a gcuirtear fáilte oifigiúil roimhe.

1970

Seoltar páirtí nua polaitíochta i mBéal Feirste faoi cheannaireacht Gerry Fitt. Ar bhunaitheoirí an SDLP tá John Hume, Ivan Cooper, Austin Currie, Paddy Devlin agus an Seanadóir Patrick Wilson.

1979

Aighneas tionsclaíoch ar siúl i gcónaí agus tá an bruscar ag carnadh i mBaile Átha Cliath, Luimneach agus Loch Garman.

Éiríonn leis an Rí Puc éalú trí eitilt ón bhFearann Fuar go Béal Feirste le páirt a ghlacadh san Old Lamass Fair i mBaile an Chaistil.

1983

Maraítear seachtar agus gortaítear seacht nduine is fiche go dona nuair a théann traein na Gaillimhe isteach i gcúl traenach eile ag Gabhal Cherryville i gCill Dara.

1991

Déanann daoine ó dhá thaobh na teorann agóid faoi thógáil loiscneoir dramhaíola tocsainigh i nDoire. Deir siad gur tús mórfheachtais atá sa léirsiú seo ag monarcha ceimiceán Dupont.

1992

Rialaíonn an Chúirt Uachtarach go bhfuil rúndacht iomlán ag cruinnithe rialtais faoin mBunreacht. Rinne an tArd-Aighne achomharc tar éis iarrachtaí a rinneadh ag Binse Fiosraithe na Mairteola ceisteanna a chur ar iar-airí faoi chruinnithe rialtais.

1919

Cuirtear tús arís le seirbhís trasatlantach ó Dhoire go Nua Eabhrac tar éis cúig bliana. Fágann an *Columbia* Loch Feabhail agus breis is dhá chéad paisinéir ar bord. Bhí sí in úsáid le linn an Chogaidh ach tá sí cóirithe anois le haghaidh paisinéirí.

1922

Maraítear Ardcheannasaí Fhórsaí an Rialtais, Mícheál Ó Coileáin, i luíochán ag Béal na Bláth in aois a 32. Throid sé in Ardoifig an Phoist i 1916 agus bhí sé ina bhall den toscaireacht a thug an Conradh Angla-Éireannach chun críche i 1921.

1937

Curiarracht nua dhomhanda ag an Dr Pat O'Callaghan ag Craobh Lúthchleasaíochta Cho. Chorcaí i Mainistir Fhear Maí. Caitheann sé an t-ord 196 troigh. 189 troigh sé horlaí go leith a bhí sa churiarracht roimhe seo.

1939

Cuireann an Rialtas cuid den Acht um Chiontaí in Aghaidh an Stáit i bhfeidhm a bhaineann le bunú na Cúirte Coiriúla Speisialta agus cead daoine a ghabháil agus a choinneáil.

1944

Tagann fir Thír Eoghain agus Fhear Manach, a bhfuil cónaí orthu i mBaile Átha Cliath, le chéile san Óstán Talbóid agus bunaíonn an Conradh Frith-Chríochdheighilte.

1969

Tugann ceannaire Fhine Gael, Liam Mac Coscair, agus an Teachta John Bruton in éineacht leis, cuairt ar theifigh ó Bhéal Feirste sa Champa Airm i mBaile Mhic Gormáin, Co. na Mí.

1972

Maraítear ochtar fear, ceathrar oifigeach custaim, beirt thiománaithe leoraí agus beirt ógánach a leag an buama, i bpléasc ag an ionad custaim míle ó dheas den Iúr.

1981

Sochraid Mhichael Devine ón INLA a fuair bás ar stailc ocrais, ar siúl i nDoire. Tugtar cúirtéis pharamíleata dó.

I mBaile Átha Cliath tionóltar slógadh H-Bhloc ag Ardoifig an Phoist. Rose Dugdale ar dhuine de na cainteoirí.

1990

Goodman International i gcomhairle lena mbaincéirí tar éis gur loic an Iaráic ar íocaíochtaí do mhairteoil a fuaireadar sular cuireadh smachtbhannaí na Náisiún Aontaithe i bhfeidhm.

1998

Téann pobail ar fud na tíre, thuaidh agus theas, i bpáirt le muintir na hÓmaí i gcuimhne na ndaoine a maraíodh agus a gortaíodh san ionsaí buamála seachtain ó shin. 50,000 duine i láthair ag searmanas éacúiméineach san Ómaigh áit a léitear ainmneacha na marbh ag a deich tar éis a trí, tráth ar phléasc an buama.

1918

Rialaíonn Cléireach na Corónach i mBéal Átha na Sluaighe, nach bhfuil aon chead ag ball ar bith den RIC vóta a chaitheamh. Tá sé seo daingean, a deir sé, faoi reacht le Liam IV nár aisghairmeadh. Fágfaidh an cinneadh seo go mbainfear a vótaí ó 15,000 póilín.

1921

Socraíonn rialtas an Tuaiscirt gur féidir Caisleán Stormont a cheannach mar láthair bhuan do Thithe an Rialtais sa Tuaisceart. Caithfear athruithe móra a dhéanamh air sular féidir leis an bparlaimint aistriú isteach ann.

1928

Cuireann Coiste na gCluichí Tailteann fáilte roimh Gene Tunney, iarchuradh trom-mheáchain an domhain sa dornálaíocht i nDún Laoghaire. Stiúrthóir na gcluichí, JJ Walsh, an Cúnta John McCormack agus an Ginearál Eoin Ó Dubhthaigh roimhe.

1932

Deir Liam T Mac Coscair, ceannaire Chumann na nGaedheal, le cruinniú den pháirtí gur dea-pholaitíocht é polasaí Fhianna Fáil na hanáidí a choinneáil, ach gur drochreachtaíocht é agus droch mhoráltacht.

1944

Tá titim 58% ar líon na lasán atá ar fáil ó thús an Chogaidh. Agus cé go bhfuil adhmad na hÉireann in úsáid tá gá i gcónaí le ceimiceáin áirithe a thabhairt isteach sa tír.

1954

Tuairteann eitleán KLM DC 6 sa Mhuir Thuaidh dhá uair an chloig tar éis di éirí ó Aerfort na Sionainne, ar an mbealach ó Nua Eabhrac go Amstardam. Cailltear a bhfuil ar bord.

1962

Bronntar saoirse Chathair Bhaile Átha Cliath ar an gCairdinéal Mícheál de Brún ag searmanas i dTeach an Ardmhéara. Is é Ardmhéara na cathrach, JJ Ó Caoimh, a bhronnann an onóir air.

1971

John Hume os comhair cúirte i nDoire agus é curtha ina leith nár ghéill sé d'Arm na Breataine i dTaobh an Bhogaidh ar an 18ú Lúnasa – an chúis chéanna curtha i leith Ivan Cooper. Cuirtear an cás siar go Meán Fómhair.

1987

Maraítear Michael Power, tiománaí tacsaí 30 bliain d'aois ó Bhéal Feirste nuair a lámhachtar é i gceantar Dhún Muirígh. Gortaítear iníon ocht mbliana d'aois leis go dona. Bhí a chlann á tiomáint chuig an Aifreann aige.

1995

Trí cheathrú milliún punt le caitheamh ar fhadhb na dtuilte i nDeisceart na Gaillimhe. An tAire Hugh Coveney a fhógraíonn é seo agus é ar cuairt ar Ghort, áit ar scriosadh tithe agus tailte le linn tuilte an gheimhridh.

24 Lúnasa

1908

Bronntar saoirse Bhaile Átha Cliath ar Richard 'Boss' Croker, an ceannaire Tammany. Chuaigh a chlann ar imirce ó Chloich na Coillte go Nua Eabhrac áit a ndeachaigh sé ag obair in aois a 13. Chuaigh sé leis an bpolaitíocht áitiúil ina dhiaidh sin agus d'fhill sé ar Éirinn i 1907.

1922

Corp Mhíchíl Uí Choileáin á thabhairt ó Ospidéal Naomh Uinseann ar Fhaiche Stiabhna go Halla na Cathrach áit a mbeidh sé os cionn cláir. Tugadh an corp ó Chorcaigh ar bhád roimhe seo.

1939

Monarcha Irish Steel in Inis Sionnach á hoscailt go hoifigiúil ag an Aire Tionscail agus Tráchtála, Seán Lemass. Beidh 1,000 duine ag obair inti nuair a bheas sí faoi lán seoil.

1949

Deir an Tánaiste, William Norton, le Comhdháil Chomhairleach na hEorpa i Strasbourg nach nglacfaidh Éire le haontacht chustaim i measc thíortha iarthar na hEorpa. D'fhágfadh easpa cosaint chánach, a deir sé, go ndúnfaí monarchana in Éirinn agus go mbeadh daoine ag dul ar imirce.

1958

Faigheann an t-ealaíontóir aitheanta Paul Henry, bás i mBré in aois a 78. Rugadh i mBéal Feirste é, mac le ministéir Protastúnach. Dhírigh sé ar an bpéinteáil – radhairc thuaithe ín Éirinn ab ansa leis.

1978

Tugtar inneall traenach 50 bliain d'aois ar lámh do Chumann Caomhnaithe Iarnród na hÉireann, sa Chionn Bán i gContae Aontroma – an t-inneall gaile feistithe amach.

1982

Cailltear Eoghan Ó Tuairisc, drámadóir, úrscéalaí agus file. Fuair sé duaiseanna ón Oireachtas agus ón gClub Leabhar – agus léiríodh drámaí leis sa Damer agus sa Taibhdhearc.

1989

Fáiltíonn gluaiseacht frith-chinedheighilte na hÉireann roimh ráiteas an Aire Spóirt faoin turas rugbaí go dtí an Afraic Theas. Dúirt Frank Fahey go raibh imreoirí an IRFU ag tabhairt léargas mícheart ar sheasamh na hÉireann.

1990

Saortar Brian Keenan, an múinteoir scoile ó Bhéal Feirste, tar éis dó 1,574 lá a chaitheamh i ngéibheann. Saortar i mBéiriút é agus téann sé as sin go dtí an Damaisc, príomhchathair na Siria.

1998

Taispeántas mór tinte ealaíne i gCaladh Bhaile Átha Cliath – an ócáid dheiridh le linn chuairt na mBád Seoil. Tagann na daoine amach ina mílte don mhórócáid agus leis an radharc deireanach a fháil ar na báid bhreátha.

1909

Cuirtear fáilte mhór roimh an dráma nua le George Bernard Shaw, *The Shewing-up of Blanco Posnet* in Amharclann na Mainistreach – leagan nua-aimseartha stáitse de *Don Quijote*.

1923

Tá an obair tharrthála ar an línéar *Laurentic* a chuaigh go tóin poill i Loch Súilí nuair a bhuail toirpéad í le linn an Chéad Chogadh Domhanda, beagnach réidh. Thángthas ar luach £7m de bharraí óir agus airgid go dtí seo.

1936

Scriostar mórchuid de mhonarcha Rowntree i gCill Mhaighneann i mBaile Átha Cliath i ndóiteán. Gearrtar an nasc teileafóin idir an phríomhchathair agus deisceart na tíre dá bharr. 700 atá fostaithe anseo.

1941

Sroicheann an chéad bhus inneall díosail a ritheann ar ghás, Cé Éidin ó Dhún Dealgan agus í trí nóiméad mall. Déantar an gás a sholáthar ar leantóir atá ceangailte leis an mbus.

1959

Scriostar ollsiopaí Todds, Liptons agus Burtons ar Shráid Uí Chonaill i Luimneach i ndóiteán ollmhór a scriosann bloc iomlán foirgnimh sa chathair. Tagann aon cheann déag de bhriogáid dóiteáin ag iarraidh an tine a mhúchadh.

1967

Cuirtear taispeántas ar siúl i Músaem Uladh i mBéal Feirste le lá breithe Henry Joy McCracken dhá chéad bliain ó shin a cheiliúradh – an-chosúlacht, a deir an Músaem, idir a chuid idéal agus idéil na linne seo.

1975

Maraítear beirt Chaitliceach, Sean Farmer, 32, agus Colum McCartney, 22, iad ag filleadh abhaile ó chluiche leathcheannais peile. Faightear na coirp ar an mbóthar gar don Bhaile Úr, Co. Aontroma.

1986

Déanann a bhfuil fágtha de spéirling 'Charlie' damáiste mór i mBaile Átha Cliath agus i gCill Mhantáin. Ní mór 1,000 a aslonnú nuair a sceitheann abhainn na Dairgle.

1990

Buaileann Brian Keenan ó Bhéal Feirste a saoradh i mBéiriút, lena dheirfiúracha sa Damaisc. Tugtar abhaile é ar scairdeitleán an Rialtais áit a gcuireann an Taoiseach, Cathal Ó hEochaidh, fáilte roimhe.

1997

D'fhéadfadh sé go gcuirfí an dlí ar an iar-Thaoiseach, Cathal Ó hEochaidh, tar éis tuarascáil McCracken ar Bhinse Fiosraithe Íocaíochtaí Dunnes, a deir go bhfuil a chuid fianaise dochreidte. Déantar cáineadh freisin ar an iar-Aire Michael Lowry, ag moladh go ngearrfaí pionós trom air faoi cháin a sheachaint.

26 Lúnasa

1913

Corraíl shóisialta i mBaile Átha Cliath agus oibrithe tramanna, ar baill de cheardchumann ITGWU Jim Larkin iad, ag dul i mbun stailce.

1929

Tugann an Coirnéal Charles Russell aghaidh ó Órán Mór na Gaillimhe ar Croydon i Londain ar a chéad turas poist. Fágann sé Órán Mór ag 7.30 am, stopann faoi dhó le breosla a fháil agus sroicheann Croydon ag 11.35am.

1937

Foilsíonn an *Irish Times* an 25,000ú heagrán. Bhí an chéad cheann ar díol ar shráideanna Bhaile Átha Cliath ar an ochtú la de Mheitheamh 1859. Breathnaíonn páipéar an lae inniu siar ar an lá úd.

1940

Maraítear triúr cailíní nuair a scaoileann eitleán Gearmánach buamaí ar Cheann Poill, Co. Loch Garman. Bhí na cailíní fostaithe ag Comharchumann Talmhaíochta Síolbhroin.

1947

Moltar seirbhís chuimsitheach sláinte don Tuaisceart ar chostas bliantúil £5.5 m i mBille nua Sláinte a fhoilsítear inniu.

1968

Agus an Cogadh Cathartha ar siúl le ceithre mhí dhéag i mBiafra bailítear soláthairtí anseo agus cuirtear ar bord na loinge *Colmcille* iad le seoladh anonn.

1977

Tugann iomaitheoirí Rós Thrá Lí cuairt ar Fhoirgnimh an Rialtais áit a mbuaileann siad leis an Taoiseach, Seán Ó Loingsigh – tá siad ar an mbealach ó dheas don fhéile.

1986

Tá monarcha toitíní Gallagher i Sráid Anraí i mBéal Feirste le dúnadh. Caillfear 700 post. Aistreofar an táirgeadh go dtí an mhonarcha ar an mBaile Meánach.

1987

Bailíonn na sluaite ag Faiche Stiabhna i mBaile Átha Cliath áit a gcuirtear tús leis an Kelloggs Grand Prix – iad ag iarraidh na rothaithe Stephen Roche agus Seán Kelly a fheiceáil – an bua ag Roche.

1991

Cuirtear iar-Easpag Dhún agus Chonaire, an Dr Mac Philibín, i mBéal Feirste tar éis Aifreann Éagnairce in Ardeaglais Pheadair ar Bhóthar na bhFál. Ionadaithe ó na príomheaglaisí ar an láthair in ómós dá cheannaireacht chalma.

1992

Tar éis cruinniú rialtais an lae inniu fógraítear pacáiste a mheallfaidh poist, ina bhfuil ciste £100 milliún do ghnólachtaí beaga. Deir an Taoiseach, Albert Mac Raghnaill, nach ó iasachtaí breise a thiocfaidh an t-airgead seo.

1913

Agus dhá dtrian dá chamchuairt 1,500 míle thart ar an mBreatain curtha de aige, tuairteann an píolóta Astrálach Hawker i dtuaisceart Bhaile Átha Cliath. Teipeann air an duais £5,000 a bhaint ach bronnann an *Daily Mail* duais aitheantais £1,500 air.

1928

Síníonn Éire agus ceithre thír déag eile Comhaontú Síochána Kellogg i bPáras. Deir Uachtarán na Comhairle Feidhmiúcháin, Liam T Mac Coscair, gur ábhar mórtais é go bhfuil bratach an tSaorstáit ar foluain láimh le bratacha 50 náisiún eile ar Quai d'Orsay.

1937

Soilse tráchta uathoibríocha i mBaile Átha Cliath den chéad uair ar chúinne Chearnóg Mhuirfean agus Sráid an Chláir. Cuidíonn na Gardaí le tiománaithe, rothaithe agus coisithe nach bhfuil imithe i dtaithí fós ar threoracha na soilse daite.

1943

Fógraíonn an Rialtas reachtaíocht a chuirfidh ar chumas Bhord Soláthair an Leictreachais tabhairt faoi chlár deich mbliana leis an leictreachas a chur ar fáil faoin tuath ar chostas £10m.

1962

Cuirtear Anew McMaster i mBaile Átha Cliath. Beidh cuimhne air faoi dhrámaí le Shakespeare a thabhairt mórthimpeall na tíre, é féin i mbun bainistíochta, stiúrtha agus aisteoireachta. Bhí sé anseo le linn an Dara Cogadh Domhanda, chaith sé dhá bhliain san Astráil agus d'fhill sé i 1951.

1969

Na gunnaí á dtabhairt isteach ag roinnt de na B-Specials tar eis chinneadh an Ghinearáil Freeland.

Agus tugann Rúnaí Gnóthaí Baile na Breataine, James Callaghan, cuairt ar Shráid Bombay i mBéal Feirste in éineacht le Gerry Fitt – mórscrios déanta ann.

1979

Maraítear Lord Mountbatten, a gharmhac agus Paul Maxwell, cúig bliana déag d'aois ó Inis Ceithleann nuair a phléascann buama ar bhád amach ón Mullach Mór, Co. Shligigh.

Agus maraítear 18 saighdiúir Briotanach nuair a phléascann dhá mhianach talún le Provisionals an IRA in aice leis an bPointe i gContae an Dúin.

1985

Tá feirmeoirí arbhair buailte go dona ag an drochaimsir – é dodhéanta an trealamh a úsáid leis an bpuiteach. Tá an barr ar fud na tíre á scrios.

1995

John Hume, Gerry Adams agus an t-iar-Thaoiseach, Albert Mac Raghnaill, i gCill Ala, Co. Mhaigh Eo, le gradam ar leith a fháil ag Scoil Shamhraidh Humbert – iad ag éileamh go mbeadh cainteanna dáiríre ann faoi phróiseas síochána an Tuaiscirt.

1906

Osclaítear Coláiste Traenála Gaeilge Uladh in Ard Beag, Co. Dhún na nGall. Is é an Dr Maguidhir, Uachtarán Choláiste na gCeithre Máistrí i Leitir Ceanainn, a dhéanann an oscailt.

1922

Cuirtear Mícheál Ó Coileáin i Reilig Ghlas Naíon tar éis Aifreann Éagnairce sa Leas-Ardeaglais i mBaile Átha Cliath. Tagann deireadh le cúrsaí gnó sa chathair don tsochraid ollmhór. Is é an Ceannfort Risteard Ó Maolchatha a thugann an óráid cois na huaighe.

1928

Ta gearradh siar á dhéanamh i monarcha Fords i gCorcaigh agus an trealamh á chur go Manchain. Ní bheidh i gCorcaigh anois ach na codanna den inneall is féidir a iompórtáil ón mBreatain saor ó cháin.

1930

Déantar fíorú ar phictiúir leis an ealaíontóir Ollannach Rembrandt a fritheadh i dteach mór tuaithe in Éirinn. Portráid de bhean Rembrandt atá ann agus an dáta 1633 air.

1946

Cuireann Aontas na Sóivéadach in aghaidh ár mballraíocht i gComhairle Shlándála na Náisiún Aontaithe ar an mbonn nach bhfuil aon chaidreamh taidhleoireachta acu leis an tír seo.

1969

Tá an tArm réidh le déileáil lena thuilleadh dídeanaithe ón Tuaisceart má bhíonn gá leis. Tá spás i gcónaí i mBaile Mhic Gormáin agus tá campa cúltaca i gCill Dara.

1979

Tugann an Tánaiste, Seoirse Ó Colla, cuairt ar Ambasáid na Breataine le comhbhrón an Rialtais a chur in iúl do mhuintir Lord Mountbatten a maraíodh i bpléasc leis an IRA sa Mullach Mór.

1987

Déanann Shamrock Rovers iniúchadh ar an bpáirc roimh a gcéad chluiche conspóideach ar a láthair nua i bPáirc na Tolcha. Tá an suíomh chomh maith beagnach le Baile an Mhuilinn.

1988

Céad bliain á chomóradh ag Ráschúrsa Bhaile na Lobhar – slua mór i láthair do Chorn Premier Challenge Goffs agus duais £50,000 leis. Ach sé rás na mban agus an buaiteoir, Tracy Piggott, a mheallann an slua.

1994

Tá an dlí le cur ar an iriseoir Susan O'Keefe faoi dhíspeagadh cúirte toisc gur dhiúltaigh sí foinsí dá tuairisc ar thionscail na Feola sa chlár *World in Action* a nochtadh.

1999

80,000 i láthair ag coirm cheoil Robbie Williams i gCaisleán Sláine. Ar na polaiteoirí agus daoine mór le rá ar an láthair tá Rúnaí an Tuaiscirt, an Dr Mo Mowlam.

1910

Cruinniú bunaithe Aero Club na hÉireann ar siúl ag Ráschúrsa Bhaile na Lobhar – meas ar leith ar an eitleoir aitheanta Armstrong Drexel ina eitleán aon inneall. Éiríonn leis dul chomh hard le 1,150 troigh.

1929

Cuirtear cosc ar dháileadh na hirise *Health and Strength* faoi ábhar ann a bhaineann le fearais fhrithghiniúna. Seo é an chéad fhoilseachán ar cuireadh cosc air faoi Acht Cinsireachta na bhFoilseachán 1929.

1944

Eisítear stampa speisialta dhá phingin go leith le bás Éamon Iognáid Rís, bunaitheoir na mBráithre Críostaí, céad bliain ó shin a chomóradh. Is é an t-ealaíontóir Seán Ó Súilleabháin, RHA, a dhear.

1946

Bronntar saoirse Chathair Bhaile Átha Cliath ar an drámadóir, úrscéalaí, agus buaiteoir Nobel, George Bernard Shaw, in aois a 90.

1953

Tá príosún Chill Mhaighneann le caomhnú mar leacht náisiúnta. Is laistigh de na ballaí seo a cuireadh ceannairí 1916 chun báis; chaith Henry Joy McCracken seal anseo i 1796 agus stiúraigh Parnell Conradh na Talún óna chillín anseo.

1963

An Lammas Fair bliantúil ar siúl i mBaile an Chaistil, Co. Aontroma – tús áite ag na caoirigh ach rudaí éagsúla ar siúl freisin leis na cuairteoirí a mhealladh, idir atmaisféar agus aonach.

1975

Faigheann Éamon de Valera, iar-Uachtarán agus iar-Thaoiseach, an ceannaire náisiúnach is mó a chuaigh i bhfeidhm b'fhéidir sa chéad seo, bás sa Charraig Dhubh i mBaile Átha Cliath, é in aois a 92. Fógraíonn an Rialtas lá dobróin.

1976

Fáiltíonn Reachlainn, amach ó chósta Aontroma, roimh an mhalartán nua teileafóin a chuirfidh go mór lena gcaighdeán maireachtála – ceangal níos fearr acu leis an mórthír.

1983

Fleadh Cheoil ar siúl i gcathair Chill Chainnigh – seisiúin neamhfhoirmiúla ar siúl sna tábhairní agus ar na sráideanna chomh maith leis na comórtais.

1995

Táthar le hiarraidh ar na Gardaí líomhaintí faoi chaimiléireacht i gcúrsaí pleanála a cuireadh faoi bhráid chomhlacht dlíodóirí Donnelly, Neary agus Donnelly san Iúr, a iniúchadh. Tháinig na líomhaintí ó 30 foinse éagsúil, a deirtear.

1997

Deir Rúnaí an Tuaiscirt, an Dr Mo Mowlam, go bhfuil sí tar éis scríobh chuig Sinn Féin ag iarraidh orthu a bhfoireann a ainmniú do chainteanna síochána an Tuaiscirt i mí Mheán Fómhair.

30 Lúnasa

1906

Cuirtear tús le bealach nua an Great Western Railway go hÉirinn – ó Fishguard sa Bhreatain Bheag. Tá an bealach nua 50 míle farraige níos giorra ná an t-aistear a bhí ann go dtí seo.

1928

Tugann Rúnaí Stáit Mheiriceá, Frank Kellogg, cuairt ar Bhaile Átha Cliath agus é ar a bhealach abhaile ó Chomhdháil Pháras, a ghlac leis an gconradh síochána a bhfuil a ainm air. Bronntar saoirse na príomhchathrach air.

1937

Deir na heolaithe nach mbeidh aon bhradán in abhainn na Life dhá bhliain tar éis do scéim hidrileictreach Pholl an Phúca teacht i bhfeidhm.

1945

Tá an rialtas le tús a chur le dianfheachtas nua leis an nGaeilge a chur i réim sna Ranna Stáit. Beidh ar fheidhmeannaigh a rinne scrúdú éigeantach Gaeilge ar theacht isteach sa Státseirbhís dóibh, tuilleadh scrúduithe a dhéanamh sula dtabharfar ardú céime dóibh.

1953

Osclaítear an tSionagóg nua i dTír an Iúir i mBaile Átha Cliath go hoifigiúil agus déantar í a choisreacan. An Príomh-Raibí Jakobovits i mbun na seirbhíse.

1959

Leacht cuimhneacháin do Bhriogáid Chiarraí den IRA á nochtadh i mBaile Uí Shíodaigh, tógtha ar an láthair ar ceanglaíodh naonúr fear ón IRA le mianach talún i 1923. Séideadh ochtar acu san aer.

1979

Tógtar corp Lord Mountbatten ó Champa Finner go hAeradróm Mhic Easmainn. An Taoiseach, Seán Ó Loingsigh, agus Ambasadóir na Breataine, Robin Hayden, ar an láthair roimhe agus cuirtear ar bord eitleán le hArm na Breataine ansin é.

1983

Fillean na deirfiúracha Eibhlín agus Áine Nic Giolla Easpaig ó Dhún na nGall tar éis téarma ocht mbliana sa Bhreatain faoi choireanna sceimhlitheoireachta. Mhaíodar i gcónaí go rabhadar neamhchiontach.

1984

Nuachtán nua Gaeilge, *Lá* á lainseáil go hoifigiúil i mBéal Feirste. Cuirtear an páipéar i gcló in oifig i meánscoil i Sráid Divis.

1990

Tugann Brian Keenan preasagallamh corraitheach i gCaisleán Bhaile Átha Cliath, cur síos á dhéanamh aige ar na ceithre bliana go leith a chaith sé i ngéibheann i mBéiriút – tagairt ar leith á déanamh aige dá chomhghiall, John McCarthy.

1998

Baineann Damon Hill Grand Prix na Beilge. Tagann tiománaithe Jordan, Hill agus Schumacher, sa chéad agus sa dara háit – gliondar ar Eddie Jordan ar ndóigh.

1913

Scriostar Teach Chill Airne, teach an Earl of Kenmare, ar fad beagnach i ndóiteán. Tugtar ábhar luachmhar ealaíne, portráidí clainne ina measc, troscán agus leabhair slán ach scriostar cuid mhór eile. Ní ghortaítear éinne sa dóiteán.

1921

Maraíodh trí dhuine dhéag agus gortaíodh 70 ar a laghad i mBéal Feirste le dhá lá anuas agus scliúchas ar siúl i gcónaí, ainneoin an chuirfiú atá i bhfeidhm sa chathair.

1947

Aerfort nua sibhialta á oscailt go hoifigiúil ag Méara Luimnigh, Paddy O'Connell, ag Cuanach, trí mhíle ón gcathair. Is le Club Eitleoireachta na Sionainne an t-aerfort nua 1,500 slat ar fad.

1951

Leathnaíonn stailc na mairnéalach nuair a shocraíonn 200 ball de Bhord Port agus Dugaí Bhaile Átha Cliath go n-éireoidh siad as obair freisin. Cuirfidh sé seo cosc ar longa móra ón iasacht a theacht isteach sa chuan, tancaeir ola ina measc.

1968

Deirtear ag comhdháil bhliantúil Chumann Náisiúnta na dTionóntaí, NATO, i Halla na Saoirse go bhfuil brú á chur ar thionóntaí na n-údarás áitiúla dul ó chíos socair go cíos difreálach.

1974

Turas bliantúil na Life ar siúl i mBaile Átha Cliath, lucht na gcurach ag treabhadh leo – cúrsa casta 17.6 míle ó Theach Srafáin go dtí Club Bád Choláiste na Tríonóide i nDroichead na hInse.

1983

Deir Dlíodóirí in aghaidh an Leasaithe ar an mBunreacht go gcuireann breis agus 600 díobh ina a aghaidh, dhá oiread is atá ar a shon.

1989

Amharclann Lána Aindriú ar oscailt i mBaile Átha Cliath; iad ag ullmhú don dráma oscailte dar teideal *Frankie agus Johnnie in the Clair de Lune*, dráma Meiriceánach.

1994

Fógraíonn an tIRA sos iomlán cogaidh a mbeidh feidhm leis ó mheán oíche anocht. Deir Gerry Adams Shinn Féin go gcaithfear príosúnaigh a shaoradh. Cáineann Aontachtaithe an fógra, á rá nach mbeidh sé buan. Feictear do Pháirtí an Alliance gur deis iontach dul chun cinn atá ann.

1997

Ambasadóir na Breataine, Veronica Sutherland, i measc na mílte a thugann ómós do Diana, Banphrionsa na Breataine Bige, a chailltear i dtimpiste tráchta i bPáras go moch ar maidin. Cuireann a bás anabaí uafás ar dhaoine.

ı Meán Fómhair

1913

Oibrithe atá glasáilte amach i mbun achrainn i gceantar Shráid Loch Garman i mBaile Átha Cliath. Déantar iarracht ar na ráillí tram a réabadh agus déantar slad ar shiopaí. Gabhtar Jim Larkin agus cuirtear gríosú chun troda ina leith.

1920

Agóidíocht sheicteach ar siúl i longchlóis Bhéal Feirste – breis agus 200 duine gortaithe, clocha agus piléir á gcaitheamh.

1932

Feirmeoirí Bhaile Átha Cliath, Chill Dara agus na Mí míshásta leis an Rialtas. Fágann an t-aighneas leis an mBreatain nach bhfuil aon mhargadh acu dá gcuid beostoic – mórthionól d'fheirmeoirí na tíre beartaithe do lár na míosa.

1948

Deir an Taoiseach, John A Costello, gur féidir le hÉirinn leas a bhaint as ár n-imircigh atá scaipthe i bhfad agus i gcéin le síocháin agus athmhuinteuras a chothú i measc náisiúin an domhain. Bhí sé ag labhairt le lucht dlí in Ottawa.

1953

Tionóltar an chéad chruinniú de bhord nua an Great Northern i Sráid Amien i mBaile Átha Cliath. Is é GB Howden an cathaoirleach nua. Tá rialtais Bhaile Átha Cliath agus Bhéal Feirste tar éis an GNR a cheannach ar £4.5m.

1966

Cailltear an tSr. Mary Éamon Ní Shúilleabháin, duine de na mná rialta a caitheadh amach as an tSín le deireanaí, i Hong Cong.

1975

Corp Éamon de Valera os cionn cláir i gCaisleán Bhaile Átha Cliath – muintir na cathrach ag tabhairt ómóis dó. Baill d'Fhianna Fáil os comhair Ardoifig an Phoist agus é á thabhairt go dtí an Leas-Ardeaglais.

1980

An chéad Ambasadóir Síneach, Madame Gong Pusheng, sroichte. Tá súil aici an caidreamh taidhleoireachta, cultúrtha agus eacnamaíochta idir an da thír a dhaingniú.

1985

Inis Píc i gCuan Chorcaí scriosta tar éis achrainn sa phríosún. Thug príosúnaigh faoi bhairdéirí agus caitheadh buamaí peitril. An milleán á chur ar an Aire faoi easpa foirne agus easpa áiseanna.

1992

Pléitear áisíneacht nua le cúrsaí tionscail agus tráchtála á chur chun cinn ag cruinniú an rialtais a tionóladh leis an dífhostaíocht i gcomhthéacs Thuarascáil Chulliton a phlé.

1995

Bua mór san Golden Four ag Sonia O'Sullivan sa rás 5,000 méadar i mBeirlín – í ar an ardán in éineacht le Michael Johnson, Gwen Torrance agus Natalia Shikolenko lena barra óir a fháil.

1913

Maraítear seachtar agus gortaítear cuid mhaith eile nuair a thugann dhá thionóntán uathu i Sráid na hEaglaise i mBaile Átha Cliath. Cailleann breis agus dhá fhichead duine a bhfuil acu, páistí óga ina measc.

1924

Bunaítear Roinn Uladh de na Royal Navy Volunteers i Halla na Cathrach i mBéal Feirste. Léitear teachtaireachtaí tacaíochta ó Sir James Craig agus ó Rudyard Kipling.

1933

Bunaítear Eagraíocht Éire Aontaithe nuair a shocraíonn Cumann na nGaedheal, an Páirtí Láir Náisiúnta agus an Garda Náisiúnta cónascadh a dhéanamh faoi cheannaireacht an Ghinearáil Eoin Ó Dubhthaigh. Liam T Mac Coscair a bheas ina chathaoirleach ar an bpáirtí sa Dáil.

1939

Deir Éamon de Valera sa Dáil agus an chéad léamh den Chéad Bhille Leasaithe ar an mBunreacht agus de Bhille na gCumhachtaí Éigeandála á thabhairt isteach aige, go bhfanfaidh Éire neodrach sa Chogadh Eorpach.

1942

Crochtar Thomas J Williams, 19, ó Bhriogáid Bhéal Feirste den IRA, faoi dhúnmharú an Chonstábla Patrick Murphy. Mná ag guí agus é ag tarraingt ar a hocht ar maidin – "God Save the King" á chasadh ag grúpa eile.

1953

Deir 500 duine ó chontaetha na hIarmhí, Uíbh Fhailí agus Ros Comáin go bhfuil an ceart acu a bheith curtha i gCluain Mhic Neois. Is le Eaglais na hÉireann an reilig.

1963

Foireann bhuach iomána Chill Chainnigh (thuas), a bhuail Port Láirge 4–17 in aghaidh 6–8 i bPáirc an Chrócaigh inné, ag filleadh abhaile agus fáilte mhór rompu.

1975

Maithe agus móruaisle na heaglaise agus an stáit sa Leas-Ardeaglais d'Aifreann Éagnairce Éamon de Valera – na mílte ar an mbealach ó lár na cathrach go Reilig Ghlas Naíon le hómós a thabhairt don státaire aosta a chuirtear anseo le taobh a mhná, Sinéad.

1981

Iarrann Easpag na Gaillimhe, Éamonn Ó Cathasaigh, ar Éirinn breis chabhrach a chur ar fáil don tSalvadóir. Séanann sé go bhfaigheann na treallchogaithe airm ó thíortha Cumannacha.

1990

Brian Keenan, a saoradh i mBéiriút, i láthair ag craobh na hÉireann san iomáint i bPáirc an Chrócaigh – Corcaigh agus Gaillimh san iomaíocht do chraobh na sinsear – an bua ag Corcaigh.

1992

Sroicheann 170 teifeach ó Bhoisnia i Baile Átha Cliath ar dhá eitilt ar leith le hAer Lingus ón Ostair. Moslamaigh a bhformhór, agus tá idir sheanóirí agus naíonáin ina measc.

3 Meán Fómhair

1906

Deir John Dillon le cruinniú i Halla an Bhaile san Iúr go mb'fhearr leis Rialtas Éireannach a fheiceáil agus dearmaid á ndéanamh acu, ná an rialtas eachtrannach ab fhearr. Éilíonn sé Ollscoil Náisiúnta le go mbeadh oideachas a ndóthain ar náisiúntóirí leis an tír a rith tar éis Home Rule.

1913

Dearbhaíonn cruinniú de 400 fostóir i mBaile Átha Cliath, William Martin Murphy sa chathaoir, nach bhfostóidh siad duine ar bith ar ball de Cheardchumann Oibrithe Iompair agus Ilsaothair na hÉireann é.

1924

Táthar le luach an pheitril a ísliú trí pingine go leith an galún rud a fhágann gur scilling and seacht bpingine go leith atá anois air.

1939

An tAcht um Chumhactaí Éigeandála i bhfeidhm anseo. An Bhreatain agus an Fhrainc ag fógairt cogaidh ar an nGearmáin. Bunaítear rialtas cogaidh i Londain, Winston Churchill mar First Lord of the Admiralty.

1948

Fáiltíonn dochtúirí i mBaile Átha Cliath roimh phleananna le sanatóir a chur ar fáil chun cur in aghaidh na heitinne agus leis an scéim vaicsínithe a leathnú ar fud na tíre. An tAire Sláinte, an Dr de Brún le dul go Londain leis an gcás a phlé le Aneurin Bevan.

1957

Teipeann ar an Meiriceánach Florence Chadwick, 36 bliana d'aois, a bhfuil naoi gcuriarracht dhomhanda bainte aici, Muir Éireann a thrasnú idir Domhnach Daoi, Co. an Dúin agus Port Phádraig in Albain. Chaith sí 12 uair an chloig san uisce.

1963

Filleann an Dr Conchúr Crús Ó Briain, a bhean agus a iníon ón gCongó. Deir sé go bhfuil sé le leabhar a scríobh faoi Katanga, na Náisiúin Aontaithe ag cuimhneamh ar phost ollscoile a thairiscint dó i nGána.

1979

Baineann Cill Chainnigh an Chraobh Náisiúnta Iománaíochta don 21ú huair nuair a bhuaileann siad Gaillimh. An Captaen Ger Fennelly sásta go maith, greim aige ar chorn Mhic Cárthaigh.

1989

Buaileann Tiobraid Árann, Aontroim leis an gcéad chraobhchluiche san iomáint a bhaint le hocht mbliana déag. Farasbarr 1-15 acu.

1995

Éiríonn leis an gClár, Craobh na hÉireann san iomáint a bhaint den chéad uair le bliain agus ceithre scór. Buaileann siad Uíbh Fhailí 1–13 in aghaidh 2–8. Captaen an Chláir, Anthony Daly, sásta.

1998

Tugann an tUachtarán Clinton cuairt ar an Ómaigh. Buaileann sé le muintir an bhaile tar éis cruinniú príobháideach le gaolta na ndaoine a maraíodh agus a gortaíodh sa bhuamáil.

1907

Cuireann baill de Shinn Féin isteach ar chruinniú de Pháirtí Parlaiminteach na hÉireann i dTeach an Ardmhéara. Tionólann siad cruinniú glórach lasmuigh. Deir John Redmond leis an IPP go bhfuil formhór mhuintir na hÉireann in aghaidh riail na Breataine.

1919

Tagann seachtar fear os comhair cúirte i dTiobraid Árann, tionól mídhleathach curtha ina leith. Deirtear go raibh cóip d'amhrán ag duine acu ag moladh dúnmharú póilíní i gCnoc Loinge agus i Sulchóid Bheag.

1935

Ard Mhacha ag ceiliúradh agus Iubhaile Órga an Chairdinéil Mac Ruairí á comóradh. Tagann na sluaite amach ar na sráideanna thart ar Ardeaglais Phádraig agus bratacha ar foluain acu.

1948

Deirtear le Caomhnóirí Iascaigh Chorcaí nach mbeidh aon drochthionchar ag an scéim hidrileictreach, atá beartaithe d'abhainn na Laoi, ar an gceantar máguaird. Íocfar cúiteamh ar thalamh agus ar thithe a bheas faoi uisce.

1954

Glacann oibrithe Ford i gCorcaigh le moltaí an chomhlachta chun deireadh a chur le stailc naoi lá. Beidh siad ar ais i mbun oibre Dé Luain. Tá an bhainistíocht sásta éileamh na n-oibrithe ar ardú pá dhá phingin go leith san uair a phlé.

1967

Cuirtear tús le scéim shaorthaistil do dhaltaí iarbhunscoile na tíre. Tugann CIÉ 38,000 gasúr go 350 scoil.

1976

Na mílte páirteach i slógadh síochána i Luimneach – an t-iar-Mhéara, Frances Condell, ina measc.

Ardeaspag Chaisil is Imligh, an Dr Ó Muiris, ag labhairt ag máirseáil shíochána i nDurlas.

Agus mórmháirseáil eile ag gluaiseacht na síochána i nDoire. Mairéad Corrigan agus Betty Williams i láthair.

1978

Tugtar na daoine a bádh go tubaisteach in Eanach Dhúin -a bhfuil cur síos orthu in amhrán Raiftearaí – chun cuimhne ag Loch Coirib, 150 bliain tar éis na tubaiste.

1989

An stáisiún nua náisiúnta tráchtála, Century Radio, ar an aer. An tAire Cumarsáide, Ray Burke, i mbun craolta ag cur fáilte rompu.

1992

Maraítear Peter McBride, ocht mbliana déag, nuair a lámhachann saighdiúirí na Breataine sa droim é agus é ag teitheadh uathu i gceantar an Lóiste Nua i mBéal Feirste.

1998

Uachtarán Mheiriceá Bill Clinton ag Foirgnimh an Rialtais le bualadh leis an Taoiseach, Bertie Ahern. Labhraíonn sé le lucht an phreas faoin bpróiseas síochána ó thuaidh.

5 Meán Fómhair

1903

Faigheann an t-ealaíontóir Éireannach, Henry Jones Thaddeus, cead an chéad phortráid den Phápa Pius X a dhéanamh. Tá cúpla sceitse déanta agus grianghraif tógtha. Fillfidh sé roimh dheireadh na bliana.

1911

Bunaítear an Irish Women Workers' Union ag cruinniú sna hAncient Concert Rooms i Sráid an Phiarsaigh. Is í Delia Larkin an chéad Ard-Rúnaí.

1926

Faigheann 48 duine bás i ndóiteán i bpictiúrlann i nDrom Collachair, Co. Luimnigh, agus gortaítear leathchéad eile. Bhí 150 duine bailithe thuas an staighre nuair a thosaigh an tine gar don doras – an t-aon bhealach éalaithe.

1931

An chéad eagrán de *Scéala Éireann*, páipéar Fhianna Fáil, ar díol – "Do Chum Glóire Dé agus Onóra na hÉireann" – pingin amháin atá air.

1954

Maraítear seacht nduine fichead nuair a thuairteann eitleán le KLM in inbhear na Sionainne dhá nóiméad tar éis di an t-aerfort a fhágáil le dul go Nua Eabhrac. 46 paisinéir agus deichniúr de chriú ar bord an Super Constellation.

1964

An Taoiseach, Seán Lemass, i láthair agus an iubhaile airgid den chéad eitilt tráchtála trasatlantach ag an Yankee Clipper le PanAm á cheiliúradh. An Coirnéal James Fitzmaurice i láthair freisin.

1976

Mná i mbun agóide ag ionad snámha an Forty Foot i Sáinn le Gó, Co. Bhaile Átha Cliath – áit thraidisiúnta do na fir agus gan gá le culaith shnámha. Uisce i gcónaí ag an Forty Foot, beag beann ar an taoide.

1982

Tugann an tUachtarán Ó hIrghile cuairt ar Chraobh na gCluichí Pobail i Maigh Muirí, Co. na Mí. Is iomaí duine dár lúthchleasaithe cáiliúla a thosaigh anseo.

1988

An choimhlint le seilbh a ghlacadh ar Irish Distillers ag éirí níos casta – aighneas idir Pernod Ricard agus Irish Life, ceann de mhór-scairshealbhóirí an chomhlachta.

1997

Cailltear Máthair Treasa Chalcúta de thaom croí. Cuireann bás an bhuaiteora Nobel a chaith a saol ag iarraidh freastal ar an dream is boichte ar domhan, brón ar a lán, anseo agus ar fud an domhain.

1998

Bronntar saoirse Luimnigh ar an Uachtarán Clinton. Deir sé go bhféadfadh go ndéanfadh daoine áirithe iarracht an próiseas síochána a chur dá bhonnaibh ó thuaidh. Cuireann sé deireadh lena chuairt ar Éirinn le dreas gailf i mBaile an Bhuinneánaigh.

1904

Tá £3m ceadaithe cheana féin do dhíol eastáit faoi Acht Talún na hÉireann agus tá iarratais ar £10.5m eile curtha faoi bhráid Choimisinéirí na nEastát.

1911

Éiríonn achrann lasmuigh de Pierces Iron Works i Loch Garman nuair a thugann oibrithe atá glasáilte amach faoi mhaoir atá fós ag obair. Déantar iarracht na geataí a bhriseadh. Tá aitheantas ceardchumann ó na hoibrithe.

1932

Bailíonn ionadaithe ó thíortha Ceilteacha le chéile i gCorn na Breataine don Chomhdháil Cheilteach. Ar na hábhair atá á bplé tá ór glárach na hÉireann míle bliain roimh Chríost agus ábhar geolaíochta ón gCorn.

1948

Fágann an LE *Macha* Nice na Fraince agus corp an fhile W B Yeats ar bord len é a athadhlacadh i nDroim Chliabh, Co. Shligigh. Tugadh an corp níos luaithe ó reilig bheag Roquebrune gar do Nice.

1953

Craobh na hÉireann san iomáint idir Corcaigh agus Gaillimh i bPáirc an Chrócaigh – an bua ag Corcaigh, 3–8 in aghaidh 0-8. Mí-ádh ar Ghaillimh le naoi mbliana fichead anois.

1962

Osclaíonn Comhlacht Seacláide Urney monarcha nua i dTamhlacht ar chostas £100,000. Deir an Taoiseach, Seán Lemass, go gcuirfidh sé leis an easpórtáil. Tá 1,100 duine fostaithe ag Urneys.

1963

Tá caoi curtha ar an gclog ar chloigtheach an tSeandúin. Bhí an fhearsaid, ar a raibh an tsnáthaid mhór, ag éirí caite ar thaobh amháin agus bhí an clog ag éirí mall.

1987

Baineann an rothaí Stephen Roche craobh an domhain amach i Villach san Ostair – ag cur lena bua i dturais na hIodáile agus na Fraince i mbliana. Fágann sé seo go bhfuil éacht níos mó déanta aige ná mar a rinne Eddy Merckx na Beilge a bhain na trí rás ar an tríú hiarracht.

1988

Cuirtear tús leis an gcoiste cróinéara ar mharú an triúr ball den IRA a lámhach saighdiúirí SAS in Arm na Breataine i nGiobráltar an mhí seo caite. Gaolta le Seán Savage, Mairéad Farrell agus Damien McCann i láthair.

1994

Cruinniú stairiúil ag an Taoiseach, Albert Reynolds, John Hume, ceannaire an SDLP, agus Uachtarán Shinn Féin, Gerry Adams, i dtithe an Rialtais. Eisíonn siad comhráiteas á rá go bhfuil siad meáite go huile is go hiomlán ar mhodhanna daonlathacha síochána leis an aighneas sa Tuaisceart a réiteach.

1913

Dearbhaíonn cruinniú mór i Sráid Sackville an ceart chun saoirse cainte agus ballraíocht ceardchumainn. Éilítear fiosrú faoi iompar na bpóilíní. Bailíonn 3,000 ceardchumannach i gCearnóg Trafalgar i Londain le cur in aghaidh iompar náireach na bpóilíní i mBaile Átha Cliath.

1924

Foilsíonn Lord Balfour litir a fuair sé ó Lord Birkenhead faoi Chlásal XII den Chonradh Angla-Éireannach faoi Thuaisceart Éireann. Ní raibh sa chlásal, a dúirt Birkenhead, ach ceartú ar an teorainn.

1932

Tá coiste bunaithe le hiniúchadh a dhéanamh ar laghduithe pá sa státseirbhís, san Arm, sa Gharda Síochána agus i measc múinteoirí bunscoile. Caithfear an cháinaisnéis a chomhardú.

1945

Tugtar móid a oifige do ghobharnóir nua Thuaisceart Éireann, an tAimiréal Lord Granville, i mBéal Feirste. Tagann sé i gcomharbacht ar an Duke of Abercorn.

1948

Deir an Taoiseach, John A Costello, in Ottawa, go bhfuil sé socraithe ag an Rialtas deireadh a chur le hAcht Caidrimh Eachtraigh 1936 agus an ceangal bunreachtúil deireanach leis an mBreatain a bhriseadh.

1968

Callain, Co. Chill Chainnigh, ag comóradh 100 bliain de na Bráithre Críostaí agus an scoil a tógadh ar thalamh a fuair a mbunaitheoir, Éamon Iognáid Rís. An tUachtarán de Valera i measc iarscoláirí don cheiliúradh.

1979

Tionóltar seirbhís chuimhneacháin do Lord Mountbatten in Ardeaglais Phádraig. An tUachtarán Ó hIrghile, an Taoiseach, Seán Ó Loingsigh, Ambasadóir na Breataine, Robin Hayden agus an Cairdinéal Ó Fiaich i láthair.

1980

Lá stairiúil i bPáirc an Chrócaigh nuair a bhuaileann Gaillimh Luimneach leis an gcraobh san iománaíocht a bhaint den chéad uair ó 1923. An scór: 2–15 in aghaidh 3–9.

1986

Cuirtear fios ar Ghardaí agus ar fhir dhóiteáin go Príosún Mhuinseo le linn círéibe. Téann roinnt de na príosúnaigh in airde ar an díon – glasálann cuid eile iad féin sna cillíní. Sriostar troscán agus cuirtear cillíní trí thine.

1992

Tugann an tUachtarán Mhic Róibín cuairt ar Inis Ceithleann mar a mbuaileann sí le Cathaoirleach Aontachtach Uladh Chomhairle Fhear Manach, Caldwell McClaughry, agus an t-iarfheisire Harry West.

1995

Líomhaintí faoi íde ghnéis ar ghasúir i dTeach Trudder i gCo. Chill Mhantáin, á bhfiosrú ag na Gardaí.

1908

Agus é ina dhíle bháistí i nDoire tugann an bruach uaidh ar an taiscumar uachtarach sa Chreagán. Brúchtann 20 milliún galún uisce amach agus fágann bearna 20 troigh ar fad agus 20 troigh ar leithead. Ritheann an t-uisce isteach sa phríomh-thaiscumar.

1913

Foilsíonn an *Irish Times* an dán *Romance in Ireland* le W B Yeats, dán a scríobh sé tar éis dó an comhfhreagras faoin nGailearaí nua Ealaíne a léamh. Agus diúltaíonn Bardas Bhaile Átha Cliath sa deireadh do na pleananna le dánlann cathrach a thógáil os cionn na Life do phictiúir Sir Hugh Lane.
'Romantic Ireland's dead and gone –
It's with O'Leary in the grave'.

1921

Cuirtear tairiscint dheiridh Lloyd George i láthair Éamon de Valera – saoirse iomlán laistigh den Impireacht. Níl 'government by consent of the governed' i gceist toisc go bhféadfadh bunú poblachta agus diúltú don Choróin a bheith i gceist. Tugtar cuireadh do Shinn Féin na moltaí a phlé.

1931

Buaileann dhá thraein earraí faoina chéile ag Mainistir Eimhín i gCo. Chill Dara. Déantar cuid mhór damáiste toisc go raibh luas mór faoi thraein Chorcaí. Imíonn carráistí de na ráillí agus téann cuid acu trí thine.

1958

Is í an Boeing 707 Pan Am a tógadh i Meiriceá, an chéad scairdeitleán a thuirlingíonn san Eoraip nuair a shroicheann sí Aerfort na Sionainne trí huaire an chloig agus 47 nóiméad tar éis Gander i dTalamh an Éisc a fhágáil.

1968

Agóid iascaigh ar siúl ag an National Waterways Restoration League i nGaillimh le tacaíocht Shinn Féin – an dara ceann de shraith atá eagraithe ag éileamh go ndéanfaí náisiúnú ar an iascaireacht intíre.

1972

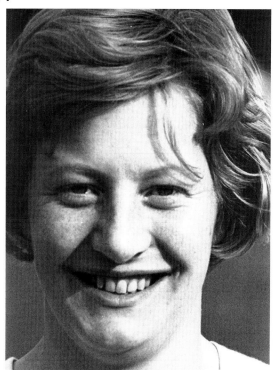

Cuirtear fáilte mhór abhaile roimh Mary Peters go Béal Feirste tar éis di bonn óir a bhuachan san Women's Pentathlon ag na Cluichí Oilimpeacha i München. An tArdmhéara, William Christie, ann le tréaslú léi.

1983

Glactar le móramh a dó in aghaidh a haon leis an reifreann ar an leasú bunreachtúil faoin nginmhilleadh – leasú a thugann aitheantas do cheart an linbh gan bhreith chun na beatha agus comhcheart na máthar.

1993

Buaileann foireann sacair na Poblachta an Liotuáin 2-0 i mBóthar Lansdúin – rud a fhágann ar bharr a ngrúpa cáilithe iad don Chorn Domhanda. John Aldridge agus Alan Kernaghan a fhaigheann na cúil.

9 Meán Fómhair

1909

Diúltaíonn Comhairle Dhroichead Átha do rún ó Chonradh na Gaeilge ag iarraidh go mbeadh an Ghaeilge éigeantach san Ollscoil nua Náisiúnta. Molann siad go gcuirfeadh an Conradh litir i nGaeilge chucu an chéad uair eile.

1916

Cailltear Thomas Kettle ó Chontae Bhaile Átha Cliath, duine de phríomhbunaitheoirí Chonradh na Talún agus feisire náisiúnta do Thír Eoghain Thoir, agus é i mbun ruathair i gCath an Somme.

1922

Tionóltar an chéad chruinniú den Pharlaimint Shealadach – nó den tríú Dáil – i dTeach Laighean. Toghtar Liam T Mac Coscair ina Uachtarán ar Dháil Éireann agus ina Chathaoirleach ar an Rialtas Sealadach.

1930

Cuireann duine anaithnid suíomh ollmhór ar fáil do Bhardas Chorcaí ar Oileán Mhic Mhuiris le scoil thráchtála suas chun dáta a thógáil ann.

1948

Cuireann an Príomhcheannfort, an Lt. Ginearál Mac Cionnaith, fáilte roimh chaptaein agus oifigigh dhá fhomhuireáin ón tSualainn atá ar cuairt chúirtéise chun na tíre seo.

1968

Bronnann an tAire Tionscail is Tráchtála, Seoirse Ó Colla (ar dheis), duaiseanna Ghlór na nGael ar Chléire. Cáineann sé daoine nach dtuigeann tábhacht iomlán ár n-oidhreacht náisiúnta, an Ghaeilge agus ár dtraidisiúin.

1975

Pléann an Rialtas diúltú an Loyalist Coalition do 'roinnt na cumhachta' a mbeadh baint ag an SDLP leis. Níl sé i gceist acu an scéal a phlé láithreach le Rialtas na Breataine.

1980

Cuirtear fáilte mhór abhaile roimh fhoireann iománaíochta na Gaillimhe tar éis dóibh Craobh na hÉireann a bhaint – tinte ar lasadh ó Bhéal Átha na Sluaighe go dtí an Fhaiche Mhór.

1985

Maraíonn an tIRA lánúin óg i gceantar Twinbrook in iarthar Bhéal Feirste. Maíonn siad gur sceith Gerard agus Catherine Mahon eolas.

1995

Toghtar David Trimble mar cheannaire ar Pháirtí Aontachtach Uladh, móramh maith aige ar John Taylor. Deir sé go mb'fhéidir nach leor comhartha ar an díchoimisiúnú ann féin le Sinn Féin a scaoileadh isteach ag comhchainteanna.

1998

Dearbhaíonn Fruit of the Loom go bhfuil siad ag cuimhneamh ar roinnt dá monarchana i nDún na nGall a dhúnadh. Deirtear leis an bhfoireann nach bhfuil go leor oibre ann agus go mbeidh ar 1,100 duine obair pháirtaimseartha a dhéanamh.

1903

Buaileann stoirm mhór ghaoithe Cuan Bhaile Átha Cliath ón iarthuaisceart. I nDún Laoghaire bailíonn slua agus trálaer a bhí ar ancaire á caitheamh i dtír. Tugtar an criú slán ón bhfarraige cháite.

1919

Fógraítear go bhfuil cosc ar Shinn Féin, ar Óglaigh na hÉireann, ar Chumann na mBan agus ar Chonradh na Gaeilge i gcathair agus i gcontae Chorcaí.

1942

Faigheann Frank Carty, Teachta Dála do Shligeach, bás go tobann i gCluain Coire. Gearradh deich mbliana príosúin air i 1921 ach saoradh é roinnt míonna ina dhiaidh sin le freastal ar an gcéad chruinniú den dara Dáil,

1948

Faigheann an Chief Secretary deireanach, Sir Hamar Greenwood, bás i Londain in aois a 78. Fear é nach rabhthas buíoch de, rinne sé an réamhobair do bhunú na nDúchrónach agus chuir sé a ainm leis an gConradh i 1921.

1954

Fógraíonn Bord Fáilte go bhfuil an Maorghinearál Hugo McNeill tar éis éirí as a phost mar eagraí ar fhéile an Tóstail. D'eagraigh sé an chéad Tóstal tar éis dó éirí as an Arm. Is é Bord Fáilte a riarfaidh an fhéile feasta.

1967

Ag an gcéad chomhdháil náisiúnta d'eagraíocht na dtionóntaí, NATO, iarrtar ar an gcléir labhairt amach in aghaidh arduithe éagóracha ar chíos a ghearrann na húdaráis áitiúla.

1977

Cuirtear cosc ar chapaill ón tír seo dul go dtí na Stáit Aontaithe de bharr ráig de ghalar véinéireach i measc chapaill na hÉireann, na Breataine is na Fraince.

1984

Tugtar corp an scríbhneora Liam Ó Flaithearta go dtí séipéal na hOllscoile i mBaile Átha Cliath. Orthu siúd a thagann le slán a fhágáil aige tá Lord Killanin agus nia an Fhlaitheartaigh, an scríbhneoir agus an craoltóir Breandán Ó hEithir.

1988

Leathchéad bliain tar éis a oscailte déantar an leacht cuimhneacháin do shaighdiúirí Éireannacha a fuair bás sa Chéad Chogadh Domhanda a thiomnú i nDroichead na hInse i mBaile Átha Cliath.

1997

Déanann an tAire Gnóthaí Eachtracha, Ray de Búrca, ráiteas pearsanta sa Dáil faoin £30,000 a tugadh dó. Agus gabhann an t-iar-Aire ó Fhine Gael, Michael Lowry, leithscéal le teachtaí faoin Dáil a chur amú ina ráiteas pearsanta i mí na Nollag seo caite.

1998

Deir David Trimble ón UUP agus Gerry Adams, Shinn Féin go raibh toradh dearfach ar an gcéad chruinniú díreach a bhí acu le chéile.

11 Meán Fómhair

1903

An chéad ghnó talún faoi Acht nua Wyndham déanta i Loch Garman. Faigheann William Browne blianacht 23 bliain agus bónas trí bliana. Fágann na téarmaí seo go mbeidh 22.5% de laghdú ar chostais.

1921

Tugann an Lord Lieutenant a phátrúnacht d'Ospidéal Cnis is Ailse Bhaile Átha Cliath atá ag lorg £50,000. Faigheann duine as gach deichniúr atá os cionn 40 bás den ailse.

1932

Cuirtear deireadh le comhdháil spreagúil Cheilteach i dTruro sa Chorn le léacht ar Chosaint na Mionlach Náisiúnta ón bhFeisire Lewellyn Jones. An Dr Dubhghlas de hÍde sa chathaoir.

1942

Tuairiscítear go bhfuil droch-chaoi ar theach Sarah Curran láimh le Ráth Fearnáin i mBaile Átha Cliath, áit ar casadh í féin agus Robert Emmet ar a chéile roinnt laethanta sular gabhadh é. Beithígh ar fud na háite anois.

1954

Faigheann Eagarthóir an *Irish Times*, Robert Smyllie, bás in aois a 60. Ba ghnách leis a bheith go rialta sa Phalace Bar i Sráid Flít áit ar áitigh sé ar scríbhneoirí óga, Breandán Ó Beacháin agus Brian Ó Nualáin ina measc, scríobh don *Times*.

1968

Osclaíonn an Taoiseach, Seán Ó Loingsigh, mianach luaidhe, since agus copair Mogul gar do Bhéal Átha Gabhann, Co. Thiobraid Árann – an mianach faoi thalamh is mó in iarthar na hEorpa.

1976

Gluaiseacht na síochána ag dul i dtreise agus tagann na mná amach ar shráideanna Dhún Dealgan; paráid shíochána ar siúl i mbaile Aontroma freisin, an t-éileamh ag méadú i gcónaí.

1981

Tá Comhlacht Siúicre Éireann lena monarcha i dTuaim, Co. na Gaillimhe, a dhúnadh. Deir siad nach gcuireann feirmeoirí a ndóthain biatais ar fáil sa cheantar leis an monarcha a choinneáil ag imeacht.

1986

Fógraíonn an tAire Gnóthaí Eachtracha, Peter Barry, go bhfuil an comhlacht Meiriceánach MOOG lena gceannáras Eorpach don taighde is forbairt a oscailt i Rinn an Scidígh – agus tá Saotharlanna Leo le £3m a infheistiú ag an Oileán Beag.

1995

Cuirtear fáilte chathartha i gCorcaigh roimh an Churadh Domhanda sa dornálaíocht mheánmheáchain, Steve Collins, tar éis dó a churiarracht a chosaint in aghaidh Chris Eubank i bPáirc Uí Chaoimh.

1997

Teastaíonn ó na páirtithe Aontachtacha go gcaithfí Sinn Féin amach as na cainteanna ilpháirtí i Stormont tar éis alt in *An Phoblacht* ina ndeir an tIRA nach seasann siad ródhlúth le Prionsabail Mhitchell.

1909

Cuirtear fáilte abhaile roimh Eugene Robins, Cathaoirleach Chomhairle Bhaile Átha Luain, agus roimh cheathrar eile ag slógadh mór i Móta tar éis iad a shaoradh as an bpríosún ar an Tulach Mór. Bhí imeaglú agus teacht le chéile mídhleathach curtha ina leith.

1919

Fógraítear go bhfuil Dáil Éireann mídhleathach. Tugtar ruathair faoi ionaid le Sinn Féin agus gabhtar beirt, an Teachta Dála Earnán de Blaghd ar dhuine acu.

1938

Ceaptar Éamon de Valera ina Uachtarán ar Chomhthionól an Chonradh na Náisiún sa Ghinéiv. Deir sé ina óráid go bhfuil ábhar mór imní ag muintir an domhain, go háirithe ag muintir na hEorpa.

1948

Molann an Taoiseach, John A Costello, muintir Québec i gCeanada faoin seasamh láidir atá tógtha acu leis na céadta bliain ar mhaithe lena dteanga náisiúnta a shlánú. Tá sé i Québec ar iarratas ón rialtas cúige ansin.

1956

Cuireann feirmeoirí agus lucht easpórtála beostoic béim ar an ngá atá le díothú na heitinne bólachta. Tá géarghá leis, a deir siad, má táimid le freastal ar mhargadh na Breataine.

1963

Cuirtear fáilte abhaile roimh an chapall Ragusa a bhain an St Leger i Doncaster, P J Prendergast an traenálaí agus Garni Bougoure sa diallait. Tá ceithre mhórdhuais bainte ag Ragusa i mbliana.

1969

Áirítear gurb í Tuarascáil Cameron ar an gcíréib ó thuaidh an fhianaise is measa fós in aghaidh riail na nAontachtaithe sa Tuaisceart le naoi mbliana is daichead. Deir an Taoiseach go léiríonn sé go raibh an ceart ag an dream a bhí ag lorg leasaithe.

1977

I nGaillimh ciontaítear captaen trálaeir ón Spáinn in iascach mídhleathach. Ghabh an LE *Ferdia* an *Novadi Segundo* ó La Caruna.

1984

Cleachtaí cogaidh ar siúl ag an Arm ar an gCurrach i gCo. Chill Dara. Oifigigh shinsearacha ag faire agus carranna armúrtha Timoney agus tancanna eile in úsáid mar aon le scairdeitleáin ón Aer-Chór.

1995

Táthar le leathnú a dhéanamh ar an gcuardach do dhaoine ar tugadh fuil thruaillithe dóibh. Tá heipitíteas aimsithe ar 500 bean cheana ach deir an tAire Sláinte, Micheál Ó Núnáin, go bhféadfadh 400 eile a bheith i gceist.

1997

Fágann an tUachtarán Máire Mhic Róibín slán le ceannairí na bpáirtithe polaitiúla agus leis an gCoimisiún Uachtaránachta sula bfágann sí Áras an Uachtaráin. Cuireann sí a hainm le pár, baineann an choinneal as an bhfuinneog agus buaileann sí bóthar.

1907

Osclaítear an Lár-Ionad Dóiteáin nua go hoifigiúil i Sráid na Teamhrach i mBaile Átha Cliath a tógadh ar chostas beagnach £22,000. Tugtar ómós do chrógacht na bhfear agus cuireann siad taispeántas ar fáil.

1920

Fógraíonn an Ginearál Willis go mbeidh fiosrú míleata ann le cás na bpríosúnach ar stailc ocrais a iniúchadh. Féadfaidh an t-iar-Shirriam Barry fianaise nua faoina neamhchiontacht a chur ar fáil.

1939

Tugann an tAire Soláthairtí ciondáil pheitril isteach. Beidh idir ocht ngalún agus sé ghalún déag le fáil ag gluaisteáin phríobháideacha thar thréimhse sé seachtaine, ag brath ar an each-chumhacht.

1948

Freastalaíonn 500 duine ar chomóradh 1798 ag Dún Mhic Airt, Binn Uamha, gar do Bhéal Feirste. Is ann a tionóladh é toisc go bhfuil cosc ar chruinnithe i mBéal Feirste.

1950

Faigheann an t-aisteoir Sara Allgood, a raibh baint aice le hAmharclann na Mainistreach tráth, bás i gCalifornia in aois a 67. I mBaile Átha Cliath a rugadh í – agus páirt Juno i *Juno and the Paycock*, ab ansa léi.

1962

Tá athchóiriú déanta ar an luamh *Asgard* agus bád traenála a bheas inti feasta. Seoltar í i mBaile Átha Cliath faoi stiúir Bhord na nOibreacha agus an Chabhlaigh.

1975

Sochraid an Gharda Michael Reynolds a maraíodh nuair a lámhachadh é tar éis robáil bainc. Na céadta dá chomhghleacaithe i láthair agus an corp ag fágáil Mount Argus. Cuirtear é gar do Bhéal Átha na Sluaighe.

1986

Slógadh de chuid an IFA ar siúl i mBaile Átha Cliath agus feirmeoirí ag éileamh do ndéanfaí díluacháil iomlán 8.8% ar an bpunt glas le go mbeadh sé ar aon dul le punt na hÉireann sa Chóras Airgeadais Eorpach.

1989

Cuirtear fios ar Ambasadóir na Breataine, Sir Nicholas Fenn, go dtí an Roinn Gnóthaí Eachtracha faoin eachtra ina ndeachaigh trálaer ó Sceirí, an *Contester*, i bhfostú i bhfomhuireán le Cabhlach na Breataine.

1995

Tá an Rialtas ar aon fhocal anois faoin bhfoclaíocht don Leasú Bunreachtúil ar an gcolscaradh chomh maith leis an reachtaíocht a theastóidh má ghlactar leis an Reifreann i mí na Samhna.

1998

Buann Uíbh Fhailí, Craobh na hÉireann san iománaíocht nuair a bhuaileann siad Cill Chainnigh 2–16 in aghaidh 1–13. Bhuail Cill Chainnigh, Uíbh Fhailí i gCraobh Laighean ach faoi na rialacha nua tháinig siad ar ais isteach don chluiche ceathrú ceannais.

1912

Achrann i bPáirc Celtic i mBéal Feirste agus Celtic ag tabhairt aghaidh ar Linfield. Dathanna an chlub, glas agus bán, á n-iompar ag lucht leanúna Celtic – lucht tacaíochta Protastúnacha Linfield, an Union Jack á iompar acu siúd.

1921

Roghnaíonn Dáil Éireann cúig thoscaire le conradh a phlé le Rialtas Lloyd George – is iad sin Art Ó Gríofa, Micheál Ó Coileáin, George Gavan Duffy, Robert Barton agus Éamonn Duggan.

1933

Tá gluaiseacht Éire Aontaithe faoin ainm Fine Gael le bheith san iomaíocht mar pháirtí sna toghcháin áitiúla i mí Dheireadh Fómhair. Iarrann an Ginearál Ó Dubhthaigh orthu comhoibriú lena chéile.

1947

Imrítear Craobh na hÉireann sa pheil sna Polo Grounds i Nua Eabhrac – cleachtas neamhghnách ag Cumann Lúthchleas Gael. Buaileann an Cabhán Ciarraí 2–11 in aghaidh 2–7.

1953

Socraíonn an tAire Poist agus Telegrafa, Erskine Childers, go bhfuil cór measctha lánaimseartha le bheith ag Raidió Éireann le suim a mhúscailt in athuair i gceol tíre na hÉireann.

1968

Buann Giolla Mear, an capall trí bliana d'aois ón nGraí Náisiúnta atá ar léas ag an Uachtarán de Valera, rás St Leger na hÉireann ar an gCurrach. Is é Michael Hurley an traenálaí, Frank Berry sa diallait.

1974

Cuirtear an t-aingeal a bhí á dheisiú ar ais ar Leacht Uí Chonaill i mBaile Átha Cliath. Is é an dearthóir John Behan a chuir caoi ar an aingeal mór práis a bhfuil piléar ina brollach ó aimsir 1916.

1981

Cuirtear an scríbhneoir is an t-ealaíontóir Christy Brown i mBaile Átha Cliath. É míchumasach ach amháin ina chos chlé, d'áitigh a mháthair agus a mhuintir air tabhairt faoin bpéinteáil is faoin scríobh. Ar a chuid úrscéalta tá *Down All the Days* agus *My Left Foot*.

1982

Faigheann Banphrionsa Grace Mhonacó bás tar éis timpiste gluaisteáin agus í 52. Tagann a hiníon Stephanie slán. Grace á caoineadh i Monacó, i Meiriceá agus in Éirinn.

1994

Tugann príosúnaigh an IRA sa Tuaisceart a dtacaíocht iomlán don sos cogaidh. Deir siad go bhfuil siad tugtha go hiomlán d'fhorbairt straitéise neamharmtha.

1997

Lá ar leith sa Chraobh Iománaíochta i bPáirc an Chrócaigh agus dhá fhoireann ó Chúige Mumhan, a tháinig isteach an cúldoras, san iomaíocht do Chorn Mhic Cárthaigh. An lá le Co. an Chláir.

15 Meán Fómhair

1909

Déanann Coimisinéirí an Oideachais Náisiúnta in Éirinn gearán géar faoi sprionlaitheacht Roinn an Airgid i Londain a dhiúltaíonn feabhas a chur ar lóistín do mhic léinn ban sa Lár-Choláiste Traenála.

1924

Deir Kevin O'Higgins le náisiúntóirí Dhoire, Thír Eoghain agus Fhear Manach go n-aontaíonn an Chomhairle Feidhmiúcháin leo agus iad ag éileamh go mbunófaí Coimisiún na Teorann láithreach.

1932

Beartaíonn feirmeoirí Eagras Náisiúnta d'Fheirmeoirí a bhunú agus Proinsias Mac Diarmada, TD (ar chlé), ina uachtarán air. Cáineann siad polasaithe an rialtais agus éilíonn go mbeadh fáil acu arís ar mhargadh na Breataine.

1942

Tá Mianaigh Avoca i mbun oibre arís tar éis seachtó bliain. Meastar go mbeidh idir 100 agus 150 tonna mianach sulfair ar fáil in aghaidh na seachtaine sa gheimhreadh.

1953

Fágann scéim nua faoisimh £1.3m in aghaidh na bliana do Bhaile Átha Cliath gur féidir 1,400 fear a bhaint ó líon na ndífhostaithe. Is é an príomhchúram a bheas orthu an chathair a mhaisiú do thurasóirí agus d'áitritheoirí araon.

1963

Baineann Ráth Bhile, Co. Cheatharlach, gradam na mBailte Slachtmhara. Nochtann an tAire Airgeadais, an Dr Séamus Ó Riain, an leacht agus bronnann Éamonn Ceannt (ar dheis) Bhord Fáilte na teastais.

1972

Faigheann an dara duine bás de bharr pléisce ag an Óstán Imperial i mBéal Feirste. Níor tugadh aon rabhadh faoin mbuama 200 punt a scrios an t-óstán arbh le Caitliceach é. Gortaíodh 50.

1989

Sroicheann Rúnaí an Tuaiscirt, Peter Brooke, an Roinn Gnóthaí Eachtracha don bhabhta is deireanaí de na comhchainteanna Angla-Éireannacha. Beidh easpa muiníne i bhfórsaí slándála an Tuaiscirt á phlé i measc rudaí eile.

1990

Tugann Brian Keenan cuairt ar a chathair dhúchais Béal Feirste den chéad uair ó saoradh é i mBéiriút. Cuireann na meáin chumarsáide agus cairde fáilte mhór roimhe sula ndéanann a mháthair agus na comharsana amhlaidh i Sráid Mayflower in oirthear na cathrach.

1996

Cáineann an tOrd Oráisteach agóidí dílseoirí lasmuigh de shéipéil Chaitliceacha i gContae Aontroma. Diúltú na bhfórsaí slándála cead a thabhairt d'Oráistigh máirseáil i nDún Lathaí a spreag an agóid. Ar an mBaile Meánach ba mheasa a bhí an scéal nuair a cuireadh cosc ar Chaitlicigh freastal ar an Aifreann i gceantar Protastúnach an Bhaile Chaol.

1900

Deir an Feisire John Dillon le cruinniú de Léig na nÉireannach Aontaithe i gCarraig Mhachaire Rois, Co. Mhuineacháin, gur chóir don tír páirtí nua a thoghadh – buíon fir a d'fhéadfaí muinín a bheith ag duine astu, gan easaontas pearsanta.

1912

Osclaíonn na Feisirí Joseph Devlin agus Hector Morrison Halla Ibeirneach nua i Luimneach. Deir Joe Devlin nach féidir ionadaithe parlaiminte na hÉireann agus tacaíocht an phobail acu, a bhualadh.

1924

Socraíonn cruinniú de rialtas Thuaisceart Éireann i Streathly-on-Thames, agus an Príomh-Aire James Craig sa chathaoir, cloí le cinnidh a rinneadar cheana gan ionadaí a cheapadh ar Choimisiún na Teorann.

1931

Faigheann Sir Howard Grubb, Baile Átha Cliath ach a raibh cáil air faoin obair a rinne sé ar theileascóip, bás in aois a 87. Rinne sé obair in éineacht lena athair ar theileascóp cáiliúil Melbourne agus ar cheann Vín. Is é a cheap an peireascóp fomhuireáin.

1945

Cailltear an teanór cáiliúil John McCormack i mBaile Átha Cliath in aois a 61. In Áth Luain a rugadh é; bhain sé bonn óir ag an bhFeis Cheoil i 1902, agus chas i gceoldráma den chéad uair i gCovent Garden i 1907.

1962

Osclaíonn an tUachtarán Éamon de Valera páirc in ómós dháréag file Éireannach ag Carraig na bhFear i gCo. Chorcaí. Déanann sé iniúchadh ar gharda onóra leis an gCoirnéal Patrick Curran sula nochtann sé an leacht.

1969

Áitíonn an Dr Philbin, Easpag Dhún is Chonaire, ar áitritheoirí cheantar Bhóthar na bhFál i mBéal Feirste, na bacainní a bhaint anuas. Deir an Ginearál Freeland go gcaithfear iad a leagan.

1977

Seoltar dhá thrálaer nua, an *Salve Regina* agus an *Pacelli*, sna Cealla Beaga i gContae Dhún na nGall. An tAire Iascaigh, Brian Ó Luineacháin, ar an láthair in éineacht le Joey Murrin ó Chumann na nIascairí agus Brendan O'Kelly, Bhord Iascaigh Mhara.

1985

Féile bhliantúil na nOisirí ar siúl i nDroichead an Chláirín, Co. na Gaillimhe – Donncha Ó Dúlaing á hoscailt go hoifigiúil. Na mílte ar an láthair le péarlaí seo na Gaillimhe a bhlaiseadh in éineacht le pionta.

1990

An chraobh sa pheil agus san iománaíocht buaite ag Corcaigh – an chéad uair ó 1900 ar tharla a leithéid.

17 Meán Fómhair

1913

Deir Sir Edward Carson agus é ag labhairt san Iúr, go mbunófar Rialtas Sealadach má chuirtear Home Rule i bhfeidhm.

Achrann lucht oibre ag dul i méid i mBaile Átha Cliath, 5,000 ag máirseáil sa chathair.

1923

Buaileann 33 ball den Dáil nua isteach chuig oifig an chléirigh i dTeach Laighean i rith an lae le móid dílseachta a ghlacadh – iarracht le léirsiú na bliana seo caite sa Dáil féin a sheachaint – ach ní thagann Poblachtach ar bith i ngar don áit.

1935

Tagann 18,000 duine ag faire ar an Tatú Míleata san RDS i mBaile Átha Cliath. Cuirtear taispeántas os a gcomhair de stair mhíleata na hÉireann ó ré na Críostaíochta go dtí an lá atá inniu ann.

1948

Cuirtear corp William Butler Yeats in athuair i Reilig Dhroim Chliabh i gContae Shligigh, mar a theastaigh uaidh féin i gcónaí. Baill den rialtas agus ionadaithe lucht liteartha is ealaíne i láthair mar aon lena mhuintir, don searmanas simplí.

1953

Sroicheann 30 saighdiúir a bhí ina bpríosúnaigh chogaidh sa Chóiré, Béal Feirste ar an mbád ó Heysham – a muintir is a gcairde ann le fáilte a chur rompu.

1967

Tugann baill de Chumann na bPiarsach cuairt ar Theach an Phiarsaigh i Ros Muc – ómós á thabhairt acu do cheannaire 1916 a raibh gean ar leith aige ar an gcuid seo den tír.

1976

Daoine ag tarraingt ar Árainn Mhór amach ó chósta Dhún na nGall mar a nochtann Mary Russell leacht dá hathair, an Dr William Smith, a cailleadh agus é i mbun leighis ansin le linn ráige den tífeas i 1901.

1985

Sroicheann Státrúnaí an Tuaiscirt, Tom King, Teach Uíbh Eachach ar a chéad chuairt go Baile Átha Cliath ó ceapadh é. Lucht agóide ar an láthair ag gearán faoin gcuardach ar mhná nochta i bPríosún Ard Mhacha.

1994

Déantar an tAth. Fiachra Ó Ceallaigh, ó Ord na bPrionsiasach Mionúr, a choisreacan mar Easpag Cúnta Bhaile Átha Cliath – an chéad easpag Proinsiasach in Éirinn le 170 bliain. An tArdeaspag Desmond Connell i mbun an tsearmanais – an Cairdinéal Cahal Daly agus polaiteoirí aitheanta i measc an tslua.

1995

Baineann Baile Átha Cliath Craobh na hÉireann sa pheil den chéad uair ó 1983 nuair a bhuaileann siad Tír Eoghain 1–10 in aghaidh 0-12. Buaileadh iad ceithre uaire sa chraobhchluiche sa tréimhse sin.

1911

Téann an stailc iarnróid in olcas nuair a éiríonn tiománaithe traenach, fir chomharthaí agus póirtéirí as a bpost le Great Southern and Western Railway i Kingsbridge.

1922

Tugann Liam T Mac Coscair Bille Bhunreacht Shaorstát Éireann isteach faoina gcuirfear an Conradh idir Éirinn agus an Bhreatain i bhfeidhm.

1932

Bunaítear Acadamh Litríochta na hÉireann in Amharclann na Péacóige i mBaile Átha Cliath, Lennox Robinson sa chathaoir. Cuirtear litir atá sínithe ag George Bernard Shaw agus W B Yeats, chuig 25 scríbhneoir ag tabhairt cuireadh dóibh a bheith páirteach san Acadamh.

1941

I gcúirt mhíleata i mBaile Átha Cliath ciontaítear Sean McCaughey i Stephen Hayes, a thugann Ceann Foirne air féin, a choinneáil in aghaidh a thola agus é a bhascadh. Ní phléadálann McCaughey agus daortar chun báis é.

1968

Buaileann Manchester United Port Láirge 3-1 ag Bóthar Lansdúin sa chéad bhabhta den Chorn Eorpach. Is é George Best a mheallann an slua. Méara Phort Láirge, William Jones, agus an tAire Oideachais, Brian Ó Luineacháin, i láthair ag an gcluiche.

1977

150 bliain in Inis, Co. an Chláir, á chomóradh ag na Bráithre Críostaí. Nochtar dealbh d'Éamonn Iognáid Rís. An tUachtarán Pádraig Ó hIrghile agus an tAire Oideachais, John Wilson, ag faire na paráide ar an mbaile.

1983

Ceiliúradh ar leith ar siúl i bPort Láirge agus an 25ú bliain den Waterford Light Opera Festival á chomóradh. An fhéile tar éis dul ó neart go neart agus aitheantas idirnáisiúnta anois aici.

1988

Na Gardaí ag feitheamh ag Ospidéal Shligigh le John Gallagher a cheistiú faoi bhás Annie agus Ann Gillespie, máthair agus iníon, a lámhachadh i gcarrchlós an ospidéil. Thángthas air agus é ceangailte le glais láimhe de roth stiúrtha gluaisteáin a bhí imithe amach san fharraige gar do bhaile Dhún na nGall.

1993

Osclaíonn Ardmhéara Bhaile Átha Cliath, Tomás Mac Giolla, páirc chuimhneacháin in onóir na ndaoine a maraíodh i dtubaiste an Stardust. Amhrán ó Christy Moore le n-iad a chomóradh.

1997

An tArd-Mhúsaem nua i nDún Uí Choileáin á oscailt ag an Aire Ealaíne is Oidhreachta, Síle de Valera. Fágann picéid agóide fhoireann an Mhúsaeim nach ndéanann an Taoiseach an oscailt – diúltaíonn aíonna dul tharstu freisin.

1904

Foilsítear an ceathrú himleabhar de stair Loch Garman ag díriú ar Dhún Canann, an Fiodh Ard, Redmonds – nó Loftus Hall anois, an Rinn, an Slaod, Báigh an Bhuinn agus Banú. Is é Philip Herbert Hore ó Loch Garman, a scríobh.

1911

An stailc traenach ag dul in olcas agus tagann 36 oibrí ó Mhanchain go dtí an Balla Thuaidh, na póilíní rompu len iad a thionlacan. Faoin am a sroicheann siad Kingsbridge tá 27 díobh tar éis dul i bpáirt le lucht na stailce.

1923

Tagann an ceathrú Dáil le chéile den chéad uair i dTeach Laighean. Roghnaítear Micheál Ó hAodha (ar chlé) mar Cheann Comhairle; Liam T Mac Coscair ina Uachtarán ar an gComhairle Feidhmiúcháin.

1945

I gcúirt an Old Bailey i London ciontaítear William Joyce, nó Lord Haw-Haw, i dtréas faoi bholscaireacht a chraoladh do naimhde an Rí. Gearrtar pionós an bháis air.

1948

Déantar coirp triúr ball den IRA a cuireadh chun báis, a athadhlacadh – Muiris Ó Néill i gCathair Saidhbhín, George Plant sa bhFiodh Ard agus Charles Kearns i dTrá Lí. Tugtar corp Phádraig Mhic Craith ó Bhaile Átha Cliath go séipéal na bProinsiasach ar Ché na gCeannaithe.

1956

Glacann an Eaglais Mheitidisteach leis go n-osclófaí páirceanna agus láthair shúgartha sa Tuaisceart ar an Domhnach. Imní faoi shláinte agus faoi shonas na ndaoine atá ina gcónaí faoi bhrú gan mórán áiseanna a spreagann iad.

1964

Dúnann Amharclann na Mainistreach i mBaile Átha Cliath in ómós don drámadóir Sean O'Casey (ar dheis) a cailleadh i Torquay. Ar na drámaí is mó cáil leis tá *The Shadow of a Gunman*, *Juno and the Paycock* agus *The Plough and the Stars*.

1971

Aisitrítear formhór na bpríosúnach atá i ngéibheann sa Tuaisceart ó phríosún Bhóthar Chromghlinne i mBéal Feirste agus ón long phríosúin an *Maidstone* go Campa na Ceise Fada.

1984

Gortaítear cúigear Gardaí agus breis is dháréag eile tar éis círéibe ag an gcluiche sacair le UEFA idir Glascow Rangers agus Bohemians i bPáirc Dalymount. An bua ag Bohs.

1990

Cáineann an Freasúra agus feirmeoirí an socrú atá déanta ag an Aire Talmhaíochta, Micheál Ó Cinnéide agus Rialtas na hIaráine faoi chúrsaí mairteola.

1991

An chéad léiriú in Éirinn de scannán Alan Parker, *The Commitments*, bunaithe ar leabhar Roddy Doyle, ar siúl i bPictiúrlann an Savoy i mBaile Átha Cliath. Na haisteoirí Andrew Strong, Angeline Ball agus Maria Doyle i láthair.

Sean O'Casey

1900

Iarrann an Feisire T W Russell, bunaitheoir Chumann na Talún i dTuaisceart Aontroma, ar Rialtas na Breataine £120m a chur ar fáil le ceist na talún in Éirinn a réiteach.

1914

Impíonn John Redmond, agus é ag caint le hÓglaigh na hÉireann i Woodenbridge, Co. Chill Mhantáin, freastal ní hamháin ar Éirinn ach in áit ar bith eile inar gá ceart, saoirse agus reiligiún a chosaint sa chogadh seo.

1922

Dúntar an Royal Hibernian Military School a bunaíodh i mBaile Átha Cliath 153 bliain ó shin agus fágann 400 oifigeach agus fear an caladh ag an mBalla Thuaidh.

1935

Fógraíonn an Chomhairle Feidhmiúcháin go mbeidh dleacht 75% feasta ar raicéid, frámaí raicéad, bataí haca agus cruicéid. In Éirinn a dhéanfar feasta iad.

1943

Faigheann Iarla an Neidín, iriseoir, lúthchleasaí agus taistealaí, duine de na daoine is mó aithne i Fleet Street Shasana, bás go tobann in aois a 52 ag teach a mhuintire, Kenmare House, i gCill Airne.

1966

Téann an Tánaiste, Proinsias Mac Aogáin, agus an tAire Airgeadais, Seán Ó Loingsigh, ar thoscaireacht lenár n-iarratas ar bhallraíocht sa Chómhargadh a phlé sa Bhruiséil.

1983

Freastalaíonn polaiteoirí aitheanta, lucht dlí agus an cór taidhleoireachta ar shochraid an iar-Thánaiste agus ball d'Fhianna Fáil, Seoirse Ó Colla, i dteannta a chairde is a mhuintire. "Fear ionraic" a thugann an Seanadóir Eoin Ryan air ina óráid cois na huaighe.

1985

Bronnann an tUachtarán Ó hIrghile seic breis agus £7m ar Bhob Geldof – síntiús na hÉireann do Live Aid le cur in aghaidh an ghorta. Seo é an dara méid is mó an duine a tugadh – Beirmiúda amháin a bhí chun cinn orainn.

1992

Éacht déanta ag peileadóirí Dhún na nGall, Baile Átha Cliath buailte acu le ceithre chúilín, ar a gcéad turas go Páirc an Chrócaigh sa chraobhchluiche sinsearach. Corn Mhic Guidhir ina lámh ag an gcaptaen Anthony Molloy.

1998

TV 3 ar an aer – is é an Taoiseach, Bertie Ahern, a sheolann an cainéal nua neamhspleách teilifíse.

Agus baineann Michael Carruth a chéad chraobh dhomhanda nuair a bhuaileann sé Scott Dixon leis an gcraobh mharcmheáchain a bhaint.

1904

Déanann Bord Bardachta Bhaile Átha Cliath Theas díospóireacht ar rún a mholann go mbeadh Aifreann laethúil á rá ar mhaithe leis na hothair. Molfar é seo don séiplíneach.

1916

Ceiliúradh mór ar siúl i Halla an Bhaile san Iúr agus Distinguished Conduct Medal á bhronnadh ar an saighdiúir singil Arthur Brannigan ón Royal Irish Fusiliers. Bhí Brannigan i measc an chéad ghrúpa fear a chuaigh amach le dul i mbun troda i 1914.

1931

Fágann gearradh siar 10% atá le déanamh ar an gcúnamh dífhostaíochta de réir reachtaíocht a thugtar isteach i bParlaimint an Tuaiscirt inniu go mbeidh 4,000 duine thíos go mór leis. Féadfaidh siad foirmeacha a chomhlánú ag lorg cabhrach breise.

1953

Fágann foireann treafa na hÉireann Baile Átha Cliath don Chraobh Dhomhanda i gCeanada. Thomas McDonnell ó Chillín Cúile, Dún Dealgan agus Ronald Sheane, Cill Bhríde, Co. Chill Mhantáin a roghnaíodh.

1962

Ceiliúradh i gcathair Luimnigh nuair a bheirtear ceathrar in aon bhreith do mhuintir Peppard i dTeach Banaltrais Naomh Antaine i Sráid Bharrington.

1969

Ag dinnéar don iar-Theachta Dála de chuid Fhianna Fáil, Tom McEllistrom, i dTrá Lí labhraíonn an Taoiseach Seán Ó Loingsigh ar athaontú na tíre ach, a deir sé "I want to make it clear however, once more, that we have no intention of using force to realise this desire".

1974

Deir Seán Ó Loingsigh nach dtabharfaidh Fianna Fáil tacaíocht d'aon mholadh Airteagail 2 agus 3 den Bhunreacht a aisghairm. Ní ghlacann sé leis go bhfuil oibleagáid ar an Deisceart a leithéid a thairiscint do Phrotastúnaigh an Tuaiscirt mar chomhartha leorghnímh.

1987

I nDún na nGall aimsítear an trálaer *Boy Shaun* ar an ngrinneall amach ó Chionn Mhálanna. Tá athair agus mac fós ar iarraidh – bádh beirt eile den chlann agus tarrtháladh duine amháin.

1995

Fógraítear go bhfuair an bhean ó Bhaile Átha Cliath a bhí gan aithne gan urlabhra le breis agus scór bliain, bás inné. Rialaigh an Chúirt Uachtarach tamall ó shin, ar iarratas a muintire, go bhféadfaí an córas tacaíochta beatha a bhaint di.

Agus teipeann ar an gcomhlacht is bun le Celtworld sa Trá Mhór i gContae Phort Láirge a chosain £4m. Is beag seans atá ann go bhfaighidh infheisteoirí a gcuid airgid ar ais.

1909

Olagaón i dTeach na Cúirte i Machaire Fíolta, Co. Dhoire, nuair a chloiseann seandaoine go bhfuil an pinsean bainte díobh. Léirigh daonáireamh nach raibh 70 bliain slánaithe acu. Bronnadh an pinsean orthu ar fhocal ón gcléir a chreid go raibh siad os cionn an 70.

1924

Buaileann Léigiún Iarshaighdiúirí na Éireann le baill de Pharlaimint na Breataine i mBaile Átha Cliath le ráiteas a bhréagnú a dúirt go ndearna an Deisceart feall ar an Impireacht le linn an Chogaidh, tráth ar sheas fir Uladh léi.

1931

Tugann an Teachta Dála Martin Roddy, rúnaí parlaiminte an Aire Talmhaíochta is Iascaigh, rabhadh faoi bhaol an Chumannachais agus é ag labhairt i Sligeach. Tá eagraíocht phoblachtach an lae inniu slogtha ag an gCumannachas, an Sóisialachas agus ag an mBoilséiveachas, a deir sé.

1948

Agus céim onóra á bronnadh ar an Taoiseach, John A Costello, ag Ollscoil Fordham i Nua Eabhrac fiafraíonn an tUachtarán, an Dr Robert Gannon, an bhféadfadh Éire, a thug an Chríostaíocht go dtí an Eoraip agus an Caitliceachas go Meiriceá tráth – domhan an lae inniu a thabhairt chun sibhialtachta?

1957

Faigheann Oliver St John Gogarty, máinlia agus scríbhneoir a raibh Buck Mulligan James Joyce in *Ulysses* bunaithe air, bás i Nua Eabhrac in aois a 79.

1959

Ag a gcruinniú bunaidh i dTeach an Ardmhéara tugann Comhdháil na gCeardchumann faoi Rialtas an Tuaiscirt a dhiúltaíonn aitheantas a thabhairt dóibh.

1967

Cuireann an tUachtarán Éamon de Valera fáilte roimh an Mharscal Machaire Viscount Montgomery atá ar cuairt phríobháideach ceithre lá chun na tíre seo.

1974

Craobh na hÉireann sa pheil buaite ag Baile Átha Cliath. Faigheann siad an ceann is fearr ar Ghaillimh, 0–14 in aghaidh 1–6.

1984

Céad bliain á chomóradh ag Cumann Lúthchleas Gael. Nochtann an tUachtarán Paddy Buggy leacht in onóir Mhichíl Uí Chíosóig i bPlás Ghairnéir i mBaile Átha Cliath.

1994

Glacann ceardoibrithe Irish Steel leis an bplean tarrthála – cinneadh gan choinne.

Agus diúltaíonn ceardoibrithe Team Aer Lingus do mholtaí na Cúirte Oibreachais le móramh mór.

1998

Cuireann Coimisinéir an Gharda Síochána fiosrú speisialta ar bun faoi dheichniúr ban, ó Bhaile Átha Cliath, ó Chorcaigh, ó lár na tíre agus ón oirdheisceart, atá ar iarraidh le sé bliana.

1911

Máirseálann 70,000 Aontachtaí agus Oráisteach ó Bhéal Feirste go Teach Craigavon le cur in aghaidh Home Rule. Gríosaíonn Sir Edward Carson an slua a rá go bhfuil Cúige Uladh ullamh.

1924

Dearbhaíonn cruinniú de Dhílseoirí in Inis Ceithleann go bhfuil siad ag iarraidh fanacht laistigh d'Impireacht na Breataine. Deir Aire Saothair an Tuaiscirt, J M Andrews, arís, nach bhfuil faoin rialtas ionadaí a cheapadh ar Choimisiún na Teorann.

1931

Molann an Cairdinéal Mac Ruairí suáilcí traenála an lúthchleasaí agus é ag caint ag cruinniú in Ard Mhacha faoi atheagar ar Chumann Lúthchleas Gael i gCúige Uladh. Tá sé go maith don chorp agus don anam agus coinníonn sé fir óga ón ól, a deir sé.

1945

Buaileann Corcaigh an Cabhán le Craobh na hÉireann sa pheil a bhaint agus an Sam Maguire a thabhairt leo – an scór 2–5 in aghaidh 0-7.

1956

Breis agus 83,000 duine i bPáirc an Chrócaigh don Chraobh Iomána. An lá le curaidh na bliana seo caite, Loch Garman. Buaileann siad Corcaigh 2–14 in aghaidh 2–8.

1967

Tugann an Taoiseach Seán Ó Loingsigh cuairt ar Iarsmalann Chill Mhaighneann. Deir sé nach bhfuil an t-athchóiriú ar an bpríosún críochnaithe ná baol air. Teastaíonn airgead agus daoine leis an obair a dhéanamh.

1976

Téann an tUachtarán Cearbhall Ó Dálaigh i gcomhairle le Comhairle an Stáit faoi reachtaíocht na gCumhachtaí Éigeandála féachaint ar chóir í a chur faoi bhráid na Cúirte Uachtaraí.

1978

Glacann na mílte páirt i máirseáil agóide leis an láthair Lochlannach ar Ché an Adhmaid a shábháil. Tá an file Thomas Kinsella agus an Seanadóir Mary Robinson ann, naonúr comhairleoirí cathrach mar aon leis an Ollamh F X Martin.

1980

Cuireann comhlacht amharclainne Field Day a gcéad léiriú ar fáil sa Guildhall i nDoire – céad léiriú *Translations* le Brian Friel.

1985

Osclaítear Focus Point, áisíneacht nua do mhná gan dídean i mBaile Átha Cliath. Bunaíodh Focus Point de bharr taighde dhá bhliain a rinne an tSr. Stanislaus Kennedy.

1997

Tugann ceannairí an UUP aghaidh dhíreach ar Shinn Féin den chéad uair le 75 bliain – ach ní le todhchaí Thuaisceart Éireann a phlé ach le hiarracht a dhéanamh Sinn Féin a choinneáil amach as comhchainteanna Stormont.

1906

Cuireann an Bardasach Cotton tús le scéim nua draenála Bhaile Átha Cliath ag an bPigeon House. Ag lón ina dhiaidh sin agus an tArdmhéara i láthair diúltaíonn seisear comhairleoirí sláinte an Rí a ól.

1914

Cuireann Eoin Mac Néill in aghaidh cheannaireacht John Redmond ar Óglaigh na hÉireann. Tá sé ráite ag Redmond go bhfuil sé de dhualgas ar na hÓglaigh troid thar lear ar son rialtas, nach rialtas Éireannach é.

1925

Déantar cáineadh géar ar scéim an Aire Oideachais don Ghaeilge éigeantach – cáineadh freisin ar na modhanna sna hionaid léinn leis an nGaeilge a bhrú ar mhúinteoirí, ar geall le campaí géibhinn iad.

1943

Sa Mhuileann gCearr caitheann an Breitheamh Beatty cás in aghaidh Mrs. Hand amach faoi gan a páiste a chur ar scoil, á rá nach bhfuil aon bhunús leis faoin mBunreacht. Thug an mháthair fianaise go raibh léamh agus scríobh ag an bpáiste sé bliana d'aois.

1954

Buaileann dhá thraein earraí, ceann ag teacht ó Phort Láirge, ceann eile ó chathair Luimnigh, faoina chéile ag Stáisiún an Bhóthair, ocht míle ó Luimneach. An líne traenach idir Baile Átha Cliath agus Luimneach dúnta ar feadh an lae.

1962

Saineolaithe ón Ard-Mhúsaem i mbun tochailte i Sráid Ard i mBaile Átha Cliath, féachaint le saol na cathrach sa tréimhse réamh-Normannach a iniúchadh – cén saghas tithe agus bia a bhí acu. Breandán Ó Ríordáin ón Músaem i mbun na hoibre.

1971

Na hullmhúcháin dheiridh á ndéanamh do thaispeántas le Jack B Yeats sa Ghailearaí Náisiúnta – 145 pictiúr leis bailithe ó chuile chearn den domhan lena léiriú cé na hathruithe a tháinig ar a chuid oibre.

1989

Gortaítear breis agus seachtó duine nuair a chuirtear traein de na ráillí in aice le Clár Chlainne Mhuiris i gContae Mhaigh Eo. Bhí oilithrigh á dtabhairt go Cnoc Mhuire nuair a bhuail an traein tréad bó. Cuirtear plean éigeandála i bhfeidhm.

1993

Áirítear go bhfuil breis agus 2,000 cás den HIV dearfach in Éirinn agus go mbeidh SEIF ar a bhformhór as seo go ceann cúig nó deich mbliana.

1996

Athbhreithniú mór le déanamh ar chúrsaí slándála tar éis sclíúchais i gCill Airne agus feirmeoirí i mbun agóide ag cruinniú d'Airí Talmhaíochta an Aontais Eorpaigh. Socraíonn na hAirí aon airgead nár caitheadh a thabhairt d'fheirmeoirí biatais.

1906

Ag labhairt dó i gColáiste Naomh Iarlaith i dTuaim cáineann an tArdeaspag Ó hÉalaí easpa oideachais ollscoile do Chaitlicigh muna bhfreastalaíonn siad ar choláistí atá in aghaidh a gcoinsiasa.

1917

Faigheann Tomas Ághas bás i bPríosún Mhuinseo tar éis bia a fhórsáil air agus é ar stailc ocrais. Bhí stádas príosúnaigh chogaidh á éileamh aige do phríosúnaigh Phoblachtacha.

1935

Deir Viscount Craigavon agus é ag labhairt i mBéal Feirste faoi líon mór na dtimpistí gluaisteán, gur chóir rialacha an bhóthair a mhúineadh do ghasúir scoile.

1944

Toghtar an Prióir Camillus Claffey ó Phort Omna i gContae na Gaillimhe mar Ab ar Mhainistir na gCistéirseach i Ros Cré.

1958

Na Gardaí agus an tArm i mbun cuardaigh tar éis do Ruairí Ó Brádaigh, Teachta Dála Shinn Féin don Longfort/an Iarmhí, agus Daithí Ó Conaill as Corcaigh, éalú as campa an Churraigh.

1960

Buaileann an Dún, Ciarraí 2-10 in aghaidh 0-8 i gCraobh na hÉireann sa Pheil i bPáirc an Chrócaigh – Sam ag trasnú na teorann den chéad uair.

1971

Tionóltar slógadh i mBaile Átha Cliath ag tabhairt tacaíochta don easumhlaíocht shíochánta sa Tuaisceart. Éilíonn John Hume go gcuirfí deireadh leis an imtheorannú agus leis an seicteachas. Tacaíocht ó na Dubliners.

1983

Maraítear oifigeach príosúin le linn do 38 príosúnach Poblachtach éalú ó Phríosún na Ceise Fada i gContae Ard Mhacha. Athghabhtar 15 príosúnach láimh leis an bpríosún.

1985

Lorg 4,000 bean Éireannach ginmhilleadh i Sasana anuraidh de réir tuairisc ón mBord Taighde Sóisialta agus Leighis – líon níos airde ná ráta an Tuaiscirt.

1995

Filleann foireann bhuach Eorpach an Ryder Cup ar Bhaile Átha Cliath ó Nua Eabhrac. Bernard Gallagher agus Philip Walton in éineacht le Seve Ballesteros, Ian Woosnam, Nick Faldo agus an chuid eile den fhoireann.

1997

Lorgaíonn an Tánaiste agus ceannaire an Pháirtí Dhaonlathaigh, Mary Harney, fiosrú faoin gconspóid phleanála is deireanaí. Baineann an chonspóid le comhlacht tógála a d'íoc £30,000 leis an Aire Gnóthaí Eachtracha, Ray de Búrca.

1904

Leagtar amach moltaí faoi Rialtas díláraithe d'Éirinn i litir ón Irish Reform Association faoina mbainfí leas as eolas agus tuiscint áitiúil i gcaitheamh airgead an stáit.

1921

Deir Sir James Craig le Parlaimint an Tuaiscirt go bhfuil a fhios aige go bhfuil airm agus armlón á dtabhairt isteach sa Tuaisceart ag Sinn Féin agus go bhfuil siad i mbun traenála. Tá sé socraithe, a deir sé, go ndéanfar athshlógadh ar an gConstáblacht Speisialta.

1932

Cáineann Éamon de Valera, ina léacht tionscnaimh mar Uachtarán ar Chonradh na Náisiún sa Ghinéiv, na rúin bhogásacha a ritear seachas gníomh éifeachtach. Éisteann an Comhthionól lena bhfuil le rá aige, ina dtost – gan oiread agus bualadh bos amháin.

1944

Tá Cumann na Scríbhneoirí, na nAisteoirí agus na gCeoltóirí tar eis gearán gan toradh a dhéanamh leis an Roinn Cosanta faoi cheoltóirí ón Arm a bheith ar fáil do cheoldrámaí agus do choirmeacha ceoil ar tháillí níos ísle ná mar a ghlacfadh gnáthcheoltóirí leo. Tá siad le treisiú lena n-agóid.

1956

Tugann an Teachta Dála James Larkin faoi pholasaí eacnamaíochta an Rialtais ag cruinniú de Pháirtí an Lucht Oibre. Iarrann sé orthu tacú leis na ceardchumainn chun polasaí forbartha a éileamh.

1963

Is é Aerfort Aldergrove aerfort oifigiúil sibhialta agus míleata Bhéal Feirste feasta, in áit Nutt's Corner.

1976

Buaileann Baile Átha Cliath Ciarraí i gCraobh na hÉireann sa pheil i bPáirc an Chrócaigh, farasbarr seacht gcúilín acu mar a bhí ag Ciarraí orthu anuraidh. Seo é an chéad uair ó 1934 ar bhuail Baile Átha Cliath Ciarraí sa Chraobhchluiche.

1984

Ór á chuardach ar an sean-nós i Sliabh Speirín – an mealladh céanna ag an ór-scagadh is a bhí riamh, cé nach n-aimseofar dóthain de anseo le slua mór a mhealladh.

1990

Deir an tAire Stáit i Roinn an Taoisigh, Máire Geoghegan Quinn, gur beag an dul chun cinn atá á dhéanamh i reachtaíocht in aghaidh leatrom ar mhná ná i gceapachán ban i bpoist shinsearacha bainistíochta.

1997

Tugann beirt de na hiomaitheoirí uachtaránachta a n-ainmniúcháin isteach – Mary McAleese thar ceann Fhianna Fáil agus Adi Roche do Pháirtí an Lucht Oibre. Agus faigheann Derek Nally a chéad ainmniuchán féin ó Chomhairle Contae an Chláir.

1913

12,000 d'Óglaigh Uladh i mbun agóide ag ionad an Royal Ulster Agricultural Society i mBaile Mhoireil in aghaidh Bhille an Home Rule. Deir Sir Edward Carson leo nach féidir géilleadh.

I mBaile Átha Cliath cuireann na mílte d'oibrithe na cathrach fáilte chroíúil roimh an long an *Hare* agus 340 tonna bia ar bord a chuir lucht ceardchumann sa Bhreatain ar fáil.

1922

Glacann an Dáil le moltaí an Rialtais cúirteanna míleata a bhunú a mbeadh cumhachtaí go pionós an bháis acu. Cuireann Thomas Johnson ó Pháirtí an Lucht Oibre go mór in aghaidh dheachtóireacht mhíleata dá leithéid.

1931

Dearbhaíonn céad chomhdháil náisiúnta Saor Éire i Halla Í i mBaile Átha Cliath a bhfuil uathu. I measc na mball tá Sean Hayes, Peadar O'Donnell, Seán Mac Giolla Bhríde agus Helena Molony.

1944

Deir an tAire Airgeadais, Seán T Ó Ceallaigh, leis an Dáil nach féidir an pinsean seanaoise a fheabhsú agus ráta ard cánach ann mar atá faoi láthair. Bhí Páirtí an Lucht Oibre ag moladh ardú 20 scilling in aghaidh na seachtaine.

1953

Tá céad bliain na Slánaitheorach in Éirinn á chomóradh i Luimneach, an Cairdinéal D'Alton i gceannas. An Uachtarán Seán T Ó Ceallaigh agus an Taoiseach Éamon de Valera i láthair freisin.

1968

Tá easnamh £2.5m ar Chóras Iompair Éireann de réir a dtuarascáil bhliantúil. Rinne na seirbhísí uile i CIÉ brabach ach amháin na hiarnróid.

1972

Osclaíonn an Taoiseach Seán Ó Loingsigh an Institiúid nua Ard-Oideachais i Luimneach.

1987

Baineann Cill Chainnigh Craobh na hÉireann sa Chamógaíocht den tríú bliain as a chéile. Buaileann siad Corcaigh 3–10 in aghaidh 1–6.

1994

Sé seachtaine atá leagtha síos ag Bord Soláthair an Leictreachais chun teacht ar réiteach leis na ceardchumainn faoi athchóiriú an chomhlachta agus cailliúint 2,900 post.

1995

Faigheann Cúirt na hEorpa um Chearta Daonna an Bhreatain ciontach faoi mharú triúr ball neamharmtha den IRA ag an SAS i nGiobráltar. Deir an Bhreatain nach bhfuil ciall ná réasún leis an mbreith agus go ndéanfaidh sí neamhaird di.

1908

Tugtar eagraí Léig na nÉireannach Aontaithe, Dermot O'Brien, ar gearradh téarma príosúin air faoi thiomáint eallach i Lios Dúin Bhearna, ar thraein go hInis ar a bhealach go Luimneach. Na sluaite roimhe ag tabhairt misnigh dó.

1912

Síníonn Aontachtaithe ar fud an Tuaiscirt an Conradh agus Cúnant Sollúnta le cur in aghaidh Home Rule – dearbhú mar é á shíniú ag mná.

1920

Scliúchas i Magh Eala, Co. Chorcaí – ruathar ar an mbeairic mhíleata faoi cheannas Liam Lynch (thuas) agus Ernie O Malley; an baile á chreachadh ag saighdiúirí na Breataine dá bharr.

1937

Sroicheann an bád aeir, *Cambria*, Faing i gCo. Luimnigh. 10 n-uair an chloig agus 57 nóiméad a thóg an turas as Ceanada – curiarracht nua. Is í an *Cambria* is tapúla anois ag dul an dá threo.

1941

Baineann iománaithe Chorcaí Craobh na Sinsear agus Craobh na Mionúr i bPáirc an Chrócaigh. Buaileann siad Baile Átha Cliath sa chluiche sinsir – poc ollmhór ó Thornhill i gcúl Chorcaí is bun lena gcéad chúl.

1956

Cuireann gálaí gaoithe suas le 70 míle san uair isteach ar sheirbhísí aeir is farraige. Cuireann siad freisin le cruachás na bhfeirmeoirí, barra agus cocaí féir á leagan agus an t-arbhar á scaipeadh.

1967

An *Irish Elm* á lainseáil ag Máirín Bean Uí Loingsigh ag Longchlós Verolme i gCorcaigh – Easpag Chluana, an Dr Ahern, a bheannaíonn í.

1975

Buaileann Ciarraí Baile Átha Cliath le Craobh na hÉireann sa pheil a bhuachan, 2–12 in aghaidh 0-11. Admhaíonn muintir Bhaile Átha Cliath gur bhuail Ciarraí go maith iad.

1988

Tugann Príomh-Aire na Breataine Margaret Thatcher cuairt lae ar an Tuaisceart áit a mbuaileann sí leis an Státrúnaí Tom King agus le Príomh-Chonstábla an RUC, Sir John Hermon.

1992

Cuireann an tUachtarán Máire Mhic Róibín fáilte go hÁras an Uachtaráin roimh an lucht siúil. Bronntar cóip den *Traveller Accomodation and the Law* uirthi.

1997

Is iad Ciarraí curaidh peile na bliana seo tar éis dóibh Maigh Eo a bhualadh 0-13 in aghaidh 1–7.

Agus baineann Catherina McKiernan a céad mharatón i mBeirlín – an séú maratón is sciobtha riamh.

29 Meán Fómhair

1909

Tá Royal Portrush le plé a dhéanamh ar mholadh go n-osclófaí an galfchúrsa ar an Domhnach. Cuirfear litir agóide a shínigh muintir an bhaile agus an cheantair ag cur in aghaidh seo, os comhair an chruinnithe.

1924

Tugtar rabhadh ag cruinniú de Rotary Club Bhaile Átha Cliath go bhfuil tionscal na mbeithíoch i mbaol anseo de bharr na drochíde a thugtar d'ainmhithe. Déantar tagairt ar leith do dhráibhéirí a úsáideann bataí móra.

1938

Cuireann an INTO in aghaidh riail nua a chuireann iallach ar mhná éirí as in aois a seasca cuma an mbíonn 35 bliain seirbhíse curtha isteach acu nó nach mbíonn. Fágann sé seo nach mbeidh ach líon beag de bhanmhúinteoirí i dteideal pinsin iomláin.

1954

Deir an Feisire Brian Faulkner go ndíríonn polaiteoirí Bhaile Átha Cliath ar an gcríochdheighilt le haird an phobail a thógáil ón gcaighdeán maireachtála sa Deisceart. 12,000 duine ag tréigean na tuaithe sa Phoblacht chuile bhliain, a deir sé le hAontachtaithe san Iúr.

1969

Coinníonn formhór na dteaghlach i Montpelier agus i nDroichead Uí Bhriain a gcuid gasúr ón scoil mar agóid in aghaidh chinneadh na Roinne Oideachais Scoil Náisiúnta Montpelier i Luimneach Thoir a dhúnadh.

1979

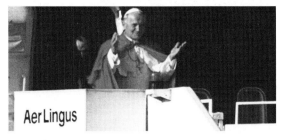

Scroicheann an Pápa Eoin Pol II an tír seo agus cuireann 1.3 milliúin duine a bhailigh ó mhoch maidine, fáilte roimhe ag Aifreann speisialta i bPáirc an Fhionnuisce.

1984

Gabhtar an *Marita Ann* ón bhFianait, amach ón Sceilg agus í ag iarraidh seacht dtonna d'airm agus armlón a smuigleáil i dtír, don IRA.

1985

Filleann Barry McGuigan ar Chluain Eois tar éis dó an Chraobh Dhomhanda Cleitmheáchain a bhuachan arís.

Agus is é Seán Kelly a bhaineann an Nissan Cycle Classic.

1987

Bronntar saoirse chathair Bhaile Átha Cliath ar an rothaí Stephen Roche a bhain an Giro Italia, an Tour de France agus an Curadh Domhanda sa rothaíocht.

1996

Buaileann an Mhí Maigh Eo le pointe amháin san athimirt i gCraobh na hÉireann sa pheil – díomá mór ar Mhaigh Eo nár bhain an chraobh ó 1951.

1997

Cuirtear Jim Kemmy, iar-Theachta Dála ó Pháirtí an Lucht Oibe i Luimneach Thoir, fear a chaith a shaol ag obair ar son na mbocht.

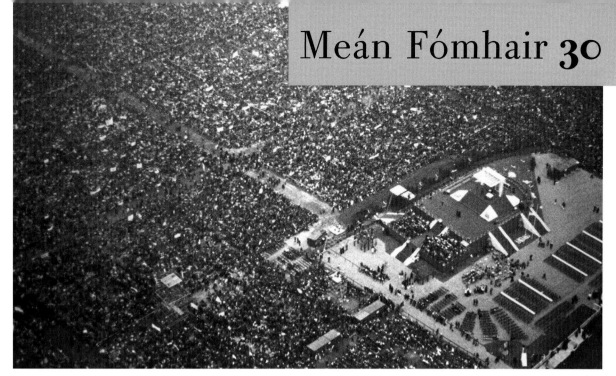

1924

Téann bean, a bhí ag cur fúithi i dTeach na mBocht i Sligeach, ar thraein go hInis Ceithleann agus tógann carr ón stáisiún le dul go Teach na mBocht ansin áit a lorgaíonn sí dídean. Is ó Dhoire Ó Conghaile í i gCo. Fhear Manach. Thug Sligeach an t-airgead di le dul go hInis Ceithleann, a deir sí.

1932

Caitheann John Beattie, Páirtí an Lucht Oibre, an Más ar an urlár i bParlaimint an Tuaiscirt nuair nach bpléitear a rún ar an dífhostaíocht. Bhí an cruinniú ar siúl i Halla na Cathrach leis an bparlaimint a scor go dtí go n-osclófaí an teach nua parlaiminte i Stormont ar an 22ú de mhí na Samhna.

1944

Deir an Dr Crowe le Coiste Eitinne Bhardas Bhaile Átha Cliath go bhfuil gá le modhanna leis an ngalar a aithint go luath agus le hinstitiúidí a chuirfeadh cóir cheart leighis ar fáil. Ní galar clainne í an eitinn, a deir sé.

1956

Nochtar trí leacht i Loch Garman le saolú John Redmond 100 bliain ó shin a chomóradh. Bhí sé ina Chathaoirleach ar Pháirtí Parlaiminteach na hÉireann le hocht mbliana déag, agus is é Sir John Esmonde, duine de thriúr ón IPP atá fós beo, a nochtann iad.

1962

Tionóltar céad cheolchoirm an fhómhair in Amharclann an Ghaiety. An tAire Poist is Telegrafa, Michael Hilliard, agus Stiúrthóir Ginearálta RTÉ, Edward Roth, i láthair. Is é Tibor Paul a stiúrann an cheolfhoireann, Geraldine O'Grady i gceannas ar na veidhlíní.

1974

Nochtar leac ar uaigh an chumadóra ceoil Seán Ó Riada. Bailíonn Cearbhall Ó Dálaigh, Aindreas Ó Gallchóir agus a mhuintir féin le hómós a thabhairt dó.

1979

Tugann an Pápa Eoin Pól II cuairt ghairid ar Chluain Mhic Neois roimh aghaidh a thabhairt ar Ghaillimh (thuas) áit a bhfuil óige na hÉireann bailithe don Aifreann. "Young people of Ireland I love you."

1981

Aifreann á chomhcheiliúradh i nDomhnach Broc don chraoltóir Joe Linnane. Déanann an tArdmhéara Alexis Fitzgerald, polaiteoirí agus lucht siamsa comhbhrón lena bhean Joan agus lena chlann.

1985

Aonach na gCapall i mBéal Átha na Sluaighe – aonach a bhí i mbarr a réime in 1865, an t-aonach ba mhó san Eoraip tráth a raibh éileamh ar an gcapall i gcúrsaí iompair agus míleata.

1994

An Taoiseach Albert Reynolds agus baill den Rialtas ag feitheamh ag Aerfort na Sionainne le fáilte a chur roimh Uachtarán Boris Yeltsin na Rúise. Ní fhágann sé an t-eitleán. Deirtear nach bhfuil sé ar fónamh.

1903

Sa Scoil i gCo. Chorcaí buaileann tionóntaí feirme le chéile le eastát Iarla Bhandain a phlé. Tá an tIarla sásta é a dhíol ar phraghas cóir. Cabhraíonn an Sagart Paróiste leis an margáil.

1911

Slua mór bailithe agus leacht cuimhneacháin do Charles Stewart Parnell á nochtadh i Sráid Sackville Uachtarach i mBaile Átha Cliath. Tugann John Redmond ómós do Pharnell. Augustus Saint Gaudens a fuair an coimisiún ar £5,000.

1926

Tugtar daoine bochta dearóile ar thraein ó Mhuineachán go dtí Áras nua Theach na mBocht don Chontae i mBaile na Lorgan. Tá ceithre theach na mbocht tar éis athrú isteach anois ann.

1936

Scriosann dóiteán i dTeilgcheárta Hammond Lane i mBaile Átha Cliath patrúin miotail a bailíodh thar thréimhse 30 bliain agus ar fiú £30,000 iad.

1942

Maraítear an Bleachtaire Michael Walsh agus Patrick Dermody nuair a lámhachtar iad le linn ruathair ar theach i mBaile Shéamais Dhuibh, Co. an Chabháin. Bhíothas in amhras ar Phatrick Dermody faoi bhanc a robáil.

1959

Is oth le Edna Kelly, ball de Chomhdháil Mheiriceá agus den Choiste ar Ghnóthaí Eachtracha, seasamh na hÉireann ar aitheantas a thabhairt don tSín sna Náisiúin Aontaithe. Tá sí anseo le fadhbanna taidhleoireachta a phlé le hAmbasadóir Mheiriceá.

1964

An tAire Dlí agus Cirt, Cathal Ó hEochaidh, i bPríosún Mhuinseo agus iostas nua do phríosúnaigh a théann amach ag obair á oscailt aige.

1979

Ar an lá deireanach dá chuairt tugann an Pápa Eoin Pól II cuairt ar an Nuinteasacht i bPáirc an Fhionnuisce. Labhraíonn sé le hábhair sagairt i Maigh Nuad agus tugann aghaidh ar Luimneach roimh imeacht dó ó Aerfort na Sionainne.

1980

Osclaíonn an Taoiseach Cathal Ó hEochaidh Scoil Naithí, bunscoil lán-Ghaelach i nDún Droma i mBaile Átha Cliath. Labhraíonn sé féin agus an tEaspag Séamus Caomhánach leis na gasúir.

1990

Maraíonn paratrúpaí de chuid Arm na Breataine beirt dhéagóirí i ngluaisteán goidte i mBéal Feirste. Scaoileann siad le Karen Reilly agus Martin Peake ar Bhóthar an Ghleanna agus iad ag dul trí ionad seiceála.

1995

Gabhann an Cairdinéal Cathal Daly leithscéal thar ceann na heaglaise leo siúd a d'fhulaing íde ghnéis ó roinnt bheag sagart. Is oth leis an dochar millteach a rinneadh.

1911

Ag Seisiún Ceathrún i mBaile Átha Luain bronntar £1 costais, £1 cúitimh agus cúig scillinge costais eile ar fheirmeoir faoi dhamáiste mailíseach a rinneadh d'asal leis, ar clúdáíodh le tarra agus le cleití é. Bhíodh an t-asal ag bradaíl.

1923

Tá imní ann faoin líon mór daoine a bhaineann úsáid as linnte snámha Bhéal Feirste – beirt nó triúr ban i ngach bosca sa linn dara grád agus cúig nó sé dhuine dhéag ar an mbalcóin. Oíche na bhfear bíonn 70 sa linn dara grád agus an oiread céanna sa linn céad ghrád.

1937

Deir Éamon de Valera ag labhairt dó ag Comhthionól Chonradh na Náisiún sa Ghinéiv agus a bpolasaí neamh-eadrána á chosaint aige, go seasann an polasaí sin le ceart mhuintir na Spáinne a shocrú, iad féin, cé a bheas i gceannas orthu.

1949

Ag Comhdháil Pháirtí an Lucht Oibre i gCorcaigh móidíonn an Tánaiste, William Norton, nach nglacfaimid go deo leis na sé chontae mar mhalairt ar ár rannpháirtíocht in aon chonradh míleata idirnáisiúnta.

1957

Seolann an tAire Sláinte, Seán Mac an tSaoi, Bord an VHI i Sráid Laighean i mBaile Átha Cliath. Tá sé d'aidhm aige díriú ar árachas a chur ar fáil dóibh siúd a bhfuil teacht isteach os cionn £600 in aghaidh na bliana acu.

1962

Tá Bardas Bhaile Átha Cliath ag cuimhneamh ar Staid Sheantraibh a cheannach. Tá fiacha £26,000 ar an staid agus ba mhaith le Clonliffe Harriers go n-íocfadh an Bardas an méid sin air.

1977

Oirnítear an Monsignor Tomás Ó Fiaich mar Ardeaspag Ard Mhacha agus Príomháidh na hÉireann ag searmanas san Ardeaglais in Ard Mhacha. An tUachtarán Ó hIrghile agus polaiteoirí mór le rá i láthair.

1986

Glacann Cathaoirleach An Phoist, Fergal Quinn, páirt i bparáid i gCluain Meala le stampa nua a lainseáil i gcuimhne Charles Bianconi a chuir an chéad chóras poist riamh ar fáil.

1996

Faigheann Bríd McCole ó Dhún na nGall, a thóg an chéad chás Ardchúirte in aghaidh an Stáit sa chonspóid faoi heipitíteas C, bás in ospidéal i mBaile Átha Cliath. Bhí sí le tús a chur leis an gcás an tseachtain seo chugainn faoi ghalrú a thóg sí ó tháirge fola truaillithe.

1997

Síníonn Airí Gnothaí Eachtracha chúig thír déag an Aontais Eorpaigh, conradh nua in Amstardam. Fágfaidh sé nach mbeidh srianta teorann ar thíortha an Aontais. Fágfar Éire agus an Bhreatain as an socrú seo.

3 Deireadh Fómhair

1904

Bronntar saoirse chathair Shligigh ar an bhFeisire John Dillon as ucht na seirbhíse atá tugtha aige don tír seo. Deir seisean go bhfuil súil aige go ndéanfaidh an tAcht Talún leas na bhfeirmeoirí.

1913

Dúnann Grúdlann Pháirc an Fhionnuisce toisc nach bhfuil a ndóthain guail acu. Diúltaíonn na fir é a sheachadadh gan chosaint ó na póilíní d'oibrithe ceardchumann.

1938

Tugann an Bhreatain na calafoirt dheireanacha sna Sé Chontae Fichead – sin iad an Dún Riabhach agus Líonán i Loch Súilí i nDún na nGall – ar lámh d'Fhórsa Cosanta Chósta na hÉireann.

1940

Tuairiscíonn nuacht-áisíneacht na Gearmáine go bhfuil Rialtas na Gearmáine lena leithscéal a ghabháil faoi bhuamaí a ligean anuas trí dhearmad ar chríocha na hÉireann. Tá siad sásta cúiteamh a íoc.

1957

Comóradh 50 bliain ar siúl i gCoillte, Co. an Chláir, faoi shábháil criú na loinge Francaigh *Leon XIII.* Tógadh an séipéal le hairgead a bronnadh mar bhuíochas ar chrógacht na n-iascairí áitiúla. Is ón *Leon XIII* clog an tséipéil.

1970

Uachtarán Mheiriceá Richard Nixon ar cuairt anseo. Cuireann slua mór fáilte chroíúil roimhe i Luimneach agus é ar an ardán leis an Méara Rory Liddy. Ach tá agóid in aghaidh an chogaidh i Vítneam ar siúl ag an Ambasáid i mBaile Átha Cliath.

1975

Fuadaítear an Dr Tiede Herrema, tionsclóir Ollannach atá i gceannas ar mhonarcha Ferenka i Luimneach. Cuireann na Gardaí ionaid sheiceála ar bhóithre mórthimpeall na cathrach.

1981

Tá stailc ocrais na bpríosúnach Poblachtach i bPríosún na Ceise Fada thart – brú ó mhuintir na bhfear faoi deara é, a deir an lucht stailce. Cáintear an Eaglais Chaitliceach, Rialtas Bhaile Átha Cliath agus an SDLP faoi gan tacú lena n-éilimh.

1985

Deir tuairisc Bhinse Fiosraithe Naíonán Chiarraí gur saolaíodh leanbh do Joanna Hayes taobh istigh de theach feirme a muintire ag Mainistir Ó dTorna agus go bhfuair an leanbh bás nuair a rinne sí iarracht é a chiúnú. Níorbh í máthair an naíonáin i gCathair Saidhbhín í. Cáintear gnéithe áirithe den chaoi ar láimhseáil na Gardaí an cás.

1992

Tugann an tUachtarán Máire Mhic Róibín cuairt ar Bhaidoa sa tSomáil áit a bhfuil na céadta ag fáil bháis leis an ocras in aghaidh na seachtaine. Molann sí obair na nÉireannach sa cheantar agus tugann cuairt ar ionaid bia le Concern agus dílleachtlann le Goal.

1910

Osclaítear comhdháil mhór thionsclaíoch i gCorcaigh. Molann an Dr Windle, Uachtarán Choláiste na hOllscoile sa chathair, an trádmharc náisiúnta nua.

1923

Tiomnaítear leacht a thógtar in Ardeaglais Naomh Cainneach i gCill Chainnigh, don Mharcas Urmhan, nach maireann, in ómós do na hiarrachtaí a rinne sé rath agus séan a chothú sa chontae.

1931

Ceiliúradh ar siúl in Inis Ceithleann agus bratacha 120 bliain d'aois na Royal Inniskilling Fusiliers á dtabhairt abhaile. Leagtar san Ardeaglais iad láimh le bratacha eile na nInniskilling Dragoons.

1943

Cáineann Easpag na Gaillimhe, an Dr de Brún, an eisimirce. Agus club do chailíní oibre, go háirithe cailíní freastail, á oscailt aige ar an gCladach, deir sé go gcuireann an eisimirce smaointe gallda isteach i gcloigne ár ndaoine óga.

1959

Titeann triúr fear as a seasamh agus faigheann siad bás le linn athimirt Chraobh na hÉireann san iománaíocht i bPáirc an Chrócaigh. Buaileann Port Láirge Cill Chainnigh 3–12 in aghaidh 1–10.

1963

Molann an tAire Gnóthaí Eachtracha, Proinsias Mac Aogáin, agus é ag caint ar an gcosc ar thástáil núicléach ag na Náisiúin Aontaithe, gur cheart deireadh a chur le hairm núicléacha ar fad. Ní leor an Conradh, dar leis.

1970

Fanann Uachtarán Richard Nixon Mheiriceá agus a chomhluadar i dTeach Chill Rois le John Mulcahy. Tugann a bhean cuairt ar Bhaile an Róba i gContae Mhaigh Eo le bualadh lena gaolta. Ag Ambasáid Mheiriceá i mBaile Atha Cliath leantar leis na hagóidí in aghaidh Nixon agus an chogaidh i Vítneam.

1977

Tionóltar cruinniú tionscnaimh na hÁisíneachta Comhionannais agus Fostaíochta, Sylvia Meehan sa chathaoir. Deir an tAire Saothair, Gene Fitzgerald, go dtuilleann mná 40% níos lú ná fir.

1982

Tá lárionad na gceardaithe i mBéal Átha na mBuillí, Co. Ros Comáin le puipéid láimhe a dhéanamh anois de Bhoscó ar RTÉ.

1987

Tagann breis agus 60,000 duine amach ag faire ar dheireadh an Rás Idirnáisiúnta Nissan i mBaile Átha Cliath. Is é Seán Kelly a bhuann an rás, Stephen Roche sa dara háit.

1991

Rialaíonn Cúirt Dlí is Cirt na hEorpa in aghaidh trí eagraíocht mac léinn Éireannach a bhí ag iarraidh eolas a scaipeadh anseo faoi sheirbhísí ginmhillte atá ar fáil sa Bhreatain.

5 Deireadh Fómhair

1903

Cuirtear cúig theaghlach as seilbh ar 14 acra ar eastát Lord de Freyne sa Chaisleán Riabhach. Tairgeann teaghlach amháin cíos dhá bhliain a íoc agus ligtear dóibh fanacht. Caitear na teaghlaigh eile amach, ochtar nó naonúr gasúr acu.

1913

Faigheann an Canónach Sheehan, sagart agus úrscéalaí, bás i nDún ar Aill. Oileadh i Mainistir Fhear Maí agus i Maigh Nuad é sular ceapadh ina shagart paróiste i nDún ar Aill é i 1895. Ar na leabhair is mó cáil leis tá *My New Curate, Glenanaar* agus *The Graves of Kilmorna.*

1937

Tar éis scliúchais ag an gcéad léiriú den scannán *The Plough and the Stars* sa phictiúrlann san Ómaigh, cuirtear na hoícheanta eile ar ceal. Chuir Aontachtaithe go mór in aghaidh radharc áirithe.

1943

San fheachtas déantúsaíochta is mó dá ndearna Siúicre Éireann riamh leanfaidh 700 oibrí na monarchan i gCeatharlach ag obair leo i dtrí sheal oibre gan stad go ceann ocht seachtaine déag go mbeidh an táirge go léir den 230,000 acra biatais próiseáilte acu.

1958

Baineann an capall Éireannach Ballymoss, a thraenáil Vincent O'Brien, an Prix de l'Arc de Triomphe ag Longchamp agus duais £38,000. Fágann sé seo gur shaothraigh sé breis agus £76,000 i mbliana – an méid is airde san Eoraip do chapall in aon séasúr amháin.

1968

Tugann póilíní i nDoire faoi mháirseáil le Cumann Cearta Sibhialta an Tuaiscirt – léiriú gránna ar an mbrúidiúlacht. Tá an Feisire Gerry Fitt i measc 80 duine a chaithfear a thabhairt chuig an ospidéal.

1979

Nochtann an Taoiseach, Seán Ó Loingsigh, leacht in ómós Sheán Lemass agus monarcha nua NET sa Chóbh á hoscailt aige, a bhainfidh leas as gás nádúrtha.

1984

Suíonn oibrithe Dunnes fúthu i Sráid Anraí i mBaile Átha Cliath ag treisiú a n-agóide faoi thorthaí ón Afraic Theas a láimhseáil. Tá siad ar stailc anois le haon seachtain déag.

1993

Fógraíonn Deasún Ó Máille, an té a bhunaigh an Páirtí Daonlathach beagnach ocht mbliana ó shin, go bhfuil sé ag éirí as mar cheannaire an pháirtí.

1995

Bronntar Duais Liteartha Nobel ar an bhfile Séamus Heaney faoi áilleacht liriceach a chuid oibre. Is é an ceathrú scríbhneoir Éireannach é ar bronnadh an duais liteartha is mó cáil ar domhan air.

1908

Tuairiscítear 60 cás den tíofóideach i gCluain Tarbh agus i nGlas Naíon. Deir an tOifigeach Leighis, Sir Charles Cameron, go bhfuil daoine bochta atá i ndrochthithe i mbaol.

1913

Molann tuarascáil ar an bhFrithdhúnadh gur chóir oibrithe a athfhostú gan geallúint a lorg nach rachaidh siad san ITGWU. Ba chóir dóibh geallúint nach ngabhfaidh siad ar stailc go ceann dhá bhliain muna ndiúltaíonn fostóirí don eadráin. Ach diúltaíonn fostóirí do na moltaí seo.

1935

Ag labhairt dó in Inis, Co. an Chláir, deir Éamon de Valera nach féidir margadh a dhéanamh faoi na hanáidí talún. Ach dá dtugadh an Bhreatain na calafoirt ar lámh chinnteodh sé nach n-ionsófaí an Bhreatain ó na calafoirt chéanna.

1946

Déanann 70 múinteoir bunscoile, baill den INTO, agóid ar an bpáirc ag leath ama i bPáirc an Chrócaigh le linn an chraobhchluiche peile idir Ciarraí agus Ros Comáin. Tá an rialtas tar éis diúltú dá n-éileamh ar ardú pá, rud is cúis leis an stailc seo.

1955

An lá le Harry Bradshaw agus le Joe Carr (ar dheis) sa cheathrach amaitéarach-proifisiúnta i nGleneagles. Tá Harry Bradshaw le dul go Meiriceá an tseachtain seo chugainn le foireann an Ryder Cup.

1963

Nochtar leacht cuimhneacháin ar an gCurrach don seisear ball den mharcshlua a cailleadh i mbun seirbhíse leis na Náisiúin Aontaithe sa Chongó. Molann an Leifteanantghinearál Seán Mac Eoin a misneach.

1971

Adhlactar an cumadóir agus ceoltóir Seán Ó Riada i mBaile Bhuirne, Co. Chorcaí. Tar éis an Aifrinn, píobaire aonair á thionlacan chun na huaighe – a chlann agus a chairde bailithe ar an láthair.

1980

Is í an Breitheamh Mella Carroll an chéad bhean a ceapadh ina Breitheamh Ardchúirte. Déanann an tUachtarán Ó hIrghile agus an Taoiseach Cathal Ó hEochaidh comhghairdeas léi.

1982

An lá leis an Taoiseach Cathal Ó hEochaidh le móramh 58 in aghaidh 22 i vóta oscailte ar rún mímhuiníne Charlie McCreevy ina cheannaireacht. Tugtar drochíde béil don dream a chuir ina choinne agus iad ag fágáil Theach Laighean.

1996

Beannaíonn an Pápa Eoin Pól II bunaitheoir na mBráithre Críostaí, Éamon Iognáid Rís, le linn Aifrinn i gCearnóg Pheadair sa Róimh. Tá slua mór Éireannach i láthair don ócáid. Guíonn an Pápa ar son na síochána i dTuaisceart Éireann.

7 Deireadh Fómhair

1902

Ag a gcruinniú i Maigh Nuad glacann easpaig na hÉireann d'aon ghuth le rún ar Chomhdháil na Talún ag tabhairt tacaíochta d'iarracht ar bith chun an fhadhb a réiteach. Is fadhb í a bhaineann ó leas na tíre ar fad.

1916

Sroicheann long ospidéil, an *Glengorm Castle*, an Balla Thuaidh i mBaile Átha Cliath agus 400 saighdiúir ar bord ón bhFrainc. Tugtar go hospidéil na cathrach iad nó ar thraein go dtí an Currach agus go Béal Feirste.

1921

Tugann an Rialtas a ndintiúirí do thoscairí an Chonartha agus glacann siad le dréacht den Chonradh mar cháipéis díospóireachta.

1939

Áitíonn Leagáid Mheiriceá ar Mheiriceánaigh a bhfuil sé i gceist acu Éire a fhágáil agus dul abhaile, a dticéid a cheannach láithreach mar go bhféadfadh sé nach mbeadh aon long eile ag seoladh faoi bhratach Mheiriceá.

1943

Gardaí ar dualgas taobh amuigh de shéipéil na tíre féachaint le gadaíocht rothar a stop. Fadhb mhór í ar na laethanta seo agus tóir orthu mar chóras iompair.

1957

Scriostar teach tuaithe an Uachtaráin Seán T Ó Ceallaigh, Teach Roundwood, i gCo. Chill Mhantáin, i ndóiteán, ainneoin tréaniarracht na Briogáide Dóiteáin i mBré agus muintir an cheantair. Bhí pictiúir bhreátha agus iarsmaí d'Éirí Amach 1916 ann.

1968

Glanadh suas mór ar siúl i nDoire tar éis chíréib an lae inné. Caoi á cur ar shiopaí, gloine bhriste á caitheamh amach agus fuinneoga nua á gcur isteach. Cur agus cúiteamh faoi imeachtaí an lae.

1978

Éiríonn ceannairí Ghluaiseacht na Síochána sa Tuaisceart, Mairéad Corrigan, Betty Williams agus Ciarán McKeon, as oifig. Dearmad a bhí ann, a deir siad, glacadh le hairgead Dhuais Nobel.

1981

An obair críochnaithe ar shimléar do stáisiún ginte cumhachta Moneypoint i gCo. an Chláir. Is é an struchtúr coincréite is airde sa tír é – agus radharc breá uaidh ar inbhear na Sionainne.

1993

Buaileann John Hume leis an Taoiseach Albert Reynolds agus leis an Tánaiste Dick Spring le hiad a chur ar an eolas faoi na cruinnithe a bhí aige le ceannaire Shinn Féin, Gerry Adams, ó mhí Aibreáin. Dul chun cinn suntasach déanta dar leis.

1997

Éiríonn Ray de Búrca as mar Aire Gnóthaí Eachtracha. Éiríonn sé as a shuíochán Dála freisin agus conspóid ar siúl i gcónaí faoi shíntiús polaitiúil. Níl tada as bealach déanta aige, a deir sé.

1906

Deir coiste cróinéara i mBaile Átha Cliath gur plúchadh páiste sé mhí dhéag – agus gur brú sa leaba ba chúis leis. Bhí ar na tuismitheoirí agus ar bheirt ghasúr codladh in aon leaba amháin – an plúchadh seo is cúis cuid mhór le ráta ard báis naíonán.

1921

Toscaireacht na hÉireann le dul go Londain leis an gConradh a phlé – Art Ó Gríofa, Robert Barton, Micheál Ó Coileáin, E J Ó Dúgáin agus George Gavan Duffy. Erskine Childers agus Liam Lynch in éineacht leo.

1927

Baineann Sophie Peirce ón gCaisleán Nua i gCo. Luimnigh curiarracht nua amach d'eitleáin aonair nuair a shroicheann sí 19,200 troigh ar airde. Ceannródaí eitleoireachta í, an chéad bhanphíolóta tráchtála in Éirinn nó sa Bhreatain.

1949

Faigheann an Dr Edith Sommerville, úrscéalaí, bás i mBaile an Chaisleáin, Co. Chorcaí. Is í a scríobh *Some Experiences of an Irish RM* lena col ceathar Violet Martin ó Ros, Co. na Gaillimhe.

1956

An chéad léiriú den *Quare Fellow* le Breandán Ó Beacháin ar siúl in Amharclann na Mainistreach. Ar na haisteoirí tá Philip Ó Floinn, Ray McAnally, Harry Brogan agus Christopher Casson.

1968

Téann 20 bairdéir tráchta i mbun dualgais i mBaile Átha Cliath. Is orthu a bheas cúramaí páirceála feasta agus ní ar Ghardaí.

1974

An t-iar-Aire Gnóthaí Eachtracha, Seán Mac Giolla Bhríde, Coimisinéir leis na Náisiúin Aontaithe sa Namaib, le Duais Síochána Nobel a roinnt le hiar-Phríomh-Aire Eisaku Sato na Seapáine.

1982

Bailíonn cairde agus ceoltóirí san Aill i gCo. Bhaile Átha Cliath le slán a fhágáil leis an bpíobaire agus an bailitheoir fonn, Séamus Ennis – fear a rinne éacht leis an gceol traidisiúnta a choinneáil beo.

1988

Tugann an pardún ginearálta cánach £500m isteach sa státchiste. Caithfear an chuid is mó de ar na fiacha náisiúnta agus ar chruthú post.

1996

Faigheann muintir Bhrigid McCole, a fuair bás ó víreas an heipitíteas C, leithscéal san Ardchúirt thar ceann an Bhoird Fhuilaistriúcháin. Is oth leo ar fhulaing sí agus í breoite de bharr a ndearnadar.

1997

Gearrtar sé bliana príosúin ar Charles Bowden, iarbhall de cheann de na buíonta drugaí is dainséaraí sa tír. Tá sé le fianaise a thabhairt ar son an Stáit i dtrialacha eile a bheas ann go luath.

9 Deireadh Fómhair

1905

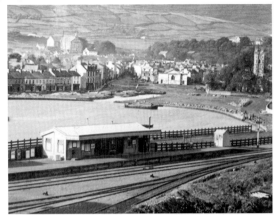

Gearrann Cúirt Ghearr i mBeanntraí fíneáil throm £10 agus £20 ar chomhlacht ó Londain a rinne trálaeireacht mhídhleathach i mBá Bheanntraí agus tógtar na heangacha. Tá an trálaeireacht ag cur isteach go mór ar an gcuan.

1912

Cáineann cruinniú bliantúil an Amalgamated Society of Railway Servants, fostóirí iarnróid faoi leatrom a dhéanamh ar a mbaill faoi gur ceardchumannaigh ghníomhacha iad.

1921

Slua mór ag Stáisiún Euston i Londain le beannú do na toscairí atá leis an gConradh a phlé. Deir Art Ó Gríofa leo nach dóigh leis go bhfeicfear de Valera i Londain.

1932

Scliúchas idir an Army Comrades Association agus lucht agóide Poblachtach i gCill Mocheallóg, Co. Luimnigh, le linn cruinniú de Chumann na nGaedheal ag ar labhair an Ginearál Risteard Ó Maolchatha agus Micheál Ó hAodha.

1949

Freastalaíonn 75,000 duine, 35,000 díobh ón Tuaisceart, ar chomóradh 300 bliain Eoghain Rua Uí Néill i gCabhán. Dearbhaíonn an tUachtarán Seán T Ó Ceallaigh rún daingean an náisiúin deireadh a chur leis an gcríochdheighilt agus na sé chontae a goideadh ó Éirinn a fháil ar ais.

1958

Tugann Ardeaspag Bhaile Átha Cliath, an Dr John Charles McQuaid, ómós don Phápa Pius XII (ar dheis) a fuair bás go moch ar maidin tar éis an dara stróc. Chaith sé a shaol ag obair ar son an chreidimh, a deir sé.

1967

Osclaítear Teach Avondale i Ráth Droma, Co. Chill Mhantáin, áit ar saolaíodh Charles Stewart Parnell, mar Scoil Foraoiseachta. An tAire Tailte, Seán Flanagan, a dhéanann an oscailt.

1976

Agóid ar siúl ag iascairí faoin teorainn 50 míle agus Coimisinéir Talmhaíochta an Chomhphobail Eorpaigh, Pierre Lardinois, ar cuairt anseo.

1986

Baineann Iarthar Bhéal Feirste comórtas Ghlór na nGael na bliana seo don phobal is mó a rinne iarracht an Ghaeilge a chur chun cinn.

1991

Ar an gcéad lá de Bhinse Fiosraithe na Mairteola éistear le líomhaintí faoi chaimiléireacht leanúnach i gcomhlachtaí Goodman. Tá fabhar polaitiúil luaite freisin. Dlíodóirí Goodman ag iarraidh scóp an fhiosraithe a chúngú.

1993

An tUachtarán Máire Mhic Róibín i Warrington áit a bhfuil feachtas nua á bhunú le muintearas a chothú in Éirinn agus sa Bhreatain.

1902

Molann an Feisire Tim Russell agus é ag caint i gContae an Dúin, scéim a shocródh fadhb na talún in Éirinn. Má cheannaíonn an tionónta 23 bliain, d'fhéadfadh an Stát £10 milliún a chur ar fáil. Dhíolfadh 80 faoin gcéad de na tiarnaí talún a n-eastáit agus d'fhéadfaí brú a chur ar an gcuid eile.

1912

Deir an tUasal Wyndham le cruinniú Aontachtaithe i Luimneach go bhfágfaidh Home Rule go mbeidh ar Éirinn margáil a dhéanamh leis na rudaí atá aice cheana féin faoin Aontas, a fháil. Beidh deireadh leis an rathúnas – beidh an mhuc istigh arís agus poll ar an díon.

1918

Cailltear 500 duine nuair a bhuaileann dhá thoirpéad ó fhomhuireán Gearmánach an *Leinster*, bád poist, agus í ar a bealach ó Dhún Laoghaire go Holyhead. Téann sí síos taobh istigh de chúpla nóiméad. Tógtar 190 duine as an bhfarraige.

1935

Éiríonn Frank McDermott as an United Irish Party. Deir sé ina litir go raibh an cáineadh poiblí a rinne sé ar Éamon de Valera sa Ghinéiv ag teacht salach ar rialacha an pháirtí.

1943

An lá le Ros Comáin nuair a bhuaileann siad an Cabhán i gCraobh na hÉireann sa pheil i bPáirc an Chrócaigh. An scór Ros Comáin 2–7, an Cabhán 2–2.

1950

Baineann an tAire Sláinte, an Dr Nollaig de Brún, an chéad fhód ar láthair ospidéil nua 292 leaba i gCluain Dolcáin atá á thógáil in áit ospidéal fiabhrais Shráid Chorcaí.

1969

Molann Tuarascáil Choiste Hunt fórsa póilíní neamharmtha sa Tuaisceart agus dhá fhórsa cúltaca in áit na mB-Specials.

1977

Bronntar Duais Síochána Nobel ar bhunaitheoirí Ghluaiseacht na Síochána, Mairéad Corrigan agus Betty Williams. An t-iontaobhas a shocróidh céard a dhéanfar leis an duais £80,000.

1988

Faigheann lucht leanúna U2 a gceirnín nua *Rattle and Hum* ag an meán oíche – agus mar bharr air seo tagann an banna féin.

Chris de Burgh (ar chlé) ag ceiliúradh freisin, a albam siúd, *Flying Colours,* ar bharr na gcairteacha.

1993

Ceannaire an ANC, Nelson Mandela, ar cuairt i mBaile Átha Cliath. Deir sé leis an Taoiseach, Albert Reynolds, go dtugann sé tacaíocht iomlán don chaidreamh Hume-Adams – cabhróidh sé más féidir.

Agus cuirtear an t-aisteoir Cyril Cusack i mBaile Átha Cliath. Fágann a chlann, a chairde agus a chomhaisteoirí slán leis ar bhealach cuí.

11 Deireadh Fómhair

1906
Tá iontas ar Bhord na gCeantar Cúng in Ailt an Chorráin, Co. Dhún na nGall, nuair a deirtear leo go ndéantar híreáil ar pháistí ó aois a ceithre bliana – rud a chuireann leis an neamhlitearthacht.

1914
Éiríonn idir Hibernians agus Larkenites nuair a chasann paráid na nÓglach, Sinn Féin agus an tArm Cathartha leis an AOH agus na hIrish National Forresters. Beaignití agus claimhte á nochtadh.

1921
Cuirtear tús le Comhdháil Síochána na hÉireann i Londain. Bailíonn Éireannaigh taobh amuigh de Whitehall ag amhránaíocht agus ag urnaí. Tá Neville Chamberlain tinn – níl sé i láthair.

1932
Dó agus creachadh ar siúl arís agus círéib ocrais ar siúl i mBéal Feirste. Is iomaí duine a ghortaítear nuair a scaoileann na póilíní leo. Tá cuirfiú le cur i bhfeidhm.

1947
Osclaíonn na bainc in athuair inniu tar éis stailc 5 lá ag éirí as socrú mar bhonn margála a rinne Comhchoiste na mBanc le hEagras na nOifigeach Bainc.

1957
Patróil leis na B-Specials ar bhóithre agus dianslándáil i bhfeidhm i gceantar Ros Liath agus Inis Ceithleann tar éis ionsaí a rinneadh ar bheairic an RUC i Ros Liath, Co. Fhear Manach – seisear fear gafa.

1966
Sroicheann meitheal Chorcaí de mháirseáil agóide Chearta Náisiúnta na bhFeirmeoirí Caiseal, Co. Thiobraid Árann, áit a labhraíonn T J Maher leo. Iad buartha faoi thitim ar theacht isteach feirmeoirí agus drochstaid na bhfeirmeacha beaga.

1970
Achrann i gcathair na Gaillimhe tar éis do Mrs. Furey ón Lucht Siúil seilbh a ghlacadh ar theach a cuireadh ar fáil di i gceantar Sheantalaimh. Bailíonn na sluaite le cur ina haghaidh.

1980

Saortar an Dr Rose Dugdale ó Phríosún Luimnigh tar éis 6 bliana dá téarma 9 mbliana a chur isteach faoin robáil ealaíne £8m agus fuadach héileacaptair thar teorainn.

1989
An lucht leanúna ag díriú ar Bhóthar Lansdúin do chluiche cáilíochta Chorn an Domhain in aghaidh Thuaisceart Éireann. Buaileann an Phoblacht iad 3-0 agus muna mbíonn mórathrú ar chúrsaí beimid ag dul go dtí an Iodáil.

1995
Socraíonn na heaspaig Chaitliceacha go gcuirfear tuairisc ar fáil do na Gardaí agus do na hÚdaráis Sláinte faoi líomhaintí troma íde gnéis in aghaidh gasúr.

1904

Caitear uisce fiuchta ar bháillí agus ar phóilíní gar do Chorcaigh agus iad ag iarraidh tionónta nár íoc cíos le 6 bliana a chur as seilbh. Tagann póilíní breise agus dréimirí acu. Gabhtar 30 duine agus glactar seilbh ar an teach.

1923

Déanann easpaig Chaitliceacha sa Tuaisceart gearán faoin gcaoi a ndéantar leatrom leanúnach ar an mionlach Caitliceach faoi dhlíthe Pharlaimint an Tuaiscirt. Tá sé in am ag daoine, a deir siad, cur in aghaidh an 'degrading thraldom' ar bhonn bunreachtúil.

1937

Deir Bean Thomáis Uí Chléirigh le hard-Fheis Fhianna Fáil go bhfuil muinín na bPoblachtach á cailliúint acu. Cáineann sí an páirtí faoi dhearmad a dhéanamh ar na haidhmeanna bunaidh. Chailleadar 80,000 vóta sa toghchán deiridh.

1941

Tugtar ómós do Charles Stewart Parnell i mórshiúl ollmhór i mBaile Átha Cliath. Tar éis óráidí ag leacht Pharnell gluaiseann an mháirseáil ar aghaidh go dtí an uaigh i nGlas Naíon.

1951

Baile Átha Cliath sroichte ag deichniúr dílleachtaí a chaith roinnt blianta i gCampa Bagnoli do dhaoine dílárnaithe taobh amuigh de Napoli. Cumann Croise Deirge na hÉireann rompu. Lonnaítear ochtar i gclochair, fanann an bheirt eile le teaghlaigh.

1975

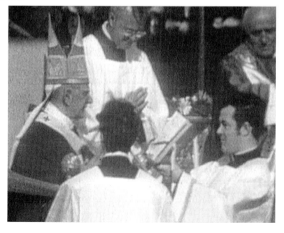

I gCearnóg Pheadair sa Róimh déanann an Pápa Pól VI Oilibhéar Pluincéid, Ardeaspag Ard Mhacha sa seachtú haois déag, a chanónú – an chéad naomh Éireannach le breis agus 700 bliain. An Taoiseach, Liam Mac Coscair, i measc 12,000 oilithreach Éireannach.

1978

Maraítear bean ó Bhaile Átha Cliath nuair a phléascann trí bhuama ar an traein *Enterprise* ó Bhaile Átha Cliath go Béal Feirste agus í ag déanamh ar Ghairdín na Lus leathmhíle ó cheann scríbe. Bhí 100 duine ar an traein.

1982

Déanann an tAire Cosanta, Paddy Power, breithniú ar an 52ú Slua Coise i mBeairic Mhic Aodha i mBaile Átha Cliath roimh imeacht dóibh don Liobáin le UNIFIL.

Agus ceiliúradh 100 bliain ag an *Western People*, eagrán speisialta den pháipéar ar fáil.

1992

Bronnann an Taoiseach, Albert Reynolds, gloine chriostail Phort Láirge ar an dornálaí Michael Carruth a bhain Bonn Óir Oilimpeach – ní raibh Wayne McCullagh, fear an Bhoinn Airigid ó Bhéal Feirste, in ann a bheith i láthair.

1999

Sroicheann Státrúnaí nua an Tuaiscirt agus an t-iar-Státrúnaí, Mo Mowlam, Foirgnimh an Chaisleáin áit a mbuaileann Peter Mandelson leis na páirtithe i Stormont den chéad uair.

1902

Tugann an Chuntaois Dudley cuairt ar sheomraí na saighdiúirí faoi bhac i mBaile Átha Cliath, áit a ndéanann seansaighdiúirí na hAfraice Theas bréagáin agus troscán.

1914

Éilíonn an Cliarlathas Éireannach go mbeidh séiplínigh bhreise ar fáil do shaighdiúirí Caitliceacha na tíre seo agus iad ag troid sa líne thosaigh. Ba cheart go mbeadh an ola dheireanach ar fáil dóibh in ospidéil na Fraince.

1931

Achrann i gCill Rois agus baill de Cheardchumann na nOibreacha Iompair i mbun agóide faoi dhíluchtú bád canála ag fir nach baill ceardchumainn iad. Scaoiltear urchair leis an slua a scaipeadh.

1945

Faigheann an Cairdinéal Seosamh Mac Ruairí, Príomháidh na hÉireann, bás tobann in Ard Mhacha in aois a 84. Ó Bhaile Uí Dhálaigh, Co. Thír Eoghain, rinne sé staidéar i Maigh Nuad. Ba náisiúnach láidir é a cháin an chríochdheighilt.

1951

Agus cosaint láidir á déanamh aige ar a Scéim Sláinte don Mháthair is Leanbh, tugann an Dr Nollaig de Brún dúshlán na bpolaiteoirí a éilíonn fiosrú maoine agus a cháineann an Stát Leasa Shóisialta.

1969

Diansslándáil i mBéal Feirste agus 77 duine sa chúirt tar éis círéib an deireadh seachtaine ar Bhóthar na Seanchille. Gearrtar téarmaí príosúin ar 16, scaoiltear 2 saor agus cuirtear 55 cás siar.

1976

Teannas i mBéal Feirste le linn sochraide Bhrian Stewart go Reilig Bhaile an Mhuilinn. Fuair sé bás de bharr gortú sa chloigeann, 6 lá tar éis do philéar plaisteach é a bhualadh.

1985

Achrann i gCaiseal, Co. Thiobraid Árann, agus baill den Chomhairle in aghaidh Spóirt Fola ar phicéad ar chúrsáil.

1988

Deacrachtaí móra ag an mBord Fuilaistriúcháin seirbhísí fola a choinneáil le hospidéil, go háirithe i mBaile Atha Cliath. Iarrann siad cabhair ar an bpobal.

1994

Fógraíonn grúpaí paramíleatacha dílseacha sos cogaidh sé seachtaine tar éis don IRA a shos comhraic siúd a fhógairt. Deir Gusty Spence go n-éireoidh an Combined Loyalist Military Command as an bhforéigean ó mheán oíche.

1996

Téann an popghrúpa Boyzone ó Bhaile Átha Cliath isteach i gcairteacha na Breataine ag Uimhir a hAon lena leagan de 'Words'.

1906

Cáineann an Feisire Laurence Ginnell an córas féaraigh sna Dúnta, Co. na hIarmhí, polasaí seoladh eallach á mholadh aige – na ba á dtógáil as na páirceanna agus á seoladh ar fud an cheantair.

1917

Faigheann Nathaniel Hone, an péintéir radharc tíre, bás. Innealtóir ó Bhaile Átha Cliath a rinne staidéar ar an bpéinteáil i bPáras chaith sé 20 bliain sa Fhrainc roimh fhilleadh ar Éirinn.

1920

Tá Seán Treacy ón 3ú Briogáid den IRA i dTiobraid Árann ar dhuine de thriúr a mharaítear i mbabhta lámhaigh le saighdiúirí Briotanacha i Sráid Talbóid i mBaile Átha Cliath.

1928

Cuireann stiúrthóirí Amharclann an Gheata, Hilton Edwards agus Micheál Mac Liammóir, *Peer Gynt* le Ibsen ar siúl sa Phéacóg i Sráid na Mainistreach – ceangal trialach leis an Gate Theatre i Londain.

1936

Aerfort Idirnáisiúnta Chill Chonraí a thabharfar ar aerfort nua ceithre mhíle dhéag ó Luimneach ag Rinn Eanaigh ar Abhainn na Sionainne. Íocfaidh an Stát an caiteachas £500,000 ar an bhfiontar.

1958

Cailltear an drámadóir Lennox Robinson i mBaile Átha Cliath. I gCorcaigh a saolaíodh é, bhí baint fhada aige le hAmharclann na Mainistreach. Ar a shaothar áirítear *The Whiteheaded Boy, The Far-Off-Hills* agus *Drama at Inish.*

1969

Freastalaíonn an tUachtarán agus Sinéad Bean de Valera ar shochraid Louise Gavan Duffy i nGlas Naíon. Bhí páirt ghníomhach aici i gCumann na mBan, í in Ardoifig an Phoist Seachtain na Cásca. Bhunaigh sí Scoil Bhríde do chailíní.

1976

Socraíonn iascairí na hÉireann agus na hAlban ag cruinniú i mBaile Átha Cliath dul i mbun agóide mura gceadaíonn an Comhphobal Eorpach teorainn iascaigh 50 míle.

1985

Cuirtear Todd Andrews i mBaile Átha Cliath, réabhlóidí agus seirbhíseach poiblí a raibh dlúthbhaint aige le Bord na Móna, CIÉ agus le RTÉ. An tUachtarán Ó hIrghile, an Taoiseach Garret FitzGerald, a chlann agus a chairde ag fágáil slán aige.

1990

Baineann Éire an Dunhill Cup den dara huair le 3 bliana ar ghalfchúrsa Naomh Aindriú nuair a bhuaileann siad Sasana sa chraobh-bhabhta. An buille buach ag David Feherty.

1995

Deir ceannaire Pháirtí an Alliance, an Dr John Alderdice, le comhairleoirí ospidéil i gCorcaigh go bhfuil sceimhlitheoirí tar éis aistriú go mangaireacht drugaí le hairgead a dhéanamh.

15 Deireadh Fómhair

1910

Déanann John Dillon tagairt ag cruinniú poiblí i gCoill an Chollaigh, Co. an Chabháin, don mhéid ar bhain an Irish Party amach le córas na dtiarnaí talún in Éirinn a scrios. Cáineann sé na bréaga a scaipeadh faoi John Redmond agus an Náisiúnachas le linn a chuairt ar Mheiriceá.

1923

Osclaíonn an tUachtarán Mac Coscair an tarbhealach ag Mala thar an Abhainn Dhubh a atógadh ar chostas £30,000. Séideadh an droichead san aer bliain ó shin, rud a chuir isteach go mór ar an tráchtáil i gCúige Mumhan.

1930

Deirtear ag cruinniú bliantúil an Catholic Truth Society in Óstán Gresham go bhfuil an cumann freagrach as cosc a chur ar 8 nuachtán agus formhór an 28 leabhar a bhfuil cosc orthu.

1945

Faigheann an scoláire Gaeilge agus an t-iar-Aire Oideachais Eoin Mac Néill bás i mBaile Átha Cliath in aois a 77. Duine de bhunaitheoirí Chonradh na Gaeilge agus Óglaigh na hÉireann chuir sé an t-ordú d'Éirí Amach na Cásca ar ceal de bharr éiginnteachta.

1953

Osclaíonn Seán Lemass an stáisiún nua ginte cumhachta móna ag Fiodh Alúine – an ceann is mó dá shórt in iarthar na hEorpa. Fógraíonn sé plean 8 mbliana le cur le cumas ginte leictreachais na tíre.

1969

Cuirtear an Constábla Victor Arbuckle ón RUC i mBéal Feirste mar aon le beirt shibhialtach, George Dickie agus Herbert Hawe, a maraíodh le linn círéib an deireadh seachtaine.

1972

Athimirt Chraobh na hÉireann sa pheil idir Ciarraí agus Uíbh Fhailí i bPáirc an Chrócaigh. An lá le hUíbh Fhailí, an scór 1–19 in aghaidh 0-13.

1976

Fógraíonn an Príomh-Bhreitheamh Ó hUigín nach bhfuil Bille na gCumhachtaí Éigeandála, a chuir an tUachtarán Cearbhall Ó Dálaigh faoi bhráid na Cúirte Uachtaraí, in aghaidh an Bhunreachta.

1982

Bliain is fiche á cheiliúradh ag Aerfort Chorcaí, agus pleananna móra ann, ach leis an líon beag paisinéirí agus costais arda, níl aon bhrabach fós ann.

1992

Tionóltar an chéad léiriú domhanda den scannán *Into the West* i mBaile Átha Cliath – an-tóir ar an bpríomhaisteoir Gabriel Byrne.

1996

Réiteach ar deireadh faoin gclár don chéad seisiún de chainteanna ilpháirtí i Stormont. Aontaíonn an UUP agus an SDLP leagan amach a d'fhágfadh go bpléifí díchur arm agus an mhargáil pholaitiúil ar siúl, agus ní roimhe.

1910

Bailíonn tiománaithe carr capaill i bhFaiche Stiabhna agus siúlann go Smithfield áit a mbíonn cruinniú mór agóide acu faoi theacht na dtacsaithe go Baile Átha Cliath.

1913

Máirseálann 4,000 fear agus bean trí Bhaile Átha Cliath ag tacú le Jim Larkin agus an Transport Union. Is freagra é ar fhorógra na bhfostóirí, a deir Séamas Ó Conghaile, forógra a d'éiligh go mbeadh struchtúr difriúil ar an gceardchumann, agus ceannairí nua.

1923

Deirtear le hard-Fheis Shinn Féin i dTeach an Ardmhéara go bhfuil 380 príosúnach ar stailc ocrais i bPríosún Mhuinseo. Tá deichniúr Teachtaí Dála Poblachtach ar an liosta.

1949

Beagnach 100 bliain tar éis do Dhónall Ó Conaill an séipéilín i dTeach Dhoire Fhíonáin a thógáil athoscláitear é – an Taoiseach John A Costello, i láthair. Cuireann sé seo deireadh leis an gcéad staid den atógáil ar theach Uí Chonaill.

1954

Nochtann Lennox Robinson leacht marmair i gcuimhne Oscar Wilde ag Rae an Iarthair i mBaile Átha Cliath. Nochtar leacht den chineál céanna ag an am céanna i Chelsea Londain áit a raibh cónaí, tráth, ar Wilde, a bhean is a chlann.

1963

Cuireann an tUachtarán Ó Cinnéide fáilte roimh an Taoiseach, Seán Lemass, sa Teach Bán áit a ndéanann sé iniúchadh ar gharda onóra. Caitheann siad seal ag caint i seomra staidéir an Uachtaráin ina dhiaidh sin.

1978

A iubhaile órga á cheiliúradh ag Taibhdhearc na Gaillimhe. An tUachtarán agus Bean Uí Irghile ann agus an t-aisteoir Siobhán Nic Cionnaith a bhfuil baint fhada aici leis an amharclann.

1980

I Loch Garman bailíonn breis agus 2,500 garda le slán a fhágáil leis an mBleachtaire Seamus Quaid a maraíodh nuair a scaoileadh leis tar éis dó veain ina raibh ábhar pléascach a stopadh. An Taoiseach ann le comhbhrón a dhéanamh lena bhean, Olive.

1988

Na mílte ag Mount Argus i mBaile Átha Cliath le Séarlas Beannaithe a chomóradh – bheannaigh an Pápa Eoin Pól II ar maidin é. Margaret Cranny ann, an t-aon duine beo a raibh aithne aici ar an Athair Séarlas.

1992

Faigheann oileánaigh Reachlainne a soláthar leictreachas féin ó mhuilte gaoithe. Na feisirí Ian Paisley agus John Hume ann leis na muilte a iniúchadh.

1998

Bronntar Duais Síochána Nobel na bliana ar cheannaire an SDLP, John Hume, agus ar Chéad Aire an Tuaiscirt, ceannaire an UUP, David Trimble, faoina n-iarrachtaí teacht ar réiteach síochánta.

1907

Cuirtear tús leis an tseirbhís teileagrafaíochta raidió le Marconi idir an Clochán i gCo. na Gaillimhe agus Ceap Breatan Cheanada. Seoltar teachtaireachtaí anonn is anall.

1929

Molann Coimisiún na nDeochanna Meisciúla go maolófaí na dlíthe ar an ól faoi go bhfuil laghdú ar an meisceoireacht. Ba cheart uaireanta an Domhnaigh a chur i bhfeidhm laethanta saoire bainc agus Lá Fhéile Pádraig.

1937

51,000 duine i láthair don athimirt sa Chraobhchluiche Peile i bPáirc an Chrócaigh. Buaileann Ciarraí an Cabhán 4-4 in aghaidh 1-7.

1948

Ar iarratas Phríomh-Aire Atlee na Breataine buaileann an tAire Gnóthaí Eachtracha, Seán Mac Giolla Bhríde, agus an tAire Airgeadais, Patrick McGilligan, le hionadaithe ón mBreatain, ó Cheanada, ón Astráil agus ón Nua-Shéalainn le haisghairm an Acht Chaidrimh Eachtraigh a phlé.

1954

Tugann dháréag fear armtha ruathar faoin mbeairic mhíleata san Ómaigh go moch ar maidin – ní éiríonn leo. Gabhtar seisear fear ón Deisceart, agus beirt eile amach sa lá.

1969

Tá tithe tábhairne, óstáin, bialanna agus clubanna i mBéal Feirste le dúnadh ag a seacht san oíche an deireadh seachtaine seo ar ordú rialtais. Meastar go raibh baint ag an ól leis an gcíréib le deireanaí.

1974

Tá príosúnaigh dhílseacha sa Cheis Fhada ag bagairt go gcuirfidh siad a mbotháin trí thine muna gcaitear go cóir leo agus suíonn 150 bean Dílseach fúthu i gceannáras an UDA. Dar leo nach raibh an eagraíocht sách dian leis na húdaráis faoi chearta na bpríosúnach.

1988

Siúracha San Louis ag ceiliúradh céad bliain i gCarraig Mhachaire Rois, Co. Mhuineacháin. An tUachtarán Ó hIrghile, Ambasadóir na Fraince agus an Dr Rory O'Hanlon i láthair.

1989

Fáiltíonn an Rialtas roimh chinneadh Rialtas na Breataine gan cur in aghaidh achomharc an Ghuildford Four. Táthar tar éis teacht ar fhianaise thábhachtach nua agus d'fhéadfadh sé go mbeadh an dlí á chur ar phóilíní.

1990

Dearbhaíonn an Roinn Talmhaíochta gur 25 cás den ghalar BSE atá againn anseo. Ach deir an tAire Micheál Ó Cinnéide go gceapann sé nach mbeidh an oiread ráigeanna ann i mbliana.

1997

Na hiomaitheoirí uachtaránachta go léir, cúigear acu, ar an *Late Late Show* – Mary Banotti, Mary McAleese, Derek Nally, Adi Roche agus Dana Rosemary Scallon ina n-aíonna ag Gay Byrne.

1907

Deir Art Ó Gríofa ag cruinniú Shinn Féin i Londain gurb é a mian Rialtas na Breataine a chur amach as Éirinn go huile is go hiomlán. Deir George Gavan Duffy go bhfuil gá le heagras náisiúnta dea-eagraithe in Éirinn.

1917

Cuirtear an coiste cróinéara ar Thomás Ághas, a fuair bás ar stailc ocrais, ar athlá gan choinne. Deir ráiteas a shínigh na giúróirí go léir go bhfuil soiléiriú uathu ar chearta Bhord an Phríosúin leabhair agus cáipéisí riachtanacha áirithe a choinneáil uathu.

1931

Cáineann tréadlitir a d'eisigh easpaig na hÉireann feachtas réabhlóide agus cumannachais. Feictear gur tacaíocht láidir an tréadlitir d'iarrachtaí an Rialtais comhcheilg a shrianadh.

1948

Deir an Rialtas nár chóir go mbeadh aon tionchar ag aisghairm an Acht Chaidrimh Eachtraigh ar chearta saoránach ná ar an trádáil le rialtais na Breataine is an Chomhlathais. Níl san Acht ach aimhrialtacht bhunreachtúil a chothaíonn conspóid pholaitiúil.

1954

Deir an tOllamh Joseph Johnston ó Choláiste na Tríonóide agus Taispeántas Céad Bliain Phlunkett ar ghluaiseacht na gcomharchumann á oscailt aige, gur de bharr na gluaiseachta seo ag Sir Horace Plunkett nach bhfuair an cumannachas greim ar phobal tuaithe na hÉireann.

1962

Tugann an línéar *Mauretania* le Cunard a cuairt dheiridh ar Chorcaigh agus téann na paisinéirí agus an criú i dtír. Bhíodh sí ag teacht go Corcaigh go rialta ach is ó NuaEabhrac go dtí an Iodáil a sheolfaidh sí feasta.

1973

Osclaítear bunscoil lán-Ghaelach, Scoil an tSeachtair Laoch, i mBaile Munna i mBaile Átha Cliath. An tAire Oideachais, Risteard de Búrca, a dhéanann an oscailt oifigiúil. Beannaíonn Ardeaspag Bhaile Átha Cliath, an Dr Ó Riain, an scoil.

1982

Gabhann Gardaí agus fir chustaim roisín cannabis ar fiú £400,000 é ag Aerfort Bhaile Átha Cliath. Tuigtear gur ón India a tháinig sé.

1995

Cuirtear an scríbhneoir, léirmheastóir agus craoltóir, an Dr Gus Martin, i mBaile Átha Cliath. Ó Bhéal an Átha Móir, Co. Liatroma é, fuair sé a chuid oideachais i Ros Cré agus i UCD. Bhunaigh sé an ASTI agus chuaigh sé leis an litríocht Angla-Éireannach.

1996

Cuirtear comhcheilg leis an iriseoir Veronica Guerin a dhúnmharú i leith Paul Ward ó Chromghlinn i mBaile Átha Cliath.

1902

Ag cruinniú Náisiúnach i nDroichead Átha deir Ardmhéara Bhaile Átha Cliath, Timothy Harrington, gur éirigh leis an Irish Party an díshealbhú a shrianadh agus an imirce a mhaolú in imeacht trí bliana fichead.

1923

Tugtar 160 eile ar stailc ocrais ó Phríosún Mhuinseo go dtí an Currach. Deir Sinn Féin go bhfuil 1,300 fear ar stailc ocrais i gCampa Uimhir 3 an Churraigh.

1932

Daoine dífhostaithe i mBaile Átha Cliath i mbun agóide. Tugann siad aghaidh ar Theach Laighean áit a mbuaileann toscaireacht le Seán T Ó Ceallaigh lena gcás a chur os a chomhair.

1941

Deir an Taoiseach, Éamon de Valera, ag paráid de na seirbhísí cosanta i Loch Garman nach dtuigeann muid i ndáiríre go bhfuil muid i mbaol mór. "Cosaint ó Dhia a shábháil ar an gCogadh seo muid".

1955

An pháirc lán go doras i bPáirc Dalymount agus Éire á bualadh ag an Iúgslaiv 4–1. Níl aon aire rialtais i láthair agus ní chraolann Raidió Éireann tráchtaireacht tar éis don Ardeaspag McQuaid a iarraidh nach n-imreofaí an cluiche.

1968

Céad seilg na bliana ag an Ward Union gar do Chill Dhéagláin. Tá siad ag seilg i dtuaisceart Bhaile Átha Cliath agus i gCo. na Mí le 150 bliain, beagnach.

1976

I Muineachán cuirtear an Garda Michael Clerkin a maraíodh i bpléasc. Bailíonn a chomrádaithe le hómós a thabhairt dó. Coimisinéir Garvey na nGardaí agus Seán Ó Loingsigh ag déanamh comhbhróin lena mhuintir.

1976

Tugann Banphrionsa Grace Mhonacó cuairt ar theach a muintire i nDruim Urla, Co. Mhaigh Eo, atá ceannaithe aici. Níor thuig sí go raibh conspóid faoi.

1989

Saortar triúr de Cheathrar Guildford i Londain tar éis do bhreithiúna na Cúirte Achomhairc a gcionta a chaitheamh amach. Tá Gerard Conlon, Patrick Armstrong agus Carol Richardon saor anois ach athghabhtar Paul Hill faoi chion eile.

1993

Tá an chéad léiriú domhanda den scannán *In the Name of the Father* le bheith ar siúl i mBaile Átha Cliath. Ní dóigh leis an stiúrthóir Jim Sheridan go gcothóidh sé tacaíocht don IRA.

1999

Téann breis agus 27,000 altra ar stailc, picéid acu ar bhreis agus 1,000 ionad ar fud na tíre. Tá an ICTU ag lorg cruinniú leis an Rialtas féachaint an féidir cainteanna a chur ar bun.

1910

An *Olympic*, comhlong leis an *Titanic*, curtha ar snámh. Harland & Wolff a thóg í do líne an White Star, í 840 troigh ar fad agus 45,000 olltonnáiste aici. An long is mó ar domhan féadann sí 5,000 paisinéir agus criú a iompar.

1921

Cuireann Éamon de Valera sreangscéal chuig an bPápa ar cheist na hÉireann á rá gurb é iarracht na Breataine a toil a bhrú ar Éirinn is bun leis an trioblóid. Baineann an dúthracht chéanna a léiríomar i gcúrsaí creidimh anseo, ainneoin géarleanúna, lenár saoirse mar náisiún.

1930

Ritheann Comhairle Chontae na Gaillimhe rún á rá nach bhféadfaí scoláireachtaí an chontae a úsáid i scoileanna ina mbíonn cluichí gallda ar siúl – sin rugbaí, sacar, haca agus cruicéad i súile Chumann Lúthchleas Gael.

1945

Tar éis díospóireacht dhá uair an chloig ardaíonn Conradh na Gaeilge an cosc ar rincí agus ar chluichí gallda. Beidh saoirse iomlán pearsanta ag baill an Chonartha ach cuirtear a ndualgais náisiúnta i gcuimhne dóibh.

1969

Ní léir fós cé a bhí freagrach as an bpléasc i stáisiún ginte cumhachta an ESB i mBéal Átha Seanaigh, Co. Dhún na nGall. Tá fear a gortaíodh go dona sa phléasc faoi gharda in Ospidéal Shiel ansin.

1970

Socraid Mháirtín Uí Cadhain

Cuirtear Máirtín Ó Cadhain, údar, réabhlóidí agus Ollamh le Gaeilge i gColáiste na Tríonóide i mBaile Átha Cliath. Ardmheas ar a mhórshaothar, *Cré na Cille*. Cronóidh aos liteartha agus teanga é.

1978

Éiríonn Rosie Walsh, banríon gan choróin Shráid Uí Mhórdha, as – deireadh ré! Chas sí le rítheaghlaigh agus le lucht siamsaíochta ó chuile chearn den domhan.

1982

An vótáil ar siúl sna toghcháin do Chomhthionól an Tuaiscirt. Leascheannaire an SDLP Séamus Mallon agus Peter Robinson ón DUP ag vótáil go moch. Arm na Breataine san airdeall.

1997

Gearrtar ceithre bliana príosúin ar Philip Sheedy, ailtire naoi mbliana fichead, faoi thiomáint mheisciúil agus faoi mharú Anne Ryan, máthair beirt chlainne ó Thamhlacht.

1999

An tUachtarán Mhic Giolla Íosa orthu siúd a thugann ómós don iar-Thaoiseach agus ceannaire Fhianna Fáil, Seán Ó Loingsigh, a fuair bás i mBaile Átha Cliath ar maidin. Déantar comhbhrón lena bhean Máirín.

21 Deireadh Fómhair

1913

Foilsítear litir an Ardeaspaig Bhreathnach ag cáineadh aslonnú ghasúir na n-oibrithe atá ar stailc nó glasáilte amach, go tithe a gcomrádaithe sa Bhreatain.

1929

Tugtar scéim hidrileictreach na Sionainne ar lámh don ESB ag cur leictreachais ar fáil do cheantair ó dheas de Bhaile Átha Cliath is de Ghaillimh. Ceanglófar an Deisceart go léir faoi cheann cúpla mí.

1931

Tá moladh a chuideodh le tionscal an línéadaigh agus tógáil long i mBéal Feirste á phlé. Thabharfaí líon isteach ón Rúis agus chuirfeadh Béal Feirste longa ar fáil don Rúis.

1949

Molann eagras an Safety First go gcuirfí maoir shibhialta ar fáil le cabhrú le gasúir bóithre dainséaracha a thrasnú i mBaile Átha Cliath, go háirithe gar do scoileanna agus d'ionaid shúgartha.

1955

An lá le dornálaithe na hÉireann. Buaileann siad foireann na Stát Aontaithe sa Staid Náisiúnta i mBaile Átha Cliath – más bua gan choinne féin atá ann. Harry Perry, Frank Gilroy agus Freddie Teidt ar an bhfoireann.

1959

Toghtar James Dillon ina cheannaire ar Fhine Gael i gcomharbacht ar an nGinearál Risteard Ó Maolchatha. Glacfaidh sé áit an iar-Thaoisigh, John A Costello, mar cheannaire an fhreasúra sa Dáil freisin.

1966

Léirsiú frith-chinedheighilte ar siúl taobh amuigh den Staid Náisiúnta ar an gCuarbhóthar Theas i mBaile Átha Cliath ag cur in aghaidh cuairt fhoireann amaitéarach dornálaíochta na hAfraice Theas.

1975

Aimsítear an Dr Tiede Herrema ó Ferenka i Mainistir Eimhín.

Agus sroicheann Elizabeth Herrema, a bhean chéile, Baile Átha Cliath ón Ollainn.

1982

Cuireann na Fórsaí Cosanta agus na Gardaí deireadh le himhsuí na n-iascairí ar Chalafort Bhaile Átha Cliath nuair a thugann siad ruathar roimh bhreacadh an lae. Brúnn an LE *Aisling* na trálaeir atá ceangailte le chéile ar an Life de leataobh.

1993

Socraíonn an tAontas Eorpach go bhfaighidh Éire thart ar £7.3b ón gciste struchtúrtha – sin £.5b níos lú ná an figiúr a thug an Rialtas tar éis na margála i mí Iúil seo caite.

1996

Bronntar an gradam is airde sna healaíona in Éirinn ar an scríbhneoir Francis Stuart nuair a dhéantar Saoi de. B'éigean ócáid eile a chur ar ceal de bharr dearmad a rinne an Chomhairle Ealaíon faoin dáta don Uachtarán Mhic Róibín.

1903

Faigheann an staraí aitheanta, William Edward Hartpole Lecky, bás in aois a 65. Baile Átha Cliathach a d'fhreastail ar Choláiste na Tríonóide roimh dhul isteach i bParlaimint na Breataine dó in 1895.

1923

Deir Sinn Féin go bhfuil breis agus 7,000 príosúnach ar stailc ocrais i bpríosúin agus i gcampaí géibhinn – 2,000 díobh seo sa Droichead Nua, 3,200 ar an gCurrach agus 1,200 i mBaile Mhic Gormáin.

1932

Fágann an t-eitleán is mó dár facthas anseo Baile Dhónaill le dul go Beirlín. Iarracht atá ann seirbhís rialta a bhunú a cheanglóidh Baile Átha Cliath le Londain agus le Beirlín.

1947

Bronntar céim onóra sa litríocht ar an scríbhneoir aitheanta James Stephens i gColáiste na Tríonóide. Ar a chuid leabhar tá *The Charwoman's Daughter* agus *The Crock of Gold.*

1955

Deir Uachtarán Choláiste na Tríonóide, an Dr A J McConnell, go bhfuil lánmhuinín agus neart tola ag teastáil le díriú ar an gcríochdheighilt. Is oth leis na hionsaithe atá déanta ar an gColáiste áit a bhfuil an comhoibiriú seo ar fáil.

1965

Osclaíonn an Taoiseach, Seán Lemass, Mianaigh Tíne i gContae na Gaillimhe (ar dheis). Tugann Cathaoirleach an chomhlachta, Patrick Hughes, ar thuras na mianach ansin é.

1976

Éiríonn an tUachtarán Cearbhall Ó Dálaigh as oifig tar éis do Phatrick Donegan 'a thundering disgrace' a thabhairt air. Deir Cearbhall Ó Dálaigh gurb é seo an t-aon bhealach atá aige lena ionracas agus a neamhspleáchas pearsanta a chur in iúl agus le dínit agus neamspleáchas na hUachtarántachta a chosaint.

1984

I bPort Láirge osclaíonn Aire na Timpeallachta, Liam Kavanagh, an droichead nua ar Abhainn na Siúire go hoifigiúil.

Agus i mBaile Átha Cliath osclaítear an Doladhroichead nua Thoir don trácht.

1986

Tar éis Aifreann Éagnairce i gCluain Tarbh cuirtear an Leifteanantghinearál Michael J. Costello le cúirtéis mhíleata. Polaiteoirí bailithe le hómós a thabhairt dó.

1990

Cuireann Bord Bainne go láidir in aghaidh líomhaintí faoi mhírialtacht i ndeontais easpórtála a rinne Cúirt Iniúchóirí an Aontais Eorpaigh in aghaidh Easpórtálaithe Déiríochta na hÉireann.

1998

Téann agóid na n-oibrithe tógála i dtreise agus iad ag tacú le beirt chomrádaithe a cuireadh siar faoi choinneáil arís go Príosún Mhuinseo san aighneas faoi na fochonraitheoirí.

23 Deireadh Fómhair

1900

Coscann Acht nua úsaireacht ar an duine aonair ach ní choscann sé ar chumann foirgníochta, iasachta ná geallbhróicéirí. Tabharfaidh an tAcht cosaint ar rátaí arda úis agus ar mhíchleachtais.

1912

Maraítear líon mór eallach sa Mhuileann gCearr de bharr ráig den ghalar crúibe is béil. Táthar le caladh Holyhead a oscailt ach marófar ba na tíre seo ar theacht ansin dóibh.

1930

Cuirtear fáilte mhór roimh an Chunta John McCormack san Ulster Hall i mBéal Feirste. Casann sé amhráin i bhFraincis, sa Ghearmáinis agus san Iodáilis ach is iad na foinn Éireannacha a mheallann an slua.

1956

Cuirtear cosc ar Bhreandán Ó Beacháin, a bhfuil dráma leis ar siúl in Amharclann na Mainistreach, ó dhul sa chathaoir ag an gCumann Gaelach i UCD agus run á mholadh "Go bhfuil gá le réabhlóid sa tír seo".

1959

Fógraíonn Eaglais na hÉireann go bhfuil siad lena séipéal i mBaile na hInse, Co. na Gaillimhe, á thabhairt ar lámh don Eaglais Chaitliceach. Níl aon duine fágtha acu sa pharóiste. Ar an ngnáthbhealach dhúnfaí agus leagfaí an séipéal.

1962

Labhraíonn an Ginearál Seán Mac Eoin leis an 38ú Cathlán ag Beairic Mhic Aodha roimh imeacht dóibh go hAerfort Bhaile Átha Cliath ar an mbealach chuig an gCongó.

1970

Saortar an t-iar-Aire Airgeadais, Cathal Ó hEochaidh, an Captaen James Kelly, an fear gnó Albert Luykx agus an Poblachtach John Kelly ó Bhéal Feirste i dTriail na nArm. Deir Cathal Ó hEochaidh nach bhfuil an dara rogha anois ag an dream atá freagrach ach an rud ionraic a dhéanamh.

1984

Tugtar ómós don traenálaí agus tógálaí capall, an Dr Vincent O'Brien, ag searmanais i Halla an Bhaile i gCaiseal, Co. Thiobraid Árann. Cuireann Labhrás Ó Murchú fáilte roimhe.

1989

Cuirtear fáilte abhaile go Béal Feirste roimh Gerard Conlon tar éis saoradh Cheathrar Guildford. Tá sé i gceist aige oibriú ar son Sheisear Bhirmingham.

1993

Maraítear deichniúr, mná agus páistí ina measc, in ionsaí buamála leis an IRA ar shiopa éisc ar Bhóthar na Seanchille. Bhíodh árasán os cionn an tsiopa in úsáid ag an UDA.

1999

Tar éis Aifrinn san Ardeaglais Thuaidh, an tUachtarán Mhic Giolla Íosa agus an Taoiseach, Bertie Ahern, i láthair, cuirtear an t-iar-Thaoiseach, Seán Ó Loingsigh, i Reilig Naomh Fionbarra. Iarcheannaire an Pháirtí Dhaonlathaigh, Deasún Ó Máille, a thugann an óráid cois uaighe.

1913

Cuireann cruinniú de Home Rulers Protastúnacha i mBaile Monaidh, Co. Aontroma, in aghaidh Carsonachais agus Rialtas Sealadach Uladh a mhaíonn go labhraíonn sé thar ceann na bProtastúnach.

1924

Gabhtar Uachtarán na Comhairle Feidhmiúcháin, Éamon de Valera, i Halla an Bhaile san Iúr, dúshlán tugtha aige d'ordú a chros air labhairt sa Tuaisceart.

1931

Caitear beirt bhall de Pháirtí Lucht Oibre na hÉireann amach faoi vóta a chaitheamh ar an Acht Cosanta Poiblí. Mheas beirt a staon gur tábhachtaí sábháilteacht an náisiúin ná an pholaitíocht pháirtí.

1941

Ní bheidh cead ag fir agus ag mná a bhfuil post acu, ceadúnais taistil a fháil faoi phleananna an Rialtais an imirce a shrianadh. Ní bheidh cead ag áisíneachtaí saothair daoine a earcú in ionaid an chontae le dul ag obair sa Bhreatain.

1959

Bád tarrthála an *Poolbeg* ar a turas deiridh ar an Life áit a bhfuil geallta luasbhád ar siúl. Tá sí le dul as seirbhís agus tá an stáisiún tarrthála féin, an ceann is ársa in Éirinn, le dúnadh.

1968

Suíonn 70 mac léinn ó Ollscoil na Ríona agus baill den People's Democracy fúthu i Stormont. Tá siad ag iarraidh go síneodh airí rialtais cáipéis ag tabhairt tacaíochta do bhunchearta sibhialta.

1975

Dianslándáil i bhfeidhm i gcónaí ag an Arm agus ag na Gardaí ar an teach i Mainistir Eimhín, áit a bhfuil an Dr Tiede Herrema á choinneáil. Feictear ag an bhfuinneog uachtarach é.

1984

Cailltear Tomás Laighléis, duine de na cainteoirí dúchais deireanacha Gaeilge ó Mhionlach ar bhruach thoir Loch Coirib in oirthear na Gaillimhe.

1988

Téann an ceoltóir agus an t-amhránaí Enya ó Dhún na nGall go barr chairteacha na Breataine lena ceirnín singil, *Orinocco Flow*.

1990

Maraítear seisear saighdiúirí in ionsaí buamála ar thrí ionad le hArm na Breataine i nDoire, san Ómaigh agus gar don Iúr. Maraítear Patsy Gillespie freisin, duine de thriúr a fhuadaítear agus a gcuirtear iallach orthu na buamaí a thiomáint go dtí na hionaid.

1994

Cainteanna neamhfhoirmiúla ag an Taoiseach, Albert Reynolds, agus Príomh-Aire Major na Breataine i Chequers leis an deilbhcháipéis ar thodhchaí Thuaisceart Éireann a phlé. Tá siad ar aon fhocal go gcaithfear ceist na n-arm a réiteach.

25 Deireadh Fómhair

1914

Tionóltar an chéad choinbhinsiún d'Óglaigh na hÉireann in Amharclann na Mainistreach. Cáineann Eoin Mac Néill an caidreamh atá ag John Redmond leis na hÓglaigh. Dearbhaíonn sé arís a ndílseacht d'Éirinn amháin agus a seasamh in aghaidh críochdheighilte.

1917

Freastalaíonn 1,700 de thoscaire Shinn Féin ar choinbhinsiún i dTeach an Ardmhéara. Deir Éamon de Valera leo go bhfuil seasamh morálta na Breataine sa tír seo scriosta ó dhiúltaigh Éire do Pharlaimint na Breataine.

1920

Faigheann Traolach Mac Suibhne, Ardmhéara Chorcaí agus Ceannfort Chéad Bhriogáid Chorcaí den IRA, bás i bPríosún Brixton ar an 74ú lá dá stailc ocrais. Cuireadh go Sasana i mí Lúnasa é tar éis a chiontaithe i gcáipéisí ceannairceacha a bheith ina sheilbh.

1935

Glactar le feisteas gléasta d'oifigigh Airm ar ocáidí deasghnácha. Tá dearadh ar leith ann do gach cór, an t-éadach déanta in Éirinn. Seacónna agus clócaí le caitheamh.

1941

Tá Oireachtas Gaeilge na bliana seo ar cheann de na cinn is fearr riamh. An Seomra Cruinn lán go doras agus daoine ag brú rompu, ag iarraidh dul isteach.

1956

Tagann héileacaptar ó Chabhlach Ríoga na Breataine i nDoire i gcabhair ar thriúr fear deisiúcháin atá sáinnithe ar Theach Solais na Carraige Duibhe i gCuan Shligigh le seachtain de bharr drochaimsire.

1968

Osclaíonn an Captaen Terence O'Neill Ollscoil Nua Uladh i gCúil Raithin, Co. Dhoire. Tá súil aige go gcaithfidh na mic léinn go cóir le muintir an bhaile sa chaoi is go mbeidh dea-thuiscint agus dea-chaidreamh eatarthu.

1970

Cuirtear fáilte mhór abhaile ó Phríosún Ard Mhacha roimh an Fheisire Bernadette Devlin ag cruinniú poiblí ar an gCarraig Mhór i gContae Thír Eoghain.

1985

Fágann an chéad eitilt thráchtála le hAer Lingus Cnoc Mhuire le dul chuig an Róimh. Fágann trí eitilt ar fad agus an Dr Ó Cuinneáin agus an Monsignor Ó hÓráin ar cheann acu.

1990

Séanann an t-iarrthóir uachtaránachta Brian Lenihan i gcónaí go ndearna sé teagmháil leis an Uachtarán i mí Eanáir 1982, ainneoin gur cuireadh cóip d'agallamh a rinne sé ar fáil inar admhaigh sé é seo.

1991

Bronntar céim onóra ar Chóilí Ó hIarnáin as Inis Mór Árainn in Ollscoil na Gaillimhe faoin gcúnamh suntasach a thug sé d'fhorbairt an oileáin.

1912

Glacann Bord Choláiste na Tríonóide le leasú ar bhille an Home Rule a d'fhágfadh Ollscoil Bhaile Átha Cliath as a réim. Ach tá Comhaltaí agus mic léinn in aghaidh deighilt a chur idir an Ollscoil agus Éirinn.

1923

Molann George Bernard Shaw go ndéanfaí sanatóir as Éirinn áit a gcuirfí Sasanaigh ar feadh dhá bhliain nó trí le solúbthacht nádúrtha intinne an Éireannaigh a fhoghlaim.

1935

Cuirtear Lord Edward Carson tar éis sochraide stáit i mBéal Feirste. Baile Átha Cliathach é a chuaigh ar Choláiste na Tríonóide agus tá cuimhne air faoin gcroscheistiú géar a rinne sé ar Oscar Wilde sa chás a thóg seisean in aghaidh an Marquis of Queensberry. Chuir Carson go láidir in aghaidh aon lagú ar an gceangal idir Éirinn agus Sasana; thug sé tacaíocht d'Aontachtaithe Uladh agus bhunaigh sé Óglaigh Uladh.

1957

Seoltar an *Naomh Éanna* i mBáisín Alexandra i mBaile Átha Cliath, long a tógadh do CIÉ i Longchlós na Life le dul ó Ghaillimh go hOileáin Árann in ait an *Dún Aengus*. Chosain sí £150,000.

1967

Nochtann an Taoiseach, Seán Ó Loingsigh, leacht do W B Yeats i bhFaiche Stiabhna i mBaile Átha Cliath – is é an dealbhóir Henry Moore a dhear. Bean an fhile agus a mhac, Michael Yeats, i láthair.

1970

Deir an Taoiseach agus é ag freagairt ceisteanna ar Thriail na nArm ar theacht abhaile ó Nua Eabhrac dó, nach mbeidh aon athrú bunúsach ar pholasaí Fhianna Fáil.

1980

Glacann tuairim is 15,000 duine páirt i máirseáil agóide H-Bhloc ar Bhóthar na bhFál i mBéal Feirste – an stailc ocrais le tosú amárach sa Cheis Fhada.

1985

Cuirtear tús le Féile Snagcheoil Chorcaí ag 42 ionad sa chathair – ar na ceoltóirí a chloistear tá an Dutch Swing College Band.

1990

Faigheann an scríbhneoir agus an craoltóir Breandán Ó hEithir bás i mBaile Átha Cliath. Árannach é, d'oibrigh sé le RTÉ ar feadh tamaill fhada. Bhí sé ag cur faoi i bPáras le blianta beaga anuas.

1993

Maraítear beirt fhear agus gortaítear seachtar, duine acu go dona, nuair a ionsaíonn an UFF oibrithe bruscair Caitliceacha in iarthar Bhéal Feirste.

Agus buann Roddy Doyle Duais Booker i Londain dá úrscéal *Paddy Clarke Ha Ha Ha*. Agus an gradam á ghlacadh aige gabhann sé buíochas le gasúir Chill Bharróg i mBaile Átha Cliath faoina n-inspioráid.

27 Deireadh Fómhair

1903

Faoi scéim mhaoiniú Rialtas na Breataine don oideachas ollscoile in Éirinn gheobhaidh Coláiste na Tríonóide airgead breise, beidh ollscoil Chaitliceach i mBaile Átha Cliath agus ollscoil i mBéal Feirste do Phreispitéirigh go bunúsach.

1913

Gearrtar 7 mí príosúin faoi chaint cheannairceach ar Jim Larkin, Ard-Rúnaí an ITGWU.

Agus cáineann lucht stailce ladar na cléire sa scéal faoi pháistí a chur go Sasana ar feadh tamaill.

1926

Dúnann iompórtálaithe guail a n-oifigí mar nach bhfuil aon ghual ar fáil. Tá sé deacair móin a fháil, fiú ar phraghas ard, rud a fhágann nach acmhainn do bhochtáin Bhaile Átha Cliath é.

1931

Geallann Éamon de Valera go gcuirfidh a pháirtí an Mionn Dílseachta ar ceal agus go ndéanfar athbhreithniú ar an mBunreacht. Ní léir dó aon réiteach láithreach ar an gcríochdheighilt ach ní bheidh foréigean i gceist.

1946

Buaileann Ciarraí Ros Comáin in athimirt Chraobh na hÉireann sa pheil i bPáirc an Chrócaigh. 16 Craobh atá bainte ag Ciarraí anois.

1963

Searmanais ar siúl i Maigh Nuad in onóir an Athar Eoghan Uí Ghramhnaigh, ollamh le Gaeilge sa Choláiste agus an chéad Leas-Uachtarán ar Chonradh na Gaeilge. Fuair sé bás i Meiriceá ach athadhlacadh i Maigh Nuad é in 1901.

1976

Nóta nua £5. Déantar dobharmharc de Lady Lavery agus tugtar tús áite don fhealsúnaí Johannes Scotus Eriugena ón naoú céad.

1980

Glacann breis agus 2,000 lúthchleasaí páirt i Maratón Bhaile Átha Cliath RTÉ Radio 2. Is é Dick Hooper ó Bhaile Átha Cliath a bhuann an rás i dhá uair an chloig 16 nóiméad agus 14 soicind.

1988

Is i mBaile Átha Cliath a chuirtear chéad léiriú scannán U2 *Rattle and Hum* ar siúl. Na mílte dá lucht tacaíochta i Sráid Uí Chonaill ag iarraidh amharc a fháil ar an mbanna.

1995

Dearbhaíonn an Ardchúirt i mBéal Feirste nach gá d'abhcóidí mionn dílseachta don Bhanríon Eilís a ghlacadh níos mó le go mbeidís ina Queen's Counsel sa Tuaisceart. Bhí abhcóide Caitliceach aitheanta le dúshlán dlíthiúil an mhionna sin a thabhairt.

1999

Fógraíonn cúirteanna na Breataine go bhfuil Lord Lucan marbh, 25 bliana tar éis dó dul ar iarraidh. Ba leis cuid mhór de chíos talún Chaisleán an Bharraigh, Co. Mhaigh Eo, áit a bhfuil éiginnteacht anois faoi céard a tharlóidh.

1913

Cuireann Oilithreacht Náisiúnta na hÉireann go Lourdes farasbarr £2,000 ar fáil do ghasúir na n-oibrithe i mBaile Átha Cliath nach bhfuil ag obair. Beidh bailiúchán speisialta á eagrú dóibh ag an Ardeaspag Breathnach Dé Domhnaigh seo chugainn.

1920

Tugtar corp Ardmhéara Chorcaí, Traolach Mac Suibhne, a fuair bás i bPríosún Brixton, ó Holyhead go Corcaigh díreach. Ní cheadaítear dó dul go Baile Átha Cliath ar fhaitíos go mbeadh léirsithe móra polaitiúla ann.

1932

Deir James Dillon in ionsaí ar an nGaeilge éigeantach sa Dáil, gur ualach breise ar ghasúir scoile í a chuireann a sláinte i mbaol. Admhaíonn Earnán de Blaghd go bhfuil sé deacair an Ghaeilge a mhúineadh.

1948

Bronnann Bean W B Yeats pictiúr den fhile, a dhear a athair John Butler Yeats, ar chaptaen agus ar chriú an LE *Macha* mar bhuíochas faoina ndearna siad agus corp a fir á thabhairt abhaile go hÉirinn.

1953

Tugtar ballraíocht i bhFianna Fáil do thriúr den naonúr teachtaí neamhspleách sa Dáil – an Dr Nollaig de Brún, an Dr Michael ffrench-O'Carroll agus Patrick Cogan.

1963

Nochtar leacht don fhile agus don rapaire Éamonn an Chnoic in Áth an Chuilinn, Co. Thiobraid Árann. An Ceannfort Mathew Ryan, ó Chúltaca Chabhlach Mheiriceá i Nevada, a nochtann é.

1970

Sa ghéarchéim i bhFianna Fáil faoi airm a thabhairt isteach admhaíonn an Taoiseach, Seán Ó Loingsigh, nach dtabharfaidh triúr teachtaí tacaíocht dó i vóta muiníne.

1977

Tugtar an tubaiste sa Chloigeann, Co. na Gaillimhe, 50 bliain ó shin chun cuimhne. Chaill baile beag Ros an Duillisc sé iascaire dhéag sa stoirm – cailleadh 44 duine ar fad.

1988

Sa chúirt i Winchester gearrtar 25 bliain an duine ar Martina Shanahan, Finbarr Cullen agus John McCann a ciontaíodh i gcomhcheilg le Státrúnaí an Tuaiscirt, Tom King, a dhúnmharú.

1992

Bailíonn baill den Líonra Aerach is Leispiach taobh amuigh den Dáil le breith Norris ceithre bliana ó shin a chomóradh. Rialaigh an Chúirt Eorpach um Chearta Daonna gur chuir dlíthe na hÉireann isteach ar chearta daonna an tSeanadóra Norris.

1994

Seisiún bunaidh an Fhóraim um Shíocháin is Athmhuintearas ar siúl i Halla Naomh Pádraig i gCaisleán Bhaile Átha Cliath, an Breitheamh Catherine McGuinness sa chathaoir. Ní fhreastalaíonn Ambasadóir na Breataine air nó an dá phríomhpháirtí aontachtach.

29 Deireadh Fómhair

1909

Pléaráca ar siúl ag fochéimithe agus céimeanna á mbronnadh den uair dheireanach sa Royal University i mBaile Átha Cliath. Tugtar ómós don Ollscoil a thug an t-aon seans do na mílte mac léinn céim a bhaint amach.

1916

Éilíonn John Redmond agus é ag caint i Sligeach, go gcuirfí deireadh le dlí míleata, go saorfaí daoine a bhfuil amhras fúthu agus go dtabharfaí stádas polaitiúil do phríosúnaigh Éireannacha.

1922

Sa Chlochán, Co. na Gaillimhe, tugann 350 Poblachtach faoin nGarastún Náisiúnta céad fear. Séideann siad an t-ionad san aer agus dónn siad an bheairic. Géilleann an garastún tar éis 10 n-uair an chloig troda.

1931

Tugann bleachtairí ruathar faoi oifigí *An Phoblacht* i Sráid Aindriú i mBaile Átha Cliath agus tugann beagnach 2,000 cóip leo. Cuartaítear na hoifigí i dTrá Lí freisin.

1942

Osclaíonn an tAire Rialtais Áitiúil agus Sláinte Poiblí, Seán Mac an tSaoi, an chéad chlinic daitheacha in Éirinn i Sráid an Mhóta i mBaile Átha Cliath. Is measa na daitheacha, a deir sé, ná mórán fadhbanna eile.

1958

Fógraíonn an Rialtas go bhfuil an cinneadh chun deireadh a chur le córas vótála na hionadaíochta cionmhaire le cur os comhair an phobail i reifreann. Tabharfar Bille isteach leis an mBunreacht a leasú.

1968

Tugann an tancaer is mó ar domhan, an *Universe Ireland* 312,000 tonna, a tógadh sa tSeapáin, a céad chuairt ar Fhaoide, Co. Chorcaí, le last amhola ó Chúáit.

1974

Déantar comóradh an ar gComadóir John Barry as Co. Loch Garman a dtugtar athair Chabhlach Mheiriceá air, ag searmanas ar Chéibh an Chorráin i Loch Garman.

1987

Deir an tAire Airgeadais, Ray MacSharry, go bhféadfadh titim ar na stocmhargaí domhanda dea-thionchar a bheith acu ar Éirinn trí rátaí úis a ísliú. Táthar ag faire ar Rialtas Mheiriceá agus Wall Street ag teacht chuige féin.

1992

Rialaíonn an Chúirt Eorpach um Chearta Daonna go bhfuil an cosc ar eolas faoi ghinmhilleadh anseo in aghaidh Choinbhinsiún na hEorpa um Chearta Daonna. Well Woman agus Open Door Counselling a thóg an cás.

1998

Fáiltíonn tionscal na mairteola roimh chinneadh na hIaráine suas le £40m d'fheoil na tíre seo a cheannach. Deir an Bord Bia gur deis nua atá ann agus deir easpórtálaithe feola gur céim chun cinn é.

1905

Deir cruinniú mór de thionóntaí ar Eastát an Longfoirt, an tAthair Geraghty sa chathaoir, go bhfuil na téarmaí a tairgeadh iomarcach agus éagórach. Cuireann siad moltaí níos córa ar fáil agus éilíonn laghdú ar chíos mhí na Samhna mar gheall ar thitim ar phraghas eallach.

1913

Tagann Coiste Theach an Ardmhéara le Gailearaí buan don Ealaíon Nua-aimseartha a chur ar fáil do Bhaile Átha Cliath le chéile agus socraíonn siad an t-airgead a tugadh dóibh a aisíoc. Is oth leo an diúltú míréasúnach do choinníoll Sir Hugh Lane.

1920

Maraítear constábla amháin agus gortaítear cúigear póilíní i luíochán a dhéanann 100 fear ag Caisleán Uí Dhálaigh, Co. na Gaillimhe. Tógtar rothair na bpóilíní agus 3 raidhfil. Gabhtar fear amháin.

1939

Cloister breis agus dhá dhosaen bonnán aer-ruathair i mBaile Átha Cliath agus scrúdú á dhéanamh ar a n-éifeacht – an Bardas a d'ordaigh iad.

1946

Socraíonn múinteoirí náisiúnta atá ar stailc filleadh ar a gcuid oibre. Is ar mhaithe le haontacht an INTO a ghéilleann an Ceardchumann d'iarratas ó Ardeaspag Bhaile Átha Cliath, John Charles McQuaid.

1968

An Taoiseach agus Bean Uí Loingsigh ina n-aíonna ag bricfeasta stéig is seaimpéin i Londain – feoil ardchaighdeán na hÉireann á cur chun cinn ag easpórtálaithe.

1977

Léiriú de *Juno and the Paycock* le Seán O'Casey ag dul go Hong Cong. Buaileann an léiritheoir Brendan Smith agus Eileen O'Casey leis na haisteoirí ag Aerfort Bhaile Átha Cliath – ina measc Eddie Golden, T P McKenna agus May Cluskey.

1980

Tá creimeadh na gcnoc in aice leis an mianach guail ag cur imní ar mhuintir na hAirigní, Co. Ros Comáin. D'fhág báisteach throm gur thug maidhm thalún portach agus carraigeacha chun siúil cóngarach do thithe.

1993

Taistealaíonn 600 duine ar thraein síochána ó Bhaile Átha Cliath go Béal Feirste, an tArdmhéara, Tomás Mac Giolla, á dtionlacan. Buaileann Ardmhéara Bhéal Feirste, Reg Empey, leo ag an stáisiún ó thuaidh.

Agus faigheann seachtar bás i slad a dhéanann an UFF ar cheiliúradh Oíche Shamhna ag teach tábhairne an Rising Sun i nGlas-Stiall, Co. Dhoire. Réabann beirt fhear gunna agus scaoileann urchair le lucht an cheiliúrtha.

3I Deireadh Fómhair

1903

Díospóireacht theasaí ag cruinniú de Chomhairle Tuaithe na Gaillimhe faoi Reilig an Spidéil. Níl na huaigheanna sách domhain, ní thugtar aon aire don reilig agus tá cnámha nochta inti.

1920

Cuirtear Ardmhéara Chorcaí, Traolach Mac Suibhne, a fuair bás ar stailc ocrais, i Reilig Naomh Fionnbarra i gCorcaigh. Art Ó Gríofa a thugann an óráid cois na huaighe – mac uasal caillte ag Éirinn, a deir sé.

1930

Cosaint don trádáil agus imirce lucht labhartha na Gaeilge atá faoi chaibidil ag Ard-Fheis Fhianna Fáil.

Agus cuirtear cosc ar an úrscéal le Liam Ó Flaithearta, *The House of Gold*. Claonadh chun na mígheanmnaíochta ann, a deir an cinsire.

1943

Iarrann Easpag Dhún is Chonaire, an Dr Mageean, ar Chaitlicigh cur in aghaidh ionsaithe ar an gcreideamh agus ar an moráltacht in áiteanna nach dtaithíonn sagairt – monarchana, ceardchumainn, clinicí leighis agus cúirteanna dlí.

1952

Diúltaítear do rún ó Pháirtí an Lucht Oibre ar chomhionnanas pá do mhná, 56 in aghaidh 23. Glacann Seán Lemass leis an bprionsabal ach níl sé ag iarraidh é a chur i bhfeidhm trí reachtaíocht go mbíonn seasamh na gceardchumann ar eolas.

1968

Ceadaítear ordú eiseachadta do Sheán Bourke (ar dheis) sa Chúirt Dúiche i mBaile Átha Cliath. Maíonn barántas as Bow Street Magistrates Court i Londain gur chabhraigh Bourke leis an spiaire George Blake éalú as Príosún Wormwood Scrubs i 1966.

1977

An chéad rigín druileála le feidhmiú amach ón gcósta thart ar Bhaile Átha Cliath, rigín gáis an *Amoco*, ar ancaire i mBáisín na Cise. Déanfaidh sé druileáil síos go dtí 5,000 troigh ansin.

1984

Seolann an t-údar Maeve Binchy, a leabhar nua *The Lilac Bus*. Cur síos atá ann ar dhaoine óga a thagann ag obair go Baile Átha Cliath ach a fhilleann ar an mbaile chuile dheireadh seachtaine.

1990

Briseann an Taoiseach, Cathal Ó hEochaidh, an Tánaiste agus Aire Cosanta, Brian Ó Luineacháin, as oifig tar éis dó diúltú éirí as sa chonspóid faoi ghlaonna teileafóin ar an Uachtarán. Tagann an Comhrialtas slán i vóta muiníne le 3 vóta.

1996

Teilifís na Gaeilge ar an aer – ceiliúradh mór i mBaile na hAbhann. Tar éis mórthaispeántas tinte ealaíne, teachtaireachtaí dea-mhéine agus tacaíochta ón Uachtarán Mhic Róibín agus ón Taoiseach John Bruton.

1907

Dugairí Bhéal Feirste ar stailc ar son breis airgid. Lorg siad rátaí pá samhraidh i rith an gheimhridh ach dhiúltaigh an bhainistíocht dá n-éileamh.

1920

Cuirtear Kevin Barry chun báis i bPríosún Mhuinseo faoi mharú saighdiúra i mí Mheán Fómhair. Diúltaíodh don iliomad iarratas go maolófaí pionós an bháis ar an mac léinn leighis ocht mbliana déag.

1934

Deir Seán Lemass le Cumann Fealsúnachta na Tríonóide mura seasfadh Rialtas na Breataine leis an gcríochdheighilt agus dá bhfágfaí socruithe Rialtais fúinn féin, go gcuirfí deireadh le formhór mór na ndeacrachtaí idir Éirinn agus an Bhreatain.

1940

Clogad nua do Ghardaí Bhaile Átha Cliath – níos éadroime, agus níos compordaí más fíor, ná an seancheann. Tá an cnap imithe agus strapa leathair dubh in áit an tslabhra.

1957

An tsatailít Rúiseach *Sputnik* le feiceáil os cionn Bhaile Átha Cliath ar feadh trí nóiméad – an dara huair le mí. Tá cuntas cruinn á choinneáil ar chonair an roicéid agus cuirfear go Moscó é.

1963

Tugtar corp an iar-Ghobharnóra Ghinearálta, an Seanascal, Domhnall Ua Buachalla, go dtí an séipéal i mBaile Átha Cliath. Ba Ghaeilgeoir é a throid in Ardoifig an Phoist i 1916 agus a sheas in aghaidh an Chonartha sna Ceithre Cúirteanna.

1970

I mBealach an Tirialaigh athchuirtear corp John Daly, an Connaught Ranger dhá bliain is fiche a chuir meitheal lámhaigh le hArm na Breataine chun báis san India 50 bliain ó shin. Chuir sé in aghaidh bhrúidiúlacht na nDúchrónach in Éirinn.

1984

Bliain is fiche á cheiliúradh ag na Chieftains. Tá siad i mbun cleachtaidh in Amharclann an Olympia don *Playboy of the Western World* le Compántas Náisiúnta Bailé na hÉireann.

1987

Tá póilíní na Fraince ag ceistiú cúigear fear a raibh pasanna Éireannacha acu a gabhadh nuair a thángthas ar 150 tonna airm agus armlóin ar an long *Eksund*, gar do chalafort Brest.

1995

Faigheann Brian Ó Luineacháin ó Fhianna Fáil bás in aois a 64. Bhí sé tinn le píosa. Ba pholaiteoir aitheanta é a raibh aireacht aige i seacht rialtas.

1998

Baineann Catherina McKiernan Maratón Amstardam ach ní éiríonn léi curiarracht nua dhomhanda a bhaint.

Agus an-lá ag Darren Clarke nuair a bhaineann seisean Máistrí Volvo na Spáinne.

2 Samhain

1901

Ag labhairt dó san Iúr cáineann John Dillon iompar Arm na Breataine go géar i gCogadh na mBórach. Rinneadh géarleanúint ar na Bóraigh, a dúirt sé, ar bhealach ní ba uafásaí ná a dearnadh riamh roimhe sin in annála cogaíochta na linne seo – mná agus gasúir á marú ina mílte i sluachampaí géibhinn ag saighdiúirí Briotanacha.

1922

Tá Sinn Féin ag iarraidh go ndéanfaí gearáin faoi chliarlathas na hÉireann leis an Vatacáin faoin mbreith údarásach a thugadar ar an Rialtas Sealadach faoi dhlisteanas an Rialtais sin.

1938

Lasann Cathaoirleach Chomhairle Dhún Laoghaire, W J Dooge, na soilse nua ar an mbóthar ó Bhaile an Bhóthair go Dún Laoghaire. Faoi cheann cúpla seachtain beidh na soilse nua ar fáil ar an mbealach ar fad ó Dhroichead Shráid an Mhóta go Deilginis.

1950

Faigheann George Bernard Shaw, drámadóir agus léirmheastóir, bás in aois a 94. Síochánaí le linn an Chéad Chogadh Domhanda, phléadáil sé in aghaidh cur chun báis ceannairí 1916; chosain sé Ruairí Mac Easmainn agus bhunaigh sé Acadamh Literartha na hÉireann in éineacht le Yeats.

1969

Máirseáil cearta sibhialta i nDoire – dílseoirí ag cur ina gcoinne agus tagann na póilíní eatarthu. Cruinniú cearta sibhialta sa Diamond.

Agus i mBaile Átha Cliath breis agus 250 duine ag triall ar Ambasáid Mheiriceá i mbun agóide faoin gcogadh i Vítneam.

1978

Craoladh beo ón Cork Opera House le tús a chur le RTÉ 2. An Taoiseach, Seán Ó Loingsigh, Cathaoirleach RTÉ, Sheila Conroy, an tArd-Stiúrthóir George Waters, Ardmhéara Chorcaí, Jim Corry, agus an tAire Poist is Telegrafa, Pádraig Faulkner, i láthair.

1982

Iarcheannaire Pháirtí an Lucht Oibre, Michael O'Leary, le dul isteach i bhFine Gael. Molfaidh an Dr Garret FitzGerald gur faoi aoire Fhine Gael a bheas sé feasta.

1993

An Melbourne Cup san Astráil buaite ag an gcapall Éireannach Vintage Crop ag 14–1, é traenáilte ag Dermot Weld, Michael Kinane sa diallait.

1997

Lorgaíonn clann Bhridget McCole, nach maireann, fiosrú iomlán ón nGarda Síochána ina bás. Ag labhairt dóibh den chéad uair ó shocraigh Stiúrthóir na nIonchúiseamh Poiblí nach gcúiseofaí éinne tar éis Fhiosrú Finlay, deir an chlann gur cóir na bealaí ar fad le cás cúirte a thógáil, a iniúchadh.

1902

Glacann Bardas Bhéal Feirste leis d'aon ghuth go nglacfaí le tairiscint £15,000 ón Meiriceánach Andrew Carnegie le trí bhrainse leabharlainne a thógáil sa chathair.

1916

Cailltear 94 duine nuair a bhuaileann lastlong ghaile, *Connemara*, atá ar a bealach ón nGrianfort go Holyhead, faoin mbád guail *Retriever* i Loch Cairlinn agus í ag déanamh ar an Iúr. Ní thagann slán ach duine amháin.

1922

Ag cruinniú poiblí de Choimisiún Poist na hÉireann ar atheagar na seirbhíse, deir Rúnaí Oifig an Phoist, PS O'Hegarty, go bhfuil na rátaí pá sásúil ach go bhfuil an iomarca á íoc leis an bhfoireann sórtála.

1937

Seoltar an *Munster* i mBéal Feirste. Seolfaidh sí idir Baile Átha Cliath agus Learpholl do líne an B and I. Maítear go bhfuil an teorainn ag déanamh dochair don turasóireacht sa Tuaisceart.

1947

An stailc iompair 60 lá thart. Busanna, tramanna agus rothair ar na sráideanna i mBaile Átha Cliath arís agus an trácht ina chíor thuathail.

1957

Foilsítear an chéad eagrán den *Sunday Review*. Tuairiscítear é a bheith díolta amach sna cathracha agus faoin tuath roimh mheán lae.

1964

Bronnann an tUachtarán de Valera séala a oifige ar Bhrian Ó Luineacháin, an tAire nua Dlí is Cirt sa Seachtú Dáil Déag in Áras an Uachtaráin.

1978

Tionóltar an cruinniú tionscnaimh de Bhord na Gaeilge i mBaile Átha Cliath. Aire na Gaeltachta, Donncha Ó Gallchóir, ag labhairt leis an eagras nua a mbeidh de chúram orthu áiteamh ar an bpobal an Ghaeilge a úsáid go minic.

1987

Baineann an t-údar Christopher Nolan, nach féidir leis siúl ná labhairt agus a scríobhann le cabhair slaitín atá ceangailte dá chloigeann, Gradam Liteartha Whitbread ar a dhírbheathaisnéis, *Under the Eye of the Clock*.

1990

Agus vótáil ar siúl i dtoghchán na hUachtaránachta ar thrí oileán déag, gabhann Aire na Timpeallachta, Pádraig Flynn, a leithscéal faoi chur i leith an iomaitheora Mary Robinson go raibh sí ag cur suime arís ina cúramaí clainne.

1995

An tUachtarán, polaiteoirí agus cairde ag fágáil slán le Brian Ó Luineacháin. Tar éis Aifrinn i gCaisleán an Cnucha cuirtear i mBaile Átha Luain é. Is é ceannaire Fhianna Fáil, Bertie Ahern, a thugann an óráid.

4 Samhain

1903

Ag éisteacht phríobháideach leis an bPápa bronnann Marian Mulhall as Aontroim bata dairdhubh snoite air. 'Sin é díreach a bhí uaim' a deir sé. Agus tugann an Pápa grianghraf de féin di, sínithe aige féin.

1924

Dearbhaíonn an Dáil le 41 vóta in aghaidh 20 go gcuirfear Comhairlí Ceantair Tuaithe ar ceal faoin mBille Rialtais Áitiúil nua. Cuireann Páirtithe an Lucht Oibre agus na bhFeirmeoirí ina aghaidh.

1931

Cuirtear reachtaíocht nua a thugann cead don Rialtas dleacht chustaim a ghearradh tríd an Dáil go sciobtha mar fhreagra ar ráflaí go bhfuil an Bhreatain lena polasaí cánach féin a athrú.

1958

Tá an Taoiseach, Éamon de Valera, agus Ambasadóir na hÉireann sa Vatacáin, Leo McCauley, ar na mílte a fhreastalaíonn ar shearmanas corónaithe ceithre huaire a chloig an Chairdinéil Angelo Giuseppe Roncalli – an Pápa Eoin XXIII.

1967

Filleann an Taoiseach, Seán Ó Loingsigh, ar Bhaile Átha Cliath tar éis cainteanna ar an gComhphobal Eorpach leis an nGinearál de Gaulle. Agus é i bPáras shínigh sé conradh nua cultúrtha i bPálás an Elysée le hAire Gnóthaí Eachtracha na Fraince, Couve de Murville.

1974

Scriostar Teach Powerscourt in Áth an Sceire i ndóiteán. Cailltear seoda ealaíne luachmhara sa tine. Deir na húinéirí, Ralph agus Gwendoline Slazenger nach n-atógfar an teach.

1982

Buailtear an Rialtas i rún muiníne sa Dáil le 82 vóta in aghaidh a 80. An Taoiseach, Cathal Ó hEochaidh, in Áras an Uachtaráin agus cáipéis lánscortha an 23ú Dáil á síniú ag an Uachtarán Ó hIrghile.

1986

Léiríonn suirbhé a rinne An Foras Forbartha gur tháinig méadú ar an mbáisteach aigéadach ar chósta thoir na hÉireann. Meastar gur truailliú aeir ón mBreatain agus ón Mór-Roinn is cúis leis.

1991

Tá Dermot Desmond, iar-chathaoirleach NCB, sásta bualadh le John Glackin, an cigire a ceapadh le fiosrú a dhéanamh faoi Cheannáras Telecom. Dúirt John Glackin leis an Ardchúirt go raibh deacrachtaí aige eolas a fháil faoi dhíol an tsuímh i nDroichead na Dothra.

1996

Téann an raic fhada faoi athruithe ar Ardeaglais Cheatharlach i ndéine tar éis do dhream amháin ordú cúirte a fháil ag cur stop le pleananna an Easpaig an phuilpid, na ráillí agus an altóir a bhaint amach.

1909

Cuirtear tús le Club Aero na hÉireann – díomá ar dhaoine go mbeartaíonn an t-eitleoir Francach, Louis Paulhan, fanacht i Sasana ag iarraidh an chéad eitilt riamh ó Londain go Manchain a dhéanamh.

1923

Deireadh le stailc sé seachtaine déag na ndugairí i mBaile Átha Cliath faoi laghdú 12 scilling sa tseachtain ar a bpá a chuirfeadh ar aon chéim le dugairí na Breataine iad. Comhghéilleadh atá ann.

1936

Osclaítear seamlas ar leith do phobal Giúdach Bhaile Átha Cliath ar an gCuarbhóthar Thuaidh. Deir an Príomh-Raibí Herzog gur sampla é Baile Átha Cliath do Ghiúdaigh ar fud na hEorpa faoina leathanaigeantacht agus a nglacadh le creidimh eile.

1937

Socraíonn an Roinn Poist agus Telegrafa gan litreacha ná beartáin a sheachadadh Lá Nollag i mbliana. Táthar ag iarraidh go mbeadh fir an phoist in ann an Nollaig a chaitheamh sa bhaile.

1947

Cuireann an Rialtas fiosrú dlíthiúil ar bun le líomhaintí in aghaidh Airí agus baill den Oireachtas a iniúchadh de bharr díol Dhrioglann Locke i gCill Bheagáin.

1967

Déanann an tUachtarán de Valera comhghairdeas le Louise Gavan Duffy ar iubhaile bunaithe Scoil Bhríde i Raghnallach.

1972

Ardeaspag Caitliceach i láthair ag Searmanas Saoránachta in Ardeaglais Chríost i mBaile Átha Cliath den chéad uair ón Reifirméisean. An tArdeaspag Dermot Ryan ann leis an Ardeaspag Buchanan.

1982

Cuirtear Ard-Rúnaí an ITGWU, Michael Mullen, i mBaile Átha Cliath. Tugann polaiteoirí agus ceardchumannaigh ómós dó.

Agus cuirtear triúr saighdiúirí Éireannacha a maraíodh sa Liobáin, an Ceannaire Gregory Morrow agus na saighdiúirí singil Peter Burke agus Thomas Murphy.

1987

Saortar an Dr John O'Grady a d'fhuadaigh buíon armtha 23 lá ó shin, uair an chloig sula raibh airgead fuascailte £1.5m le híoc. Gortaítear an Bleachtaire Martin O'Connor go dona in eachtra lámhaigh.

1992

Cailleann an Rialtas vóta muiníne sa Dáil agus scortar é. Tugtar ómós do Chathal Ó hEochaidh agus don Dr Garret FitzGerald, atá ag éirí as an bpolaitíocht.

1997

Dearbhaíonn Dick Spring go bhfuil sé ag éirí as mar cheannaire Pháirtí an Lucht Oibre ach fanfaidh sé sa Dáil.

6 Samhain

1910

Fógraíonn Club Eitleoireachta na hÉireann duais £25 don té a dhéanann an líon is mó eitiltí leathmhíle in aon lá amháin idir mí na Samhna agus mí na Nollag. Eitleáin déanta in Éirinn atá i gceist.

1929

Caitheann lucht agóide paimfléid dhearga anuas ón nGailearaí Poiblí le linn ráiteas ar an dífhostaíocht a bheith á dhéanamh sa Dáil ag Liam T Mac Coscair, Uachtarán na Comhairle Feidhmiúcháin. Téann cuid acu i ngleic leis na Gardaí taobh amuigh de Theach Laighean.

1938

Nochtar leacht de Kevin Barry i Sráid na hEaglaise i mBaile Átha Cliath. Deir an tAire Poist agus Telegrafa, Oscar Traynor, le hiarbhaill den IRA nach mbeidh deireadh lena gcuid oibre go mbeidh chuile fhód de chuile chontae in Éirinn saor agus faoi smacht ag Gaeil.

1945

Deir an Taoiseach, Éamon de Valera, agus freagra á thabhairt aige ar rún ag Ard-Fheis Fhianna Fáil ag éileamh go n-aisghairmfí an tAcht Caidrimh Eachtraigh, gur Poblacht atá againn agus nár chuir sé an t-ainm Poblacht na hÉireann sa Bhunreacht toisc nach gclúdaíonn sé Éire uile.

1950

Socraítear nach bhfuil an tOspidéal Ríoga i gCill Mhaighneann sásúil níos mó mar áit chónaithe. Bhí an t-ospidéal, áit a dtugtaí aire do sheansaighdiúirí le linn Chogaí Napoléon, in úsáid ag na Gardaí le 20 bliain anuas.

1974

Scriosann dóiteán ionaid stórála Calor Kosangas ar na dugaí i mBaile Átha Cliath go moch ar maidin inniu. Cloistear na buidéil ag pléascadh agus feictear na lasracha ar fud na cathrach. Caithfear 200 duine a aslonnú as ceantar Bhóthar Alexandra.

1985

Mórshlógadh ag múinteoirí ag Teach an Ardmhéara i mBaile Átha Cliath. Deir an INTO, an ASTI agus an TUI go bhféadfadh geallúint Rialtais an moladh eadrána 10% a íoc deireadh a chur leis na stailceanna aon lae.

1991

Tar éis seisiún achrannach Dála áit a chosnaíonn an Taoiseach a ndearna sé i gcás Siúicre Éireann molann an teachta Seán Power ó Chill Dara rún mímhuiníne i gceannaireacht Chathail Uí Eochaidh le vóta rúnda. Deir Príomh-Aoire Fhianna Fáil gur vóta poiblí a bheas ann.

1996

Taispeántar scannán Neil Jordan ar Mhicheál Ó Coileáin i gCorcaigh agus i mBaile Átha Cliath. Bailíonn na sluaite taobh amuigh den Savoy i mBaile Átha Cliath leis na réaltaí a fheiceáil, Aidan Quinn agus Liam Neeson ina measc.

312

1912

Ceadaíonn Státchiste na Breataine deontas ar leith do thrialacha le tobac a fhás agus a fhorbairt in Éirinn. An Roinn Talmhaíochta a riarfaidh an scéim nua.

1924

Fógraíonn Uachtarán na Comhairle Feidhmiúcháin, Liam T Mac Coscair, pardún do ghníomhartha coiriúla a rinneadh idir Nollaig 1921 agus Bealtaine 1923 agus a raibh baint acu le hiarrachtaí Rialtas dleathach na tíre a chur dá chois.

1934

Taispeántar *Damhsa Árann*, scannán gearr a rinne Norris Davidson ar an rince Gaelach i gCill Éinne, ag an Western Electric Theatre in Aldwych i Londain. Tá sraith le déanamh d'Éireannaigh agus do Ghael-Mheiriceánaigh.

1940

Tar éis ráiteas Winston Churchill faoi chalafoirt na hÉireann a úsáid agus an tuairimíocht a bhí sna meáin i Meiriceá dá bharr, diúltaíonn an Taoiseach, Éamon de Valera, go hiomlán don smaoineamh, á rá nach dtarlódh a leithéid an fhaid is a bheadh an Stát seo neodrach.

1955

Osclaíonn an tAire Sláinte, T F Ó hUigín, ospidéal réigiúnach na Gaillimhe a tógadh ar chostas £1.75m. Beannaíonn Easpag na Gaillimhe, an Dr de Brún, an foirgneamh.

1963

Na Beatles i mBaile Átha Cliath ag ceolchoirm san Adelphi. Na sluaite glóracha dá lucht tacaíochta i Sráid na Mainistreach roimh John Lennon, Paul McCartney, Ringo Starr agus George Harrison.

1975

Tagann deireadh le léigear Tiede Herrema i Mainister Eimhín. Tugtar Eddie Gallagher agus Marian Coyle chun siúil go stáisiún an Bhridewell.

1984

Scriosann an Chónaidhm Náisiúnta in aghaidh Ghadaíocht Chóipceart breis agus 2,000 caiséad fístéipe. Déanann inneall gaile John Fowler ó 1924 smidiríní díobh i mBaile Átha Cliath.

1991

Briseann an Taoiseach an tAire Airgeadais, Albert Reynolds, a bhí tar éis tabhairt le fios go dtacódh seisean leis an vóta mímhuiníne i gCathal Ó hEochaidh a phléifear ag cruinniú de pháirtí parlaiminte Fhianna Fáil.

1995

Áitíonn an Bhreatain ar an Aontas Eorpach gan cead a thabhairt don Rialtas anseo tacú le Irish Steel le £27m d'fhiacha an chomhlachta a thógáil ar lámh. Leanfaidh siad orthu ag iarraidh an comhlacht a shábháil.

1915

Filleann 400 fear Éireannach ar Bhaile Átha Cliath nuair a theip orthu dul go Meiriceá le comhlacht seoltóireachta Cunard. Ní ghlacfaidh Cunard le géillsinigh Bhriotanacha atá in ann ag seirbhís mhíleata.

1928

Sroicheann an chéad chuid den trealamh le tarracóirí a dhéanamh i Monarcha Ford Chorcaí ar an SS *Lake Gorin*, ceann de thrí bhád atá leis an monarcha iomlán tarracóirí a aistriú ó Detroit go Corcaigh.

1932

Ag labhairt dó ag céad Ard-Fheis Fhianna Fáil ó ghlac an páirtí cumhacht deir Éamon de Valera go ndéileálfar go pras le haon arm mídhleathach. Ní cheadóidh an Rialtas, a deir sé, go nglacfaidh aon dream dualgais an Rialtais orthu féin.

1949

Cosc ar ainmneacha sráide in aon teanga seachas an Béarla de réir leasú ar Bhille a ritear i Seanad an Tuaiscirt. Deir an Seanadóir P J O'Hare gur ionann an cosc seo i nDoire agus cosc an Rialtais ar pharáid na Cásca.

1956

Achrann i mBaile Átha Cliath le linn agóid mac léinn faoi ionradh na Rúise ar an Ungáir. Téann an lucht agóide go hAmbasáid Mheiriceá i gCearnóg Mhuirfean ag iarraidh orthu gníomhú – leis an lámh láidir más gá – leis an Ungáir a thabhairt slán.

1966

Tugtar ómós do Sheán Lemass a fhógraíonn go bhfuil sé ag éirí as mar Thaoiseach – fear a raibh tionchar mór aige ar pholaitíocht na tíre.

1975

Eddie Gallagher agus Marian Coyle os comhair na Cúirte Coiriúla Speisialta tar éis an léigir i Mainistir Eimhín. Labhraíonn an Dr Tiede Herrema agus gabhann buíochas leis an Rialtas, leis an Arm agus leis na Gardaí.

1984

Léann chéad léitheoir nuachta RTÉ, Charles Mitchel an nuacht den uair dheireanach agus fágann slán leis an bpobal féachana – fear a raibh aithne agus meas ag an bpobal air.

1987

Maraítear aon sibhialtach déag i bpléasc ag searmanais Remembrance Day ag leacht cuimhneacháin an bhaile in Inis Ceithleann. Gortaítear 63 eile, 19 acu go dona. Cáintear buama Phrovisionals an IRA go láidir.

1999

Brú ar John Ellis Fhianna Fáil éirí as cathaoirleacht Choiste an Oireachtais ar Thalmhaíocht. Theip ar a chomhlacht Stanlow Trading, agus tá airgead ag dul d'fheirmeoirí.

1907

Tagann deireadh leis an Taispeántas Idirnáisiúnta Éireannach. Áirítear gur thug beagnach 3 milliún duine cuairt ar an taispeántas le 6 mhí anuas, eachtrannaigh ina measc.

1919

Gabhtar Jim Larkin i Nua Eabhrac agus cuirtear ina leith go raibh an *Revolutionary Age*, páipéar a mhol go gcaithfí an Rialtas amach le lámh láidir, á scaipeadh aige.

1928

Le 200 bliain breith an drámadóra Oliver Goldsmith a chomóradh cuireann Amharclann na Mainistreach léiriú den choiméide *She Stoops to Conquer* ar siúl.

1935

Báitear naoi nduine dhéag as 20 a bhí ag dul ó Ailt an Chorráin i gCo. Dhún na nGall go hÁrainn Mhóir nuair a bhuaileann an bád carraig. Fir agus mná a bhí ag filleadh ón obair in Albain a bhí iontu mar aon le cairde a chuaigh rompu.

1947

Cáineann James Dillon an t-oideachas éigeantach trí Ghaeilge – smál millteach ar an gcóras oideachais, a deir sé. Is ionann Gaeilge do cheapacháin phoiblí agus breabaireacht is caimiléireacht a choinníonn daoine éifeachtacha amach as poist agus a cheapann daoine gan mhaith.

1956

Stáisiún Ginte Cumhachta na Rinne i mBaile Átha Cliath i mbun tairgíochta iomlán anois ó tá an tríú ginteoir ag cur leitreachais ar fáil don ghréasán náisiúnta.

1968

Sochraid an tSeanadóra Margaret Pearse go Reilig Ghlas Naíon. An tUachtarán de Valera, agus ionadaithe ón Arm, ón Eaglais agus ón Stát ag tabhairt ómóis don bhean ar cuireadh a deartháireacha chun báis tar éis Éirí Amach 1916.

1977

An 30 lá breithe á chomóradh ag Compántas Bailé Chorcaí. Ardmhéara Chorcaí, an Bardasach Gerald Goldberg, i láthair ag an gceiliúradh.

1981

Nochtar leacht i gcuimhne an Ardeaspaig Seán McHale i gContae na Gaillimhe. Tugann an tAthair Pádraig Ó Fiannachta ó Choláiste Phádraig Maigh Nuad léacht ar a shaol is ar a shaothar.

1990

Toghtar Máire Mhic Róibín mar sheachtú hUachtarán ar Éirinn. Deir sí féin gur vóta ar son mhodh nua uachtaránachta atá ann.

1998

Cuirtear tús le hatriail Lee Clegg, paratrúpaí Briotanach, san Ardchúirt i mBéal Feirste. Ciontaíodh é i marú an déagóra Karen Reilly ocht mbliana ó shin ach cuireadh an bhreith seo ar neamhní.

10 Samhain

1913

Cláraíonn an Dublin Volunteer Corps, eagraíocht atá gaolmhar leis an Ulster Volunteer Force, 2,000 fear. Má thugtar Home Rule isteach cosnóidh siad cearta sibhialta agus creidimh na bProtastúnach sa Deisceart.

1927

Ainneoin móramh Dála leis an Acht Cosanta Poiblí a choinneáil go ceann dhá bhliain eile, tá Liam T Mac Coscair lena ligean as feidhm i mí an Mhárta seo chugainn. Ritheadh an tAcht tar éis dhúnmharú an Aire Dlí is Cirt, Kevin O'Higgins, níos luaithe i mbliana.

1937

Tugann Éamon de Valera Bille nua isteach sa Dáil a chuireann séala ar fáil d'Uachtarán na hÉireann.

1942

Tionóltar an chéad chruinniú de Choiste Náisiúnta Chónaidhm na bhFostóirí, ionadaithe ann ó 500 de thionsclóirí móra na tíre.

1953

Bás faighte ag an bhfoilsitheoir George Roberts, dlúthbhaint aige le lucht liteartha ag tús an chéid. Baint aige ar dtús leis na foilsitheoirí Maunsell and Roberts, a chomhlacht féin ansin aige go dtí tar éis an Chogadh Cathartha.

1966

An Taoiseach, Seán Ó Loingsigh, agus a chuid airí ag fáil séalaí a n-oifige ón Uachtarán de Valera in Áras an Uachtaráin. Ar na hairí tá Donncha Ó Máille, Erskine Childers, Joe Brennan, Seoirse Ó Colla, Cathal Ó hEochaidh, Brian Ó Luineacháin agus Pádraig Ó hIrghile.

1971

Buann an Rialtas ar rún mímhuiníne le Fine Gael i Jim Gibbons, le 72 vóta in aghaidh a 69. Staonann Niall Bléine agus Paudge Brennan. Tá súil ag an Taoiseach go bhfuil deireadh ráite anois faoi Ghéarchéim na nArm.

1975

Cogadh na n-oisirí i gCiarraí arís agus cúig bhád déag dóite ar thrá Chill Fhionnúrach agus seacht mbád eile scaoilte le sruth ón gcé san Fhianait.

1987

Éamonn Andrews

Sochraid an chraoltóra Éamonn Andrews i bPort Mearnóg. An tUachtarán, polaiteoirí agus lucht na meán craolta ag fágáil slán aige agus ag déanamh comhbhróin lena mhuintir.

1991

Tá an Taoiseach, Cathal Ó hEochaidh, le hiarraidh ar thriúr airí sóisearacha, a vótáil ina aghaidh sa dúshlán ceannaireachta, éirí as.

1995

Cuireann urlabhraí na nEaspag Caitliceach fainic ar Chaitlicigh go ndiúltófar na sacraimintí dóibh má fhaigheann siad colscaradh agus má thógann siad páirtnéir eile.

1908

Scriosann dóiteán i Halla na Cathrach i mBaile Átha Cliath trí cinn déag de phortráidí luachmhara, ina measc ceann de chéad Ardmhéaraí na cathrach, Sir Daniel Bellingham, in 1685. Tagann an foirgneamh féin slán.

1918

Síníonn na Gearmánaigh an sos cogaidh a dhréacht na Comhghuaillithe agus Meiriceá. Cuirtear deireadh leis an gcogaíocht feadh fronta an Iarthair sé huaire an chloig ina dhiaidh sin. Maraíodh 140,000 Éireannach sa Chogadh Mór.

1930

Dóitear dhá ríl den scannán cainte, *Juno and the Paycock* go poiblí i Sráid Chaitríona i Luimneach. Réab scata fear isteach sa phictiúrlann, an Athenaeum, thóg an scannán agus dhóigh é.

1946

Tagann an *Travemunde* ó Bhremen isteach go Baile Átha Cliath, an chéad long Ghearmánach ó 1939. Tabharfaidh sí cúpla cuairt orainn le 2,000 eallach a thabhairt léi – bronntanas ó rialtas na hÉireann don Ghearmáin.

1956

Scriostar sé ionad custaim ar an teorainn tar éis ionsaithe buamála ó Shaor Uladh. Ní ghortaítear éinne sna pléascanna.

1968

Diúltaíonn dhá ollscoil Bhaile Átha Cliath do phleananna chónasctha. Síníonn an tAire Oideachais, Brian Ó Luineacháin, an conradh do cheard-choláistí réigiúnacha i mBaile Átha Luain agus i Sligeach.

1975

Céad bliain á chomóradh ag Ospidéal na Leanaí i Sráid an Teampaill i mBaile Átha Cliath. Freastalaíonn an tArd-Easpag Ó Riain agus an tUachtarán de Valera ar sheirbhís i Sráid Ghairnéir.

1980

Osclaíonn an Institiúid Náisiúnta Ard Oideachais go hoifigiúil i nGlas Naíon i mBaile Átha Cliath. 230 mac léinn cláraithe do shé chúrsa céime.

1987

Leabhar comhbhróin do na daoine a cailleadh sa bhuamáil in Inis Ceithleann oscailte i dTeach an Ardmhéara. Síníonn an Taoiseach, Cathal Ó hEochaidh, agus an Tánaiste, Brian Ó Luineacháin, é.

1995

Cuirtear Niall Bléine as Dún na nGall, an teachta ab fhaide sa Dáil, i reilig ar Leithinis Fhánada. Bhí sé 73. Caoimhín Ó Beoláin a thugann an óráid cois na huaighe.

1997

Insealbhaítear Máire Mhic Giolla Íosa mar ochtú hUachtarán na hÉireann i searmanas a leag béim ar an athmhuintearas agus ar an le-chéileachas. Tugadh cuireadh go Caisleán Bhaile Átha Cliath do dháréag gasúr ó gach contae in Éirinn.

12 Samhain

1913

An díospóireacht ar Home Rule ag dul i dtreise agus cáineann John Dillon go géar moladh faoi reifreann a rinne Arthur Balfour. Níl sa reifreann, a deir sé, ach an t-arm polaitiúil is mídhaonlathaí a bhféadfadh duine leas a bhaint as.

1920

Deireadh leis an stailc ocrais i bPríosún Chorcaí tar éis d'Art Ó Gríofa, Uachtarán Feidhmitheach Shinn Féin, teachtaireacht a chur chuig na príosúnaigh á rá leo gur chóir díriú anois ar mhaireachtáil ar son na hÉireann in áit bás a fháil ar a son.

1931

Faigheann Ardmhéara Bhaile Átha Cliath litir ón bhFrainc ag lorg deontais le leacht a thógáil i gcuimhne ar an dealbhóir cáiliúil idirnáisiúnta, Augustus Saint-Gaudens. Ba Éireannach í a mháthair, Mary McGuinness.

1940

Scriostar Muilte Olla Bhaile Átha Luain agus 20 acra thart orthu i ndóiteán. Áirítear go bhfuil luach £500,000 damáiste déanta. Bhí an baile iomlán i mbaol ón tine agus gálaí gaoithe 60 míle san uair ann.

1958

Cuireann an Bord Cinsireachta cosc ar an leabhar *Borstal Boy* le Breandán Ó Beacháin. Cuireann an leabhar síos ar an tréimhse a chaith sé i mBorstal i 1939 le linn an fheachtais bhuamála sa Bhreatain.

1966

200 bliain á chomóradh ag an *Limerick Chronicle*, an dara nuachtán Béarla is faide a mhair gan briseadh. (An *Belfast News Letter* amháin is sine ná é). Pingin a chosain an chéad eagrán.

1979

Buaileann an Chúirt Oibreachais le ceannairí stailc na ndugairí i mBaile Átha Cliath agus imní mór ann faoin dochar a dhéanfadh an stailc don eacnamaíocht. Tá £25 breise sa tseachtain uathu agus tosca oibre níos fearr.

1981

An chéad chréamatóir sa tír tógtha ag Reilig Ghlas Naíon a bheas ar oscailt san athbhliain. Táthar ag obair air ó lár na seachtóidí. Mhaolaigh an Eaglais Chaitliceach a seasamh in éadan an chréamtha i lár na seascaidí.

1995

Cosnaíonn an Taoiseach, John Bruton, an óráid a rinne sé i Londain ar an Tuaisceart áit ar éiligh sé ar Rialtas na Breataine teacht ar chomhréiteach faoi na hábhair eile atá ag cur bac i gcónaí ar chainteanna ilpháirtí. Iontas ar dhaoine sa Bhreatain.

1998

Gabhann na Bráithre Críostaí leithscéal faoin íde a d'fhulaing buachaillí a cuireadh go Scoil Saothair Ard Aidhin sna caogadaí agus sna seascaidí.

1903

Cuirtear fáilte abhaile go Baile Átha Cliath roimh an dara cathlán de na Dublin Fusiliers tar éis beagnach 20 bliain thar lear. Cuireadh ón India go dtí an Afraic Theas iad do Chogadh na mBórach.

1913

Saortar James Larkin as Príosún Mhuinseo tar éis dó seacht lá déag de théarma 7 mí a chur isteach faoi chlúmhilleadh ceannairceach. Labhraíonn sé le hoibrithe atá glasáilte amach ag Plás Beresford.

1927

Cuireann Amharclann na Péacóige, ar cuid d'Amharclann na Mainistreach í, a céad léiriú ar siúl – *From Morn to Midnight* aistrithe ón nGearmáinis. Is féidir drámaí trialacha a chur ar bun sa Phéacóg gan mórán costais.

1942

Ag labhairt dó ag Cumann Innealtóireachta na Tríonóide cuireann Manning Robertson síos ar Bhaile Átha Cliath amach anseo – neart spáis, bóithre leathana, áiseanna caitheamh aimsire, tionsclaíocht dhíláraithe agus polasaí talmhaíochta ag coinneáil daoine faoin tuath.

1954

Tá an Túr Martello i Sáinn le Gó atá luaite i *Ulysses*, ar díol. Chaith Joyce, Oliver St John Gogarty agus Sasanach áirithe samhradh na bliana 1904 ann.

1962

Éide nua ag banóstaigh Aer Lingus a dhear Nellie Mulcahy, snáth mustairte agus bréidin iontu – dath glas na raithní agus gorm Naomh Pádraig orthu.

1976

Jimmy Saville in éineacht leis na mílte ógánach ar shiúlóid urraithe ó Bhéal Feirste go Sruth Chráfard i gContae an Dúin – féile rac ina dhiaidh sin.

1980

Cuirtear comhbhunaitheoir an Léigiúin Mhuire, Frank Duff, i mBaile Átha Cliath. An tUachtarán Ó hIrghile, an t-iar-Thaoiseach, Seán Ó Loingsigh, agus Ardmhéara Bhaile Átha Cliath, Fergus O'Brien, i láthair.

1984

Maraítear naonúr nuair a thuairteann a n-eitleán i Sussex ar an mbealach ó Bhaile Átha Cliath go Páras do rás bliantúil fíona Beaujolais. Orthu sin tá ceathrar iriseoirí aitheanta, Niall Hanley, Kevin Marron, John Feeney agus Tony Hennigan.

1991

Cáineann an freasúra ainmniúchán an Aire Cosanta nua, Jim McDaid, á rá gur fhreastail sé ar shochraid de chuid an IRA, agus ag ceistiú a sheasamh ar an eiseachadadh. Iarrann Jim McDaid ar an Taoiseach a cheapachán a tharraingt siar.

1997

Buann Ruairí Quinn ceannaireacht Pháirtí an Lucht Oibre, farasbarr 10 vóta aige. Buaileann sé Brendan Howlin i vóta rúnda.

14 Samhain

1905

Seoltar an galtán dhá scriú, an *Shamrock*, i Longchlós Bhaile Átha Cliath. Tógadh go speisialta í leis an dríodar a thógáil ón bPigeon House go láthair dumpála amach ó Chuan Bhaile Átha Cliath.

1921

Tugann Coiste Oideachas Teicniúil an Chontae cead do mhic léinn Chorcaí damhsaí a chur ar siúl ar choinníoll nach mbíonn 'ragtime' nó 'one-step' ar siúl – dar leis an gcoiste go bhfuil siad seo mímhorálta.

1923

Bronntar duais Nobel don Litríocht ar an bhfile agus drámadóir W B Yeats. Tá cuid mhór drámaí, filíochta agus próis scríofa aige – ina measc an dán *The Wanderings of Oisín* agus *The Countess Cathleen*.

1934

Éilíonn Gluaiseacht na nOibrithe Dífhostaithe go bhfeabhsófaí an Cúnamh Dífhostaithe agus na scéimeanna cabhrach. Tugann na Gardaí faoin lucht máirseála agus iad ag tarraingt ar Theach Laighean.

1946

Báitear ochtar as criú ceithre dhuine dhéag nuair a bhuaileann an trálaer *Charmouth* mianach scór míle ó Bhaile Choitín. Tógann báid an seisear eile.

1969

Glacann saighdiúirí páirt i gcúrsaí traenála ar an gCurrach le bheith ina 'raonaithe'. Obair dhian fhisiceach i gceist agus ar ndóigh an t-amhrán aitheanta, *We are rangers*.

1978

Síníonn an dá phríomh-eagras feirme conradh aontachta i gContae Thiobraid Árann. Uachtarán an IFA, Paddy Lane, agus Uachtarán an ICMSA, Anthony Leddy, a chuireann a n-ainm leis.

1988

An fonn *Molly Malone* le cloisteáil i gceartlár Bhaile Átha Cliath agus an ceirnín órga is deireanaí á chomóradh ag na Fureys. Ceol ar siúl do lucht siopadóireachta i Sráid Anraí.

1989

Faigheann Aindreas Ó Muimhneacháin, iar-Uachtarán Oireachtas na Gaeilge agus láithreoir *Listen and Learn* ar Raidió Éireann, bás i mBaile Átha Cliath in aois a 84. Corcaíoch a bhí ann a bhí ina thimire ag Conradh na Gaeilge.

1992

Ionsaíonn an grúpa paraimíleatach dílseach, an UFF, siopa geallghlacadóra i mBéal Feirste. Maraítear beirt agus gortaítear 13 san ionsaí, Caitlicigh iad go léir.

1999

Bríd Dirrane as Inis Mór Árann ag ceiliúradh a lae breithe – í 105 bliain d'aois. Tá sí ag súil, a deir sí, leis an tríú céad a fheiceáil.

1901

Báitear ochtar criú den trálaer *Truelight* ó Bhinn Éadair le linn stoirme agus báitear naonúr nuair a théann an galtán guail *The Whiteabbey* go tóin poill gar do Bhéal Feirste.

1920

Ordaíonn na 6th Dragoon Guards do mhic léinn agus d'ollúna i gColáiste na hOllscoile, Gaillimh, a bheith amuigh le linn dóibh an coláiste a chuardach. Gabhtar triúr mac léinn a dhiúltaíonn a hataí a bhaint díobh le linn "God Save the King".

1931

Den chéad uair ón gConradh Angla-Éireannach i 1921 tá ceannaire gach a bhfuil fágtha de shean-Pháirtí Parlaiminteach na hÉireann, an Captaen Redmond, ar aon ardán polaitiúil i bPort Láirge le ceannaire Chumann na nGaedheal, Liam T Mac Coscair (ar chlé).

1943

Caithfidh James Reilly, duine de na tiománaithe caib is sine i mBaile Átha Cliath agus a thiomáin Parnell, Tim Healy agus John Dillon, a theach a fhágáil. Tá an teach, atá 200 bliain d'aois, láimh leis an Eaglais Chaitliceach sa Rinn. Tá sé le leagan mar nach bhfuil córas séarachais ann.

1951

Tá Duais Nobel san Fhisic á bronnadh ar an Ollamh Ernest Walton ó Choláiste na Tríonóide agus ar Sir John Cockcroft faoin obair a rinne siad ar chlaochlú eithní adamhacha.

1962

Tugtar coirp bheirt shaighdiúirí a maraíodh sa Chongó ar ais go Baile Átha Cliath. Maraíodh an Ceannaire Michael Nolan in Elizabethville anuraidh. Bhí an Trúipéir Anthony Browne ar dhuine den naonúr fear a maraíodh i léigear Niemba i 1960.

1975

Osclaíonn an tUachtarán Cearbhall Ó Dálaigh foirgneamh nua Scoil Lorcáin, bunscoil lán-Ghaelach i mBaile na Manach, Co. Bhaile Átha Cliath. Is é an tEaspag Séamus Caomhánach a bheannaíonn an scoil.

1980

Caitear maslaí leis an Taoiseach, Cathal Ó hEochaidh, agus fóram dhá lá Chomhairle um Stádas na mBan á oscailt aige. Pléitear na tosca do phríosúnaigh ban i bPríosún Ard Mhacha agus an tAcht Pleanála Clainne.

1985

Síníonn an Taoiseach, Garret FitzGerald, agus Príomh-Aire na Breataine, Margaret Thatcher, an Comhaontú Angla-Éireannach i gCaisleán Hillsborough i gCo. an Dúin. Olc ar cheannairí Aontachtacha a éilíonn reifreann faoin gComhaontú.

1994

Comhrialtas Fhianna Fáil agus Pháirtí an Lucht Oibre ar tí titim as a chéile faoi bharántais eiseachadta don phéidifíl, an tAth. Brendan Smyth, agus ceapachán Harry Whelehan mar Uachtarán ar an Ard-Chúirt.

16 Samhain

1913

Freastalaíonn James Larkin, a saoradh as príosún le deireanaí, ar chruinniú i Manchain a gairmeadh leis an saoradh seo a éileamh. Tugtar tacaíocht do na hoibrithe atá glasáilte amach le fada anois.

1932

Tá an Prince of Wales i mBéal Feirste leis na foirgnimh nua parlaiminte i Stormont a oscailt go hoifigiúil. Is é a chéad turas go dtí an Tuaisceart é agus cuireann na mílte fáilte ghlórach roimhe.

1946

Sroicheann chéad choirbhéad na hÉireann, an L E *Macha*, cuan Chorcaí. Tugadh ar lámh go foirmiúil ag Devonport inné í. Tógadh i 1942 í agus tá trealamh radair agus sonach uirthi.

1953

Faigheann an scoláire Ceilteach an tOllamh T F Ó Rathaille bás in aois a 70. Chaith sé a shaol ag obair ar theangacha Ceilteacha, ar an stair agus ar an miotaseolaíocht Ghaelach. Bhí sé ina chéad stiúrthóir ar Scoil an Léinn Cheiltigh.

1967

Tugtar Cros Tua, a bhí ar iarraidh le coicís óna suíomh ar Chnoc Ruacháin, Cill Iníne Baoith, Co. an Chláir, go dtí an tArd-Mhúsaem. Is cuid de Thaispeántas Rosc í.

1979

Bronnann an Taoiseach, Seán Ó Loingsigh, duais chuimhneacháin Christopher Ewart-Biggs ar an drámadóir Stewart Parker ó Bhéal Feirste ag searmanas i gColáiste na Tríonóide.

1986

Cailltear an t-aisteoir Siobhán Nic Cionnaith in aois a 63. Chuaigh sí leis an Taibhdhearc i nGaillimh agus as sin go hAmharclann na Mainistreach. Beidh cuimhne ar leith uirthi mar St Joan sa dráma le Shaw agus mar Pheigín Maidhc sa *Playboy of the Western World* le Synge.

1988

Fógraíonn an Taoiseach ceapachán an Aire Airgeadais, Ray MacSharry, mar Choimisinéir nua na hÉireann sa Chomhphobal Eorpach. Tiocfaidh sé i gcomharbacht ar Peter Sutherland san athbhliain.

1994

Teipeann ar Chomhrialtas Fhianna Fáil/Pháirtí an Lucht Oibre tar éis don Taoiseach, Albert Reynolds, labhairt leis an Dáil faoi chás Harry Whelehan. Deir Dick Spring go mbeidh a pháirtí ag vótáil in aghaidh an Rialtais.

1999

Deir David Trimble go bhféadfadh go gceadódh ceapachán eadránaí ón IRA ar an díchoimisiúnú do Shinn Féin a bheith páirteach i gcoiste feidhmiúcháin a roinnfeadh an chumhacht.

I Nua Eabhrac faigheann William Geary atá 100 bliain d'aois agus a caitheadh amach as na Gardaí i 1928 agus tréas curtha ina leith, leithscéal pearsanta ón Aire Dlí is Cirt, John O'Donoghue.

1916

Báitear triúr feirmeoirí agus beirt shaighdiúirí in eachtraí ar leith le linn tuilte móra tar éis stoirme. Faigheann na saighdiúirí bás i Mainistir Fhear Maí, áit a raibh an t-uisce cúig throithe ar airde.

1922

An Rialtas Sealadach ag leanacht lena bhfeachtas in aghaidh na bhfórsaí frith-Chonartha. Cuirtear ceathrar fear chun báis faoi ghunnaí a bheith acu go mídhleathach. Deir Kevin O' Higgins go gcaithfear an t-aindlí a chloí.

1926

Beirt Ghardaí neamharmtha a maraíodh i gCromghlinn á gcur agus tugann Uachtarán na Comhairle Feidhmiúcháin, Liam T Mac Coscair, isteach an Bille Cosanta Poiblí (Cumhachtaí Éigeandála).

1948

Tar éis cainte a rinne an Taoiseach, John A Costello, agus é ar cuairt i gCeanada le deireanaí tugtar Bille Phoblacht na hÉireann isteach sa Dáil. Beidh aisghairm an Acht Chaidrimh Eachtraigh i gceist.

1953

Inniu an lá atá ceaptha do thréigean an Bhlascaoid Mhóir agus cónaí ar an mórthír. Cuireann an drochaimsir as don phlean agus ní fhágann ach seisear ar thrálaer ón Daingean.

1965

Tugtar corp Liam T Mac Coscair, chéad Uachtarán Chomhairle Feidhmiúcháin Shaorstát Éireann, go dtí an eaglais i Ráth Fearnáin. An tUachtarán de Valera agus polaiteoirí eile ann le comhbhrón a dhéanamh lena mhac, Liam Mac Coscair.

1971

Díbrítear Niall Bléine agus Paudge Brennan (ar dheis) as páirtí parlaiminte Fhianna Fáil faoina seasamh ar an rún cáinte ar Jim Gibbons.

1974

Faigheann an tUachtarán Erskine Hamilton Childers, ceathrú hUachtarán na hÉireann, bás tobann de thaom croí in aois a 69. Bhí níos lú ná 17 mí dá théarma seacht mbliana curtha isteach aige.

1989

Fógraíonn an tAire Oideachais, Mary O'Rourke, gurb í Gráinne Kelly ó Bhaile Átha Cliath Bean Eorpach na bliana seo. Bhunaigh sí EURAD, an grúpa Eorpach frith-dhrugaí.

1994

Agus an rún mímhuiníne á phlé arís sa Dáil éiríonn Albert Reynolds agus a chuid airí as – ach ní iarrann sé ar an Uachtarán an Dáil a scor. Deir Páirtí an Lucht Oibre go mbeadh sé deacair acu dul i bpáirt i gcomhrialtas le Fianna Fáil arís.

1995

Tá cuardach ar siúl i gcónaí don trálaer, an *Carrigatine*, as Dún na nGall agus an seisear criú atá ar iarraidh amach ó chósta an iar-thuaiscirt. Tá imní mhór ar mhuintir an Chaisleáin Nua.

18 Samhain

1915

Deir John Dillon agus é ag labhairt sa Chabhán, nach ndéanfadh Rialtas ar bith iarracht an coinscríobh a chur i bhfeidhm in Éirinn. Tá an Irish Party in aghaidh an choinscríofa in Éirinn agus sa Bhreatain, a deir sé.

1929

Cailltear an t-iriseoir aitheanta, an Feisire Náisiúnach T P Ó Conchubhair, in aois a 81. Bhí suíochán aige i Learpholl, an t-aon bhall de Pháirtí Parlaiminteach na hÉireann a raibh toghlach i Sasana aige. Thugtaí 'Father' an House of Commons air sna blianta deiridh ansin.

1935

Cuirtear an troscán i gCaisleán Chill Chainnigh, áit chónaithe Iarlaí agus Mharcais Urmhan, ar ceant. Thug 5,000 duine cuairt ar an gCaisleán ó cuireadh a raibh ann ar taispeáint ceithre lá ó shin.

1942

Raic sa Seanad agus sleachta as leabhar Eric Cross, *The Tailor and Ansty*, ar cuireadh cosc air le deireanaí, á léamh ag an Seanadóir Sir John Keane. Bhí sé ag labhairt ar rún 'go n-athbhunófaí an Bord Cinsireachta' a bhfuil a muinín caillte ag an bpobal ann, dar leis.

1958

Glacann Cathaoirleach Aer Lingus, Patrick Lynch, leis an gcéad dá eitleán Fokker Friendship ó mhonarcha Ríoga Eitleáin na hOllainne i Schiphol. Tá seacht gcinn de na heitleáin 40 suíochán seo ordaithe ag Aer Lingus.

1965

Sochraid Liam T Mac Coscair i mBaile Átha Cliath. An tUachtarán agus polaiteoirí aitheanta i láthair le hómós a thabhairt dó. Tar éis an séipéal a fhágáil déanann an tsochraid ar reilig Dhroichead an Ghóilín.

1975

Féadfaidh maoir thráchta fíneáil £5 ar an spota a ghearradh ar ghluaisteánaithe gan cháin faoi Acht nua na nÚdarás Áitiúil. Cuireann na Gardaí in aghaidh seo á rá go raibh sé níos saoire maor tráchta a íoc ná Garda.

1985

Éiríonn an Seanadóir Mary Robinson as Páirtí an Lucht Oibre ar an mbonn nach bhféadfadh an Comhaontú Angla-Éireannach síocháin agus buanseasmhacht a chur i réim sa Tuaisceart nó san oileán trí chéile.

1991

Osclaítear Músaem na Scríbhneoirí i gCearnóg Pharnell. Tá scríbhinní agus giuirléidí pearsanta ann, clóscríobhán Joyce agus cárta ceardchumainn Behan ina measc.

1993

Slógaí ar son na síochána ar siúl ar fud an Tuaiscirt, 50,000 duine i mBéal Feirste. Cruinnithe freisin i nDoire, san Iúr, in Inis Ceithleann, sa tSrath Bán agus i bPort an Dúnáin. Tost nóiméid i scoileanna agus in ionaid oibre sa Phoblacht.

1907

Déanann cruinniú bunaidh Chumann Gaelach Choláiste na Tríonóide díospóireacht ar thréithe náisiúnta na nGael mar a fheictear in ealaíon na nÉireannach iad. Deir W B Yeats go bhfuil Sasana maoithneach agus go bhfuil Éire paiseanta.

1913

Seoltar an tArm Cathartha ag cruinniú den Dublin Civic League sna hAncient Concert Rooms. Is é an aidhm atá leis an Arm, a bhunaigh Séamus Ó Conghaile agus Jim Larkin, oibrithe a chosaint le linn a bheith glasáilte amach.

1924

Faigheann Ardeaspag Ard Mhacha agus Príomháidh na hÉireann, an Cairdinéal Michael Logue(ar dheis), bás in aois a 85. Ó Charraig Airt, Co. Dhún na nGall, é. Bhí sé criticiúil faoin gCogadh Cathartha agus faoin bhforéigean a bhí ann le linn don stát nua a bheith ag teacht ar an saol.

1933

Roghnaíonn coinbhinsiún náisiúnach i gCaisleán Uidhilín Uachtarán na Comhairle Feidhmiúcháin, Éamon de Valera, d'aon ghuth, le bheith ina iarrthóir toghchánaíochta i ndeisceart an Dúin.

1941

Fáiltíonn feirmeoirí roimh thoradh taighde cúig bliana atá déanta ag an Dr Liam Drowney ó Mhaigh Chromtha chun an t-organách is cúis le maistíteas i mbeithígh a aimsiú agus a dhealú.

1954

Faigheann na Medical Missionaries of Mary £10,000 ón bPápa chun cabhrú leo a n-ospidéal nua ginearálta a thógáil i nDroichead Átha ar £500,000.

1968

Tugtar naoi nduine dhéag chuig an ospidéal i nDoire tar éis caismirtí idir lucht tacaíochta cearta sibhialta agus óganaigh Phrotastúnacha i gCearnóg Carlisle.

1971

Pléann an Taoiseach, Seán Ó Loingsigh, cúrsaí an Tuaiscirt le ceannaire Pháirtí Lucht Oibre na Breataine, Harold Wilson, atá ar cuairt i mBaile Átha Cliath. Tá seisean i bhfabhar comhdháil Angla-Éireannach.

1984

Deir an Dr Garret FitzGerald agus Príomh-Aire Thatcher na Breataine ag an gCruinniú Mullaigh Angla-Éireannach i Chequers, go bhfuil plean seasmhach polaitiúil á lorg acu a nglacfaidh dhá phobal an Tuaiscirt leis.

1985

Buaileann Annie Maguire le Teachtaí Dála agus Seanadóirí ag lorg a dtacaíochta dá feachtas chun a chruthú nach raibh sí ciontach i mbuamáil Guildford i 1974.

1991

Déantar damáiste mór do Chaisleán Sláine i ndóiteán – luach £1m, a deir Lord Henry Mountcharles.

1994

Toghtar Bertie Ahern ina cheannaire ar Fhianna Fáil. Tarraingíonn Máire Geoghegan Quinn siar tar éis di bheith ainmnithe agus molta.

20 Samhain

1905

Cuireann Iniúchóirí Rialtais Áitiúil an dlí ar thriúr ball de Chomhairle Uirbeach Chill Mhantáin le trí ghine a fháil ar ais a caitheadh go mídhleathach ar ainmneacha sráide i nGaeilge.

1923

Faigheann Denis Barry ó Chorcaigh bás ar stailc ocrais in Ospidéal Míleata an Churraigh. Gabhtar an Chuntaois Markievicz i mBaile Átha Cliath tar éis di labhairt ag cruinnithe ag iarraidh go saorfaí príosúnaigh phoblachta. Tuairiscítear go bhfuil sise ar stailc ocrais anois freisin.

1936

Fágann an Ginearál Eoin Ó Dubhthaigh agus a lucht leanúna Éire le troid ar son na náisiúnaithe i gCogadh Cathartha na Spáinne. 600 fear leis a bhfuil tacaíocht na hEaglaise Caitlicí agus nuachtáin na heite deise acu.

1949

Comhairle Ionadaíoch na Mac Léinn agus an fhoireann teagaisc i gColáiste na hOllscoile Gaillimh ag comóradh 100 bliain an choláiste. Dar leis na húdaráis gur chóir 100 bliain ó 1908 a chomóradh, tráth ar dearnadh Coláiste na hOllscoile d'iar-Choláiste na Banríona.

1959

Maraítear triúr ban as Corcaigh nuair a thiteann balla le linn gálaí gaoithe 90 míle san uair. Faigheann athair seisir, 35 bliain, bás i dtimpiste eile gar do Bhaile Átha hÚlla i gContae Chorcaí.

1966

Céad bliain de Theach na Misiún á chomóradh in Ardeaglais Naomh Aodán in Inis Córthaidh. An tUachtarán de Valera i láthair mar aon leis na heaspaig Ó Muirthile agus McQuaid agus an Cairdinéal Mac Conmidhe.

1976

Lá náisiúnta na síochána á chomóradh sa Leas-Ardeaglais, in Ardeaglais Chríost agus i Séipéal Naomh Anna i mBaile Átha Cliath; Cloig Sheandúin ag bualadh i gCorcaigh agus na sluaite ag an Ardeaglais i nGaillimh.

1983

Maraítear triúr seanóirí as an Eaglais Chincíseach i ruathar armtha ar Halla an tSoiscéil i nDearclaigh, Contae Ard Mhacha. Gortaítear seachtar. 80 duine i láthair ag seirbhís an Domhnaigh.

1991

Plé sa Dáil ar ghineadóir gaoithe le Bord Soláthair an Leictreachais ar Inis Mhic Aoibhleáin amach ó chósta Chiarraí. Deir an tAire Fuinnimh, Roibeárd Ó Maoldhia, gur ghníomh díchéillí a bhí ann ag BSL. Ní raibh aon eolas ag a roinn féin faoi.

1996

Tá Albert Reynolds le hachainí a dhéanamh faoin damáiste pingine a thug an Breitheamh dó ina chás clúmhillte in aghaidh an *Sunday Times*. Shocraigh an giúiré gan aon damáiste a íoc cé gur aontaigh siad gur dearnadh clúmhilleadh air.

1900

Tagann foireann an Irish Hospital, 45 acu, ar ais go dtí an Balla Thuaidh tar éis dóibh ocht mí a chaitheamh san Afraic Theas ag cur cóir leighis ar othair le linn Chogadh na mBórach. Lord Iveagh a d'íoc as an turas.

1920

Maraíonn an tIRA 14 spiaire Briotanacha ina dtithe i mBaile Átha Cliath ar ordú ó Mhicheál Ó Coileáin. Níos deireanaí sa lá scaoileann na Dúchrónaigh leis an slua ag cluiche peile i bPáirc an Chrócaigh. Maraítear dháréag agus gortaítear 60.

1939

Tugtar 25 fear i dtír i mBun an Phobail agus ag Cionn Mhálanna i nDún na nGall nuair a chuireann toirpéid ó fhomhuireán Gearmánach a dtráleair go tóin poill amach ó Thoraigh. Cúig long dhéag atá curtha go tóin poill san Atlantach Thuaidh le roinnt laethanta.

1948

Diúltaíonn an Tánaiste, William Norton, agus Ardmhéara Bhaile Átha Cliath, an Comhairleoir J Breen, seasamh ar aon ardán le Seán Mac an tSaoi ag an slógadh deireanach de chomóradh 1798 i mBaile Átha Cliath. Caint chonspóideach a rinne Teachta Fhianna Fáil faoin gcríochdheighilt le deireanaí is cúis leis seo.

1956

Osclaíonn an tAire Sláinte, T F Ó hUigín, Ospidéal Naomh Muire do Ghasúir Tinn i gCromghlinn a tógadh ar chostas £1.25m. Tá Crannchur na nOspidéal, a deir sé, riachtanach lenár bpolasaí sláinte a chur i gcrích.

1967

Seoltar an lastlong 76,000 tonna, an *Essi Kristine*, i longchlós Harland & Wolff i mBéal Feirste do chomhlacht ón Iorua.

1974

Cuirtear an tUachtarán Erskine Childers i Reilig Dhoirelasaraí in aice leis an Tóchar i gContae Chill Mhantáin. An chlann agus a chairde amháin ann.

Níos deireanaí maraítear 17 duine agus gortaítear 120 eile, cuid acu go dona, nuair a phléascann dhá bhuama i dtithe tábhairne plódaithe i mBirmingham.

1975

Osclaítear leabhar comhbhróin don iar-Ghinearál Franco in Ambasáid na Spáinne i mBaile Átha Cliath. James Dillon agus an Taoiseach, Liam Mac Coscair, ag síniú.

1987

Agóidí scoile ar fud na tíre. An INTO ag éileamh go dtarraingeofaí siar na rialacha nua faoi mhéid ranga.

1995

Freastalaíonn Leas-Uachtarán na hAfraice Theas, FW de Klerk, ar an bhFóram Síochána is Athmhuintearais i gCaisleán Bhaile Átha Cliath.

22 Samhain

1910

Osclaíonn Méara Chill Chainnigh an droichead nua ar Abhainn na Feoire. Comhlacht J R Thompson ó Bhéal Feirste is ó Bhaile Átha Cliath a thóg é. Tá an réise is faide ann d'aon droichead fearócoincréite dá bhfuil in Éirinn nó sa Bhreatain.

1926

Tar éis dó diúltú ar dtús do Dhuais £4,000 Nobel na Litríochta glacfaidh George Bernard Shaw léi anois ar feadh píosa sula dtabharfaidh sé ar ais d'Iontaobhas Nobel é. Faoi théarmaí uachta Nobel má dhiúltaíonn duine don airgead tá sé ag diúltú don ghradam iomlán.

1931

Seolann an tAthair J M Hayes Muintir na Tíre i nDurlas, Co. Thiobraid Árann. Beidh an pobal lárnach san eagraíocht nua.

1932

Mórcheiliúradh Stáit agus an chéad sheisiún de Pharlaimint an Tuaiscirt á thionól sna foirgnimh nua i Stormont. An Gobharnóir, an Duke of Abercorn, ina phríomhaoi. N fhreastalaíonn feisirí náisiúnacha ar an searmanas.

1946

Sroicheann an léiritheoir scannán Walt Disney Baile Átha Cliath le fiosrú a dhéanamh faoi leipreacháin. Deirtear go bhfuil scannán nua á bheartú aige, Barry Fitzgerald sa phríomhpháirt – *The Little People.*

1960

Éire faoi bhrón agus na saighdiúirí a maraíodh i luíochán Niemba sa Chongó agus iad i seirbhís na Náisiún Aontaithe, á gcur i mBaile Átha Cliath.

1963

Labhraíonn Éamon de Valera leis an násiún ar bhás Uachtarán Mheiriceá, John F Kennedy a dúnmharaíodh i nDallas. Déanann sé comhbhrón lean bhean agus lena chlann.

1979

Diúltaítear cead isteach do Fhidelis Achinanya, mac léinn ón Nigéir, in amharclann an Savoy i Luimneach, faoi dhath a chraicinn. Baghcat á eagrú ag mic léinn an NIHE.

1980

Na mílte ar shráideanna Bhaile Átha Cliath ag déanamh ar Theach Laighean mar thacaíocht le stailceoirí ocrais na H-Bhloc.

1982

Cuirtear Hilton Edwards san uaigh chéanna lena bhuanchara Micheál Mac Liammóir i Reilig Naomh Fionntan i gCill Fhionntain. Dúnann Amharclann an Gheata in ómóis dá comhbhunaitheoir.

1995

Deir Státrúnaí an Tuaiscirt, Sir Patrick Mayhew, go gcaithfear tús a chur le díchoimisiúnú airm sula gceadófar do Shinn Féin ná do pháirtithe dílseacha páirt a ghlacadh i gcainteanna ilpháirtí.

1913

Cuirtear tús leis an liostáil san Arm Cathartha atá á eagrú ag an ITGWU i bPáirc Croydon i bhFionnradharc. Thart ar 1,000 duine i láthair ag ócáid faoi rún.

1923

Deireadh le stailc ocrais cúig seachtaine na bpoblachtach. Fuair Denis Barry agus Andrew Sullivan bás le linn na hagóide seo a raibh 8,000 fear agus bean páirteach inti.

1938

Éire le tairbhe a bhaint as an mbronntanas is deireanaí ó Lord Nuffield atá le scamhóg iarainn a chur ar fáil do gach ospidéal agus institiúid i gComhlathas na Breataine.

1949

Bronntar clog a thug an Irish Nationalist Party do Charles Stewart Parnell in 1889 ar an Aire Tailte Joseph Blowick i mBaile Átha Cliath. Díoladh 50 bliain ó shin é nuair a cuireadh an troscán in Avondale ar ceant. Cuirfear ar ais arís i Músaem Pharnell ansin anois é.

1959

Osclaíonn Gobharnóir Thuaisceart Éireann, Lord Wakehurst, an timpeallán £800,000 punt i Sydenham i mBéal Feirste. Tá an droichead 711 troigh ar fad – an tarbhealach is faide sa Tuaisceart.

1963

Gaolta Uachtarán Mheiriceá á chaoineadh ag seanteach na muintire i gContae Loch Garman. I mBaile Atha Cliath tagann polaiteoirí agus an chléir le chéile le hómós a thabhairt do John F Kennedy a feallmharaíodh go hóg.

1972

Cruinniú deich n-uair an chloig ag Údarás RTÉ le litir on Aire Poist agus Telegrafa, Gerry Collins, faoin agallamh le Seán Mac Stiofáin a phlé. Pléitear an cheist sa Dáil.

1986

Tugtar criú an *Kowloon Bridge*, a bhí i mbaol le linn stoirme amach ó chósta Chorcaí, slán ar héileacaptair le hAer-Fhórsa na Breataine go Corcaigh. Tá an *Kowloon Bridge* ag imeacht le sruth amach ó Charraig Aonair.

1989

I Strasbourg ritheann Parlaimint na hEorpa rún ag lorg fiosrúcháin faoi chás Sheisear Bhirmingham ainneoin argóint ó rialtas Coimeádach na Breataine go raibh chuile achomharc dlíthiúil ab fhéidir déanta ag an seisear cheana.

1994

Muintir Thobar an Choire, Co. Shligigh, i mbun agóide faoi thógáil crann MMDS a chuireann seirbhís teilifíse ilchainéal ar fáil.

1998

Feachtas seolta ag Focus Ireland le haird a tharraingt ar chás daoine gan dídean. Ainneoin forbairt a bheith faoin eacnamaíocht, tá níos mó daoine ná riamh ina gcónaí ar na sráideanna.

1914

Deir an Irish Association for the Prevention of Intemperance go bhfuil líon na meisce in Éirinn tite ó 107,000 cás i 1876 go dtí beagán faoi bhun an 60,000.

1922

Cuirtear Erskine Childers chun báis i mBeairic Phortobello ar chionta go raibh gunna ina sheilbh go mídhleathach – gunna a bhronn Micheál Ó Coileáin air i 1920 le Poblacht na hÉireann a chosaint. Achomharc iarrtha nuair a chuirtear chun báis é.

1933

Baineann Uachtarán na Comhairle Feidhmiúcháin, Éamon de Valera, an chéad fhód ag monarcha nua siúcra i dTuaim, Co. na Gaillimhe. Deir sé go bhfuil tionscail á ndílárú ag an Rialtas. Cuirfidh an mhonarcha seo 20,000 tonna siúcra ar fáil.

1940

Faigheann James Craig, chéad Phríomh-Aire an Tuaiscirt, bás tobann agus tagann J M Andrews i gcomharbacht air. Ba é an Príomh-Aire ab fhaide ina phost san Eoraip é.

1952

Bronnann an tAire Cosanta, Oscar Traynor (ar dheis), trí chóip d'Fhorógra na Cásca ar thriúr clódóirí a raibh baint acu leis an obair. Deir Michael Molloy gur roghnaigh James Connolly iad leis an bpriontáil a dhéanamh mar gur tharla dóibh a bheith i Halla na Saoirse ag an am.

1963

An tUachtarán de Valera ag dul ar shochraid Uachtarán Mheiriceá, John F Kennedy. Tá daltaí airm in éineacht leis ar thug Jacqueline Kennedy cuireadh dóibh garda onóra a chur ar fáil.

1972

Briseann an tAire Poist agus Telegrafa, Gerry Collins, Údarás RTÉ faoin agallamh le Seán Mac Stiofáin ar an nuacht raidió. Leantar le triail Mhic Stiofáin faoi bhallraíocht san IRA sa Chúirt Choiriúil Speisialta. Tugann RTÉ suas téipeanna an agallaimh raidió.

1986

Seoltar fondúireacht le hiarracht a dhéanamh an Blascaod Mór a choinneáil i seilbh na nÉireannach agus gan é a dhíol le hinfheisteoirí ón iasacht.

1993

Agóid taobh amuigh den Dáil ag cur i leith an Rialtais gur loic siad ar na geallúintí a tugadh do dhaoine faoi bhac meabhrach. Balúin á scaoileadh san aer i gcuimhne na 3,000 duine atá gan seribhísí cearta.

1997

Baineann Pádraig Harrington (thíos) agus Paul McGinley an 43ú Corn Domhanda sa Ghalf ag Cúrsa an Aigéin i gCarolina. Curiarracht nua – 31 faoin gcothrom ar an iomlán.

1913

Bunaítear Óglaigh na hÉireann ag cruinniú sa Rotunda i mBaile Átha Cliath, 4,000 fear i láthair ó Chonradh na Gaeilge, ón Ancient Order of Hibernians agus ó Shinn Féin mar aon le mic léinn ón Ollscoil Náisiúnta.

1926

Ag caint le breis agus 400 toscaire ag chéad Ard-Fheis Fhianna Fáil sa Rotunda, deir an tUachtarán agus ceannaire an pháirtí, Éamon de Valera, gur fhág sé Sinn Féin mar nár cheap sé go bhféadfaí a n-aidhmeanna a chur i gcrích faoin gclár a bhí acu.

1937

Ag cruinniú de dhugairí a reáchtáil Ceardchumann Mairnéalach agus Oibrithe Poirt na hÉireann, socraíonn 1300 dugaire dul ar stailc. Tá teipthe ar an margáil faoi chúrsaí pá.

1948

Bille Phoblacht na hÉireann á rith sa Dáil agus deir Príomh-Aire na Breataine, Clement Attlee, nach tír eachtrannach a bheas in Éirinn ná i bPoblacht na hÉireann i súile a rialtais agus nach eachtrannaigh a saoránaigh. Ní aontaíonn Winston Churchill ná na Coimeádaigh leis.

1956

Tuirlingíonn cúig eitleán le hAer Lingus agus 180 teifeach ón Ungáir ar bord in Aerfort na Sionainne – meastar go gcuirfidh siad fúthu anseo go ceann trí bliana. Tá lóistín á chur ar fáil dóibh sa Champa Airm i gCnoc an Lisín, Co. an Chláir.

1966

Corp Sheáin T Ó Ceallaigh, dara hUachtarán na hÉireann, ina luí faoi ghradam sa Leas-Ardeaglais. É gníomhach in athbheochan na Gaeilge, ba dhuine de bhunaitheoirí Shinn Féin agus Fhianna Fáil é.

1970

Tagann trí eagras déag feirmeoirí le chéile le hionad nua feirme a thógáil ar Bhóthar an Náis i mBaile Átha Cliath. Súil acu bheith istigh ann faoi Bhealtaine 1971.

1983

Fuadaítear Don Tidey, feidhmeannach le Quinnsworth, taobh amuigh dá theach i Ráth Fearnáin i mBaile Átha Cliath. Cuireann na Gardaí bacainní ar bhóithre agus dream beag de Phrovisionals an IRA á lorg acu.

1986

Iarracht á déanamh an *Kowloon Bridge* a tharraingt de na carraigeacha gar do Bhaile an Chaisleáin – ola ag sceitheadh aisti.

1994

Lucht cearta na Gaeilge in iarthar Bhéal Feirste leis an dlí a chur ar Rialtas na Breataine faoi dhiúltú tacaíocht airgid a thabhairt do Mheánscoil Feirste ar Bhóthar na bhFál.

1996

Tugtar ómós don chraoltóir agus tuairisceoir spóirt Micheál O'Hehir atá tar éis bás a fháil in aois a 76. Dlúthbhaint aige le Cumann Lúthchleas Gael, bhí sé ag craoladh ó 1938 go 1985. Na bratacha i bPáirc an Chrócaigh i lár crainn.

26 Samhain

1910

Trí mhíle duine ag slógadh Aontachtach sa Theatre Royal i mBaile Átha Cliath. An Union Jack ar foluain mar aon le mórfhógra a deir go neamhbhalbh, "Ní bheidh Home Rule again."

1918

Iarrann an Cairdinéal Logue agus seisear easpag ón Tuaisceart ar Ardmhéara Bhaile Átha Cliath cabhrú leo scoilt sa vóta náisiúnta/poblachtach a sheachaint san olltoghchán – scoilt a d'fhágfadh go bhféadfadh bua a bheith ag iarrthóirí Aontachtacha atá sa mhionlach.

1932

Ceaptar iar-Theachta Dála de chuid Fhianna Fáil, Domhnall Ua Buachalla i gcomharbacht ar an nGobharnóir Ginearálta, James MacNeill. Ní dóigh go gcuirfidh sé faoi sa Vice Regal Lodge i bPáirc an Fhionnuisce.

1942

Ba mhaith leis an Aire Poist agus Telegrafa, P J Little, go mbeadh ceolfhoireann shiansach, cór raidió agus drámaí breise ar Radió Éireann le caighdeáin chraolta an stáisiúin a ardú.

1953

Is í Colette O'Reagan ó Chumann Liteartha Choláiste na hOllscoile Gaillimh an chéad bhean a labhraíonn le mórchumann díospóireachta i gColáiste na Tríonóide. 'Mr O' Riordan' a thugtar uirthi ar an gclár. Labhraíonn sí ar an rún 'Gur ceann dár dtréithe náisiúnta í an fhimínteacht'.

1966

Adhlactar an t-iar-Uachtarán Seán T Ó Ceallaigh. Na sluaite ar feadh an bhealaigh agus an carráiste gunna agus garda onóra ag déanamh ar Reilig Ghlas Naíon áit a mbailíonn gaolta agus cairde le slán a fhágáil aige.

1977

Léigear ar siúl ag Leyden's Cash and Carry i bhFionnradharc i mBaile Átha Cliath. Is as Baile Átha Cliath agus ón Tuaisceart na fir ghunna – ní éilíonn siad tada.

1984

An long *Duteous* á luchtú ag an mBalla Thuaidh i mBaile Átha Cliath. Tá sí le soláthairtí a thabhairt go dtí an Aetóip – ina measc 500 tonna gráin a chuir an IFA ar fáil agus soláthairtí ón áisíneacht fóirthinte, Concern.

1985

Taispeántas Laochra an Impire sa Bhrú Ríoga i gCill Mhaighneann – roinnt den arm *terracotta* 7,000 a dtángthas orthu i dtuama an Impire a thosaigh ag tógáil Balla Mór na Síne.

1990

An Taoiseach Cathal Ó hEochaidh agus Rúnaí an Tuaiscirt Peter Brooke i mBéal Átha Chonaill le togra canála trasteorann a sheoladh. Seolfar ó Inis Ceithleann go Cathair Luimnigh feasta.

1995

Dearbhaíonn athchomhaireamh sa Reifreann ar an gColscaradh go bhfuil 56% den lucht vótála ina fhabhar.

1905

Cailltear an naonúr criú den ghaltán *Peridot* a bhí ag dul ó Ghlaschú go Carnlach i gCo. Aontroma nuair a théann an long ar na carraigeacha ag Rinn Sceirneacháin. Is ó Charnlach ochtar díobh.

1915

Pléascann fo-stáisiún leictreach ar Ché Sir John Rogerson i mBaile Átha Cliath. Ní ghortaítear éinne ach déantar damáiste mór d'fhoirgnimh. Measann oibrithe Bardais gur gás ba chúis leis an bpléasc.

1925

Éalaíonn 19 príosúnach polaitiúil ó Phríosún Mhuinseo. Scaoiltear triúr fear in éide Garda isteach an príomhgheata ag a hocht tráthnóna agus triúr 'príosúnach' leo. Ceansaíonn siad an fear faire agus éalaíonn 19 poblachtaí.

1935

Fógraíonn an tAire Tionscail agus Tráchtála, Seán Lemass, seirbhís aeir idir an tír seo agus an Bhreatain. Cuirfear tús le seirbhísí idir Learpholl agus Baile Átha Cliath agus Bristol is Baile Átha Cliath san athbhliain.

1951

Tá leath bealaigh sroichte ag scéim hidrileictreach na hÉirne agus an chéad cheann de dhá aonad ginte 22,500 cileavata i mbun oibre i Stáisiún Eas Caitlín i mBéal Átha Seanaidh.

1969

Éiríonn leis an Taisce san achomharc a rinne siad in aghaidh chinneadh Bhardas Bhaile Átha Cliath cead a thabhairt don Bhanc Ceannais bloc oifigí 15 stór a thógáil i Sráid an Dáma.

1977

An tSr. Pauline Gibbons, nuasachán Agaistíneach, ar fhoireann Ros Comáin i gCraobh na mBan sa pheil i bPáirc de hÍde. Ach in ainneoin na bpaidreacha buaileann an Cabhán iad 4-3 in aghaidh 2–3.

1985

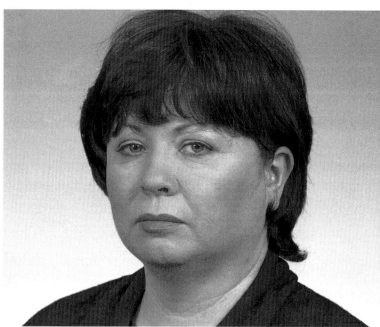

Díbríonn Fianna Fáil Mary Harney ón bpáirtí parlaiminte faoi gur vótáil sí leis an rialtas ar an gComhaontú Angla-Éireannach. Agus fógraíonn an Seanadóir Eoin Ryan a thacaíocht siúd don Chomhaontú freisin.

1996

Cuirtear Róisín McAliskey siar faoi choinneáil i mBow Street Magistrates Court i Londain. Tá údaráis na Gearmáine ag iarraidh í a cheistiú faoi bhuamáil an IRA ar bheairic le hArm na Breataine in Osnabruck i mí an Mheithimh.

1999

Naoi mí dhéag tar éis Chomhaontú Bhéal Feirste vótálann Comhairle Aontachtaithe Uladh ar son phlean George Mitchell ar dhílárú na cumhachta agus ar an díchoimisiúnú. Tugann siad treoir do David Trimble dul isteach sa rialtas. Deir seisean go n-éireoidh sé féin agus a chuid airí eile as oifig ag deireadh mhí Feabhra muna mbíonn ceist na n-arm socraithe.

28 Samhain

1913

Cuireann an ceannaire Coimeádach agus Aontachtach, Andrew Bonar Law, fainic ar Phríomh-Aire Asquith na Breataine ag slógadh Aontachtach i mBaile Átha Cliath, á rá má chuireann sé brú ar Chúige Uladh glacadh le Home Rule, go gcuirfidh Cúige Uladh ina choinne agus go mbeidh tacaíocht a pháirtí féin acu.

1920

Maraítear 16 auxilliaries i luíochán a dhéanann colún reatha tríú briogáid Chorcaí den IRA faoi cheannas Tom Barry ag Cill Mhichíl idir Maigh Chromtha agus Dún Mánmhaí i dTuaisceart Chorcaí.

1933

Le linn slógadh san Iúr ar son Éamon de Valera atá roghnaithe le seasamh don Dún Theas i dtoghchán an Tuaiscirt, gabhann an RUC an Teachta Dála Éamonn Donnelly. Canann an slua Amhrán na bhFiann agus béiceann siad "Up Dev".

1957

Cuirtear droichead Bailey nua ar Abhainn na Laoi ó Shráid Grattan go dtí an Mál Thuaidh, in áit Dhroichead an tSeangheata Thuaidh agus beidh sé oscailte do choisithe agus don trácht an tseachtain seo chugainn.

1963

An *Irish Rowan* á seoladh i gCorcaigh ag Sinéad Bean de Valera. An tUachtarán agus aíonna eile Loingeas Éireann ag faire agus an long ag gluaiseacht chun farraige.

1972

Kevin O'Kelly

Dianslándáil i bhfeidhm i gCampa an Churraigh áit a bhfuil Seán Mac Stiofáin á choinneáil. Léirsiú ag an Dáil faoi Alt 31 den Acht Craolacháin agus agóid faoi théarma príosúin a gearradh ar Kevin O'Kelly faoina agallamh le Mac Stiofáin.

1976

Ceapann Easpag Cúnta Bhaile Átha Cliath, an Dr Ó Mathúna, mná rialta le comaoineach a thabhairt amach ag an séipéal i nDomhnach Míde.

1987

Bailíonn na céadta ó gach cearn den tír sa Charraig, Co. Dhún na nGall, do shochraid an Chanónaigh James McDyer ó Ghleann Cholm Cille. Ar feadh 35 bliain rinne sé cúram de riachtanais chultúrtha is eacnamaíochta an pharóiste mar aon lena riachtanais spioradálta freisin.

1993

Cosnaíonn Státrúnaí an Tuaiscirt, Sir Patrick Mayhew, an caidreamh a bhí ag a Rialtas leis an IRA le roinnt blianta anuas. Deir sé gur thug an tIRA le fios go raibh an chogaíocht thart. Deir Gerry Adams gur caidreamh le Sinn Féin a bhí ann agus nár tugadh teachtaireacht dá leithéid.

1997

Sa raic is deireanaí faoin nginmhilleadh rialaíonn an Ardchúirt gur féidir leis an gcailín trí bliana déag a éigníodh dul thar lear lena gin a mhilleadh.

1902

Tagann tiománaí caib agus ceathrar paisinéirí slán ar éigean nuair a thiteann an capall isteach i mBáisín Alexandra. Greamaíonn an carráiste sa téad tíre idir balla na cé agus an t-uisce.

1912

Déantar achainí i dTeach an Ardmhéara do chiste airgid le gailearaí ceart a chur ar fáil do bhailiúchán pictiúr Sir Hugh Lane a bhronn sé ar an gcathair.

1929

Osclaíonn Uachtarán na Comhairle Feidhmiúcháin, Liam T Mac Coscair, pictiúrlann an Savoy i Sráid Uí Chonaill i mBaile Átha Cliath. Tá sé tógtha ar shuíomh sheanóstán Granville. Tá áit ann do 3,000 duine.

1944

Bronnann an Príomhoifigeach Ginealaigh, Éamon Mac Giolla Iasachta, armas ar Chontae Bhaile Átha Cliath, an chéad chontae a fuair a leithéid. Tá fiach dubh air ina sheasamh ar chliath, sciath órga ar a chúl agus an mana – 'Beart do réir ár mbriathar'.

1955

Tá Bord na gCon le bunú faoi Bhille Tionscal na gCon a foilsíodh inniu. Féadfaidh an Bord suimitheoirí a chur ar bun ag na rásaí agus coinneoidh sé smacht ar an rásaíocht agus ar an gcúrsáil.

1965

An tUachtarán de Valera ar shochraid an údair Francis McManus. Scríobh sé 13 úrscéal chomh maith le gearrscéalta, aistí agus beathaisnéisí. Tá cuimhne air freisin faoi shraith léachtaí Thomas Davis a d'eagraigh sé agus é ag obair do RTÉ.

1975

Maraítear duine amháin agus gortaítear cúigear in ionsaí buamála ón UDA ar Aerfort Bhaile Átha Cliath. Meastar gur iarracht atá ann dul i gcion ar an Dáil agus an Bille Dlí Coiriúil á phlé.

1979

Fáiltíonn an Taoiseach, Seán Ó Loingsigh, roimh cheannairí Stáit an Chomhphobail dá gcruinniú mullaigh i gCaisleán Bhaile Átha Cliath. Príomh-Aire na Breataine, Margaret Thatcher, ag argóint faoi shíntiús na Breataine don chiste.

1983

Lucht agóide bailithe taobh amuigh d'oifigí Chomhairle Contae na Gaillimhe ag gearán faoi dhrochstaid na mbóithre i gConamara. Deir an eagraíocht Cumhacht nach n-íocfaidh siad cáin bhóthair.

1994

Deir an Cairdinéal Cahal Daly go bhfuil dochar mór déanta don Eaglais Chaitliceach ag ciontú an Athar Brendan Smyth agus ag na líomhaintí in aghaidh sagairt eile.

1999

Ceaptar deichniúr airí do Chomhthionól an Tuaiscirt. Gabhfaidh siad i mbun a gcuid dualgas nuair a dhéantar an chumhacht a dhílárú go foirmiúil Déardaoin.

1900

Faigheann an drámadóir Oscar Wilde bás i bPáras in aois a 46. Ar an saothar is mó clú leis tá *The Importance of Being Earnest, The Picture of Dorian Gray* agus "The Ballad of Reading Gaol".

1928

Cuirtear boinn airgid nua na hÉireann ar díol ag léacht i gColáiste Ealaíne Bhaile Átha Cliath áit a bpléitear an obair a rinne an Coiste Airgeadais. Bhí cosc ar shamhail daoine nua-aimseartha chomh maith le samhla stairiúla agus siombailí creidimh.

1931

Déanann an Traein 'Drumm', a bhfuil cadhnra stórála leictreach aici, turas trialach ó Shráid Amien go Bré ag luas 30 míle san uair. Stopann sí ag Bóthar Lansdúin leis an Aire Tionscail is Tráchtála, Patrick McGilligan, a thógáil ar bord.

1944

Cailltear an Ginearál Eoin Ó Dubhthaigh in aois a 52. Thacaigh sé leis an gConradh, bhunaigh sé na Léinte Gorma agus bhí sé ina chéad uachtarán ar Fhine Gael. Thug sé Briogáid Éireannach ag troid ar son Franco i gCogadh Cathartha na Spáinne.

1956

Fógraíonn an tAire Tionscail agus Tráchtála go mbeidh ciondáil pheitril i bhfeidhm ón gcéad lá d'Eanáir de bharr Ghéarchéim Shuais. Lán an umair uair sa mhí a bheas ag tiománaithe gluaisteán.

1968

Lucht Cearta Sibhialta agus lucht tacaíochta Ian Paisley ag máirseáil i gcathair Ard Mhacha áit a gcuirtear suas bacainní leis an dá dhream a choinneáil óna chéile. Ivan Cooper ag labhairt.

1979

Bronnann William Cumiskey, Ardmhéara Bhaile Átha Cliath, dealbh bheag chré-umha ar an gCaptaen Leonard Cheshire, leis an bhforbairt atá tagtha ar na Cheshire Homes anseo a chomóradh.

1980

Glacann na mílte páirt i máirseáil H-Bhloc i mBéal Feirste go Páirc Mhic Easmainn. Fear agus bean agus pluideanna orthu i gcás ar bharr tacsaí dubh ag ceann na paráide.

1986

Ceannaire Fhianna Fáil, Cathal Ó hEochaidh, ar turas an iarthair. Tugann sé cuairt ar Oileáin Árann agus an Teachta Máire Geoghegan Quinn in éineacht leis.

1995

Uachtarán Mheiriceá Bill Clinton agus a bhean Hillary ar cuairt lae sa Tuaisceart. Tar éis cuairt ar mhonarcha innealtóireachta Mackey beartaíonn siad bualadh le daoine ar Bhóthar na Seanchille agus ar Bhóthar na bhFál. Bailíonn na mílte ag Halla na Cathrach áit a lasann an tUachtarán soilse na Nollag.

1998

Titim 20 faoin gcéad ar an dífhostaíocht – beagnach céad míle sa bhreis ag obair anois. Agus fógraíonn an Tánaiste Mary Harney beagnach 1,400 post breise i 50 comhlacht.

1903

Tá suntas á thabhairt do mhéadú ar an ráta báis don eitinn in Éirinn i 1902 agus iarrtar ar phríomhoidí scoileanna cónaithe agus institiúidí poiblí do pháistí, an bainne a steiriliú sula n-úsáidtear é.

1913

Séanann Cumann Fostóirí Bhaile Átha Cliath go bhfuil sé d'aidhm acu ceardchumainn a bhriseadh. Ach deir siad go bhfuil freagracht ar cheardchumainn chomh maith le cearta a bheith acu.

1925

Cruinnithe faoi ghéarchéim na teorann ar siúl i Londain i gcónaí, Winston Churchill, Liam T Mac Coscair, Kevin O'Higgins, agus James Craig páirteach iontu.

1936

Toghtar an Dr Isaac Herzog, Príomh-Raibí Shaorstát Éireann, ina Phríomh-Raibí ar an bPalaistín. Tháinig an Dr Herzog go Béal Feirste i 1916 agus aistríodh go Baile Átha Cliath é trí bliana ina dhiaidh sin.

1944

Cuirtear ceannaire an IRA Charlie Kerins chun báis. Deir Éamon de Valera nach cóir an foréigean a úsáideadh in aghaidh cumhachta eachtraí a úsáid in aghaidh rialtas Éireannach.

1956

Den chéad uair le 24 bliain ardaítear bratach na hÉireann ag na Cluichí Oilimpeacha nuair a bhuann Ronnie Delaney an rás 1500 méadar i Melbourne na hAstráile.

1969

Tugann Fianna Fáil ómós do Sheán Lemass agus 45 bliain sa pholaitíocht curtha isteach aige. An Taoiseach, Seán Ó Loingsigh, ag dinnéar ina onóir a eagraíonn dáilcheantar Bhaile Átha Cliath Theas.

1972

Maraítear beirt fhear agus gortaítear 127 duine nuair a phléascann dhá bhuama i ngluaisteáin i mBaile Átha Cliath. Tionchar aige seo ar an ngéarchéim Dála faoin mBille um Chionta in Aghaidh an Stáit.

1982

Ceiliúradh ar Shráid Ghrafton i mBaile Átha Cliath. Sráid do choisithe a bheas inti feasta sé lá na seachtaine. An tArdmhéara, Dan Browne, ag an oscailt oifigiúil.

1986

Stáisiún guail Bhord Soláthair an Leictreachais i Moneypoint i gCo. an Chláir (ar dheis), á oscailt ag an Tánaiste agus Aire Fuinnimh, Dick Spring. Má bhíonn drochthionchar aige ar an timpeallacht leigheasfaidh an BSL an scéal, a deir sé.

1995

Cuireann na mílte fáilte roimh Uachtarán Mheiriceá, Bill Clinton, ag Faiche an Choláiste áit a mbronntar saoirse Bhaile Átha Cliath air. Téann sé as sin go dtí an Dáil agus go dinnéar stáit i gCaisleán Bhaile Átha Cliath.

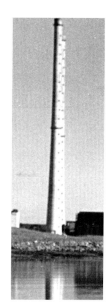

2 Nollaig

1908

Bunaítear Ollscoil Náisiúnta na hÉireann agus a lárionad i mBaile Átha Cliath, faoi Acht Ollscoileanna na hÉireann, agus dáta an lae inniu air. Bunaítear Ollscoil na Ríona i mBéal Feirste ar an mbealach céanna.

1915

Deir John Redmond le comhdháil i bPort Láirge go bhfuil a dualgas déanta ag Éirinn agus arm 100,000 fear curtha ar fáil aici. Míorúilt, a deir sé, ag cur cúrsaí staire san áireamh.

1937

Déanann leathchéad fear gnó as Leitir Ceanainn agóid faoin gcur síos a dhéanann nuachtán Sasanach ar ráig den fhiabhras tíofóideach in Ospidéal Meabharghalair Dhún na nGall. Cheapfadh duine go raibh an baile iomlán foirgthe leis an ngalar.

1941

Maraítear coimeádaí teach solais agus gortaítear duine eile go dona nuair a phléascann mianach farraige ag an Tuscar. Scriostar an teach solais a threoraigh mairnéalaigh le 126 bliain.

1953

Deir Uachtarán Choláiste na hOllscoile, Corcaigh, an Dr Ó Rathaille, cé go bhfuil fonn orthu cuidiú le céimithe leighis na tíre seo i Meiriceá, nach é sin bunaidhm na scoileanna leighis.

1967

Adhlactar an file Patrick Kavanagh in Inis Caoin, Co. Mhuineacháin. Filí, aisteoirí agus iriseoirí, cairde leis ó Bhaile Átha Cliath, in éineacht lena mhuintir agus leis na comharsana, le hómós a thabhairt dó.

1975

Osclaítear taispeántas ealaíne Rosc san Opera House i gCorcaigh. An tUachtarán Cearbhall Ó Dálaigh agus Ardmhéara Chorcaí, Gus Healy, i láthair.

1983

Cuireann Pleananna Bhord na Móna portach Chlóirthigh i gCo. Uíbh Fhailí a thaoscadh agus a fhorbairt, olc ar lucht timpeallachta. Tá tábhacht dhomhanda leis do luibheolaithe, a deir siad.

1985

Buaileann Príomhchonstábla an RUC, Sir John Hermon, agus Coimisinéir an Gharda Síochána, Laurence Wren, le chéile i mBaile Átha Cliath – léiriú ar an gcomhoibriú breise slándála tar éis Chomhaontú Hillsborough.

1992

Diúltaíonn Susan O'Keefe, an taighdeoir ar an gclár *World in Action* a ba chúis le bunú Bhinse Fiosraithe na Mairteola, a foinsí a ainmniú. Tugann an Breitheamh Liam Hamilton foláireamh nach bhfuil aon bhunús bunreachtúil leis an diúltú.

1999

Síníonn rialtais na hÉireann agus na Breataine ordú faoina mbunaítear na heagrais Thuaidh/Theas. Daingníonn an Rialtas na hathruithe ar Airteagail a Dó agus a Trí den Bhunreacht faoi éileamh ar an Tuaisceart – Éire aontaithe le toil an phobail ina n-áit.

1910

Atoghtar Sir Edward Carson agus James Campbell gan freasúra mar fheisirí Aontachtacha do Choláiste na Tríonóide i mBaile Átha Cliath.

1925

Fógraítear socrú faoi cheist na teorann i Londain a bhfuil tacaíocht Liam T Mac Coscair agus Kevin O'Higgins aige. Níl aon athrú ar an teorainn féin. Pléifidh an dá rialtas in Éirinn ceisteanna a bhaineann lena leas coitianta. Agus saortar Saorstát Éireann óna sciar d'fhiachas poiblí na Breataine.

1934

Scliúchas i bPictiúrlann an Savoy i mBaile Átha Cliath nuair a chuireann grúpa óganach in aghaidh scannáin nuachta de phósadh ríoga na seachtaine seo caite. Caitear dúch ar an scáileán agus stróictear é.

1945

Na sluaite ag tarraingt ar Shráid Anraí agus ar Shráid Uí Mhórdha i mBaile Átha Cliath áit a bhfuil oráistí ar díol den chéad uair ó dheireadh an Chogaidh – craicne oráiste ar fud na háite.

1959

Fógraíonn Cathaoirleach Chumann Yeats Shligigh, F J Wynne mioneolas faoi Scoil Shamhraidh Idirnáisiúnta Yeats. Beidh an chéad sraith léachtaí ar siúl i mí Lúnasa seo chugainn.

1962

Ceant troscáin ar siúl i gCaisleán Dromoland i gContae an Chláir (ar dheis) mar a mbíodh muintir Uí Bhriain ar feadh na gcéadta bliain. Tá an caisleán ceannaithe ag Meiriceánach anois.

1976

Insealbhaítear an Dr Pádraig Ó hIrghile mar an séú hUachtarán ar Éirinn. An t-iar-Uachtarán, Cearbhall Ó Dálaigh, agus polaiteoirí sinsearacha i láthair ag seirbhís sa Leas-Ardeaglais roimh an searmanas i Halla Naomh Pádraig i gCaisleán Bhaile Átha Cliath.

1984

Ceannairí rialtais an Chomhphobail ar cuairt chúirtéise ar Áras an Uachtaráin le beannú don Uachtarán agus do Bhean Uí Irghile roimh an chruinniú mullaigh i gCaisleán Bhaile Átha Cliath.

1987

Dúntar ospidéil Shráid Jervis, Dr Steeven's agus an Richmond an tseachtain seo tar éis seirbhís na gcéadta bliain a thabhairt don phríomhchathair. Cuirfear cóir leighis anois ar othair in ospidéal nua Bheaumont.

1990

Insealbhaítear Máire Mhic Róibín mar an seachtú hUachtarán ar Éirinn i gCaisleán Bhaile Átha Cliath. Tar éis seirbhís idirchreidmheach tugann an tUachtarán móid a hoifige.

1996

Fágann dúnmharú Geraldine Diver, a dtángthas ar a corp ina gluaisteán in aice leis an Long Mile Road i mBaile Átha Cliath, gur dúnmharaíodh cúig bhean déag le bliain anuas.

Caisleán Dromoland

4 Nollaig

1911
Freastalaíonn toscaireacht ban, Maud Gonne ina measc, ar chruinniú de Bhardas Bhaile Átha Cliath ag iarraidh ar Choiste Dhinnéir Scoile na mBan leanacht orthu ag cur béilí ar fáil saor in aisce do pháistí ocracha.

1919
Deirtear le baill Chraobh Dhún Dealgan de Chonradh na Gaeilge go gcuirfear aon chruinnithe nó ranganna faoi chois le lámh láidir.

1921
Gearrann bád poist nua na hÉireann, an *Cambria*, ar a céad thuras ó Holyhead, an scúnar *James Tyrell* ón Inbhear Mór ina dhá leath. Cailltear triúr. Déantar damáiste beag don *Cambria* a raibh luas 27 muirmhíle fúithi.

1931
Tá an t-aeradróm tréigthe in Collinstown i dtuaisceart Cho. Bhaile Átha Cliath, á mheas mar ionad d'aerfort nua sibhialta. Níl lucht eitleoireachta míleata nó sibhialta sásta le Baile Dhónaill.

1940
Bronntar fáinne ón gcúigiú haois déag, ar a dtugtar an 'Fáinne Borgia', ar Ardeaspag tofa Bhaile Átha Cliath, John Charles McQuaid. Bronntar an fáinne, a bhí i seilbh Choláiste Ríoga na Lianna in Éirinn, ar an Dochtúir McQuaid i gColáiste na Carraige Duibhe.

1959

Cuireann dháréag ban ón nGarda Síochána críoch leis an gcéad chuid dá dtraenáil ag ceannáras na nGardaí i bPáirc an Fhionnuisce – banghardaí a thabharfar orthu.

1967
An chéad ríomhaire neamhspleách i mbun oibre inniu ag Aerfort na Sionainne. An tAire Iompair agus Fuinnimh, Erskine Childers, i láthair ag an oscailt.

1971
Maraítear cúig dhuine dhéag i bpléasc ag teach tábhairne McGurk i mBéal Feirste, páistí agus seandaoine ina measc. Gortaítear trí dhuine dhéag, cuid acu go dona, sa phléasc is measa riamh sa chathair sin.

1987

Tá an *Belfast News Letter*, an nuachtán is sine sna hoileáin seo, guth neamhbhalbh aontachtaithe coimeádacha, 250 bliain d'aois. Bhunaigh na deartháireacha Francis agus Henry Joy é i 1737.

1992
Tá an Choill Daraí mhór deiridh sa tír i gCúl Aitinn, Co. Chill Mhantáin, i mbaol. Baill den Pháirtí Glas, an léiritheoir scannán John Boorman, Liam Ó Maonlaoi ó na Hot House Flowers agus the Edge i measc an lucht agóide.

1996
Cuirtear fáilte roimh chinneadh Citibank, ceann de mhórchorparáidí baincéireachta an domhain, beagnach 1,000 post a chruthú i mBaile Átha Cliath, áit a mbeidh ionad nua seirbhísí.

1911

Cruinniú plódaithe de Chaibidil Bhaile Átha Cliath den Ord Oráisteach ar siúl i Halla Fowler, Cearnóg Rutland, le cur in aghaidh Home Rule agus moilleadóireacht Airí Rialtais, agus forógra míchlúiteach 'Ne Temere' Eaglais na Róimhe.

1922

Inniu lá breithe Shaorstát Éireann bliain tar éis an Conradh a shíniú. Cuireann nuachtáin síos ar an gConradh féin, ar an dream a shínigh é agus ar an gCéad Ghobharnóir Ginearálta.

1934

Bronann Acadamh Liteartha na hÉireann duaiseanna ar thriúr údar: Lord Dunsany as *The Curse of the Wise Woman*, Brindsley MacNamara as *Margaret Gillian* agus Muiris Ó Súilleabháin as *Fiche Bliain ag Fás*.

1947

Báitear cúigear as seachtar criú ar an scúnar dhá chrann *Isallt* leis an South of Ireland Shipping Company nuair a théann sí ar na carraigeacha ag Baile Muine i gCo. Loch Garman.

1950

Na soilse múchta i mBealach Conglais, Co. Chill Mhantáin, mar agóid in aghaidh rún ó Pháirtí an Lucht Oibre ag iarraidh go gcuirfí ceapachán Mhichael Farrell mar leasmháistir poist ar an mbaile i bhfeidhm. Tá a bhformhór ag iarraidh go gcoinneodh Helen Cooke an cúram seo a bhí ar a muintir ó 1880.

1968

Bailíonn gasúir ag an mainséar ag Teach an Ardmhéara i mBaile Átha Cliath i gcomhair na gcarúl traidisiúnta Nollag.

1977

Cuirtear deireadh leis an imtheorannú ó thuaidh agus fágann na cimí deireanacha Príosún na Ceise Fada – clann agus cairde rompu.

1979

Fógraíonn Seán Ó Loingsigh go bhfuil sé ag éirí as a bheith ina Thaoiseach. Diúltaíonn sé tuairim a thabhairt faoi cé a thiocfaidh i gcomharbacht air.

1985

Déanann 20,000 múinteoir ó gach cearn den tír ar an Dáil tar éis mórshlógadh i bPáirc an Chrócaigh. Tá gníomhaíocht thionsclaíoch eile á beartú mura gcuirtear a n-ardú pá 10 faoin gcéad i bhfeidhm.

1992

Baineann Ben Briscoe Fhianna Fáil an ceathrú suíochán i mBaile Átha Cliath Lár-Theas tar éis comhairimh fhada. Toghtar é tar éis an tríú hathchomhaireamh agus athsheiceáil. Buaileann sé Eric Byrne ón Daonlathas Clé le 5 vóta.

1995

An léiriú deiridh de *Juno and the Paycock* ar siúl i bPríosún Mhuinseo. Príosúnaigh iad an fhoireann agus an lucht léirithe atá tar éis a bheith ag obair ar an dráma ó mhí Mheán Fómhair.

6 Nollaig

1914

Scaiptear paimfléid fhrithliostála ag cruinniú agóide i bPlás Beresford faoin toirmeasc ar nuachtáin 'cheannairceacha' i mBaile Átha Cliath. Ar na cainteoirí tá James Connolly agus Madame Markievicz. Ag cruinniú i dTuaim molann John Redmond do dhaoine liostáil.

1921

Tá réiteach ann ar an margáil faoin gConradh a fhágfaidh go mbeidh Saorstát Éireann ann taobh istigh de Chomhlathas na Breataine; beidh mionn dílseachta riachtanach; beidh áiseanna cabhlaigh ag an mBreatain anseo agus íocfaidh an Stát a chuid den fhiachas poiblí. Glacann an Conradh le ceart Thuaisceart Éireann diúltú do dhlínse an tSaorstáit agus bunófar Coimisiún Teorann triúr fear.

1938

Tagann an Vauxhall nua 12 Four, an chéad ghluaisteán a tógadh in Éirinn leis an gcabhail agus an fráma in aon chuid amháin, den líne ag an mBalla Thoir i mBaile Átha Cliath. Déanfaidh sí 35 míle ar an ngalún agus 50 míle san uair.

1945

Éilíonn bainisteoir díolacháin Lucas Ltd. go gcuirfí dleachta iompórtála ar chadhnraí gluaisteán ar ceal mar go bhfuil sé ag cur leis an margadh dubh.

1952

Buann an Captaen Colin O'Shea ó fhoireann eachléim na hÉireann, ag marcaíocht ar Ballyneety, an príomhghradam ag Seó Idirnáisiúnta na gCapall i Meicsiceo.

1968

Osclaítear foirgneamh nua don Central Remedial Clinic i gCluain Tarbh i mBaile Átha Cliath. Cuireann Lady Goulding fáilte roimh an Uachtarán de Valera. An tAire Sláinte, Seán Flanagan, agus an tAire Tionscail agus Tráchtála, Seoirse Ó Colla, i láthair freisin.

1973

Cuirtear tús le comhchainteanna ag Sunningdale. Tá an Rialtas ag éileamh go mbeadh Comhairle na hÉireann, cúrsaí dlí is cirt agus stádas an Tuaiscirt ar an gclár.

1982

Maraítear sé dhuine dhéag, saighdiúirí Briotanacha ina measc, i mbuamáil an INLA ar theach tábhairne an Droppin Well i mBaile Uí Cheallaigh, Co. Dhoire.

1985

Adhlactar an Dr Frederick Boland, taidhleoir céimiúil agus iar-Uachtarán ar na Náisiúin Aontaithe. Bailíonn polaiteoirí agus cairde le slán a chur leis.

1992

Cruinnítear breis agus £1m don ghorta sa tSomáil ag ceolchoirm in Amharclann an Phointe i mBaile Átha Cliath. Meallann na réaltaí slua mór.

1999

Faigheann Oileán Coney amach ó chósta Shligigh an leictreachas den chéad uair – ríméad ar Mhuintir Mhic Gabhann, buanáitreabhaigh amháin an oileáin, agus ar pháirt-áitreabhaigh.

1908

Bronnann Bardas Luimnigh saoirse na cathrach ar Lord Dunraven mar aitheantas ar an scoláireacht £500 don oideachas teicniúil atá bronnta aige agus na rudaí eile a rinne sé ar son an chontae.

1917

Deir sagart paróiste Theach Munna le feirmeoirí i Loch Garman gur easpa tírghrá agus carthanacht Chríostaí a bheadh ann dá n-easpórtáilfidís a gcuid arbhair tráth a mbeadh a muintir féin ocrach.

1922

Maraítear Seán Hales, Teachta Dála do Cho. Chorcaí a bhí ar son an Chonartha, nuair a lámhachtar é i mBaile Átha Cliath. Gortaítear Pádraig Ó Máille go dona.

1935

Drochlá do chúrsaí spóirt in Éirinn. Buaileann an Nua-Shéalainn Éire 17–9 sa rugbaí i mBóthar Lansdúin; buaileann an Ísiltír an Saorstát 5–3 sa sacar i bPáirc Dalymount.

1942

Deir Bardas Bhaile Átha Cliath go bhfuil margáil ar siúl idir údaráis na cathrach agus Comhlacht Iompair Bhaile Átha Cliath faoi scáthláin a chur ar fáil do phaisinéirí sa chathair.

1954

Scriostar teach Sir Oswald Mosley i nDún an Uchta, Co. na Gaillimhe, i ndóiteán. Ní ghortaítear éinne mar go dtugann comharsa rabhadh do mhuintir an tí – capaillín a tharraingíonn a aird siúd ar an tine.

1963

An turas deireanach ag an long ghaile dheireanach do phaisinéirí idir Corcaigh agus Merseyside – deireadh ré nuair a imíonn an *Glengariff*.

1979

Cruinníonn lucht tacaíochta Fhianna Fáil thart ar Chathal Ó hEochaidh agus é ag fágáil na Dála tar éis a thofa mar cheannaire ar an bpáirtí.

1984

Feistítear an long chabhlaigh is sofaisticiúla a tógadh riamh sa tír seo ar chostas £25 milliún, an LÉ *Eithne*, ag ionad an chabhlaigh in Inis Sionnach. An tAire Cosanta Patrick Cooney, agus Ceann Foirne na bhFórsaí Cosanta i láthair.

1997

Glacann an tUachtarán Mhic Giolla Íosa Comaoineach le linn seirbhíse in Ard-Eaglais Chríost. Molann an tArdeaspag Walton Empey a téama athmhuintearais. Méara Warrington, Ambasadóir na Breataine agus Ardmhéara Bhaile Átha Cliath i láthair.

1999

Leagann an Chúirt Uachtarach síos treoirlínte nua d'íocaíochtaí cúitimh i gcásanna bodhaire a thógann baill de na fórsaí cosanta. Sabhálfaidh na treoracha nua, leath an mhéid a mhol an Ardchúirt, na milliúin punt ar an Stát.

8 Nollaig

1906

Tá an trádmharc 'Déanta i n-Éirinn' cláraithe anois – an chéad uair ar éirigh le tír ar bith trádmharc cláraithe a fháil a bheadh ar chuile rud a dhéanfaí nó a thairgeofaí sa tír sin.

1915

Déantar leagan chéadchloch na Leas-Ardeaglaise i mBaile Átha Cliath 100 bliain ó shin a chomóradh. Molann an tAth. Ó Murchú, Íosánach, foighne an náisiúin lena bhfuil fulaingthe acu.

1922

Cuirtear Rory O'Connor, Liam Mellows, Joseph McKelvey agus Richard Barrett, poblachtaigh atá faoi ghlas i bPríosún Mhuinseo, chun báis in éiric mharú an Teachta Dála, Seán Hales.

1933

Cuireann rialtas Fhianna Fáil cosc ar na Léinte Gorma. Bunaíodh an Young Ireland Association mar bhrainse den United Ireland Organisation. Go gairid tar éis bhunú Fhine Gael tamall ó shin d'fhreastail suas le scór teachta ar an Dáil agus léinte gorma orthu.

1942

Saortar an feisire náisiúnta d'Fhear Manach Theas, Cahir Healy 65 bliain d'aois, ó Phríosún Bhrixton. Gabhadh é i mí Iúil 1941 agus amhras ann go raibh baint aige le himeachtaí a chuir sábháilteacht an phobail i mbaol.

1959

Téann na chéad bhanghardaí ar diúité ag Stáisiún na nGardaí i bhFaiche an Choláiste i mBaile Átha Cliath. Meastar go mbeidh siad ag déileáil leis an ngadaíocht sna siopaí faoi Nollaig agus ag sladmhargaí mhí Eanáir

1962

Gradam Jacobs don teilifís bainte ag an mbanaisteoir Eileen Crowe, an craoltóir Proinsias Mac Aonghusa, Hilton Edwards, Jack White, an craoltóir spóirt Mícheál O'Hehir agus an léitheoir nuachta Charles Mitchel.

1977

Lá traidisiúnta siopadóireachta i mBaile Átha Cliath agus bailíonn daoine ón tuath sa phríomhchathair. Baineann gasúir tairbhe as a lá saoire siúd ón scoil.

1980

Buaileann Príomh-Aire na Breataine, Margaret Thatcher, agus an Taoiseach, Cathal Ó hEochaidh, le chéile i gCaisleán Bhaile Átha Cliath. Socraíonn siad go ndéanfar iniúchadh ar struchtúr institiúidí, cearta saoránach, cúrsaí slándála agus comhoibriú eacnamaíochta.

1996

Tugann an chléir Phrotastúnach agus Méara an Bhaile Meánach, James Currie, tacaíocht do Chaitlicigh a fhreastalaíonn ar an Aifreann ar an mBaile Caol, agus agóid á déanamh ag dílseoirí.

1997

Cruinnithe ag an Taoiseach, Bertie Ahern, i bhFoirgnimh an Chaisleáin i Stormont leis na páirtithe atá páirteach sna comhchainteanna ansin. Cuireann Ardmhéara na cathrach fáilte roimhe.

1907

Rialaíonn Bardas Bhaile Átha Cliath as ord an rún a éilíonn go n-athrófaí portráid den Bhanríon Victoria ón halla i dTeach an Ardmhéara go dtí áit nach bhfuil chomh feiceálach agus go gcuirfí duine ina háit a rinne leas mhuintir na hÉireann.

1913

Cuirtear tús leis an gcéad chomhdháil ghinearálta faoi shaoirse na mban in Éirinn sa Rotunda i mBaile Átha Cliath faoi choimirce an Irishwomen's Suffrage Federation, gluaiseacht neamh-mhíleatach nach bhfuil baint aici le haon pháirtí.

1921

Tacaíocht láidir ón gcliarlathas do théarmaí síochána an Chonartha agus cuirtear fáilte chroíúil roimh shaoradh na ndaoine as na campaí imtheorannaithe.

1937

Eisíonn beirt Fheisirí Náisiúnacha i Westminster forógra staonta. Cáineann a gcomhghleacaithe i Stormont é. Deir siad nach mbeidh de thoradh air sa deireadh ach go gcaillfear suíocháin náisiúnacha.

1948

Deir an tOllamh J W Bigger agus é ag caint sa Seanad ar Bhille Phoblacht na hÉireann gur dearmad tubaisteach atá ann. Dá gcinnteodh sé go mbainfí an gunna as an bpolaitíocht, b'fhéidir go dtacódh sé leis. Tá eagla air go ndíreofar gunnaí a bhain poblacht amach ar an Tuaisceart anois.

1952

An tAire Tionscail agus Tráchtála, Seán Lemass, sa chathaoir agus Foras Bainistíochta na hÉireann (IMI) á bhunú go foirmiúil in Óstán Gresham i mBaile Átha Cliath.

1968

Deir Príomh-Aire an Tuaiscirt, an Captaen Terence O'Neill agus tacaíocht á lorg aige don mheasarthacht agus dá chuid leasuithe ó thuaidh go bhfuil Cúige Uladh ag an gcrosbhóthar.

1973

Comhaontú Sunningdale á shíniú ag Ted Heath, Liam Mac Coscair, Brian Faulkner, Gerry Fitt agus Oliver Napier. Tá Comhairle na hÉireann le bunú agus glacann Baile Átha Cliath le stádas an Tuaiscirt.

1989

Paráid neamhchiontachta ar siúl i mBaile Átha Cliath le saoradh Cheathrar Guildford a chomóradh agus le cothrom na Féinne a fháil do Sheisear Birmingham. Ar an lucht máirseála tá Gerard Conlon agus Paul Hill.

1993

Díolann Telecom Éireann a shuíomh conspóideach i nDroichead na Dothra i mBaile Átha Cliath ar chaillteanas beagnach £4m, an suíomh a ba chúis le héirí as oifig Cathaoirleach Telecom, Michael Smurfit.

1998

800 post le cailleadh ag Fruit of the Loom i nDún na nGall. Tá 700 eile slán go ceann bliana. Caithfidh an comhlacht £7m de dheontas a aisíoc leis an IDA.

10 Nollaig

1901

Dóitear go talamh foirgneamh an nuachtáin an *Sentinel* agus comhlacht clódóireachta Miller i Sráid Phroinsias i nGaillimh. Áirítear go bhfuil luach idir £600 agus £800 damáiste déanta.

1918

Bailíonn Friends of Irish Freedom i Madison Square Gardens ag éileamh go mbeadh saoirse agus ceart ar a rialú féin ag pobal na hÉireann mar a lorg an tUachtarán Wilson thar ceann an 25 milliún duine de bhunú Éireannach atá sna Stáit Aontaithe.

1930

Osclaíonn Iarla Uíbh Eachach sciathán nua in ospidéal an Rotunda i mBaile Átha Cliath. Tá Gobharnóirí an ospidéil deighilte faoi rannpháirtíocht i scéim Scuabgheall Ospidéil na hÉireann.

1940

Molann comhairleoirí pleanála Bhaile Átha Cliath go mbunófar ardeaglais nua taobh ó thuaidh den Life gar do Shráid Capel, in áit Chearnóg Mhuirfean; go dtógfaí halla nua cathrach agus droichead nua soir ó Dhroichead Butt.

1951

Iarrann Comhairle Chontae Bhaile Átha Cliath ar an Roinn Sláinte cosc a chur le páistí faoi bhun 15 i scuainí taobh amuigh de phictiúrlanna na cathrach mar gheall ar a sláinte. Moltar go dtógfaí bothanna foscaidh mar nach bhfuil de chaitheamh aimsire ag páistí bochta ach na pictiúir.

1969

Bronntar gradam bliantúil Irish Actors Equity ar an mbean ghrinn, Maureen Potter (ar chlé). Is é Gerry Alexander, Uachtarán Equity, a dhéanann an bronnadh. An tAire Saothair, Joe Brennan, agus ceannaire Pháirtí an Lucht Oibre, Brendan Corish, i láthair.

1974

In Osló bronntar duais Nobel na Síochána ar Sheán Mac Giolla Bhríde, Coimisinéir na Náisiún Aontaithe sa Namaib. Is é an chéad Éireannach é a bhain an duais seo.

1980

Lá náisiúnta agóide sa Tuaisceart chun tacú le stailceanna ocrais na H-Bhloc. Ar na himeachtí tá slógadh ar Bhóthar na bhFál agus troscadh in Oileán an Ghuail.

1986

Rialaíonn an Ardchúirt gur fiú £5.5m Cailís Dhoire na bhFlann agus gur chóir go mbeadh an rogha ag an athair agus ag an mac a fuair í, í a choinneáil nó í a dhíol leis an Stát.

1991

Aontú faoi Chonradh leasaithe Mhaastricht a chlúdaíonn airgead aonair, comhpholasaithe nua eachtrach agus slándála; parlaimint Eorpach níos láidre agus modhanna nua le tacú leis na stáit nach bhfuil chomh maith as.

1998

Bronntar Duais Nobel na Síochána ar David Trimble agus ar John Hume ag searmanas in Osló, príomhchathair na hIorua.

1911

Dráma nua le George Birmingham, *Eleanor's Enterprise*, ar siúl sa Ghaiety á léiriú ag an Independent Theatre Company; an Cunta Markievicz ina léiritheoir agus bainisteoir stáitse agus Madame Constance Markievicz sa phríomhpháirt.

1922

Cuireann an Pápa Pius XI teachtaireacht chuig Rialtas Shaorstát Éireann ag guí tréimhse síochána agus rathúnais ar mhuintir ionúin Éireann.

1930

Deir an tAire Airgeadais, Earnán de Blaghd, leis an Dáil nach obair luachmhar ealaíne é an dealbh den Bhanríon Victoria os comhair Theach Laighean ach nach mbaineann sé chomh mór sin ón áit is gur chóir airgead an státchiste a chaitheamh ar é a aistriú.

1947

Fógraíonn an tAire Tailte Seán Moylan a phleananna leis an lúthchleasaíocht a chur chun cinn in Éirinn. Beidh tacaíocht ón Rialtas chun páirceanna imeartha agus ionaid spóirt a chur ar fáil ar fud na tíre – agus staid náisiúnta amach anseo.

1950

Tugtar 'rabhadh' do Bhealach Conglais go bhfuil innealtóirí ó Oifig an Phoist ansin leis an gcábla, a cheangail muintir Cooke le hoifig an phoist le 70 bliain, a ghearradh. 50 Garda breise ann agus cábla nua á chur isteach tí mhuintir Farrell.

1969

Bunscoil nua don lucht siúil á hoscailt ar Bhóthar na Coille Móire i mBaile Átha Cliath ag an Aire Oideachais, Pádraig Ó Fachtna. An scoil ceathrar múinteoirí do 88 dalta á beannú ag an Ardeaspag McQuaid.

1975

Bronnann an tUachtarán Ó Dálaigh saoránacht oinigh ar an Dr Tiede Herrema agus ar a bhean Elizabeth. An onóir is mó is féidir leis an stát a bhronnadh ar an tionsclóir Ollannach mar gheall ar a fhuadach.

1979

Cathal Ó hEochaidh á cheiliúradh agus é ag fágáil Theach Laighean le dul go hÁras an Uachtaráin tar éis é a thoghadh ina Thaoiseach. Tagann sé i gcomharbacht ar Sheán Ó Loingsigh.

1986

Troscadh Nollag Concern ar siúl ar fud na tíre. I mBaile Átha Cliath téann craoltóirí agus aisteoirí i gcomhar leis an Ardmhéara Bertie Ahern don fheachtas bliantúil seo.

1996

Tá an t-ollchomhlacht ilnáisiúnta IBM, le 2,500 post breise a chruthú i mBaile Átha Cliath – an infheistíocht shingil is mó i stair an IDA.

1997

Buaileann Uachtarán Shinn Féin, Gerry Adams, agus Martin McGuinness le Príomh-Aire Blair na Breataine in Uimhir 10 Sráid Downing. Cruinniú tábhachtach sa stair.

12 Nollaig

1907
Deir an Coiste Roinne ar an bhForaoiseacht in Éirinn má ghearrtar crainn ag an ráta atá anois ann, gan athphlandú forleathan a dhéanamh, go mbeidh ganntanas adhmaid ann faoi cheann cúpla bliain.

1915
Molann an British War Office crógacht thrúpaí na hÉireann, go háirithe na Munster Fusiliers, na Dublin Fusiliers agus na Connaught Rangers, agus an chaoi ar éirigh leo sna Balcáin.

1920
Ionsaítear na hAuxilliaries le buamaí i gCorcaigh. Maraítear duine amháin agus gortaítear 11. In eachtraí lámhaigh agus dó díoltais, déantar luach £2m damáiste don chathair.

1938
Faigheann James MacNeill, iar-Ghobharnóir Ginearálta an tSaorstáit, bás i Londain in aois a 69. D'fhill sé ón India i 1914 agus chuaigh i bpáirt le Sinn Féin. Tháinig sé i gcomharbacht ar Tim Healy mar Ghobharnóir Ginearálta i 1928.

1946
Tar éis comhdháil i dTiobraid Árann beartaíonn oibrithe i monarchana siúcra i Mala, i gCeatharlach, i nDurlas agus i dTuaim, filleadh ar a gcuid oibre tar éis stailc neamhoifigiúil míosa. Leanfar leis an margáil sa Chúirt Oibreachais.

1955

Scriostar an Cork Opera House i bPlás Emmet i ndóiteán. Tagann chuile bhall de Bhriogáid Dóiteáin Chorcaí amach ach scriosann an tine an foirgneamh atá 100 bliain d'aois. Níl fágtha tar éis trí huaire an chloig ach an smionagar.

1964
Cuirtear Dráma Nollag an úrscéalaí Elizabeth Bowen ar siúl in Ardeaglais Mhuire i Luimneach. Easpag Luimnigh, an Dr Wyse Jackson, i láthair ag an léiriú.

1974
Seolann ceannairí na gceithre phríomheaglais Chríostaí in Éirinn feachtas síochána sa Tuaisceart. Ansin tagann scéala faoin gcruinniú idir Provisionals Shinn Féin agus eaglaisigh Phrotastúnacha san Fhiacail i gContae an Chláir sa mullach air.

1980
Ceapann Bainc-Aontas Éireann Pauline Martin ina bainisteoir bainc ar an mbrainse sa Bhaile Breac i gCo. Bhaile Átha Cliath. Is í an chéad bhean í a ceapadh ina bainisteoir ar aon cheann de na bainc.

1995
Nochtar pleananna faoi chóras éadrom traenach do Bhaile Átha Cliath. An Luas a thugtar ar an tionscnamh £200m agus cuirfear seirbhís ar fáil go Tamhlacht, Dún Droma agus Baile Munna.

1998
Vótálann toscairí Pháirtí an Lucht Oibre sa Cheoláras Náisiúnta agus toscairí Dhaonlathas Clé in Óstán Shelbourne, le móramh mór, cónascadh a dhéanamh eatarthu.

1900

Tá Bardas Luimnigh le saoirse na cathrach a bhronnadh ar Uachtarán Kruger Phoblacht na hAfraice Theas faoi na hiarrachtaí a rinne sé neamhspleáchas na mBórach a chosaint ainneoin fhórsaí armtha na Breataine.

1917

Ag tagairt don ghéarchéim bia i mBaile Átha Cliath deir an tArdmhéara nach miste leo cuid mhór arbhair a bheith ag dul go Sasana mar mhalairt ar bhia, ach gur miste leo fuisce a bheith á dhéanamh as.

1922

Tagann an tOireachtas le chéile den chéad uair agus labhraíonn an Gobharnóir Ginearálta, Tim Healy, leis an dá theach. Léitear teachtaireacht ón Rí Seoirse – tá súil aige má chloítear leis an gConradh, go mbeidh an tsíocháin i réim in Éirinn.

1937

Deir Sir John Lumsden le cruinniú de Rotary Club Bhaile Átha Cliath go bhfuil 100 duine ag teastáil do sheirbhís fhuilaistriúcháin Bhaile Átha Cliath. Bunaíodh an tseirbhís i 1935 agus cuireann 225 duine fuil ar fáil.

1948

Tagann an long Iodálach *Orfeo* go Baile Átha Cliath agus 9,000 tonna cruithneachta ar bord. Seo é an chéad lasta d'Éirinn faoin gClár Athnuachan Eorpach.

1955

Cailltear Grace Gifford-Plunkett (ar dheis), ealaíontóir agus baintreach Joseph Mary Plunkett a shínigh Forógra 1916. Phós siad i bPríosún Chill Mhaighneann roinnt uaireanta an chloig sular cuireadh Joseph Plunkett chun báis.

1968

Rachaidh 60 faoin gcéad d'fhochéimithe na tíre seo thar sáile nuair a bhaineann siad céim amach, dar le staidéar a rinne an Institiúid um Thaighde Eacnamaíochta agus Sóisialta.

1972

Síníonn an tUachtarán de Valera cáipéisí faoi iontráil na hÉireann sa Chomhphobal Eorpach. Shínigh an Taoiseach agus an Dr Ó hIrghile an Conradh Iontrála i mí Eanáir agus dhaingnigh an Dáil é i mí Dheireadh Fómhair.

1980

An dornálaíocht in Óstán an Bhurlington idir Charlie Nash Dhoire agus Francisco Leon na Spáinne. £50 an duine a d'íoc an slua le Nash a fheiceáil ag buachan a chraobh Eorpach éadrom-mheáchain.

1996

Ar an gcéad lá dá gcruinniú mullaigh i mBaile Átha Cliath déanann ceannairí an Aontais Eorpaigh dul chun cinn suntasach faoi na hullmhúcháin don airgead aonair, ar iompú an chéid.

1999

Tionóltar an chéad chruinniú den Chomhairle Airí Thuaidh Theas in Ard Mhacha. Níl ach beirt bhall den DUP ó chomhthionól nua an Tuaiscirt as láthair. Freastalaíonn chuile bhall den rialtas air.

14 Nollaig

1909

Sa Halla Mór san Ollscoil Náisiúnta in Ardán Phort an Iarla i mBaile Átha Cliath tugann Sir Ernest Shackleton (thuas) léacht dar teideal 'Nearest the South Pole' le hairgead a bhailiú do bhanaltraí Lady Dudley.

1913

Achrann ag cruinniú poiblí i Halla na Cathrach i gCorcaigh áit a bhfuil cór d'Óglaigh na hÉireann á bhunú nuair a lorgaíonn an tOllamh Mac Néill trí gártha d'óglaigh Edward Carson, mar eiseamláir den fhéinmhuinín agus den diongbháilteacht. Déantar ionradh ar an ardán.

1925

Cruthaíonn an Pápa Pius XI ceathrar Cairdinéal nua, ina measc an Monsignor Pádraig Ó Domhnaill, Ardeaspag Ard Mhacha, a tháinig i gcomharbacht ar an gCardinéal Logue.

1931

Glacann Coiste Ginearálta an Chuimhneacháin Náisiúnta Cogaidh leis an scéim atá molta ag Uachtarán na Comhairle Feidhmiúcháin, Liam T Mac Coscair. Tá páirc phoiblí i gceist, cros, oibilisc agus fuarán i bPáirceanna an Long Meadow os comhair Pháirc an Fhionnuisce.

1945

Déantar cur síos ag Trialacha Nuremberg ar iarrachtaí na Gearmáine an réabhlóid a chothú in Éirinn le linn an Dara Cogadh Domhanda. Theip orthu, a deirtear, mar go bhfuair réabhlóidí mór Éireannach bás a raibh amhras faoi ar fhomhuireán Gearmánach.

1955

Tugtar cead isteach d'Éirinn in eagras na Náisiún Aontaithe tar éis vóta d'aon ghuth ón gComhairle Slándála.

1968

Sroicheann an *Clyde Valley* Latharna, áit ar thug sí gunnaí isteach 54 bliain ó shin. An tUrramach Ian Paisley agus baill den Ord Oráisteach roimpi.

1977

An leictreachas sa deireadh thiar ag dhá theaghlach déag sa Ghleann Dubh i gContae Chiarraí. Deir Bord Soláthair an Leictreachais gur cheart go mbeadh seirbhís ag chuile dhuine a d'iarr í san Athbhliain.

1983

Ceoltóirí i mbun agóide taobh amuigh den Dáil, ina measc Big Tom, Ronnie Drew agus Brendan O'Reilly. Tá siad ag éileamh gur ceol Éireannach é 40 faoin gcéad den cheol a chastar ar stáisiúin raidió áitiúil.

1988

Ceannaíonn an FAI Páirc Dalymount ó Chlub Peile Bohemians. Cuirfidh siad ar fáil dóibh í ar cíos dá gcluichí baile. Shocraigh Bohemians gan an pháirc a dhíol le lucht gnó.

1993

Diúltaíonn an rialtas d'iarratas ón Uachtarán Mhic Róibín a bheith ina comhchathaoirleach ar athbhreithniú idirnáisiúnta faoi ról na Náisún Aontaithe.

1910

Tubaiste san Inbhear Mór nuair a chailltear seisear ar dhá bhád iascaigh. Beireann na tonnta ar an gcéad cheann tar éis di an cuan a fhágáil agus caitear an criú i bhfarraige. Iompaíonn an bád eile ar a taobh. Tagann triúr slán.

1914

Tugtar gáir mholta do mheitheal den RIC áitiúil i gCorcaigh agus iad ag fágáil le dul isteach sna hIrish Guards dá ndeoin féin.

1926

Deir Kevin O'Higgins leis an Dáil go bhfuil sé i gceist aige coiste fiosrúcháin a bhunú faoi dhrochíde a thug na Gardaí do phríosúnaigh i bPort Láirge. Íocfar cúiteamh le haon phríosúnach a gortaíodh.

1948

Ag labhairt dó sa House of Lords tar éis do John A Costello a rá in Ottawa gur Poblacht a bheas in Éirinn, deir Lord Killanin (ar chlé) nach raibh an dea-cháil ar an gCoróin in Éirinn a bhí uirthi i gcoilíneachtaí na hAstráile agus Cheanada. Ba shiombail an leatroim in Éirinn i gcónaí í.

1953

Osclaítear ospidéal nua fiabhrais Bhaile Átha Cliath i mBaile Thormaid. Beartaíodh ar é a thógáil i 1936 in áit ospidéal fiabhrais Shráid Chorcaí a bhí 150 bliain d'aois.

1969

Glacann mic léinn seilbh ar theach Seoirseach ar Fhaiche Stiabhna nuair a fhaigheann siad amach go bhfuil cuid den teach taobh istigh scriosta cheana. Cáineann an Taisce agus an Dublin Civic Group an scrios.

1977

Faigheann mná obair Nollag in Oifig an Phoist den chéad uair. Tá siad i mbun traenála cheana ag réiteach le dul ag seachadadh.

1984

Fostaithe Loingeas Éireann i mbun léirsithe i mBaile Átha Cliath mar agóid in aghaidh chinneadh an Rialtais an comhlacht a scaoileadh agus faoin gcaoi ar caitheadh leo. Tá siad ag éileamh go mbeadh loingeas ann in athuair le freastal ar riachtanais na tíre.

1988

Tá dochar déanta le mí anuas don phíobán faoi uisce a thugann uisce inólta amach ón mórthír go hInis Bigil amach ó chósta Mhaigh Eo. Muintir an oileáin míshásta.

1990

Cuireann San Nioclás agus an RNLI chun farraige i nDún Laoghaire dá gcuairt bhliantúil ar theach solais na Cise. Tá seirbhís ann ó 1811 ach is seirbhís uathoibríoch a bheas i gceist ó 1992.

1993

Eisíonn an Taoiseach, Albert Reynolds, agus Príomh-Aire na Breataine, John Major, Comhfhorógra Shráid Downing. Dearbhaíonn sé in athuair nach féidir aon athrú a dhéanamh ar stádas bunreachtúil an Tuaiscirt gan toil an mhóraimh.

16 Nollaig

1902

Ní thagann ach duine amháin den chriú slán nuair a théann an long ghaile *The Marlay* go tóin poill amach ó na Sceirí agus teach solais an Bhailey le linn drochaimsire. Le comhlacht Tedcastle í, bhí sí ag tabhairt guail ó Learpholl go Baile Átha Cliath.

1921

Buaitear ar leasú agus glacann an House of Commons leis na hArticles of Agreement. Glacann an House of Lords leis an gConradh freisin le móramh mór.

1935

Roghnaítear Faing, Co. Luimnigh, mar sprioc Eorpach do sheirbhís trasatlantach aeir. Cuirfear tús le heitiltí trialacha i 1936.

1945

Deir an tUrramach Robb agus é ag seanmóireacht in Ardeaglais Chríost faoi mhoráltacht ghnéis sa chathair, go bhfuil méadú 50 faoin gcéad ar chásanna VD le ceithre bliana anuas. D'ardaigh líon na mbreitheanna neamhdhlisteanacha ó 219 go 364.

1956

Déantar bás an Athar Maitiú 100 bliain ó shin a cheiliúradh i mBaile Átha Cliath, John Charles McQuaid sa chathaoir ag an Aifreann, an tUachtarán agus an Taoiseach i láthair. Deirtear gur chuir an tAthair Maitiú an 'pledge' ar 7 milliún duine, Éireannaigh 5 milliún díobh.

1968

Bronnann Máire Puirséail fadcheirnín leis na Young Dublin Singers ar an Uachtarán de Valera i gClochar Lughaidh i Ráth Maonais. Sinéad Bean de Valera ansin freisin.

1979

Lucht máirseála i mBaile Átha Cliath ag cur in aghaidh chóras cánach PAYE. Síneann May Clifford ó Chomhairle Tráchtála na Cathrach litir agóide isteach ag Foirgnimh an Rialtais. Sam Nolan agus Ruaidhrí Roberts ag slógadh ag Ardoifig an Phoist.

1983

Fágann feidhmeannach Quinnsworth Don Tidey le filleadh ar an mbaile tar éis a shaortha go drámatúil i gCo. Liatroma tráth a maraítear saighdiúir agus Garda. Tugann an Taoiseach agus an tAire Dlí is Cirt cuairt air i mBaile Átha Cliath.

1986

Tuirlingíonn an t-eitleán le Ryanair, *The Spirit of Monsignor Horan*, ag Cnoc Mhuire agus beannaíonn an tAthair Dominic Greely í – an chéad eitilt den tseirbhís nua ó Londain.

1990

An Cairdinéal Cahal Daly á insealbhú mar Ardeaspag Ard Mhacha agus Príomháidh na hÉireann. An Taoiseach agus an Státrúnaí, Peter Brooke, ann maraon le lucht eaglasta.

1993

Chéadléiriú domhanda den scannán *In the Name of the Father* ar siúl i bpictiúrlann an Savoy i mBaile Átha Cliath. Faoi phríosúnacht éagórach Cheathrar Guildford an scannán.

1906

Bronntar punt cúitimh ar an Major MacBride ina chás clúmhillte in aghaidh nuachtán an *Independent* tar éis tuairisciú faoina chás colscartha i gcúirt sa bhFrainc.

1917

Glacann Bardas Bhaile Átha Cliath le rún ag tacú le leasú a mhol Joe Devlin sa House of Commons ag iarraidh go gcuirfí an ionadaíocht chionmhar i bhfeidhm in Éirinn le mionlaigh a chosaint.

1925

Diúltaíonn an Seanad do Bhille Rialacha na Státseirbhíse mar gur srianadh é ar chearta ban. É d'aidhm ag an mBille mná a choinneáil amach as scrúduithe áirithe mar nár chóir dóibh post a fháil nach raibh siad in ann aige go fisiciúil.

1938

Rialaíonn Cumann Lúthchleas Gael nach patrún a thuilleadh ar an eagraíocht é Uachtarán na hÉireann, an Dr Dubhghlas de hÍde, faoi gur fhreastail sé go hoifigiúil ar chluiche sacair idir Éirinn agus an Pholainn i bPáirc Dalymount. Bhí sé ina phátrún le breis agus 30 bliain.

1947

Socraíonn Cumann Talmhaíochta na hÉireann margadh a chur ar bun i mBaile Átha Cliath. Cuireann an Bardas 250 slat cearnach ar fáil dóibh ag an Iveagh Market i Sráid Phroinsias.

1962

Is í an *Lady Patricia* bratlong nua an Guinness Line. Seolfaidh sí idir Baile Átha Cliath agus Learpholl, a last luachmhar leann dubh á iompar ar an mbealach is nua-aimseartha.

1972

Seoltar Cumann Cearta Sibhialta na hÉireann ag cruinniú i mBaile Átha Cliath. Ar na bunaitheoirí tá Frank McManus, Seán Sherwin, Teachta Dála de chuid Aontacht Éireann, Desmond Fennell agus David Thornley. Daithí Ó Conaill sa chathaoir.

1981

I gCorcaigh cuireann daichead buachaill scoile tús le bogshodar 600 míle timpeall na hÉireann le hairgead a bhailiú do SHARE, eagraíocht a chuireann dídean ar fáil do sheandaoine.

1983

Cuardach ar siúl i gCo. Liatroma i gcónaí don bhuíon a d'fhuadaigh Don Tidey agus a mharaigh an Garda Peter Garry Sheehan agus an saighdiúir singil, Patrick Kelly. Tugtar a gcorp chun bealaigh.

1994

Tugann an tUachtarán Mhic Róibín cuairt ar Charraig na Siúire in onóir an rothaí Seán Kelly a ghlacfaidh páirt ina rás deiridh amárach. Stephen Roche agus Eddie Merckz ar an 1,000 rothaí a thagann don ócáid.

1998

Rialaíonn an Chúirt Choiriúil Chuarda go nglacfaí seilbh ar bhreis agus £400,000 de mhaoin ó thriúr de mhuintir Felloni. Dúradh sa chúirt gur thuill Tony, Regina agus Luigi Felloni breis agus £875,000 ó mhangaireacht drugaí.

18 Nollaig

1904

Deir Michael Davitt le slua mór sa Chlochán, Co. na Gaillimhe, nach carthanacht atá á lorg acu leis an gcruachás san iarthar a mhaolú, ach sciar dá gcánacha féin a d'úsáidfí ar obair thorthúil thairbheach.

1919

Deir an Chief Secretary leis an gCaptaen Wedgewood Benn go bhfuil cosc ar an Aonach i dTeach an Ardmhéara. Bhí díol earraí Éireannacha fógraithe roinnt seachtaine roimh réidh ach níor tuigeadh go dtí an oscailt gur eagras mídhleathach a bhí á reáchtáil.

1923

Cuireann an tOllamh P F Purcell scéim os comhair an Choimisiúin Talmhaíochta ag moladh go dtaoscfaí ceantar mór portaigh agus go mbunófaí feirm thrialach portaigh ar 100 acra. Molann sé go gcuirfeadh an Stát £100,000 ar fáil don scéim.

1935

Osclaíonn Ardmhéara Bhaile Átha Cliath, Alfred Byrne TD, an phictiúrlann nua 1,500 suíochán ar Fhaiche Stiabhna. Tá sí lonnaithe ar sheansuíomh na bhFolcadán Turcach.

1946

Fógraíonn an Rialtas saoradh 24 imtheorannaí a bhí á gcoinneáil faoi eachtraí treascracha – 21 ón gCurrach agus 3 ó Phríosún Phort Laoise. Tá Breandán Ó Beacháin ar an dream a shaortar.

1953

Cuireann an Bord Cinsireachta cosc ar bhreis agus 100 foilseachán ar an mbonn go bhfuil siad mígheanasach nó gáirsiúil. Orthu seo tá nuachtán an *Sunday Express* agus *The Second Sex* le Simone de Beauvoir.

1964

Ernesto 'Che' Guevara, an tAire ó Chúba, ag Aerfort Bhaile Átha Cliath. B'éigean dó tuirlingt ansin de bharr na drochaimsire. Pléann sé cúrsaí polaitíochta i gCúba le cabhair fear teanga.

1979

Bonn Henri Dunant don Chorcaíoch, Leslie Bean de Barra, an chéad Éireannach mná a fuair an gradam seo faoi fheabhas a cuid oibre don Chros Dhearg Idirnáisiúnta. An tUachtarán Ó hIrghile a dhéanann an bronnadh agus nochtann sé leacht ina honóir ag a gceannáras i gCorcaigh.

1985

Príosún gearrtha ar 27 fear i mBéal Feirste ar fhocal an bhrathadóra nó 'supergrass', Harry Kirkpatrick. Deir siad go ngabhfaidh siad ar stailc ocrais go bás.

1992

Seolann an t-iar-Thaoiseach, Cathal Ó hEochaidh, seanchlog Lir in athuair i Sráid Uí Chonaill i mBaile Átha Cliath. Rinneadh an-damáiste dó nuair a séideadh Colún Nelson.

1995

Tugtar ómós don bhuaiteoir Nobel Séamus Heaney ag fáiltiú stáit i gCaisleán Bhaile Átha Cliath.

Agus léiriú ar leith de *Messiah* Handel i gColáiste Phádraig, Maigh Nuad, le 200 bliain an Choláiste a chomóradh.

1913

Socraíonn an cruinniú is mó riamh de Chlub Rugbaí Thuaisceart Éireann d'aon ghuth, na cluichí ar fad ón gcéad lá d'Eanáir a chur ar ceal, le seans a thabhairt do na baill an Satharn a thabhairt don druileáil leis an Ulster Volunteer Force.

1928

Ag labhairt dó in Inis Córthaidh, deir an Teachta Osmond Grattan Esmonde gur droch-chócaireacht an fhadhb is mó atá ag an turasóireacht anseo. Níl an rud atá feiliúnach don taistealaí tráchtála sách maith. Tá siad sin in ann rudaí a ithe agus a ól a mharódh an gnáthdhuine, a deir sé!

1938

Cuireann an córas nua solais ionadh ar lucht siopadóireachta i mBaile Átha Cliath nuair a lastar 198 laindéar ar Shráid Uí Chonaill agus ar phríomhshráideanna eile na cathrach.

1947

Deir an Binse Fiosraithe, a rinne iniúchadh ar líomhaintí sa Dáil faoi dhíol Lockes Distillery chuig eachtrannaigh, díol ar theip air, nach bhfuil aon bhunús leis na líomhaintí.

1959

Ar réaltaí spóirt na bliana tá Christy O'Connor don ghalf, Charlie Hurley, sacar, Christy Ring, iománaíocht, Ronnie Delaney, lúthchleasaíocht agus Freddie Gilroy, dornálaíocht.

1968

Tá scéim thithíochta Bhaile Munna críochnaithe. Cuireann an tAire Talmhaíochta, Niall Bléine, an leac choincréite dheireanach san áit chuí agus tugtar go barr na n-árasán í.

1974

Freastalaíonn Cearbhall Ó Dálaigh ar sheirbhís éacúiméineach sa Leas-Ardeaglais agus ar sheirbhís i Sionagóg Shráid Adelaide sula ndéantar é a insealbhú mar chúigiú hUachtarán na hÉireann. Beannaíonn ceannairí polaitiúla dó.

1980

I gCorcaigh bronnann Toddy O'Sullivan saoirse na cathrach ar an Dr Cornelius Lucey agus ar an iar-Thaoiseach, Seán Ó Loingsigh.

1986

Cuireann daoine atá in aghaidh meaisíní cearrbhachais picéad ar chruinniú speisialta de Chomhairle Cho. Dhún na nGall i Leifear a gairmeadh le cosc ar na meaisíní seo sa cheantar a aisghairm.

1990

Na Saw Doctors go buacach ar a mbaile dúchais, Tuaim, Co. na Gaillimhe, áit a seolann siad ceirnín Nollag chun cabhrú leis an dream ar an ngannchuid.

1999

Baineann an banna Éireannach Westlife uimhir a haon na Nollag amach agus brúnn siad Sir Cliff Richard amach ó bharr chairteacha na Breataine.

20 Nollaig

1913

Teipeann ar an dara comhdháil síochána i mBaile Átha Cliath. Diúltaíonn oibrithe filleadh ar a gcuid oibre chuig fostóirí a rinne iarracht ar iad a smachtú le hocras. Deir na fostóirí go gcaithfidh siad filleadh sula ndéantar réiteach.

1926

Agus polasaí an Rialtais ar an nGaeilge sna scoileanna á chosaint aige deir Easpag Chill Dalua, an Dr Fogarty, gur 'arrant humbug' atá sa dearcadh go gcuireann an Ghaeilge isteach ar mhúineadh ábhar eile.

1938

Sioc agus leac oighir a fhágann ceithre charr déag buailte faoi chéile ag cúinne Bhóthar Nothaile agus Bóthar Stigh Lorgan i mBaile Átha Cliath.

1940

Baineann mionghortú do thriúr nuair a thiteann dhá bhuama ar Sháinn le Gó, Co. Bhaile Átha Cliath. Fágann ceann acu poll mór ar an bpríomhbhóthar idir Dún Laoghaire agus Deilginis. Pléascann an dara ceann i gceantar Pháirc Ros Mín.

1950

An trácht ina choir thuathail thart ar Bhaile Átha Cliath ar an gceathrú lá de stailc traenach CIÉ. Níl aon traenacha ar fáil idir Bré agus na Clocha Liatha mar nach dtagann fir chomharthaí ag obair.

1963

Paráid cheannchúrsa na nGardaí – an ceann deireanach a bheas ar siúl i mBaile Átha Cliath, cigireacht á déanamh ag an Aire Dlí is Cirt, Cathal Ó hEochaidh. Sa Teampall Mór, Co. Thiobraid Árann, a thraenálfar Gardaí feasta.

1971

Maraítear cúigear fear agus gortaítear ceathrar eile nuair a réabann beirt fhear gunna agus púicíní orthu isteach sa Top of the Hill Bar i dTaobh na hAbhann i nDoire. Meastar gur díoltas é an t-ionsaí seo ar thábhairne Caitliceach, ar mharú comhalta den UDR.

1978

Socraíonn RTÉ an tsraith teilifíse na *Riordans* a bhaint den aer. Níl na haisteoirí sásta agus lorgaíonn siad tacaíocht an phobail.

1989

I mBéal Feirste tagann déagóirí ó na ceantair is deighilte sa chathair le chéile i gcuimhne ar cheathrú Nollaig Bhrian Keenan i ngéibheann.

1996

Míshásamh mór ann faoin gcinneadh gan an dlí a chur ar aon duine i gCás Goldenbridge. Rinneadh líomhaintí tromchúiseacha faoi dhrochíde a tugadh do pháistí ar chlár faisnéise teilifíse níos luaithe i mbliana.

1997

Tugann an Taoiseach agus an Tánaiste ómós d'iar-Aire Fhianna Fáil, Jim Gibbons, atá tar éis bháis. Chaith sé 25 bliana ina Theachta Dála do Cheatharlach–Chill Chainnigh ach is mar phríomhfhinné cúisimh i dTriail na nArm i 1970 is mó atá cuimhne air.

1908

Tar éis idirghabháil ón Lord Lieutenant socraíonn carraeirí Bhaile Átha Cliath a bhí ar stailc le roinnt seachtainí, filleadh ar a gcuid oibre. Ardú pá agus aitheantas ceardchumainn ba bhun leis an aighneas.

1916

I bhfreagra sa House of Commons ar T P O'Connor deirtear go bhfuil na príosúnaigh Éireannacha go léir le saoradh. Dhearbhaigh an Páirtí Náisiúnta nach mbeadh sé seo contúirteach.

1927

Osclaíonn Sir Robert Tate Halla Damhsa an Plaza i Sráid na Mainistreach Láir i mBaile Átha Cliath. Banna ceoil ó Londain ann agus múinteoirí rince gairmiúla.

1933

Tar éis eascaire 'habeas corpus' saortar an Ginearál Eoin Ó Dubhthaigh ó Bheairic Chnoc an Arbhair. Gabhadh cúig lá ó shin é i gCathair na Mart.

1948

Síníonn an tUachtarán, Seán T Ó Ceallaigh, Bille Phoblacht na hÉireann ag searmanas in Áras an Uachtaráin. An Taoiseach, John A Costello, agus an tAire Gnóthaí Eachtracha, Seán Mac Giolla Bhríde, i láthair.

1956

Bóithre neamhcheadaithe trasteorann i gContae Ard Mhacha á gcur ó mhaith. Is cuid d'fheachtas é le cur in aghaidh ruathair armtha.

1967

Gabhann an tAire Talmhaíochta, Niall Bléine, buíochas leo siúd atá ag fanacht i Sasana an Nollaig seo mar chuid den iarracht an galar crúibe is béil a choinneáil amach. Meastar go ndéanfaidh suas le 80,000 a chomhairle – léiriú é seo ar thírghrá dílis, a deir sé.

1978

Maraítear triúr saighdiúirí Briotanacha i luíochán le Sealadaigh an IRA i gCrois Mhic Lionnáin, Co. Ard Mhacha. Scaoileann fear gunna leo as veain. Faigheann na saighdiúirí bás beagnach láithreach, iad 18, 20 agus 22.

1985

Seolann Deasún Ó Máille an Páirtí Daonlathach. Tá súil acu a n-ionadaíocht sa Dáil a mhéadú ó bheirt theachtaí go ceathrar faoi cheann míosa. Is í Mary Harney, a díbríodh as Fianna Fáil, an Teachta Dála eile.

1995

Éiríonn Jack Charlton, bainisteoir sacair Phoblacht na hÉireann, as tar éis naoi mbliana go leith. Thug sé an tír go Craobh na hEorpa agus go dhá Chorn Dhomhanda.

1999

Tá an Taoiseach ar ghrúpa a fheiceann an t-éirí gréine lárgheimhridh deireanach den Mhílaois i mBhrú na Bóinne i gCo. na Mí. An t-ádh leis na céadta a bhailíonn ag an ionad ársa adhlactha – tá an mhaidin geal. Craoltar an ócáid beo ar RTÉ.

22 Nollaig

1903

Tá an radharceolaí aitheanta, Patrick Cahill ó Ché Wellington i mBaile Átha Cliath, a raibh sé de phribhléid aige féin amháin spéaclaí a chur ar fáil don Phápa Leon XIII, le spéaclaí a chur ar fáil anois do Phius X.

1918

Tugann Éire cuireadh aontaithe chun na tíre seo d'Uachtarán Wilson Mheiriceá. Tacaíonn an Cairdinéal Logue leis an gcuireadh mar a dhéanann na sluaite ag cruinniú i dTeach an Ardmhéara.

1936

Méadú á dhéanamh ar líon na mbreithiúna sa Chúirt Uachtarach agus ceaptar an Breitheamh James Creed Meredith agus an tArd-Aighne, James Geoghegan (ar chlé) sa chúirt sin. Ceaptar George Gavan Duffy san Ardchúirt agus is é Patrick Lynch an tArd-Aighne nua.

1942

Tuairiscítear scoilt i bPáirtí an Lucht Oibre nuair a diúltaíodh ag comhdháil dháilcheantair do James Larkin, James Óg Larkin agus do Bharney Conway mar iarrthóirí an Lucht Oibre sna toghcháin atá ag teacht.

1952

Léiríonn an Daonáireamh go raibh beagán faoi bhun 3 milliún duine sa tír in Aibreán 1951, méadú de 5,500. Léirítear go bhfuil an tuath á tréigean i gcónaí – Contae Liatroma is measa as.

1966

Criúnna sealaíochta agus soláthairtí á gcur go dtí tithe solais agus báid solais don Nollaig. Déanann an *Atlanta*, bád freastail le Irish Life, freastal ar an Tuscar.

1978

Adhlactar an dornálaí Jack Doyle sa Chóbh tar éis Aifreann Éagnairce in Ardeaglais Naomh Colmán. Na miotóga dearga dornálaíochta ar an gcónra, a dheartháireacha, a dheirfiúr agus a chairde bailithe cois na huaighe.

1986

Tugtar páipéir agus lámhscríbhinní an fhile Patrick Kavanagh abhaile as Meiriceá. Gabhann an tOllamh Gus Martin buíochas leo siúd a chuir airgead ar fáil.

1989

An líon is mó daoine riamh ag taisteal an Nollaig seo – méadú 10% ar an mbliain anuraidh – ina measc an cúig milliúnú paisinéir le hAer Rianta. Bronntar saoire do bheirt i bhFlorida uirthi.

1994

Deir oifigeach sinsearach in Oifig an Ard-Aighne le coiste Dála gur brú oibre agus nach fadhbanna dlíthiúla ba chúis leis an moill 7 mí ar phróiseáil cás eiseachadta an Ath. Brendan Smyth.

1996

Deir an Tánaiste, Dick Spring, agus é ag labhairt i gCill Airne, go bhfuil an-imní air faoi chúrsaí an Tuaiscirt. Lastar 3,210 solas ar chrann i gcuimhne na ndaoine a maraíodh san fhoréigean le seacht mbliana fichead

1907

Gabhtar an Feisire Laurence Ginnell tar éis cruinniú i gCill Liúcainne, Co. na hIarmhí, le fáilte abhaile a chur roimh sheachtar a daoradh faoi thiomáint beithíoch. Tugtar go Príosún Chill Mhaighneann é.

1913

Cuirtear deireadh le héisteachtaí an Local Government Board faoin tithíocht don lucht oibre i mBaile Átha Cliath. Tá 1,200 tionóntán ann nár chóir d'aon duine maireachtáil iontu agus is seomra amháin a bhíonn ag beagnach 80 faoin gcéad de na daoine.

1927

Tá Béal an Mhuirthead gearrtha amach ón gcuid eile den tír de bharr sneachta trom le 10 lá agus faigheann buachaill óg bás leis an bhfuacht. Tuairiscítear go bhfuil bia agus ábhar tine gann.

1939

Déanann buíon armtha ruathar ar an armlann náisiúnta, an Magazine Fort, i bPáirc an Fhionnuisce, agus tógtar milliún urchar, 40 nó 50 fear páirteach ann. Gabhtar triúr níos deireanaí.

1948

Molann tuairisc ar chóras iompair na tíre go mbeadh seirbhís níos minice ar fáil do phaisinéirí ar thraenacha níos éadroime. Ba chóir craobhlínte a choinneáil ar oscailt áit a bhfuil éileamh ag an bpobal orthu agus moltar laghdú 5 faoin gcéad ar bhille pá CIÉ.

1951

Tá an *Ierne* le Irish Light i nDairbhre de bharr na drochaimsire. Theip uirthi soláthairtí a thabhairt chuig na tithe solais ar Sceilg Mhichíl agus ar an Tiaracht.

1968

Coiste cróinéara ar chúigear iascairí a bádh nuair a chuaigh an trálaer, an *Sea Flower*, go tóin poill i gcuan Neidín dhá oíche ó shin – beirt ó Bhaile Chaisleáin Bhéarra, beirt ón Oileán Baoi agus duine ó Dhúglas.

1971

Leantar leis an bhforéigean ó thuaidh. Pléascann buamaí i mBéal Feirste le linn do Phríomh-Aire Heath na Breataine cuairt rúnda a thabhairt ar shaighdiúirí.

1981

An tUachtarán Ó hIrghile i láthair ag cóisir lae breithe don seanfhondúir agus oirfideach, Noel Purcell (thuas), atá tinn in ospidéal an Adelaide. Gay Byrne agus Joe Lynch ann freisin ag iarraidh air amhrán a chasadh.

1996

Diúltaíonn an Rialtas do thuairisciú éigeantach ar amhras faoi dhrochíde ar pháistí. Tá díomá ar an ISPCC faoin gcinneadh seo.

1997

Dearbhaíonn an Roinn Dlí is Cirt go bhfuil siad ag cuimhneamh ar an dlí a bhaineann le fógraíocht dlíodóirí faoi dhíobháil phearsanta a athrú, de bharr imní faoi líon na gcásanna bodhaire atá á dtógáil ag baill de na Fórsaí Cosanta.

24 Nollaig

1910

Líon mór den Irish Women's Franchise League i Rae an Iarthair le fáilte abhaile a chur roimh thriúr dá mbaill a chaith tréimhse i bPríosún Holloway faoi pháirt a ghlacadh in agóid i bParliament Square ag éileamh an vóta do mhná.

1917

Gearán ag an London Globe go gceadaítear d'Éirinn fanacht ar scáth corp na Sasanach, na nAlbanach agus na mBreatnach. Ionsaíonn an *Morning Post* Lloyd George go binbeach faoi gur theip air an coinscríobh a chur i bhfeidhm in Éirinn.

1929

Tagann 26 duine ó Inis Fraoigh, amach ó chósta thiar thuaidh Dhún na nGall, slán ar éigean nuair a chaitear i bhfarraige iad nuair a bhuaileann an bád carraig bháite ar an mbealach go sochraid sa Chlochán Liath.

1936

Ina theachtaireacht Nollag ó Raidió Átha Luain agus é ag tagairt don ullmhúchán cogaidh san Eoraip deir Éamon de Valera go bhfuil an t-airgead nach bhfuil ar fáil do leas sóisialta agus chun maitheasa na ndaoine, á ídiú go caifeach ar armlón.

1943

Scriostar St. Anne's i gCluain Tarbh, iar-theach cónaithe an Easpaig Plunkett, i ndóiteán. Bhí sé in úsáid ag Bardas Bhaile Átha Cliath mar cheannáras an ARP, eagraíocht in aghaidh ruathair aeir, le blianta beaga anuas.

1964

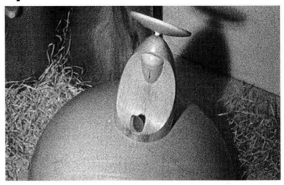

Conspóid ag Aerfort Bhaile Átha Cliath faoin mainséar nua-aimseartha. Ní dóigh leis an Ardeaspag, John Charles McQuaid, go bhfuil na dealbha feiliúnach.

1967

Na hInkblots agus na Crackpots i mbun cluiche carthanachta i bPáirc Dalymount. Ar na himreoirí tá Mickser Reid, Fred Cogley, Maureen Potter agus Cecil Sheridan.

1973

Siopadóireacht Nollag á déanamh ag an nóiméad deireanach – bronntanais agus an turcaí féin á lorg ag daoine ar shladmhargadh. Baineann daoine eile taitneamh as an bhfuadar Nollag.

1986

An *St. Killian* a bhí ar a bealach go Ros Láir, ar ceann téide go Plymouth anois. Thosaigh tine i seomra an innill thart ar 30 míle amach as Plymouth.

1993

Roghnaítear bean rialta 70 bliain d'aois ó Chorcaigh mar phearsa na bliana. Ardmhéara Chorcaí, John Murray, a fhógraíonn é seo. Déanann an Taoiseach, Albert Reynolds, comhghairdeas leis an tSr. Colette Hickey a d'oibrigh le 21 bliain i ndídean oíche do mhná agus do pháistí.

1998

Fágann an craoltóir Gay Byrne slán lena chlár raidió ar RTÉ tar éis a chláir deiridh oíche Nollag ó Fhaiche Stiabhna.

1903

An Chuntaois Dudley i dTeach na mBocht i Mainistir na Búille, Co. Ros Comáin, le bréagáin, torthaí agus maróga Nollag a bhronnadh ar 50 páiste. Tugann sí cuairt freisin ar an mainséar agus ar an ospidéal.

1916

An grúpa deireanach príosúnach ón tír seo – 460 fear a saoradh ó Phríosún Reading – i Rae an Iarthair i mBaile Átha Cliath, Seán T Ó Ceallaigh agus Art Ó Gríofa ina measc.

1921

Deir Easpag Chill Dalua, an Dr Fogarty, leis an bpobal san Ardeaglais in Inis, gur amaidí a bheadh ann diúltú don Chonradh. An chomhairle chéanna ó chuid mhór den chliarlathas agus iad ag iarraidh paidreacha ar son na síochána.

1932

Easpag Chorcaí, an Dr Cahalan, ag dinnéar Nollag agus ag ceolchoirm do 600 fear dífhostaithe in Institiúid Sharman Crawford sa chathair. É i láthair freisin ag spraoi Lae Nollag a eagraíonn na Gardaí do bhuachaillí páipéar na cathrach.

1945

Ina aitheasc Uachtaránachta don náisiún iarrann Seán T Ó Ceallaigh ar óige na hÉireann iarracht ar leith a dhéanamh an Ghaeilge a chur i réim arís.

1956

Caithfear an snámh bliantúil ag an 'Forty Foot' i gCo. Bhaile Átha Cliath agus i gCluain Tarbh a chur ar ceal de bharr sneachta, báisteach throm agus gálaí gaoithe.

1968

Bia ar an mbord ag a lán daoine an Nollaig seo ach tá roinnt mac léinn ar troscadh taobh amuigh den Ardeaglais i mBaile Átha Cliath le hairgead a bhailiú do Bhiafra.

1974

An tUachtarán agus Bean Uí Dhálaigh i láthair ag Aifreann na Nollag in eaglais Naomh Audeon i mBaile Átha Cliath áit a léann siad beirt ceacht. An tEaspag Caomhánach i láthair.

1980

Léimeann daoine misniúla i bhfarraige ag an 'Forty Foot' do shnámh traidisiúnta Lae Nollag. Gradam don té is túisce ar ais. Snámhóirí amuigh i gCluain Tarbh freisin.

1986

Osclaíonn Aerfort Bhaile Átha Cliath Lá Nollag den chéad uair leis na paisinéirí a bhí ar bord an bháid fharantóireachta *Naomh Killian*, a tugadh ar téad go Plymouth tar éis dóiteáin, a thabhairt abhaile.

1993

A theachtaireacht Nollag á tabhairt ag an bPápa i gCearnóg Pheadair – focal ar leith aige d'Éireannaigh: 'Nollaig shona dhaoibh go léir'.

1997

Fágann stoirmeacha Oíche Nollag ar fud na tíre go bhfuil na céadta míle teach gan leictreachas. Tá Bord Soláthair an Leictreachais ar a mhíle dícheall ag iarraidh an leictreachas a thabhairt ar ais le gur féidir an dinnéar traidisiúnta Nollag a réiteach.

26 Nollaig

1911

Clampar sa Theatre Royal i Loch Garman nuair a aithníonn an lucht féachana Mr. T Salmon, bainisteoir Pierce's ar an mbaile áit a bhfuil oibrithe glasáilte amach. Leanann an bhéicíl agus an raic go bhfágann an tUasal Salmon agus a chomhluadar.

1924

An tír á lascadh le stoirmeacha agus le tuilte agus scrios mór déanta. Ní chailltear éinne ach fágtar cuid mhaith gan dídean i mBaile Átha Cliath de bharr na dtuilte.

1933

Seó bliantúil na Madraí i mBaile Átha Cliath, an ceann is mó le tamall agus beagnach 1,000 iomaitheoir i 230 roinn. An seó ar siúl sa Halla Gairneoireachta in Ardán Phort an Iarla.

1944

Sa Gaiety i mBaile Átha Cliath osclaíonn an chéad léiriú de *Cinderella* le Harry O'Donovan. Is í Eithne Dunne Ella agus tagann Wilfred Brambell in áit Jimmy O'Dea, atá tinn, mar Bhuttons. Osclaíonn *Robinson Crusoe* sa Queens.

1950

Faigheann James Stephens, scríbhneoir agus file, bás i Londain in aois a 69. *The Crock of Gold* agus *The Charwoman's Daughter* na leabhair is cáiliúla dá chuid.

1956

Buann Vincent O'Brien ceithre rás i mBaile na Lobhar. Toss Taaffe a bhí ar muin trí cinn acu, Quare Times, Mirabile agus Stroller; T P Burns ar Valley Spring.

1963

Lá le Stiofáin agus na Galway Blazers amuigh leis an gconairt sa Chreachmhaoil mar a bhíonn de ghnáth an t-am seo bliana.

1971

Tugann héileacaptair leis an Arm litreacha agus soláthairtí go Toraigh amach ó chósta Dhún na nGall atá scoite amach de bharr na drochaimsire.

1986

An sean agus an nua i measc imeachtaí Lae le Stiofáin. Cláir toinne i nDún Laoghaire ainneoin an fhuachta atá ann.

1989

Samuel Beckett, úrscéalaí, file, drámadóir agus buaiteoir Duais Nobel na Litríochta, tar éis bháis i bPáras ach níor dearnadh aon fhógra faoi go dtí tar éis a adhlactha i Reilig Mountparnasse ar maidin.

1995

Buachaillí an Dreoilín ag ceiliúradh i gContae Chorcaí áit a dtagann na céadta amach ar na sráideanna leo, ag buanú traidisiúin fhada Lá Fhéile Stiofáin.

1997

Glanadh suas tar éis stoirmeacha Oíche Nollag ar siúl i gcónaí agus oibrithe Bhord Soláthair an Leictreachais ag obair go dian – 17,000 teach fós gan chumhacht.

1904

Osclaíonn an Irish National Theatre Society a n-amharclann nua ar Shráid na Mainistreach. Dhá dhráma aonmhír le Yeats, *On Baile's Strand* agus *Kathleen Ní Houlihan* agus *Spreading the News* le Lady Gregory, ar an gclár. Tugtar ómós do Anne Horniman faoina tacaíocht.

1918

Éalaíonn príosúnaigh Shinn Féin amach ar dhíon Phríosún Bhóthar Chromghlinne i mBéal Feirste agus fanann siad ann ar feadh dhá uair an chloig ag casadh amhrán poblachtach agus ag croitheadh bratacha. Bailíonn slua ag casadh "Rule Britannia" agus Union Jacks ina lámha siúd.

1939

Baile Átha Cliath timpeallaithe ag an Arm tar éis an ruathair armtha ar an Armlann Náisiúnta. Gabhtar cúig fhear déag tar éis don Bhrainse Speisialta agus do na Gardaí tithe a chuardach. Aimsítear roinnt den armlón sna Solláin i gContae Chill Dara.

1940

Déantar an Dr John Charles McQuaid a choisreacan mar Ardeaspag ar Bhaile Átha Cliath ag searmanas sa Leas-Ardeaglais. Eaglaisí agus státairí aitheanta i láthair mar aon leis an ngnáthphobal. Suíochán ar leith ann don Taoiseach Éamon de Valera.

1948

Ionsaíonn slua imreoirí Belfast Celtic tar éis cluiche in aghaidh Linfield i bPáirc Windsor. Fágtar tosaí Celtic, Jimmy Jones, gan aithne gan urlabhra san achrann seicteach seo. Tugann an RUC faoin slua.

1968

Tagann cuid mhór daoine amach i mBeanntraí, Co. Chorcaí, le haghaidh siúlóid urraithe do pháistí éalangacha.

1974

Ealaín Saoire do pháistí sa Ghailearaí Náisiúnta. Is é an t-ealaíontóir John Skelton a chuidíonn leo leis an bpéinteáil. Tugann an tUachtarán Ó Dálaigh cuairt gan choinne orthu.

1981

Lucht tacaíochta an Chumann um Chosaint na mBeo gan Bhreith amuigh i mBaile Átha Cliath, reifreann á éileamh acu ar leasú 'ar son na beatha' ar an mBunreacht.

1986

Cuirtear tús le sladmhargaí agus na sluaite amuigh i mBaile Átha Cliath. Bhí díolaíocht roimh Nollaig íseal – táthar ag súil go ndéanfar go leor gnó anois.

1996

An RNLI le £6m a chaitheamh ar cheithre bhád tarrthála nua ar chósta an iarthair. Téann an chéad cheann, Severn, ar diúité i nDairbhre.

1997

Maraítear an ceannaire paraimíleatach dílseach Billy Wright nuair a lámhachann an INLA é sa chlós i bPríosún na Ceise Fada. Géilleann triúr ball den INLA.

28 Nollaig

1903

Cuirtear i leith beirt orgánaithe sráide Iodálacha gur chuir siad isteach ar George Moore, údar agus iriseoir ó Phlás Ely Uachtarach i mBaile Átha Cliath trí orgán a sheinm os comhair a thí agus diúltú imeacht nuair a iarradh orthu. Caithfidh siad éirí as an ngéarleanúint.

1918

An-lá ag Sinn Féin san Olltoghchán agus 73 den 105 suíochán buaite acu. Tá Páirtí Parlaiminteach na hÉireann tréigthe beagnach – sé shuíochán acu. Buaitear ar John Dillon.

1921

Deir Lloyd George go mbeadh sé dodhéanta díospóireacht a dhéanamh in athuair ar an gConradh. Cuireann an Conradh Éire ar aon chéim le tíortha eile na hImpireachta, a deir sé, iad i dteideal ballraíocht i gConradh na Náisiún mar atá ag Ceanada.

1939

Tairgeann an Rialtas £1,000 ar eolas faoin armlón a goideadh ón Magazine Fort i bPáirc an Fhionnuisce. Faightear dhá thonna go leith de láimh le Cill Droichid, Co. Chill Dara.

1946

Maraítear dháréag agus gortaítear aon duine dhéag eile nuair a thuairteann eitleán Constellation le TWA, an *Star of Cairo*, in inbhear na Sionainne. Seo é an chéad timpiste san eitleoireacht tráchtála in Éirinn.

1951

I litir chuig an *Irish Times* cáineann Sean O'Casey áiseanna in íoclanna na tíre nár tháinig aon athrú orthu le 50 bliain ó scríobh sé *The Hall of Healing*. Ba chóir d'Éamon de Valera, a dúirt sé, cuairt a thabhairt ar na híoclanna seo in áit a bheith ag tarraingt ar mhainistreacha agus ar chlochair nó ag triall ar an Róimh nó ar an Eilvéis.

1967

An tAire Dlí is Cirt, Brian Ó Luineacháin, ar an teorainn le buíochas a ghabháil le Gardaí a bhí ar diúité faoi Nollaig de bharr an ghalar crúibe is béil i Sasana.

1975

Imríonn George Best cluiche League of Ireland do Cork Celtic in aghaidh Dhroichead Átha. Cé go gcuireann sé go mór leis an teacht isteach ag an ngeata cailleann seaimpíní 1974 an cluiche.

1985

Tugann an tUachtarán agus Bean Uí Irghile cuairt ar thaispeántas na Laochra Síneacha san Ospidéal Ríoga i gCill Mhaighneann. Chuir damáiste a rinneadh de thimpiste do chuid acu imní ar an dream a d'eagraigh.

1993

Dea-thoradh ar fheachtas seachtaine leis an long thraenála *Pride of Galway*, a bhí faoi uisce, a thabhairt go huachtar i gcalafort Bhaile Átha Cliath.

1998

Cuirtear suim mhór i mBaile na Lobhar sa choimhlint idir dhá chapall a bheas i Cheltenham, Florida Pearl agus Doran's Pride. Titeann Florida Pearl, an lá le Doran's Pride.

1908

An aimsir ag dul in olcas i mBéal Feirste – díle bháistí, flichshneachta agus sneachta. Earcaíonn an Bardas 500 fear dífhostaithe leis na bóithre a ghlanadh. Teipeann ar an tseirbhís teileagraf agus tá an chathair scoite amach.

1919

Tugann saighdiúirí fianaise agus iad ag bréagnú a chéile ag an gcoiste cróinéara faoi lámhach an Lieutenant Boast ag an Viceregal Lodge. Na saighdiúirí féin a lámhach é agus lámhachadh sibhialtach gan trócaire, a dúirt an cróinéir.

1937

Feidhm le Bunreacht na hÉireann. Scaoiltear cúirtéis 21 gunna ag an Ospidéal Ríoga i gCill Mhaighneann. Ardaítear bratach na hÉireann ar bheairicí agus í ar foluain ar fhoirgnimh phoiblí freisin.

1946

Nochtar leacht do Charles Stewart Parnell sna Creaga i gContae na Gaillimhe. Seanfhondúirí náisiúnacha a d'fhreastail ar a chruinniú deiridh anseo 55 bliain ó shin ar paráid.

1952

An Taoiseach Éamon de Valera ar ais i mBaile Átha Cliath tar éis ceithre mhí a chaitheamh i gclinic súl in Utrecht san Ollainn. Cuirtear fáilte chroíúil roimhe ag an aerfort.

1967

Fógraíonn an tAire Saothair, an Dr Ó hIrghile, mioneolas faoi phlean nua na n-íocaíochtaí iomarcaíochta a mbeidh feidhm leis Lá Caille. Faoin scéim seo íocfar cnapshuim chomh maith le híocaíochtaí in aghaidh na seachtaine.

1974

Saorann príosúnaigh le Sealadaigh an IRA i bpríosún Phort Laoise 27 bairdéir a bhí ina ngialla acu. Bhí siad ag éileamh go n-aistreofaí príosúnaigh neamhpholaitiúla amach as an áit ina rabhadar féin.

1984

Cailltear an file, léirmheastóir, drámadóir agus craoltóir, Roibeard Ó Faracháin in aois a 75. Iar-Stiúrthóir na gClár i Raidió Éireann bhunaigh sé an Lyric Theatre in éineacht le Austin Clarke agus bhí sé ina stiúrthóir ar Amharclann na Mainistreach.

1985

I mBaile Átha Cliath tugann na céadta aghaidh ar an gCeoláras Náisiúnta, ainneoin na drochaimsire, le freastal ar an gcéad Ghradam Náisiúnta d'Oirfidigh. Buann Mick Lally ón tsraith *Glenroe* Pearsa na Bliana.

1993

In a gcéad mhór-ráiteas ó fhorógra Shráid Downing deir an tIRA go bhfuil fuascailt na coimhlinte ag teastáil uathu ach go bhfuil an tsíocháin agus féinriail ceangailte go dlúth le chéile.

1999

Bronntar lóchrann a lasadh ó sholas Mílaoise na hÓmaí ar an Taoiseach, Bertie Ahern.

Agus i mBaile na Lobhar baineann Istabraq, agus Charlie Swan sa diallait, rás mór an lae.

30 Nollaig

1909

Ag cruinniú Náisiúnach i nDoire le tacaíocht a thabhairt do Shane Leslie, deir John Redmond gurb é cealú an 'veto' sa House of Lords an rud is tábhachtaí d'Éirinn anois – gur ionann é agus Home Rule a ghéilleadh.

1918

Deir eagarfhocal san *Irish Independent* nach bhfuil aon mheas acu ar an gCuntaois Markievicz, an t-aon bhean a toghadh ina feisire, ná ar a polaitíocht. Dar leo gur léirigh sí nach bhfuil an meon intinne aice is gá dá leithéid de phost.

1934

Ag comóradh na Léinte Gorma i gcuimhne Hugh O'Reilly i gCorcaigh deir an Ginearál Ó Dubhthaigh gur Éire saor neamhspleách atá uathu agus stát a chuirfeadh le chéile ar phrionsabail Chríostaí.

1947

Deir Aer Lingus go bhfuil na seirbhísí Sionainn–Páras, Béal Feirste–Learpholl agus Baile Átha Cliath–Béal Feirste, á gcur ar ceal mar gheall ar thitim ar líon na bpaisinéirí. Tá sé i gceist acu freisin seacht n-eitleán Vickers Viking a dhíol.

1953

Cuireann Loingeas Éireann banna taisce custaim $25,000 ar fáil i mBaltimore Mheiriceá don *Irish Hazel*, a gabhadh faoi luach $2m de thicéid Scuabgheall na hÉireann a dhíluchtú.

1969

Bailíonn na mílte i nDún Eochaille, Co. Thiobraid Árann, ar shochraid Dan Breen, duine de laochra Chogadh na Saoirse. Airí Rialtais agus ionadaithe ó dhá theach an Oireachtais ar an tsochraid.

1976

Scriostar ceann de na foirgnimh is sine i gCorcaigh, Margadh an Ime, i ndóiteán. Bunaíodh monarcha T O'Gorman is a chlann mhac, déantóirí hataí agus caipíní anseo i 1903.

1981

Adhlactar Betty Sinclair, duine de bhunaitheoirí Pháirtí Cumannach na hÉireann agus iar-Chathaoirleach Chumann Cearta Sibhialta an Tuaiscirt, i Reilig Charn Monaidh, Co. Aontroma. Ba oibrí línéadaigh i mBéal Feirste í, bhí sí gníomhach i gcúrsaí ceardchumann ó na tríochaidí i leith.

1986

Cuireann mangaire maoine ó Chalifornia an Blascaod Mór ar an margadh ar mhilliún punt. Tá an Rialtas ag iarraidh go bhfanfadh an t-oileán i seilbh Éireannach.

1990

Maraítear Fergal Caraher agus gortaítear a dheartháir, Michael, go dona nuair a scaoileann saighdiúirí Briotanacha leo ag ionad seiceála i gCoilleach Eanach i ndeisceart Ard Mhacha.

1999

Tá uair na cinniúna ag druidim linn agus áisíneachtaí san airdeall ar 'Bug' na Mílaoise. Ach tá dóchas ann go dtiocfar as.

1900

Seirbhísí speisialta i séipéil ar fud na tíre le deireadh a chur leis an gcéad atá caite agus tús a chur leis an gcéad nua. Buailtear cloig séipéal ag an meán oíche agus tagann daoine amach ar na sráideanna le ceiliúradh a dhéanamh.

1918

Litreacha ón bpobal ag gearán faoi eagarfhocal cáinteach an *Irish Independent* faoin gCuntaois Markievicz, ceann ó Mhaud Gonne MacBride ina measc. Ach deir litir ón *Yorkshire Post* go bhfuil sí pósta le Polannach, nach saoránach Briotanach í ach eachtrannach nár chóir a thoghadh.

1931

Sroicheann Robert O'Flaherty as Nua Eabhrac ach de bhunú Éireannach, Inis Mór Árann le réamhullmhúcháin a dhéanamh dá scannán ar shaol na n-oileánach.

1940

Deir an tAire Talmhaíochta, an Dr Séamus Ó Riain, go bhféadfadh ganntanas bia a bheith ann. Iarrann sé in agallamh raidió go ndéanfaí bia riachtanach a tháirgeadh in Éirinn. Déantar ordú rialtais ag éileamh níos mó talún curaíochta.

1955

Briseann buíonta Teddy Boys fuinneoga i bPlás Ardeaglais Chríost áit a bhfuil na mílte bailithe le héisteacht leis na cloig. Goidtear fuisce agus branda as Findlaters. Cuirfear an costas ar rátaí Bhaile Átha Cliath.

1961

Téann Telefís Éireann ar an aer, an tseirbhís nua á seoladh ag an Uachtarán de Valera. Tar éis na hoscailte agus píosaí ó Shiobhán Nic Cionnaith agus ó Mhicheál Mac Liammóir comhaireann an stáisiún na soicindí go teacht na bliana nua. An ceiliúradh ar siúl in Óstán Gresham agus ar Shráid Uí Chonaill.

1975

Maraítear cúigear agus gortaítear 30 duine nuair a thagann traein Ros Láir go Baile Átha Cliath de na ráillí ag Droichead na Cloiche, trí mhíle ó dheas ó Ghuaire i gCo. Loch Garman. Seo é an timpiste is measa i stair CIÉ.

1998

Déantar trádáil leis an bpunt Éireannach den uair dheireanach agus an t-airgead Eorpach á sheoladh. Beidh an Euro in úsáid sa Bhliain Nua.

Agus adhlactar Cathal Goulding i mBaile Átha Cliath. Iar-Cheann Foirne an IRA sna seascaidí agus duine de bhunaitheoirí Pháirtí na nOibrí, bhí baint mhór aige leis an aistriú go dtí an pholaitíocht.

1999

Dul faoi deireanach na gréine sa Mhílaois ag naoi nóiméad déag chun a cúig ag Ceann Baoi in iarthar Chorcaí.

Agus na coinnle á lasadh ar fud na tíre cuirtear tús le ceiliúradh na Mílaoise – an tUachtarán Mhic Giolla Íosa in Áras an Uachtaráin agus an Taoiseach ag ceolchoirm i gCearnóg Mhuirfean i mBaile Átha Cliath.

Aguisín

Uachtaráin

Dubhghlas de hÍde	25 Meitheamh 1938–24 Meitheamh 1945	Fianna Fáil
Seán Tomás Ó Ceallaigh	25 Meitheamh 1945–24 Meitheamh 1959	Fianna Fáil
Éamon de Valera	25 Meitheamh 1959–24 Meitheamh 1973	Fianna Fáil
Erskine Hamilton Childers	25 Meitheamh 1973–17 Samhain 1974	Fianna Fáil
Coimisiún Uachtaránachta	17 Samhain1974–18 Nollaig 1974	(sealadach)
Cearbhall Ó Dalaigh	19 Nollaig 1974–22 Deireadh Fómhair 1976	Fianna Fáil
Coimisiún Uachtaránachta	22 Deireadh Fómhair 1976–2 Nollaig 1976	(sealadach)
Pádraig Ó hIrghile	3 Nollaig 1976–2 Nollaig 1990	Fianna Fáil
Máire Treasa Winifred Mhic Róibín	3 Nollaig 1990–12 Meán Fómhair 1997	Páirtí an Lucht Oibre
Coimisiún Uachtaránachta	12 Meán Fómhair 1997–10 Samhain 1997	(sealadach)
Máire Pádraigíu Mhic Giolla Íosa	10 Samhain 1997–	Fianna Fáil

An Príomh-Bhreitheamh, Ceann Comhairle na Dála agus Cathaoirleach an tSeanaid a chuireann an Coimisiún Uachtaránachta le chéile.

Baill an Choim. Uacht., 1974 agus 1976: Tomás Proinsias Ó hUigín, Seán Tracey agus James Clement Ignatius Dooge.

Baill an Choim. Uacht., 1997: Liam Hamilton, Séamus Pattison agus Liam Mac Coscair (tháinig Brian Mullooly ina áit siúd ar an 17 Meán Fómhair 1977).

Taoisigh

Éamon de Valera	9 Márta 1932–18 Feabhra 1948	Fianna Fáil
John Aloysius Costello	18 Feabhra 1948–13 Meitheamh 1951	Fine Gael
Éamon de Valera	13 Meitheamh 1951–2 Meitheamh 1954	Fianna Fáil
John Aloysius Costello	2 Meitheamh 1954–20 Márta 1957	Fine Gael
Éamon de Valera	20 Márta 1957–23 Meitheamh 1959	Fianna Fáil
Seán Proinsias Lemass	23 Meitheamh 1959–10 Samhain 1966	Fianna Fáil
Seán Ó Loingsigh	10 Samhain 1966–14 Márta 1973	Fianna Fáil
Liam Tomás Mac Coscair	14 Márta 1973–5 Iuíl 1977	Fine Gael
Seán Ó Loingsigh	5 Iuíl 1977–11 Nollaig 1979	Fianna Fáil
Cathal Séamus Ó hEochaidh	11 Nollaig 1979–30 Meitheamh 1981	Fianna Fáil
Garret FitzGerald	30 Meitheamh 1981–9 Márta 1982	Fine Gael
Cathal Séamus Ó hEochaidh	9 Márta 1982–14 Nollaig 1982	Fianna Fáil
Garret FitzGerald	14 Nollaig 1982–10 Márta 1987	Fine Gael
Cathal Séamus Ó hEochaidh	10 Márta 1987–11 Feabhra 1992	Fianna Fáil
Albert Reynolds	11 Feabhra 1992–15 Nollaig 1994	Fianna Fáil
John Gerard Bruton	15 Nollaig 1994–26 Meitheamh 1997	Fine Gael
Patrick Bartholemew (Bertie) Ahern	26 Meitheamh 1997–	Fianna Fáil